Claudia Benthien, Norbert Gestring
Public Poetry

Poetry in the Digital Age

Herausgegeben von
Claudia Benthien

Advisory Board
Frieder von Ammon · Hannes Bajohr · Jörg Döring · Julia Lajta-Novak · María Mencía ·
Ralph Müller · Jesper Olsson · Paweł Piszczatowski · Jessica Pressman · Antonio Rodriguez ·
Hans Kristian Strandstuen Rustad · Holger Schulze · Eckhard Schumacher · Henrieke Stahl ·
Birgitte Stougaard Pedersen

Band 1

Claudia Benthien, Norbert Gestring

Public Poetry

―

Lyrik im urbanen Raum

DE GRUYTER

Dieses Buch ist Teil des Forschungsprojekts „Poetry in the Digital Age", für das Fördermittel des Europäischen Forschungsrats (ERC) im Rahmen des Programms der Europäischen Union für Forschung und Innovation „Horizont 2020" bereitgestellt wurden (Finanzhilfevereinbarung Nr. 884177).

Die in diesem Buch artikulierten Ansichten und Meinungen sind die der Autor:innen und entsprechen nicht notwendig denen der Europäischen Union (EU) oder des Europäischen Forschungsrats (ERC). Weder die EU noch der ERC können dafür verantwortlich gemacht werden.

European Research Council
Established by the European Commission

ISBN 978-3-11-221414-5
e-ISBN (PDF) 978-3-11-078470-1
e-ISBN (EPUB) 978-3-11-078478-7
DOI https://doi.org/10.1515/9783110784701

Dieses Werk ist lizenziert unter der Creative Commons Namensnennung - Nicht-kommerziell - Keine Bearbeitungen 4.0 International Lizenz. Weitere Informationen finden Sie unter https://creativecommons.org/licenses/by-nc-nd/4.0/.

Die Creative Commons-Lizenzbedingungen für die Weiterverwendung gelten nicht für Inhalte (wie Grafiken, Abbildungen, Fotos, Auszüge usw.), die nicht im Original der Open-Access-Publikation enthalten sind. Es kann eine weitere Genehmigung des Rechteinhabers erforderlich sein. Die Verpflichtung zur Recherche und Genehmigung liegt allein bei der Partei, die das Material weiterverwendet.

Library of Congress Control Number: 2023938956

Bibliografische Information der Deutschen Nationalbibliothek
Die Deutsche Nationalbibliothek verzeichnet diese Publikation in der Deutschen Nationalbibliografie; detaillierte bibliografische Daten sind im Internet über http://dnb.dnb.de abrufbar.

© 2025 bei den Autorinnen und Autoren, publiziert von Walter de Gruyter GmbH, Berlin/Boston
Dieser Band ist text- und seitenidentisch mit der 2023 erschienenen gebundenen Ausgabe.
Dieses Buch ist als Open-Access-Publikation verfügbar über www.degruyter.com.

Einbandabbildung: Rebecka Dürr
Satz: Integra Software Services Pvt. Ltd.
Druck und Bindung: CPI books GmbH, Leck

www.degruyter.com

Inhalt

1 **Einleitung** —— 1

2 **Theoretische Grundlagen** —— 13

  2.1 **Stadt und Raum** —— 15
     Lyrik und die ‚Produktion des Raums' —— 15
     Wandel des urbanen Raums —— 19
     Tendenzen der Stadtpolitik —— 24

  2.2 **Kunst, Schrift und Poesie im urbanen Raum** —— 28
     Kunst im öffentlichen Raum —— 28
     Von der *site-specificity* zur Ortbezogenheit —— 32
     Street Art, Graffiti und Schrift —— 34
     Poetische Sprache und Stadt —— 39

  2.3 **Fragestellung und Methoden** —— 44

3 **Fallstudien: Urbane Lyrikprojekte** —— 49

  3.1 **Informelle Zettelpoesie** —— 51
     Mal was Schönes im Hamburger Wehbers Park —— 51
     augen::post in Leipzig —— 54
     Der Wiener Zettelpoet —— 59
     Zettelpoesie – ein Resümee —— 62

  3.2 **Ortsbezogene Lyrik in der Passage** —— 64
     Der Ebertplatz in Köln —— 64
     Laufband-Literatur als Teil der ‚Zwischennutzung' —— 68
     Gedichte im und über den urbanen Raum —— 73
     TRANSIT als Element des Place-Makings —— 76

  3.3 **Im ‚Nicht-Ort': Gedichte im öffentlichen Nahverkehr** —— 79
     Konzept, Ästhetik und Rezeption von *Poetry in Motion* in New York —— 81
     Ortsbezogenheit und Raumdynamik der Gedichtplakate —— 86
     Der Nicht-Ort U-Bahn und die Intimität der Lyrik —— 90

3.4 Auditive Formate – Lyrik im Stadtraum hören —— 97
Open Air Poetry Slams in Hamburg —— 97
Passing Stranger – The East Village Poetry Walk, New York —— 102
Mit Handy, Buch und Megafon im Stadtraum indischer Metropolen —— 108
Lyrik im Stadtraum hören —— 114

3.5 Poesiefestivals im öffentlichen Raum —— 116
Lyrik macht Stadt in Krefeld —— 116
Hörstationen und Lyrik-Flashmob —— 121
O, Miami oder: Die Stadt als Gedicht —— 124
Von politischer Dichtung bis Kinderpoesie: exemplarische Formate —— 128
Die „Zip Odes" von Miami-Dade —— 133
Poesiefestivals ohne Festivalisierung —— 138

3.6 Lyrische Intervention am Himmel über Berlin —— 140
Casagrandes Konzept des *bombardeo de poemas* —— 140
Vom ‚Non-Event' von Dresden zum Gedichteregen über Berlin —— 142

3.7 Vom Museum in die Stadt: illuminierende Poesie —— 153
Jenny Holzers Lichtprojektionen —— 153
Gedichte und Truisms auf Fassaden in Basel und Zürich —— 156
Poesie 2.0: Von der Fassade des Guggenheim-Museums, Bilbao, in die Welt —— 163

3.8 Billboard Poetry als urbane Intervention —— 169
Plakatwände zwischen Werbung und (Sprach-)Kunst —— 169
Billboard Poems von Robert Montgomery in London —— 171
Geisterpoesie auf dem Tempelhofer Feld, Berlin —— 177

3.9 Şiir Sokakta – Protest und Poesie in Istanbul —— 184
Die Gezi-Park-Proteste in Istanbul —— 184
#siirsokakta, Gedichte auf der Straße —— 187
„Wir sind die Verse von Turgut Uyar": Die Lyrik der İkinci Yeni —— 192
Lyrik – Protest – Stadt —— 196

3.10 Auf Dauer angelegt: Wandgedichte —— 198
Seeing into Tomorrow: Haikus in den Straßen von Brooklyn —— 198
Dicht op de muur: Weltliteratur auf Leidener Hauswänden —— 203
Eine lyrische Kartografie in Leiden —— 211

Wall poems in Charlotte, North Carolina —— **216**
Wandgedichte – ein Resümee —— **230**

3.11 Die Politik der Poesie im urbanen Raum: eine „Fassadendebatte" —— **232**
„Avenidas" an der Alice Salomon Hochschule in Berlin —— **232**
Die „Überschreibung" eines öffentlichen Gedichts —— **236**

4 Resümee —— 243

5 Anhang —— 257

Endnoten —— **259**

Literaturverzeichnis —— **267**

Abbildungsnachweise —— **285**

Personenregister —— **287**

Ortsregister —— **291**

Sachregister —— **293**

1 Einleitung

„A poem | can not replace | a riot", „an empty street | is no blank page" war im Herbst 2021 auf zwei großen Plakaten in einer Straße des 17. Bezirks von Wien zu lesen. Sie klebten auf geschlossenen, durch einen Ladeneingang voneinander separierten Fensterläden. Der rätselhafte, zweigeteilte Aussagesatz war in Verse gegliedert. Die erste Hälfte behauptet, ein Gedicht könne keinen Aufstand ersetzen – und doch wurde das Gedicht ganz im Stil des informellen politischen Protests vermutlich illegal plakatiert. Die zweite Hälfte konstatiert, eine leere Straße sei nicht das Gleiche wie ein unbeschriebenes Blatt Papier – und doch werden durch die Zeilen Stadtraum und Buch, Urbanität und Gedicht, miteinander verschränkt, werden durch die Plakate Sprachzeichen in den urbanen Raum gesetzt, wird eine prosaische Aussage durch die visuelle und grafische Gestaltung zu etwas Künstlerischem, das zum Nachdenken anregt.

Lyrik wird schon lange nicht mehr ausschließlich in Buchform und im privaten Ambiente rezipiert. Sie hat Eingang gefunden ins Netz – etwa auf Plattformen wie Instagram und Twitter –, auf Bühnen – bei Spoken-Word-Events und Poetry Slams – und auch in ganz unterschiedliche städtische Räume, wie das Beispiel aus Wien zeigt. Solche Formen von ‚Public Poetry' im urbanen Raum sind Gegenstand dieser Studie. Trotz des Kollektivsingulars ‚urbaner Raum' des Titels kommen sehr unterschiedliche Typen von städtischen Räumen in den Blick, die üblicherweise als öffentlich wahrgenommen werden. Bei Lyrikprojekten in Städten handelt es sich um ein erstaunlich vielfältiges Phänomen: Es reicht von informellen Aktionen, wie in Parks an Bäume gepinnte oder in einer Fußgängerzone rezitierte Gedichte, über Imagekampagnen von öffentlichen Verkehrsbetrieben, die neben Werbetafeln und Bildschirmen ein wenig Platz für Lyrik schaffen, bis zu großen künstlerischen Lichtprojektionen von Gedichten, die zeitweilig zentrale Plätze einer Stadt optisch dominieren. Poesie im öffentlichen Raum kann Konsum, Kapitalismus oder gesellschaftliche Unfreiheit thematisieren, also politische Fragen stellen, sie kann Menschen unterschiedlicher Kulturen miteinander in Verbindung bringen, sie kann aber auch schlicht dem Ziel dienen, Lyrik eine neue Öffentlichkeit zu verschaffen oder einen Platz zu verschönern.

Schon während der Urbanisierung Europas im 19. und frühen 20. Jahrhundert thematisierten literarische Texte die historisch neuen oder sich wandelnden Erfahrungen des Lebens in Großstädten. Zu denken ist etwa an Alfred Döblins Roman *Berlin Alexanderplatz* (1929), um nur ein prominentes Beispiel zu nennen. Entsprechend hat sich ein literaturwissenschaftliches Forschungsgebiet zur Großstadtdarstellung in der Literatur seit der Moderne etabliert, das auch kulturtheoretische Diskurse wie Urbanität und Mobilität einbezieht (exemplarisch Ette 2011; Finch 2022, 98–124), sich zumeist jedoch Erzählliteratur zuwendet. Auch im Forschungsgebiet der ‚Literary Urban Studies' werden zwar Literaturwissenschaft und Stadtforschung verschränkt, Lyrik und Drama aber bislang vernachlässigt (vgl. Finch 2022, 3 und 13). Diese Tendenz zeigt sich auch in neueren groß angelegten englischsprachigen Anthologien wie *The Cambridge Companion to the City in Literature* (McNamara 2014), *The Palgrave Handbook of Literature and the City* (Tambling 2016) oder *Literatures of Urban Possibility* (Salmeda/Ameel/Finch 2021). Auch hier werden Urbanität und Literatur fast ausschließlich anhand von Prosatexten untersucht.

Gleichwohl wurden und werden auch in der Lyrik Städte und die Erfahrung von Urbanität ästhetisch reflektiert (vgl. Diller u. a. 1990). Oft hingewiesen wird zum Beispiel auf Gedichte im Kontext des frühen Modernismus in den USA (Walt Whitman: „Crossing Brooklyn Ferry", 1856) und in England (T.S. Eliot: „The Waste Land", 1922), auf die New-York-Gedichte Frank O'Haras der 1950er und 60er Jahre sowie im deutschsprachigen Raum auf die oft dystopische Großstadtlyrik des Expressionismus (z. B. Ernst Stadler: „Fahrt über die Kölner Rheinbrücke bei Nacht", 1913). Die Thematisierung der auch für unser Buch wichtigen Metropole New York in der Lyrik des 20. Jahrhunderts wurde in einer Monografie übergreifend untersucht (Mispagel 2011). In ihrem Buch über *Prose Poetry and the City* hat Donna Stonecipher die These aufgestellt, dass insbesondere Prosagedichte eine Affinität zur Stadtthematik aufweisen, die sich formal wie auch inhaltlich zeigt (Stonecipher 2018).

Der Gegenstand dieses Buches unterscheidet sich von solchen literaturwissenschaftlichen Untersuchungen grundlegend, denn hier geht es um Lyrik, die öffentlich im Stadtraum präsentiert wird und damit eine literarisch-räumlich-soziale Konstellation erzeugt – mithin geht es nicht um ‚Gedichte über die Stadt', sondern um ‚Gedichte in der Stadt'. Zu Lyrik im Stadtraum gibt es bislang kaum Forschung (die ersten, jeweils auf einzelne Projekte bezogenen Aufsätze dazu sind Nickel 2011, Lagos Preller 2015, Johnson 2018, Loer 2018, Bianchi 2020, Klimek 2020, Benthien 2021b, Paul 2021); ferner gibt es ein paar Essays zum Thema (wie Wells 2018, Lafleur 2020). Viele der in Städten präsentierten Gedichte sind kurz und eher nicht narrativ. Sie heben sich aufgrund ihrer Versifizierung und stilistischen Abweichung gegenüber Alltagssprache hervor (siehe Kap. 2.2). Das Deklamieren und Platzieren von Gedichten in der Stadt ist zwar kein ausschließlich zeitgenössisches Phänomen, es scheint aber in der Gegenwart besonders populär zu sein – wie sich insgesamt im Kontext digitalen Kulturen neue und vielschichtige Ausdrucksformen von Lyrik im medialen Spannungsfeld von Performance, Musik und Visueller Kultur finden (vgl. Benthien 2021a).

Lyrikprojekte im urbanen Raum stehen aufgrund der so adressierten Öffentlichkeit in Zusammenhang mit gesellschaftlichen, politischen und technologischen Entwicklungen. Dazu zählen etwa sozialwissenschaftliche, stadtplanerische und kulturtheoretische Diskurse über die Politik städtischer respektive öffentlicher Räume und deren Veränderungen – von der Privatisierung und Gentrifizierung bis zur Videoüberwachung (siehe Kap. 2.1). Dazu gehören auch ein im digitalen Zeitalter generell gewandeltes Verständnis von (öffentlichem) Raum – von Orten, Plätzen und Lokalität –, sowie die zunehmende Verschränkung physischer und virtueller Räume durch die Nutzung digitaler Technologien, die in urbanen Kunstformen nicht nur thematisiert, sondern auch produktiv gemacht werden (vgl. Glaser 2017, 50 und 342; Toft 2016, 61). Insgesamt ändert sich durch die Digitalisierung das Verständnis von Öffentlichkeit, was auch in einigen Lyrikprojekten reflektiert wird. Manche Soziolog:innen, Stadtforscher:innen und Raumplaner:innen gehen davon aus, dass auch das Internet ein *public space* ist: ein Raum, in dem „transit, mixing and redistribution of [...] cultures" (Ancel/Girel 2015, 89) ähnlich erfolgen wie im öffentlichen Raum einer Stadt. Eine Gleichsetzung physischer und virtueller Räume erscheint jedoch mit Blick auf das Thema des Buches wenig gewinnbringend, weil es ja auch um die körperlich-sinnliche Konfrontation mit Gedichten in einem konkreten Setting geht. Daher werden zwar digitale Plattformen in die Diskussion einbezogen, sofern sie für die untersuchten Projekte relevant sind, aber nicht im Sinne räumlicher Entitäten.

Wir untersuchen Lyrikprojekte im urbanen Raum aus zwei Perspektiven: einer stadtsoziologischen und einer literaturwissenschaftlichen. Aus stadtsoziologischer Perspektive wird gefragt, wie sich unterschiedliche Typen städtischer Räume, ihre Wahrnehmung und ihre Bedeutungszuschreibungen durch die Lyrikprojekte verändern, wie also die Lyrik dazu beiträgt, was raumsoziologisch als Produktion des städtischen Raums verstanden wird. Zudem wird die stadtpolitische Einbindung untersucht: ob also die Lyrikprojekte für eine Stadtpolitik ‚von oben' in Dienst genommen werden – etwa für Projekte der Touristification – oder in Basisinitiativen eingebunden sind, die sich gegen Gentrifizierung oder andere neoliberale Tendenzen der Gegenwart stellen. Wichtig sind hier die unterschiedlichen an den Projekten beteiligten Akteur:innen und ihre Intentionen. Aus stadtsoziologischer Perspektive ist ferner von Interesse, ob und wie in den lyrischen Werken urbanes Leben, städtische Konflikte und konkrete Orte thematisiert werden.

Mit diesen Fragestellungen wird auch an die Kultursoziologie angeknüpft. Grundsätzlich beinhaltet sie zwei Dimensionen (vgl. Rehberg/Moebius 2020, 136–138; Mohr 2017, 185–186): Einerseits geht es um die grundsätzlichen Fragen menschlicher Lebensweisen und deren Sinn- und Bedeutungssysteme, andererseits um die Auseinandersetzung mit verschiedenen kulturellen Ausdrucksformen in bildender Kunst, Musik, Theater, Film, Literatur et cetera und deren Bedeutung für gesellschaftliche Teilhabe und Differenzierung. Die zweite Dimension geht vor allem auf die britischen Cultural Studies (vgl. Marchart 2018) sowie Pierre Bourdieus wegweisende Untersuchung über die Bedeutung der Kultur für soziale Distinktion (vgl. Bourdieu 1988) zurück. Wenn in der Stadtforschung über Fragen der Kultur nachgedacht wird, dominieren die Bezüge zur ersten Dimension, denn nach einem soziologischen Verständnis ist Urbanität durch eine spezifische Lebensweise zu definieren (vgl. Siebel 2015). In unserer Studie spielen beide Dimensionen mit hinein: ausgehend von solchen grundlegenden Überlegungen zur Urbanität werden die oben skizzierten Fragen zur sozialräumlichen und stadtpolitischen Bedeutung von Lyrikprojekten im urbanen Raum untersucht.

Aus literaturwissenschaftlicher Perspektive interessieren zunächst die Sprachgestaltung und Semantik der präsentierten Texte sowie die Frage, was es bedeutet, wenn ein Gedicht nicht schwarz auf weiß in einem Buch gedruckt wird, sondern klein- oder großformatig, leise oder laut, im öffentlichen Raum ‚installiert' wird und durch die künstlerische Gestaltung eine eigene, ungewöhnliche Materialität erhält. Gefragt wird aber auch, wie man als Passant:in die ‚Präsenz des Lyrischen' im urbanen Raum erlebt, wie poetische Sprache und Stadt durch das Setting oder die individuelle Rezeption in Beziehung gesetzt werden, welche Formen von *site-specific poetry* es gibt und wie sie sich untersuchen lässt. Weil eine leere Straße eben keine „blank page" ist, sondern durchzogen von Schrift, wird auch danach gefragt, wie und warum die verwendete Sprache – im Unterschied etwa zu Alltagskommunikation, Werbeplakaten, Wegweisern oder Graffiti – als ‚poetische' rezipiert wird. Hier ist zudem von Interesse, inwiefern Public Poetry einen optischen, auditiven oder sprachlich-stilistischen Kontrast zu alltäglich vorfindlicher Schrift setzt oder ob eine Angleichung beispielsweise zur Werbeästhetik gewählt wird, um Aufmerksamkeit zu erreichen oder Kritik zu artikulieren. Wie diese Fragestellungen verdeutlichen, ist es dafür notwendig, literaturwissenschaftliche Parameter interdisziplinär zu erweitern. Lyrikanalytische Kategorien, wie etwa Metrik und Bildlichkeit, müssen durch intermediale und performative Ansätze ergänzt werden, oder durch kunstwissenschaftliche Perspektiven und solche der Cultural Studies. Entsprechende Bezüge finden sich im Kapitel 2.2 sowie in den Untersuchungen der einzelnen Lyrikprojekte.

Warum aber Lyrik im urbanen und nicht im ländlichen Raum? Stadt und Land sind infolge der Durchsetzung der Urbanisierung keine kategorialen Gegensätze mehr in dem Sinne, dass sie mit grundsätzlich unterschiedlichen Lebensweisen verbunden sind (vgl. Gestring 2013). Die Besonderheiten der Städte sind in der Vielzahl von Begegnungen unter Fremden zu sehen sowie in der Anonymität des öffentlichen Raums. Unter diesen Bedingungen, die es in klassischen Dörfern nicht gibt, sind Lyrikprojekte – wie Kunst im öffentlichen Raum generell – eingebunden in Diskurse und Verhaltensweisen, die den Kern von Urbanität ausmachen. Es gibt nicht nur viel seltener Lyrik in ländlichen Gemeinden, ihre gesellschaftliche Einbindung würde dort auch anders verlaufen als in Städten. Der Begriff ‚urbaner Raum' soll im Übrigen darauf verweisen, dass es sich um sozial produzierte Räume im Sinne Henri Lefebvres handelt (siehe Kap. 2.1).

Thematisiert wird in den von uns untersuchten Lyrikprojekten immer wieder das ‚Dazwischen' von Poesie in der Stadt: changierend nicht nur zwischen mündlichen und schriftlichen Manifestationen, starren und fluiden Präsentationsformen, kommunikativer Botschaft und ästhetischer Erfahrung, sondern auch zwischen Distanz und Nähe, öffentlichem und privatem Diskurs, Affirmation und Kritik. Dabei geht das Buch von einem weiten, induktiv gewonnenen Lyrikbegriff aus. Zwar beziehen sich die meisten Projekte auf klassische Gattungsmerkmale von Lyrik, aber es finden sich auch solche, bei denen keine vollständigem, von Literaturkritik und Philologien – der „official verse culture" (Bernstein 1987, 35 sowie 2001, 246) – anerkannte Gedichte, sondern vielmehr kurze Sentenzen oder Sinnsprüche auftauchen oder salopp vorgetragene Poetry-Slam-Verse. In anderen Fällen wird mittels der Versifizierung zwar die formale Gestalt eines Gedichts aufgerufen, präsentiert werden aber eher von poetischen Bildern geprägte Fließtexte. Weitere von uns untersuchte Lyrikprojekte wiederum nutzen überhaupt keine von Lyriker:innen verfassten Gedichte, sondern ermöglichen durch den von ihnen vorgegebenen Rahmen allen Bürger:innen einer Stadt, Public Poetry zu verfassen. In jedem Fall aber gibt es eine Referenz auf Lyrik als literarische Gattung und Praxis, nur wird diese zum Teil weiter (manchmal auch vager) gefasst. Keines der untersuchten Formate aber bezeichnet sich selbst als ‚Lyrikprojekt', dies ist ein von uns gesetzter Begriff, der heuristisch verwendet wird, um die Vergleichbarkeit zu erleichtern.

Während es in der Literaturwissenschaft aktuell eine kontroverse Debatte darüber gibt, was Lyrik ist und ob beispielsweise nur ‚lyrische Gedichte' im engeren Sinne als solche zu zählen sind (die prominenteste diese Auffassung vertretende Position ist Culler 2015), zeigt sich andererseits im Alltag eine Ausweitung und Hybridisierung des Gattungsbegriffs, beispielsweise im populären Format des ‚Poetry Slams' oder in der ‚InstaPoetry'. Die Lyrikszene ist inzwischen so ausdifferenziert, dass sie unterschiedliche Typen von Gedichten sowie „writings that resist genrefication" umfasst und überdies den Fokus wesentlich verlagert, weg von „the textual form and content of poems to the social form of ‚poetry' as a practice and as a category of understanding" (Harrington 2009, 277 und 279). Das vorliegende Buch knüpft diesbezüglich an den Band *Poetry after Cultural Studies* an, der Lyrik als „not just an aesthetic act, but a site of and for social and aesthetic activities" (Bean/Chasar 2017, 5) bestimmt. Die Herausgeber:innen skizzieren diese neue Pluralität zeitgenössischer Lyrikformen als

> a field that is in the process of reconstituting itself not around a monolithic, capitalized notion of ‚Poetry', or around uncomfortable sets of binaries like [...] ‚mainstream' and ‚avantgarde', ‚literature' and ‚theory', or ‚high' and ‚low', but around a wide range of pluralized poetries that tend, if not intend, to make things happen. (Bean/Chasar 2017, 8)

Die zur Untersuchung von „poetries" im Plural gewählten Ansätze aus den Cultural Studies eint, dass sie, erstens, den Einfluss von Medien anerkennen, dass sie, zweitens, Rezipierende und Konsument:innen als Instanzen der Bedeutungserzeugung („as a site of meaning-making") ernst nehmen und dass sie, drittens, ein explizites Interesse an Fragen des sozialen Engagements und Wandels aufweisen (Bean/Chasar 2017, 9; vgl. auch Harrington 2009, 277). Alle drei Impulse treffen auch für die meisten hier untersuchten Lyrikprojekte zu. Besonders der letztgenannte Impuls aber ist von Bedeutung, da er das Schreiben, Lesen, Distribuieren und Zirkulieren von Gedichten als „political acts in the public sphere" (Bean/Chasar 2017, 11) begreift. Viele der hier untersuchten Lyrikprojekte und der darin verwendeten Gedichte setzen sich kritisch mit soziokulturellen und urbanen Gegebenheiten auseinander.

Methodische Grundlagen des Buches waren zunächst die Auswertung von Dokumenten, Fotos und Videos, die über das Internet verfügbar sind, des Weiteren Beobachtungen vor Ort, Interviews mit Expert:innen und Kurzinterviews mit Passant:innen, die Lyrikprojekte wahrgenommen haben, und drittens kontextbezogene Interpretationen ausgewählter Gedichte. Eigene empirische Erhebungen konnten allerdings nur in Einzelfällen durchgeführt werden, einmal, da aufgrund der Coronapandemie Reisen im wesentlichen Forchungszeitraum nur eingeschränkt möglich waren, und zweitens, weil wir auch Projekte untersuchen, die zeitlich befristet und vor dem Bearbeitungszeitraum abgeschlossen waren.

Die theoretischen Grundlagen dieser interdisziplinären Arbeit werden in den Kapiteln 2.1 bis 2.3 verhandelt. Sie fokussieren einerseits Aspekte der ‚Raumproduktion' und des Wandels des städtischen Raums, der mit der bekannten Dichotomie von privaten und öffentlichen Räumen nicht mehr hinreichend beschrieben werden kann (2.1). Andererseits werden literatur-, kunst- und kulturwissenschaftliche Grundlagen für die Untersuchung skizziert. Hier geht es um Debatten über ‚Kunst im öffentlichen Raum' zwischen ‚Störung' und ‚Entstörung', um Strategien der Ortsbezogenheit, um Street Art und Graffiti sowie um die Besonderheiten poetischer Sprache und wie diese im urbanen Raum wahrnehmbar werden (Kap. 2.2). In einem anschließenden Kapitel werden die Leitfragen der Untersuchung formuliert und das methodische Vorgehen erläutert (2.3).

Die Auswahl der Lyrikprojekte, die in den Kapiteln 3.1 bis 3.11 untersucht werden, folgt dem Prinzip „maximaler Kontrastierung" (Dimbath/Ernst-Heidenreich/Roche 2018, Art. 19), das durch das Bestreben charakterisiert ist, ein möglichst vielfältiges Spektrum von Fällen in den Blick zu nehmen und in diesem Buch zu analysieren. Die Analysen sind in elf Kapitel gegliedert, die sich jeweils bis zu drei Fallstudien widmen. Den Einstieg bildet ein Kapitel zu sehr kleinen Formaten: informelle Zettelpoesie an Bäumen, Laternenpfählen und in U-Bahn-Eingängen in Hamburg, Leipzig und Wien (3.1). Darauf folgt ein Kapitel zu Lyrik auf einem riesigen digitalen Laufband in einer Passage in Köln (3.2) und ein weiteres zu den weltweit populären Lyrikprojekten im öffentlichen Nahverkehr, hier am Beispiel der U-Bahn New Yorks (3.3). Im vierten Kapitel geht es um drei Dimensionen gehörter Lyrik im Stadtraum, zum einen öffentlich hörbare Poetry-Slam-Veranstaltungen, zum zweiten Audiowalks, zum dritten per Megafon deklamierte Gedichte – in Hamburg, New York und indischen Megastädten, darunter in Delhi (3.4). Anschließend werden zwei unterschiedliche, höchst kreative Lyrikfestivals im öffentlichen Raum in Krefeld und Miami diskutiert (3.5). Das nachfolgende Kapitel widmet sich auch einer ‚festivalisierten' Kunstform: dem performativen Herabregnen von Gedichten von einem Hubschrauber am Stadthimmel von Berlin (3.6). Im siebten Kapitel geht es ebenfalls um temporäre Kunst-Happenings: die Projektion von Gedichten auf Fassaden im Stadtraum von Basel, Zürich und Bilbao (3.7). Das Kapitel danach stellt Billboard Poetry – Gedichte auf Plakatwänden und anderen werbeähnlichen Formaten – in London und Berlin vor (3.8). Stärker politisch ist der Umgang mit Lyrik, wenn sie als poetische Protestform eingesetzt wird, indem Gedichte auf öffentliche einsehbare Wände und Mauern geschrieben werden, wie dies in türkischen Städten, insbesondere in Istanbul, während der Gezi-Proteste der Fall war (3.9). Hier haben Gedichte zwar nicht einen „riot" ersetzt, aber sie haben dazu beigetragen, Menschen zu mobilisieren. Dauerhaft werden Gedichte auch großformatig auf Häuserfassaden gemalt, wie anhand von langfristig angelegten Lyrikprojekten in Brooklyn, Leiden und Charlotte gezeigt wird (3.10). Das letzte Kapitel, zu Gedichten an der Alice Salomon Hochschule in Berlin, zeigt, welche kulturpolitische Debatte und poetischen Reaktionen ein Fassadengedicht auslösen kann (3.11).

Die wesentliche Arbeit an diesem Buch wurde im Rahmen eines Advanced Grants des Europäischen Forschungsrats (ERC) zum Thema ‚Poetry in the Digital Age' (2021–2025) unter der Leitung von Claudia Benthien an der Universität Hamburg durchgeführt. Wir bedanken uns für die Unterstützung der gemeinsamen Forschungsarbeit durch Fellowships und Reisemittel im Sommersemester 2021 an der DFG-Kolleg-Forschungsgruppe ‚Russischsprachige Lyrik in Transition' unter der Leitung von Henrieke Stahl an der Universität Trier, wo wir unser Projekt mehrfach vorstellen durften und wichtige Hinweise erhielten. Zur Forschung vor Ort wurden des Weiteren Sachmittel und Reisegelder der Carl von Ossietzky Universität Oldenburg und der Universität Hamburg eingesetzt.

Für viele der untersuchten Lyrikprojekte haben wir Interviews mit Expert:innen führen können. Wir bedanken uns herzlich für die Bereitschaft, unsere Fragen geduldig und hoch kompetent zu beantworten, bei den folgenden Personen:

- Ulrike Almut Sandig, Berlin (Kap. 3.1 und 3.4),
- Sonja Lewandowski und Adrian Kasnitz sowie Marie Sturm, Köln (Kap. 3.2),
- Matt Brogan und Brett Fletcher Lauer, Poetry Society of America, New York (Kap. 3.3 und 3.10),
- Sandra Bloodworth und Cheryl Hageman, MTA Arts & Design, New York (Kap. 3.3),
- Thomas Hoeps, Niederrheinisches Literaturhaus Krefeld, und Christoph Wenzel, Aachen (Kap. 3.5),
- P. Scott Cunningham und Melissa Gomez, Miami (Kap. 3.5),
- Cristóbal Bianchi, Chicago, Joaquín Prieto Suarez, London, und Julio Carrasco, Santiago de Chile (Kap. 3.6),
- Amy Bagwell, Charlotte, NC (Kap. 3.10),
- Hetty Leijdekkers, Leiden (Kap. 3.10).

Darüber hinaus bedanken wir uns bei Ralph Müller (Fribourg) und Birgitte Stougaard Pedersen (Aarhus) für Einladungen zu Vorträgen mit produktiven Diskussionen. Ferner danken wir den Wissenschaftlichen Mitarbeiter:innen des ERC-Projekts ‚Poetry in the Digital Age' – Rebecka Dürr, Kira Henkel, Anna Hofman, Vadim Keylin, Magdalena Korecka, Marc Matter, Antje Schmidt, Wiebke Vorrath, Henrik Wehmeier und Clara Cosima Wolff – die jeweils ein oder mehrere Kapitel gelesen und auch bei Projektpräsentationen viele Anregungen gegeben haben. Nicht zuletzt danken wir den anonymen Wissenschaftler:innen, die uns im Rahmen des Peer-Review-Verfahrens kluge Beobachtungen formuliert und wichtige Hinweise gegeben haben. Achim Wagner (Berlin) danken wir für die Tipps, Übersetzungen und Fotos, ohne die wir das Kapitel über die poetischen Proteste in Istanbul (Kap. 3.9) kaum hätten schreiben können, auch für seine Lektüre des Kapitels – und die von Leyla von Mende – danken wir. Paweł Piszczatowski (Warschau) und Anja Tippner (Hamburg) haben uns bei den polnischen Gedichten für Kapitel 3.8 unterstützt. Zudem danken wir Tomas Lembke (Berlin) und Paul Grau (Seoul), die uns die Lyrik in den U-Bahnstationen Seouls nahegebracht haben (Kap. 3.3), Tom Karrasch, der uns geduldig den Alltag auf dem Ebertplatz in Köln geschildert hat (Kap. 3.2), Gesche Groth (Hamburg), die in Istanbul eine Steinplatte mit einem Gedicht von Nâzım Hikmet nicht nur gesucht, sondern auch gefunden und fotografiert hat (Abb. 3.9.2) sowie Esther Kilchmann (Hamburg) für den Hinweis auf die Plakate im 17. Bezirk Wiens.

Unser Dank gebührt auch den Studentischen Mitarbeiter:innen Antonia Baatz, Gesche Billerbeck, Juliane Engel, Jasmin Rahnenführer, Şüheda Şimşek, Benedikt Stamm (alle Hamburg), Jennifer Hügel, Berivan Boztimur und Lea Terlau (alle Oldenburg) für ihre tatkräftige Unterstützung bei Recherchen und Materialbeschaffung, beim Bibliografieren, Korrekturlesen und vielem mehr.

Claudia Benthien dankt Manuela Gerlof und Anja Michalski vom De Gruyter Verlag für ihre Begeisterung und ihr Engagement bei der Gründung der hiermit eröffneten Buchreihe *Poetry in the Digital Age* und beide Autor:innen danken Stella Diedrich für die zugewandte und kompetente Betreuung des Manuskripts.

2 Theoretische Grundlagen

2.1 Stadt und Raum

In diesem Kapitel werden die theoretischen Grundlagen der Untersuchung aus stadtsoziologischer Perspektive entwickelt. Die Präsentation von Lyrik verändert – mehr oder weniger – städtische Räume und damit auch die Optionen der Wahrnehmung durch Menschen, die sich in ihnen bewegen, seien es Bewohner:innen, Besucher:innen oder Passant:innen. Nach einigen grundsätzlichen raumsoziologischen Überlegungen werden im zweiten Abschnitt, ausgehend von der Unterscheidung öffentlicher und privater Räume, der Wandel städtischer Räume verhandelt und im dritten die für unsere Untersuchung relevanten Trends der Stadtpolitik skizziert.

Lyrik und die ‚Produktion des Raums'

Seit etwa drei Jahrzehnten gibt es in der Soziologie eine intensivere Beschäftigung mit Raum, teilweise wird dem in vielen Fächern ausgerufenem *spatial turn* gefolgt. Wie überzeugend das ist, ob es dazu einer eigenen Raumsoziologie bedarf und was sie zur Erklärung sozialer Sachverhalte beizutragen hat, ist umstritten. Kritisiert werden vor allem Ansätze, die dem Raum gleichsam deterministische Züge verleihen, die etwa darin bestehen, dass angenommen wird, der je spezifische Raum bestimme soziales Handeln und Wahrnehmungen (zur Kritik des „Raumdeterminismus" siehe Roskamm 2012; vgl. auch Lippuner/Lossau 2004). Diese Kontroverse wird hier nicht nachgezeichnet, denn das Ziel der Ausführungen ist es, ein Raumverständnis zu entwickeln, das eine handhabbare theoretische Grundlage für die folgenden Untersuchungen bietet. Für unsere Zwecke kommt es zunächst darauf an, zu verstehen, was es heißt, dass Räume aus soziologischer Sicht gesellschaftlich hergestellt und wahrgenommen werden. Anhand der Arbeiten von Dieter Läpple (1991), Martina Löw (2001) und Henri Lefebvre (1991[1974]) lässt sich das nachvollziehen.

Läpples „Essay über den Raum" war wegweisend für die sozialwissenschaftliche Thematisierung des gesellschaftlichen Raums. Er setzt sich darin mit verschiedenen Raumkonzepten auseinander und macht deutlich, dass eine sozialwissenschaftliche Perspektive sich von der Vorstellung eines Raums verabschieden muss, der entkoppelt vom Sozialen als ‚Container' gleichsam schon vorgesellschaftlich besteht. Die Abkehr vom Raum als Container ist ein Grundelement aller sozialwissenschaftlicher Raumkonzepte. Die sozialwissenschaftliche Perspektive verdeutlicht Läpple durch die Unterscheidung von vier Dimensionen des gesellschaftlichen ‚Matrix-Raums': Erstens, die materiell-physische Dimension thematisiert die „materielle

Erscheinungsform" (Läpple 1991, 196) des Raums; zweitens, mit der gesellschaftlich-praxeologischen Dimension wird das Handeln von Menschen in Bezug auf die jeweiligen Räume einbezogen; drittens, die regulative Dimension hebt auf „Eigentumsformen, Macht- und Kontrollbeziehungen, rechtlichen Regelungen, Planungsrichtlinien [...] Normen etc." (Läpple 1991, 197) ab und viertens bezieht sich die symbolische Dimension auf ein „räumliches Zeichen-, Symbol- und Repräsentationssystem" (Läpple 1991, 197). Räumliche Artefakte – von Stadtautobahnen bis Kinderspielplätze – sind auch als Symbole zu lesen und geben dadurch Hinweise auf die Wahrnehmung von Räumen. Entscheidend dafür, von einem sozialen Raum zu sprechen, sei die zweite Dimension:

> Als Resultat der materiellen Aneignung der Natur ist ein gesellschaftlicher Raum zunächst ein *gesellschaftlich produzierter Raum*. Seinen gesellschaftlichen Charakter entfaltet er allerdings erst im Kontext der *gesellschaftlichen Praxis der Menschen*, die in ihm leben, ihn nutzen und ihn reproduzieren. Durch diese *unmittelbare* gesellschaftliche Dimension erklärt sich auch sein Charakter als „Matrix-Raum", d. h. ein sich selbst gestaltender und strukturierender Raum. (Läpple 1991, 197)

Mit der Unterscheidung der verschiedenen Dimensionen des Raums benennt dieses Konzept zugleich unterschiedliche Analyseebenen. Die Hervorhebung der zweiten Dimension, der gesellschaftlichen Praxis, als entscheidende für den gesellschaftlichen Charakter des Raums, ist allerdings nur schwer nachvollziehbar – wie auch die Vorstellung eines sich selbst gestaltenden Raums. Die Dimensionen des Raums werden von Läpple nicht als unterschiedliche Bestandteile einer Einheit verstanden, aus denen zusammen erst der Raum zu verstehen ist, sondern die Dimension der gesellschaftlichen Praxis wird so hervorgehoben, als wäre sie ohne die anderen denkbar. Und es schleicht sich in Läpples Argumentation die Vorstellung ein, die Produktion des Raums sei ein irgendwann abgeschlossener Prozess, der einen Raum schaffe, der dann von der Gesellschaft gleichsam genutzt werde.

Darüber hinaus sind weitere Unterscheidungen allerdings instruktiv: einerseits die zwischen Mikro-, Meso- und Makroräumen, wobei für unsere Zwecke der je konkrete Mikroraum der „elementaren Raumerfahrungen" (Läpple 1991, 197) von zentraler Bedeutung ist. Mit der Mesoebene sind regionale, mit der Makroebene darüber hinausgehende Raumbezüge bis hin zur globalen Ebene gemeint. Zum anderen unterscheidet Läpple mit Elmar Altvater verschiedene ökonomische, kulturelle, soziale und ökologische Aspekte, die entsprechenden „Funktionsräumen" (Läpple 1991, 198–199) zugeordnet werden können. Je nach Fragestellung und Untersuchungsgegenstand sind Funktionsräume auf den unterschiedlichen Raumebenen denkbar. So ist der ökonomische Funktionsraum eines Friseurladens eher auf der Mikroebene, der eines multinationalen Automobilunternehmens eher auf der globalen Makroebene anzusiedeln – entsprechende Unterscheidungen sind auch für ökologische, soziale und kulturelle Funktionsräume zu treffen.

In ihrer großen Studie zur „Raumsoziologie" entwickelt Löw auf der Basis einer Auseinandersetzung mit einer Vielzahl von Raumkonzepten eine eigenständige Begrifflichkeit und Konzeption von Raum. Raum, so ihre Definition „ist eine relationale (An)Ordnung sozialer Güter und Lebewesen an Orten" (Löw 2001, 212). Mit der Begriffsbildung ‚(An)Ordnung' wird auf die Veränderbarkeit und Relationalität einerseits und die Strukturiertheit bestehender Raumstrukturen andererseits verwiesen – ein gebautes Hochhaus beispielsweise dominiert womöglich über Jahrzehnte einen konkreten Ort und schränkt damit die Chancen massiv ein, die Raumstrukturen zu gestalten. Löw betont die sozial ungleich verteilten Chancen, Räume zu strukturieren und verfolgt darüber hinaus die These, dass Räume soziales Handeln beeinflussen, wenn nicht gar determinieren. Überraschend an der Definition wirkt die Gleichsetzung von ‚sozialen Gütern' und ‚Lebewesen', weil dadurch die physisch-materielle Dimension des Raums nicht getrennt wird von der Dimension der gesellschaftlichen Praxis. Dass diese Trennung nicht vorgenommen wird, ist irritierend, denn anders als Infrastrukturen, Gebäude, aber auch Werbetafeln, Graffiti oder geschriebene Gedichte auf Wänden, prägen die konkret vorfindlichen Menschen zwar auch Räume, aber sie sind eben nicht Bestandteil der materiell-physischen Seite des Raums. Letztlich wird das Vorgehen dadurch verständlich, dass Löw von einer doppelten Konstitution von Raum ausgeht, die sie mit den Begriffen „Syntheseleistung" und „Spacing" (Löw 2001, 224–230) verdeutlicht. Mit dem Spacing wird die Platzierung von materiellen Gütern und Menschen bezeichnet, während die Syntheseleistung auf symbolische Leistungen und die Wahrnehmungen und Vorstellungen abhebt, die sich Menschen von Räumen machen. Und da städtische Räume nie gleichsam leer sind, also ohne Menschen, die sie – wie auch immer – nutzen, ist vor allem die Syntheseleistung für ein Verständnis des Raums zentral.

Die grundlegende Arbeit zur neueren Raumsoziologie stammt aus den 1970er Jahren vom französischen Philosophen und Soziologen Lefebvre, die in den internationalen Sozialwissenschaften aber erst breiter rezipiert wurde, als sie auf Englisch (Lefebvre 1991 [1974]) veröffentlicht wurde. In seiner Theorie zur „Produktion des Raums" unterscheidet Lefebvre drei Dimensionen, um den Raum zu beschreiben und zu verstehen (vgl. Lefebvre 2018 [1974], 335–336; zum Folgenden auch Günzel 2020, 86–101; Schmid 2010, 207–230): Erstens der wahrgenommene Raum (*l'espace perçu*), die räumliche Praxis, zweitens der konzipierte Raum (*l'espace conçu*), die Raumrepräsentation und drittens der gelebte Raum (*l'espace vécu*), der Repräsentationsraum. Mit der räumlichen Praxis meint Lefebvre sowohl die materielle Seite des Raums, also dessen baulich-physische Gestalt, als auch die alltägliche Nutzung und Wahrnehmung. Wie der Raum produziert wird, ist abhängig vom jeweiligen Gesellschaftssystem: „Jede Gesellschaft [...] produziert einen ihr eigenen Raum." (Lefebvre 2018 [1974], 330–331) Dies erschöpft sich aber nicht darin, wie und zu wessen Nutzen welche Infrastrukturen, Verkehrswege oder Gebäude errichtet werden. Zur Produktion gehören auch die Wahrnehmung und die Praxis im Alltagsleben der Bewohner:innen, deshalb ist es der wahrgenommene Raum.

Basiert die räumliche Praxis auf der materiellen Produktion, so basiert die Raumrepräsentation auf Wissensproduktion. Sie schafft abstrakte Darstellungen. Von Expert:innen aus Planung, Wissenschaft und Ökonomie wird Raum konzipiert. Es sind die Expert:innen, die den Raum „,zerschneiden' und wieder ,zusammensetzen'" (Lefebvre 2018 [1974], 336), in Bebauungsplänen beispielsweise. Zu denken ist hier aber auch an verschiedene Künste, die sich – etwa in der Milieufotografie oder der Großstadtlyrik – auch mit anderen, verdrängten und negativen Seiten städtischen Lebens befassen und realistische oder subversive Bilder von Räumen produzieren.

Repräsentationsräume sind ge- und erlebte Räume, Lefebvre geht es hier um das Alltagsleben der Bewohner:innen. Während sich die räumliche Praxis auf die unmittelbare Nutzung und Wahrnehmung materieller Räume bezieht, geht es bei den Repräsentationsräumen um die gelebten Räume in einem umfassenderen Sinn. Lefebvre thematisiert hier auch die „Bedeutungsproduktion" (Schmid 2010, 208) und damit die symbolische Seite der Räume: „Sie weisen [...] komplexe Symbolisierungen auf, sind mit der verborgenen und unterirdischen Seite des sozialen Lebens [die Schattenseiten städtischen Lebens, die Verf.], aber auch mit der Kunst verbunden [...]." (Lefebvre 2018 [1974], 333) Symbolisierungen können etwa offizielle Straßenschilder mit dem Zusatz ‚Little Italy' oder ‚Chinatown' sein, aber auch Graffiti-Tags oder die Ankündigung eines Straßenfests via Flyer. In der gelebten Praxis können Räume allerdings auch anders verwendet werden, als es in den Plänen vorgesehen war. So wird eine Tankstelle üblicherweise zum Tanken und zur Autowäsche genutzt, sie kann aber auch für Jugendliche zum Treffpunkt und damit zum Ort sozialer Integration werden – wie es Saša Stanišić in seinem Roman *Herkunft* (2019) beschreibt.

Die drei Dimensionen des Raums versteht Lefebvre als eine „Dreiheit" (Lefebvre 2018 [1974], 333), die zusammen den sozialen Raum ausmachen. „Zentral an diesem Konzept ist die Gleichzeitigkeit der drei Momente: Der Raum wird zugleich konzipiert, wahrgenommen und gelebt." (Schmid 2010, 208) Wenn wir uns mit Lyrik in städtischen Räumen befassen, dann können wir besonders an Lefebvres Konzept anschließen, da er sich auf den Prozess der Produktion des sozialen Raums fokussiert, während Läpples Analysen sich vor allem für das Verständnis der Raum-Strukturen und Löws Theorie für das Verständnis der Raum-Strukturierungen eignen (vgl. Löw/Sturm 2016, 14–15). Öffentlich präsentierte Gedichte lassen sich als Teil eines Produktionsprozesses im Sinne Lefebvres verstehen, indem mit ihrer Präsentation die räumliche Praxis mehr oder weniger deutlich verändert wird und der gelebte Raum sich anders darstellt und andere Nutzungen und Bedeutungszuschreibungen ermöglicht.

Auf der Mikroebene der Raumanalyse geht es um konkrete Orte (*places*), weshalb dafür der im Englischen gebräuchliche Begriff des „Place-Making" übernommen werden kann. Wie Kunst kann auch die Lyrik im öffentlichen Raum teilhaben am Place-Making (vgl. Lossau 2015) – der Begriff wird in der Stadtforschung für die Raumproduktion durch verschiedene formelle und informelle Akteur:innen wie Stadtplanung, Inverstor:innen, aber auch Basisinitiativen und Bewohner:innen verwendet. Er lässt sich gerade in solchen Fällen nutzen, in denen es nicht um die großen Fragen der Raumproduktion geht, sondern um Aneignungen, Markierungen und Nutzungen, die im Alltag mit dem sozialen Mikro-Raum konkreter Orte verbunden sind.

Wandel des urbanen Raums

Was aber sind Besonderheiten des städtischen Raums? Hans-Paul Bahrdt hat Anfang der 1960er Jahre die Stadt soziologisch mittels der basalen Polarität von Öffentlichkeit und Privatheit definiert:

> Eine Stadt ist eine Ansiedlung, in der das gesamte, also auch das alltägliche Leben die Tendenz zeigt, sich zu polarisieren, d. h. entweder im sozialen Aggregatzustand der Öffentlichkeit oder in dem der Privatheit stattzufinden. [...] Je stärker Polarität und Wechselbeziehung zwischen öffentlicher und privater Sphäre sich ausprägen, desto ‚städtischer' ist, soziologisch gesehen, das Leben einer Ansiedlung. (Bahrdt 2006 [1961], 83–84)

Eine solche Trennung oder gar Polarität von Privatheit und Öffentlichkeit gibt es in Dörfern nicht. Personen, die sich auf dem Land begegnen, sind bekannt mit ihrer ganzen Person. Einen öffentlicher Raum, in dem man anonym und nur mit einem Ausschnitt seiner Persönlichkeit – in der Rolle als Kund:in, Verkehrsteilnehmer:in et cetera – auftritt, gibt es nur in Städten. Auf dem Land dagegen findet man „geschlossene Systeme": Darunter versteht Bahrdt „eine Sozialordnung [...], in der so gut wie alle sozialen Beziehungen durch ein dichtes, theoretisch lückenloses Netz personaler Bindungen vermittelt sind" (Bahrdt 2006 [1961], 87).

Den öffentlichen und den privaten Raum kann man in vier Dimensionen unterscheiden: funktional, juristisch, sozial und symbolisch (vgl. Siebel 2004, 14–16): Historisch waren Markt und Politik in funktionaler Hinsicht Angelegenheiten des öffentlichen, Produktion (Betriebe) und Reproduktion (Wohnungen) Angelegenheiten des privaten Raums. Reproduktion ist hier in einem umfassenden Sinne zu verstehen, beinhaltet also beispielsweise auch Erholung, Freizeitgestaltung und

Kindererziehung. In der juristischen Dimension ist für den öffentlichen Raum das öffentliche Recht maßgebend, während der private Raum zusätzlich dem Hausrecht der Eigentümer:innen unterliegt. In der sozialen Dimension lassen sich Räume nach den jeweils erwartbaren Verhaltensweisen unterscheiden. Erving Goffman hat dafür in seinem Buch *Wir alle spielen Theater* zwischen der ‚Hinterbühne' und ‚Vorderbühne' unterschieden: distanziertes, gleichsam darstellendes Verhalten auf der Vorderbühne in der Öffentlichkeit, Intimität und Emotionalität auf der Hinterbühne der Privatwohnungen (vgl. Goffman 2000 [1959], 99–128; Goffman 2009 [1963], 97–102). In der symbolischen Dimension geht es um die Grenzziehungen zwischen Privatheit und Öffentlichkeit und um die architektonischen Erscheinungsformen, die etwa Exklusivität betonen oder Transparenz und Zugänglichkeit.

Für eine prägnante Definition lässt sich öffentlicher Raum mit drei Merkmalen charakterisieren: Zugänglichkeit, Anonymität und Verhaltensoffentheit (vgl. Gestring u. a. 2005). Zugänglichkeit heißt, dass es im Prinzip keine Barrieren gibt; gemeint sind hier nicht physische Barrieren, die in erster Linie Menschen im Rollstuhl die Teilhabe erschweren, sondern Barrieren wie Eintrittsgelder oder Zugangsverbote für definierte Gruppen, die den Zugang einschränken. Anonymität liegt dann vor, wenn keine Identitätsnachweise verlangt werden und jeder Mensch das Recht und die tatsächliche Option hat, sich unerkannt zu bewegen. Verhaltensoffenheit meint, dass es – im Rahmen der gesetzlichen Regeln – keine Festlegung des Verhaltens gibt: im öffentlichen Raum kann man beispielsweise warten, konsumieren, flanieren, laufen und spielen.

Einer der meistzitierten Aufsätze der Stadtsoziologie ist Georg Simmels „Die Großstädte und das Geistesleben". Simmel untersucht in dem 1903 veröffentlichten Aufsatz den „Typus großstädtischer Individualitäten" und beschreibt den „städtischen" Sozialcharakter mit den Begriffen „Intellektualismus", „Blasiertheit" und „Reserviertheit" (Simmel 1995 [1903], 116, 120–122). Distanz ist kurz gesagt das Verhaltensmerkmal, das geübte Städter:innen auszeichnet und sie von Bewohner:innen von Dörfern und Kleinstädten unterscheidet. Die Vielzahl der Begegnungen mit Fremden, der überbordende Verkehr, die Angebote der Geschäfte, die Verlockungen der Werbung – all das, was in den Innenstädten in räumlicher Nähe und größter Dichte zu beobachten ist, macht die von Simmel konstatierte „Reizüberflutung" der Großstadt aus. Die Impressionen der Metropole werden zwar wahrgenommen, aber mit einer rationalen Haltung, die Simmel drastisch als „Präservativ des subjektiven Lebens gegen die Vergewaltigungen der Großstadt" (Simmel 1995 [1903], 118) bezeichnet hat. Die an den Tag gelegte Gleichgültigkeit gegenüber der städtischen Umwelt gibt dem Individuum die Möglichkeit, sich sicher in urbanen Räumen zu bewegen. Diese Gleichgültigkeit ist auch Grundlage dafür, dass eine Vielzahl unterschiedlicher Lebensstile auf engstem Raum mit- oder besser: nebeneinander existieren können.

Dass die dadurch entstandene Freiheit nicht immer mit ‚Wohlbefinden' einhergeht, darüber war sich Simmel bewusst:

> [D]ie gegenseitige Reserve und Indifferenz [...] werden in ihrem Erfolg für die Unabhängigkeit des Individuums nie stärker gefühlt, als in dem dichtesten Gewühl der Großstadt, weil die körperliche Nähe und Enge die geistige Distanz erst recht anschaulich macht; es ist offenbar nur der Revers dieser Freiheit, wenn man sich unter Umständen nirgends so einsam und verlassen fühlt, als eben in dem großstädtischen Gewühl; denn hier wie sonst ist es keineswegs notwendig, dass die Freiheit des Menschen sich in seinem Gefühlsleben als Wohlbefinden spiegle. (Simmel 1995 [1903], 126)

Distanz ist zwar das dominierende, aber nicht das einzige und allein mögliche Verhalten im städtischen Raum außerhalb der Privatsphäre. Trotz aller Distanz ist im öffentlichen Raum Kommunikation unter Fremden möglich. Bahrdt hat die engen Regeln skizziert, die dafür gelten (vgl. Bahrdt 2006 [1961], 89–92): Es gibt demnach nur wenige Anliegen, die es erlauben, Fremde im öffentlichen Raum anzusprechen: nach der Uhrzeit oder dem Weg zu fragen etwa oder um Feuer für die Zigarette zu bitten. Darüber hinaus sind spontane Kontakte üblich, wenn etwas Ungewöhnliches geschieht: bei einem Unfall können Zeug:innen sich absprechen, wer Hilfe ruft. Es könnten aber auch Kunstwerke oder eben Gedichte im öffentlichen Raum sein, die einen akzeptierten Anlass für Kommunikation unter Fremden bieten. Bahrdt hatte wohl die Innenstadt vor Augen, in denen sich in der Regel Fremde begegnen. Es gibt aber auch Stadtviertel, in denen Nachbarschaften entstanden sind, wo sich Bewohner:innen seit langem kennen und regelmäßig auf der Straße oder beim Bäcker treffen. Selbst Bettler:innen und Drogennutzer:innen sind in solchen Quartieren keine Fremden, sondern werden selektiv integriert (vgl. Wehrheim 2009, 107–110). Hier würde ein distanziertes Verhalten eher auf Unverständnis stoßen.

In unterschiedlichen Räumen einer Stadt sind somit auch unterschiedliche Verhaltensweisen zu erwarten. Angemessen sind nach Lyn Lofland (1989) solche Verhaltensweisen, die sich durch freundliche Rücksichtnahme, Akzeptanz unterschiedlicher Rollen – der öffentliche Raum ist auch eine Bühne, und Passant:innen können sowohl in der Rolle der Zuschauenden als auch in der Rolle der handelnden Akteur:innen auftreten – sowie Zivilität („civility") auszeichnen, wie Lofland (1989, 461) die Toleranz gegenüber der Vielfalt von Lebensstilen und Verhaltensweisen nennt.

Das Denken über städtische Räume ist oft noch durch die Vorstellung der Polarität von öffentlichen und privaten Räumen bestimmt. In den empirisch vorfindbaren Räumen der Städte ist sie allerdings weitgehend obsolet geworden. Die Privatsphäre hatte sich bereits in einem langen Prozess der medialen Integration von Zeitung, Radio und Fernseher geöffnet, um dann mit den neuen Kommunikationstechnologien, der Überwachung durch Geheimdienste und den Algorithmen der

Internetkonzerne fast zu einem symbolischen Relikt zu werden (vgl. Krämer-Badoni 2018). Auf der anderen Seite werden private Angelegenheiten heute in der Öffentlichkeit in einem Ausmaß ausgetragen, wie es erst durch die Digitalisierung möglich wurde: lautes Telefonieren über intime Dinge im städtischen Raum und in öffentlichen Verkehrsmitteln, öffentliche Selbstdarstellung und Einblicke ins Privatleben auf Plattformen wie Facebook und Instagram sollen als Stichworte hier ausreichen.

Die Digitalisierung verändert Formen gesellschaftlicher Teilhabe grundlegend (vgl. Biermann/Fromme/Verständig 2014), was auch Einfluss auf das Konzept gesellschaftlicher beziehungsweise bürgerlicher Öffentlichkeit nach Jürgen Habermas hat (siehe Kap. 2.2). Dieses wird zwar noch oft zitiert, die traditionelle „Forumsfunktion" von Öffentlichkeit aber ist mit Blick auf den städtischen öffentlichen Raum längst nicht mehr gültig, weil durch die Sozialen Medien eine wirkmächtige Form der „Halböffentlichkeit" hinzugekommen ist, wie der Philosoph selbst jüngst bemerkt hat (Habermas 2021, 459 und 497). Wichtige Thesen der Veränderungen des Begriffs von Öffentlichkeit durch Soziale Medien mit ihrer Struktur der „Many-to-Many-Kommunikation" sind die „Fragmentierung des digitalen Raumes in Teilöffentlichkeiten" und die „Tendenz zur homosozialen Vergemeinschaftung von gleichgesinnten Web-2.0-Usern", die wie in einer „Echokammer" primär in „selbstreferenziellen Sozialräumen" unterwegs sind (Seeliger/Sevignini 2021, 30).

Die Debatte über die uns interessierenden städtischen öffentlichen Räume ist seit langem gekennzeichnet durch Diagnosen der Privatisierung, Überwachung, Kommerzialisierung, Gentrifizierung und Touristification (siehe unten), die letztlich auf eine Ausdifferenzierung unterschiedlicher Räume in der Stadt hinauslaufen und von manchen als Verfall diagnostiziert wird: Die öffentlichen Räume verändern sich, und es entstehen neue Raumtypen, so dass städtische Räume auch aus diesem Grund mit der Polarität von Öffentlichkeit und Privatheit nicht mehr hinreichend zu erfassen sind, sondern eher durch eine gegenseitige Durchdringung dieser Sphären, die in unterschiedlichen Räumen sich in unterschiedlicher Weise zeigen (vgl. Lofland 1989).

Ein Beispiel sind Shopping Malls (vgl. Wehrheim 2009, 119–135). Sie werden wie öffentlichen Räume wahrgenommen (soziale Dimension), sind aber Privaträume mit einer eigenen Hausordnung (juristische Dimension), die beispielsweise ‚unnötigen Aufenthalt' verbietet. Was ein unnötiger Aufenthalt ist, definiert im Zweifelsfall der private Sicherheitsdienst. Erwartet wird das typische Verhalten von Konsument:innen. Verhaltensoffenheit besteht hier nicht mehr – und auch keine Anonymität, denn Malls werden in der Regel durch Videokameras überwacht. In ähnlicher Weise kann auch die Videoüberwachung öffentlicher Räume disziplinierend wirken und damit solche Verhaltensweisen einschränken, die zwar legal sind, aber womöglich ungern gesehen werden, Anonymität ist dann nicht mehr möglich (Wehrheim 2012, Kap. 2). Oder: Drogenkonsument:innen gelten in städtischen Räumen oft als unerwünscht und bekommen von der Polizei Platzverweise – etwa für das Bahnhofsviertel, das dadurch nicht mehr offen zugänglich ist. Die Beispiele ließen sich fortsetzen. Wenn also in Räumen, die als öffentlich gelten, Gedichte präsentiert werden, dann ist die Vielfalt der Raumtypen – von den Fußgängerzonen der Innenstädte und repräsentative Plätze über die innenstadtnahen Altbauquartieren bis zu den Großsiedlungen am Stadtrand und den Bahnhöfen und Shopping Centern – bei der Interpretation mithin zu berücksichtigen.

In diesem Zusammenhang ist die kulturtheoretische Debatte über „Nicht-Orte" instruktiv. Den Begriff prägte der Anthropologe Marc Augé. Er verwendet ihn für Bahnhöfe, Flughäfen, Messehallen, Shopping Malls oder internationale Hotels. Charakteristisch für diesen Raumtyp sei, dass er im Gegensatz zu ‚anthropologischen Orten' „keine Identität besitzt und sich weder als relational noch als historisch bezeichnen lässt" (Augé 2010 [1992], 83): Glatte Flächen, Stahl, Glas, Videoüberwachung, Sicherheitspersonal. Es ist die globale Gleichförmigkeit solcher Nicht-Orte, die dazu führt, dass Karten, Wegweiser und Anweisungen erforderlich sind, um sie überhaupt nutzen und sich in ihnen orientieren zu können:

> Sämtliche Aufforderungen, denen wir [...] in unseren Einkaufszentren oder an den Vorposten des Bankensystems an unseren Straßenecken begegnen, richten sich unterschiedslos an jeden von uns („Vielen Dank für Ihren Besuch", „Gute Reise", „Wir danken für Ihr Vertrauen"), und zwar an jeden beliebigen von uns: Sie erzeugen den „Durchschnittsmenschen", der als Benutzer des Verkehrs-, Handels- oder Bankensystems definiert ist. [...] Der Raum des Nicht-Ortes befreit den, der ihn betritt, von seinen gewohnten Bestimmungen. Er ist nur noch, was er als Passagier, Kunde oder Autofahrer tut oder lebt. [...] Der Raum des Nicht-Ortes schafft keine besondere Identität und keine besondere Relation, sondern Einsamkeit und Ähnlichkeit. (Augé 2010 [1992], 101–104)

Nicht-Orte haben erstens keine Wiedererkennungsmerkmale, die sie unverwechselbar machen – wie es etwa bei historischen Plätzen europäischer Städte der Fall ist. Zweitens reduzieren sie ihre Nutzer:innen auf kategorial klar definierte Rollen: als Konsument:in, Passagier:in, Gästin oder Gast. Nach Augé können Menschen aus Nicht-Orten keine Identität schöpfen, sie unterscheiden sich darin grundlegend von anthropologischen Orten, in denen es Möglichkeiten der Begegnung und Interaktion gibt (vgl. Chihaia 2015, 189).

Transitsysteme wie Bahnhöfe und U-Bahnen werden von vielen als öffentliche Räume aufgefasst, denn im Alltag sind sie oft gut zugänglich und zumindest einsehbar. Im strengen Sinne sind sie aber nicht öffentlich, denn zum einen ist die Nutzung beschränkt auf Personen, die sich Fahrkarten kaufen können, zum anderen gibt es ein Hausrecht der Betreiber:innen, in dem Verhaltensregeln vorgeschrieben und von privaten Sicherheitsdiensten durchgesetzt werden. (Nicht-)Orte des Transits sind also weder für alle zugänglich noch sind sie offen für unterschiedliche Verhaltensweisen, und sie gewährleisten aufgrund der flächendeckenden Videoüberwachung auch keine Anonymität. In unserer Untersuchung werden solche Nicht-Orte berücksichtigt, weil sie eine große Bedeutung haben für städtisches Leben und viele Menschen sie alltäglich nutzen (siehe Kap. 3.3).

Nicht nur der urbane Raum ist durch einen Prozess der Ausdifferenzierung gekennzeichnet, auch die Stadtbevölkerung ist, zumindest in Europa und Nordamerika, in sozialer und kultureller Hinsicht heterogener geworden: Gründe sind die wachsende soziale Ungleichheit, die Individualisierung und die Pluralisierung von Lebensstilen (vgl. Reckwitz 2017) sowie die in sozialer, ökonomischer, rechtlicher und kultureller Hinsicht wachsende Vielfalt der Immigrant:innen. Steven Vertovec (2007, 2019) spricht am Beispiel von britischen Großstädten von ‚Superdiversität' (*superdiversity*). Die Diversität bildet sich im Stadtraum infolge der Segregation sozialer Gruppen in unterschiedlichen Wohngebieten ab: Villengegenden, Migrant:innen- und Arbeiter:innenquartiere, gentrifizierte Innenstadtviertel und Einfamilienhaussiedlungen in Suburbia unterscheiden sich hinsichtlich zentraler Parameter wie Bebauung, Freizeitgelegenheiten, Infrastrukturen und Wohnqualitäten. Die Diversität der Stadtbevölkerung ist überdies relevant für die Stadtpolitik, denn unterschiedliche soziale Gruppen unterscheiden sich auch durch ihre Chancen, Interessen zu artikulieren und vor allem auch durchzusetzen.

Tendenzen der Stadtpolitik

Aktuelle Tendenzen der Stadtpolitik lassen sich entlang von vier Begriffen skizzieren, die seit den 1990er Jahren von zentraler Bedeutung sind: Governance, Neoliberalismus, Festivalisierung und soziale Bewegungen.

Mit dem Begriff Governance wird veränderten Akteurskonstellationen und Verfahren der lokalen Politik Rechnung getragen:

> Im Unterschied zu Government beschränkt sich Governance nicht nur auf die Verfahren und Instrumente staatlicher Regulierung. Governance umfasst alle interagierenden und intervenierenden Kräfte im Zusammenspiel von Politik, Wirtschaft und Gesellschaft. Governance bezeichnet also ein Netzwerk von verschiedenen Akteuren aus dem öffentlichen und privaten Bereich. (Häußermann/Läpple/Siebel 2008, 349)

Hintergrund des Wandels vom Government zur Governance sind zum einen der ökonomische Strukturwandel, der durch Deindustrialisierung und der Ausweitung der Dienstleistungen sowie neue Technologien und veränderte Arbeitsmärkte gekennzeichnet ist, und zum anderen durch die damit verbundenen neuen Aufgaben der Stadtpolitik, die mit einem ‚Durchregieren' im Sinne eines Governments kaum zu bewältigen sind. Dazu gehört es, Innovationen zu initiieren, Wachstum zu kreieren und die ökonomische Entwicklung zu gestalten – Aufgaben somit, die für stadt- und regionalpolitische Institutionen historisch relativ neu sind und die deshalb eine Neuorientierung und Ausweitung der beteiligten Akteur:innen und Netzwerke der Stadtpolitik erforderten: „Die Erfahrungen dabei haben gezeigt, dass sich planerisches Handeln besser auf Kooperation in Netzwerken stützt als auf formale Regulierungskompetenzen öffentlich-rechtlicher Organisationen." (Benz/Kilper 2018, 858) Die Kritik am Modell der Governance bezieht sich einerseits auf Fragen der demokratischen Legitimation, andererseits auf die der Teilhabe: Wer gehört zum Netzwerk, wer wird ausgeschlossen, wessen Interessen werden berücksichtigt und wessen nicht? Und wer sind Gewinner:innen, wer die Verlier:innen der Projekte, die in diesen Netzwerken organisiert werden?

Im Neoliberalismus gibt es unterschiedliche Varianten und Definitionen, „doch besteht sein Wesen nach wie vor darin, den Markt grundsätzlich dem Staat als Mittel zur Lösung von Problemen und zu Erreichung zivilisatorischer Ziele vorzuziehen" (Crouch 2011, 27). Diese generelle Ausrichtung an Marktmechanismen zeigt sich in den wesentlichen Zielen neoliberaler Politik, der Privatisierung bisher staatlich oder kommunal erbrachter Dienste und Einrichtungen und der Deregulierung von rechtlichen Rahmenbedingungen unternehmerischen Handelns. Zu den Merkmalen neoliberaler Stadtpolitik (vgl. Heeg/Rosol 2007, Moss 2017, Smith 2002) gehören die Privatisierung von zentralen Bereichen klassischer Kommunalpolitik wie der Wohnungsbau, der öffentliche Nahverkehr, Schwimmbäder, Grünflächen, Wasser- und Abwasserversorgung sowie die Forcierung von Prozessen der Gentrifizierung, also die ökonomische Aufwertung von Stadtquartieren, die die Verdrängung einkommensschwacher Bewohner:innen aus den Vierteln zur Folge hat. Der ursprünglich von der englischen Planerin Ruth Glass verwendete Begriff der Gentrification (mit *gentry* wurde in England der niedere Adel bezeichnet, der oft auf dem Land lebte, aber in der Stadt einen zweiten Wohnsitz hatte) bezeichnete seit den 1980er Jahren (vgl. Smith/Williams 1988) ein zentrales Konfliktfeld städtischer Wohnungspolitik – und fand so auch einen Weg von einem sperrigen Begriff der Stadtforschung in Medien und Politik (siehe Kap. 3.2, 3.4 und 3.5). Richtschnur neoliberaler Stadtpolitik ist die Orientierung an einem Wachstumsregime (vgl. Molotch 1976), dem alle anderen politischen Bereiche untergeordnet werden. Für die Stadtpolitik in deutschen Städten wird die These eines Nebeneinanders von Wachstum- und Integrationspolitik vertreten (vgl. Häußermann/Läpple/Siebel 2008, 360), wonach es keine ausschließlich auf Wachstum orientierte Stadtpolitik gebe, sondern auch eine – in der Verwaltung institutionalisierte – Integrationspolitik. Beispiele dafür sind der soziale Wohnungsbau, die Aufnahme von Geflüchteten und sozialpolitische und städtebauliche Interventionen in sogenannten benachteiligten Quartieren – auch wenn angesichts der dominanten Ausrichtung auf Wachstum und der überlokalen Ursachen von Armut und Arbeitslosigkeit nicht mehr zu erwarten ist als eine „verwaltete Marginalität" (Häußermann/Läpple/Siebel 208, 360).

In der städtischen Kulturpolitik dominiert seit langem die Strategie der „Festivalisierung" (Häußermann/Siebel 1993), die sich gut in neoliberale Überzeugungen einpasst. Gemeint ist damit eine Kulturpolitik, die sich in den Dienst der kommunalen Standortpolitik stellt und Projekte nur dann unterstützt, wenn sie Tourist:innen in die Stadt bringt oder den Interessen von Investor:innen und umworbenen Bevölkerungsgruppen (Hochqualifizierte mit entsprechendem Einkommen) dienen. Markante Beispiele der Festivalisierung sind die Ausrichtung Olympischer Spiele, Internationale Bauausstellungen, Gartenschauen, spektakuläre Museumsbauten und Konzerthäuser. In der Kritik der Festivalisierung wird von ‚Touristification' (Garcia Bujalance et al. 2019), ‚Museumification' (Debray 2004), ‚Eventisierung' (Betz/Hitzler/Pfadenhauer 2011) gesprochen, und die grundsätzliche Orientierung an Wachstum, Image und letztlich kleine Segmente der Stadtökonomie bemängelt. Kultur werde zum Standortfaktor und diene der Inwertsetzung der Stadt für ökonomische Zwecke, nicht den Bedürfnissen ihrer Bewohner:innen. Der Bau des Guggenheim Museums in Bilbao nach den Plänen des Stararchitekten Frank O. Gehry gilt als ein besonders erfolgreiches Beispiel für eine Festivalisierung, weshalb auch vom ‚Bilbao Effekt' gesprochen wird (siehe Kap. 3.7). Aktuelles Beispiel aus Hamburg ist die Elbphilharmonie im neuen Stadtteil HafenCity, deren Baukosten sich zwar ungefähr verzehnfacht haben, aber angesichts der spektakulären Architektur und der exzellenten Akustik anscheinend verschmerzt werden konnten (siehe Kap. 3.4).

Die Kritik an Festivalisierung und neoliberaler Stadtpolitik wird vor allem von städtischen sozialen Bewegungen und Basisinitiativen formuliert (vgl. Gestring/Ruhne/Wehrheim 2014), die sich oft unter dem Slogan Lefebvres vom „Recht auf Stadt" (Lefebvre 2016 [1968]; vgl. Mullis 2017) zusammenschließen, um für – auch kulturelle – Interessen von Bewohner:innen zu streiten, die nicht zu den klassischen Adressat:innen der Festivalisierungspolitik gehören (vgl. Holm 2014, Purcell 2013). Beispiele sind Proteste gegen die Gentrifizierung von Stadtvierteln, Initiativen für einen besseren öffentlichen Nahverkehr, Gruppen, die sich für mehr Stadtgrün oder die Sicherheit für Kinder im Verkehr einsetzen. Der Stadtpolitik ‚von oben' werden diese Forderungen ‚von unten' entgegengehalten. Gemeinsamkeit dieser Bewegungen ist die „unkonventionelle[] Beteiligung" (Haunss/Ulrich 2013, 290) außerhalb der staatlichen und kommunalen politischen Institutionen, die in der Stadtforschung als ‚informell' eingeordnet werden. Dass Anwohner:innen, Basisinitiativen und andere Engagierte Teilhabe an der Gestaltung städtischer Belange einfordern und praktizieren, wird unter dem Begriff „Informeller Urbanismus" (Willinger 2014) diskutiert und passt sich ein in den oben genannten Trend zur urbanen Governance. Auch bei den Lyrikprojekten finden sich solche, die als informell gelten können (siehe Kap. 3.1 und 3.9).

Die Rolle der Stadt respektive des Städtischen (vgl. Gestring/Ruhne/Wehrheim 2014, Mayer 2014) zeigt sich in sozialen Bewegungen in unterschiedlichen Formen: Die Stadt ist erstens Mobilisierungsraum und Bühne für politische Anliegen, wofür die neue Bürgerrechtsbewegung (Black Lives Matter) in den USA ein aktuelles Beispiel ist. Zweitens werden städtisch-lokale Konflikte von sozialen Bewegungen aufgegriffen wie etwa in den Häuserkämpfen in den 1980er Jahren in Berlin und Hamburg, den Protesten gegen den neuen Bahnhof ‚Stuttgart 21' und gegen den Abriss des Gezi-Parks in Istanbul (siehe Kap. 3.9) oder gegen die Gentrification von Stadtquartieren.

Wenn Lyrik im städtischen Raum gezeigt wird, dann ist zu fragen, wie sich dadurch die Raumproduktion verändert, in welchen der oben genannten Raumtypen das geschieht, wer daran beteiligt ist, welche Interessen oder Absichten damit verbunden sind, wie die Gedichte wahrgenommen und welche Bezüge zur Stadtpolitik, zum städtischen Leben und zu unterschiedlichen Gruppen, Stadtvierteln, Perspektiven und Konflikten erkennbar sind.

2.2 Kunst, Schrift und Poesie im urbanen Raum

Lyrik als Sprachkunst im Stadtraum tritt ähnlich wie bildende Kunst in Beziehung zu den Orten ihrer Präsentation. Aus diesem Grund sind kunst- und gesellschaftstheoretische Diskurse über ‚Kunst im öffentlichen Raum' von Bedeutung, die hier eingangs skizziert werden. In einem zweiten Abschnitt wird die Kategorie der Ortsbezogenheit von Kunst diskutiert, gefolgt von Ausführungen zu Street Art. Hier werden auch Veränderungen des Verständnisses von Öffentlichkeit als räumlicher Kategorie mit Blick auf die Digitalisierung skizziert. Danach wird die Fragestellung auf das Phänomen von Schrift im urbanen Raum fokussiert: vom schlichten Informationsschild bis hin zu künstlerischen und subversiven Formen, etwa in der urbanen Medienkunst oder im Graffiti. Abschließend werden unter der Überschrift „Poetische Sprache und Stadt" Merkmale von Lyrik als literarischer Gattung benannt, die auch verdeutlichen sollen, warum es ungewöhnlich oder irritierend sein kann, wenn man Gedichte im öffentlichen Raum liest oder hört.

Kunst im öffentlichen Raum

Die ästhetischen und sozialen Rahmenbedingungen von öffentlich präsentierter Lyrik ähneln denen von bildender Kunst im urbanen Raum, weswegen entsprechende kunstwissenschaftliche Forschungspositionen aufgegriffen und adaptiert werden können. ‚Kunst im öffentlichen Raum' umfasst unterschiedliche Genres: von eher konzeptuellen oder performativen Arbeiten wie Skulpturen, Installationen, Performances und Videokunst (vgl. Schreuder 2010) bis zu stärker populären oder aber alternativen Arbeiten wie Street Art, Graffiti und ‚Flashmobs'. Auch mobile, sich nicht an einem bestimmten Ort entfaltende Audiowalks (vgl. Saunders/Moles 2015, 99) zählen im weiteren Sinn dazu. In der deutschsprachigen Debatte wird zumeist die Formel ‚Kunst im öffentlichen Raum' gewählt, im englischsprachigen Raum ist von *public art* oder *art in public space* die Rede (vgl. Büttner 1997, 162). Auch der Begriff ‚Kunst am Bau' ist zu erwähnen, der sich insbesondere in älteren Publikationen findet (z. B. Dühr 1991) und für die Verpflichtung öffentlicher Bauträger und Kommunen steht, einen kleinen Anteil der Baukosten öffentlicher Bauten für Kunstwerke aufzuwenden. Public Art respektive Kunst im öffentlichen Raum bezeichnet allgemein Kunstwerke und kontextbezogene Kunstpraktiken, die für spezifische Plätze oder Orte realisiert wurden, jenseits konventioneller Kunstorte wie Museen oder Kunstgalerien (vgl. Zebracki 2013, 303). Die öffentliche und

kostenlose Zugänglichkeit für alle ist ein zentrales Merkmal. Das Attribut *public* kann dabei bis zu vier Dimensionen umfassen:
1. in a place accessible or visible to the public: *in public*
2. concerned with or affecting the community or individuals: *public interest*
3. maintained for or used by the community or individuals: *public place*
4. paid for by the public: *publicly funded* (Cartiere 2008, 15).

Hierzu ist anzumerken, dass sich die Dimensionen 1 und 3 ähneln: Kunst in der Öffentlichkeit (*in public*) und Kunst an einem öffentlichen Ort (*public place*) unterscheiden sich als Merkmale nur graduell – die erste betont die allgemeine Zugänglichkeit, die zweite die räumliche Verortung der Kunst. Dass die Kunst im öffentlichen Interesse (*public interest*) liegt sowie von der Öffentlichkeit finanziert wird (*publicly funded*) sind zwei weitere Bedeutungsdimensionen, deren Relevanz für Public Poetry zu prüfen ist. ‚Public Art' wird als Konzept seit den 1960er Jahren diskutiert. Es besaß von Beginn an einen sozialen und kommunalen Ansatz, wonach die Kunst Kommunikationsprozesse unter den Einwohner:innen einer Stadt oder eines Viertels initiieren sollte. Anders als Kunst, die sich von der Alltagssphäre abgetrennt im Museum abspielt, sollte Kunst in öffentlichen Räumen ein breites und möglichst disparates Publikum ansprechen, also auch solche Personen, die sich üblicherweise nicht für ‚Hochkultur' interessieren oder die aufgrund von Zugangsbeschränkungen, etwa durch Eintrittspreise oder kulturelle Barrieren, eher ausgeschlossen werden. Nicht nur soll die Kunst Bezug auf den Ort nehmen, an dem sie präsentiert wurde, sondern zudem einen sozial relevanten, praktischen Nutzen aufweisen (vgl. Lossau/Stevens 2015, 2). So sehen speziell Ansätze der sogenannten ‚New Public Art' vor, dass die Kunstwerke idealerweise nicht im Nachhinein, etwa zur Verschönerung eines Platzes, hinzugefügt werden, sondern bereits im Planungsprozess eines Bauvorhabens Berücksichtigung finden (vgl. Lewitzky 2005, 82).

Im Unterschied zur stadtsoziologischen Debatte über den öffentlichen Raum, liegt diesen Vorstellungen einer Zugänglichkeit von Kunst implizit oder explizit Jürgen Habermas' wirkmächtiges kultursoziologisches Konzept der ‚bürgerlichen Öffentlichkeit', verstanden als ko-präsente „Versammlungsöffentlichkeit" (vgl. Fink 2015, 45), zugrunde. Ihm kommt eine zentrale Bedeutung für ein optimistisches Verständnis des gesellschaftlichen Diskurses zu (vgl. Büttner 1997, 136; Lewitzky 2005, 60; Zebracki 2013, 305). Allerdings ist die Vorstellung einer gemeinsamen und homogenen Öffentlichkeit durchaus fragwürdig (vgl. Robbins 1993), insofern durch unterschiedliche Zugänge und soziale Positionierungen Menschen nicht im gleichen Maße an Kunst partizipieren – und sich auch Gegenöffentlichkeiten bilden. Insofern ist zu betonen, dass die von Habermas konstatierte bürgerliche Öffentlichkeit als „die Sphäre der zum Publikum versammelten Privatleute" (Habermas 1990

[1962], 86) durchaus ein idealisiertes Konstrukt darstellt, ebenso wie der Gedanke, dass sie durch das „Prinzip der prinzipiellen Unabgeschlossenheit des Publikums und des allgemeinen Zugangs" (Fink 2015, 37) gekennzeichnet ist. Als Leitbegriff des öffentlichen Diskurses wählt Habermas den antiken Terminus der ‚Deliberation', als eine auf den Austausch von Argumenten gegründete Form der partizipativen Entscheidungsfindung unter Gleichberechtigten (vgl. Habermas 1981). Modellbildend für die bürgerliche Kunstöffentlichkeit des 20. Jahrhunderts ist der Diskurs über bildende Kunst, Literatur, Theater und Musik in den Salons und Lesegesellschaften des Bürgertums im späten 18. Jahrhundert sowie in der zeitgleich florierenden Kunst- und Literaturkritik (vgl. Habermas 1990 [1962], 86–121). Dieser Diskurs soll eine „rationale Verständigung über den Sinn der Kunstwerke" ermöglichen, damit einhergehend aber auch eine fortwährende „Problematisierung des Bestehenden durch das Medium der Kunst" auslösen, die sich, sofern öffentlich, in politische Kritik transformieren lässt (Fink 2015, 38, 42):

> Voraussetzung ist ein Wechsel der Kommunikationsebene von formal-ästhetisch orientierten Diskursen hin zu den politischen und moralischen Implikationen, die den Kunstwerken mehr oder weniger immanent sind bzw. die durch Akte der Interpretation in öffentlicher Kommunikation erst konstituiert werden. Auf diese Weise können Kunstwerke (mit denen die Künstler eventuell keinerlei bewusste Intention verfolgen) gleichwohl als künstlerische Spiegelungen des Gesellschaftlichen in der *Öffentlichkeit* relevant werden und als Gesellschaftskritik wirken [...]. (Fink 2015, 42)

Was hier für bildende Kunst ausgesagt wird, lässt sich auf Lyrik im öffentlichen Raum übertragen: Auch hier geht es um einen ‚Wechsel der Kommunikationsebene', der von den Rezipierenden und Kritiker:innen vorgenommen werden muss, damit ein gesellschaftlicher Bezug hervortreten kann.

Die gesellschaftliche Präsenz in urbanen Räumen allein ist aber noch „keine Garantie für Öffentlichkeit" (Büttner 1997, 135) und gewährleistet nicht, dass eine substantielle gesellschaftliche Auseinandersetzung mit den dort präsentierten Kunstwerken erfolgt. Denn ein Merkmal von Public Art ist, dass viele sich kaum für sie interessieren und eher wenige gezielt die entsprechenden Plätze aufsuchen. Es handelt sich bei Menschen, die auf Public Art stoßen, daher zumeist um „undirected observers in the open urban field" (Zebracki 2013, 304), was im Kontrast zum zielgerichteten Besuch von Kultureinrichtungen wie Kunstmuseum, Konzerthaus oder Theater steht. Weiterhin wurde kritisch angemerkt, dass sich Kunst im öffentlichen Raum häufig an privilegierte und gebildete Schichten der Mehrheitsgesellschaft richtet, ja es kann sogar ein „stummes Gebot architektonischer Räume" konstatiert werden, „bestimmten Bevölkerungsgruppen den Zugang zu erschweren" (Lewitzky 2005, 66, der sich hier auf Bourdieu 1991, 28 bezieht). Die Überwindung solcher Barrieren wird in manchen Lyrikprojekten – zum Beispiel beim

Festival *O, Miami* (siehe Kap. 3.5) – explizit als Leitbild genannt. Solche Projekte richten sich dagegen, Kunst im urbanen Raum als „symbolische Schwelle und affirmative Dekoration innerstädtischer Erlebniswelten" (Lewitzky 2005, 85) wahrzunehmen. Neben der offiziellen, institutionalisierten Kunst etablierte sich daher auch eine informelle, zum Teil subversive Kunst, unter anderem in Form von Street Art (siehe unten). Aber es wurden auch von den Stadtverwaltungen geförderte ortsbezogene Kunstformen entwickelt, die es vermochten, gesellschaftliche Kritik aufzunehmen und produktiv zu machen. Hier ist die sogenannte ‚New Genre Public Art' (NGPA) zu erwähnen, ein Konzept, das Anfang der 1990er Jahre entstand. Betont wurde hier ein politisches Verständnis von Öffentlichkeit als Ort des Diskurses und der kritischen Meinungsbildung sowie ein aktionistischer Ansatz von Kunst (vgl. Lewitzky 2005, 85 und 96). Der Kunstkritiker Christian Höller hat unterschiedliche NGPA-Projekte funktional in sogenannte „Störungsdienste" und „Entstörungsdienste" unterschieden, eine auch für die vorliegende Untersuchung wichtige Differenzierung:

> [A]uf der einen Seite steht die Störung obrigkeitsverordneter, kapitalistischer Verhältnisse (Einwanderungsgesetze, Erwerbsarbeit, Geldherrschaft); auf der anderen der karitative Impuls, Randgruppen mit künstlerischen Zuwendungen unter die Arme zu greifen, kurzum, das Funktionieren des sozialen Räderwerks zu entstören. (Höller 1995, 22)

Als ‚Störung' richtet sich Kunst im urbanen Raum dann etwa gegen die neoliberale Stadtpolitik und Gentrifizierung von Stadtvierteln (vgl. die exemplarische Darstellung eines Kunstprojekts von Martha Rosler in Soho, New York City: Hornig 2011, 154–157). In dieser Hinsicht kann Public Art zu „one of the most penetrating weapons" (Lossau/Stevens 2015, 4) werden. Julia Lossau und Quentin Stevens zufolge sind es insbesondere nicht von den Stadtverwaltungen abgesegnete, inoffizielle Kunstwerke sowie nicht objekthafte Kunstformen (etwa Performances), mit denen Widerstand gegen die Verbindung des ökonomischen und kulturellen Kapitals von Kunst mit dem Wert von Immobilien und Standorten geleistet werden soll (vgl. Lossau/Stevens 2014, 5–6). Diese aktionistisch geprägte Auseinandersetzung mit den sich wandelnden gesellschaftlichen Infrastrukturen und Konzepten von Öffentlichkeit gelte umso mehr für die digitale Gegenwart, wie Tanya Toft anmerkt:

> In the urban context, art engages with current issues such as: decline in public culture and threatening of democracy by temporary, unstable conditions of public commons; current critical implementation of technology and sensor networks into urban space that affects processes of cultural formation; and a concern for the specific urban ideals that are concealed in technologies, i. e. protocols of digital interfaces. (Toft 2016, 58)

Hier wird betont, dass gerade (Medien-)Kunst im öffentlichen Raum die durch Technologie und Digitalisierung entstehenden gesellschaftlichen Veränderungen zu artikulieren vermag, insofern sie Öffentlichkeit, Bewegungsfreiheit und auch Anonymität (siehe Kap. 2.1) tangieren. Gleiches gilt auch für einige in diesem Buch behandelte Lyrikprojekte, zum Beispiel *TRANSIT* am Ebertplatz in Köln, das Gedichte auf einem digitalen Laufband zeigt, darunter manche, die Überwachung im öffentlichen Raum thematisieren (siehe Kap. 3.2).

Es ist also festzuhalten, dass trotz kritischer Stimmen Kunst im öffentlichen Raum weiterhin Potentiale und Wirkungen zugeschrieben werden, die Kunst im Museumsraum nicht aufweist. Dies hängt mit verschiedenen Faktoren zusammen: mit ihrer freien Zugänglichkeit, mit ihrer visuellen oder akustischen Einbindung in urbane Settings, mit ihrem stärkeren Identifikationspotential für Anwohner:innen, mit ihrer Einladung zur Versammlung sowie zur potentiellen Transformation gesellschaftlicher Verhältnisse durch Kritik. Entscheidend hierbei sind nicht zuletzt von Kultursoziolog:innen in die Debatte eingeführte Fragen, wie etwa: „Haben die Werke irgendetwas zu all dem zu sagen? Werden sie nur von anderen kommentiert? […] Oder können Kunstwerke auch […] zu ‚Mediatoren' werden, zu aktiven Akteuren in der öffentlichen Debatte um Kunst?" (Danko/Moeschler 2015, 16) Solche Fragen sind unter anderem für Kapitel 3.11 relevant, in dem es um die in Medien und Feuilletons kontrovers diskutierte kulturpolitische Auseinandersetzung mit Eugen Gomringers „avenidas"-Gedicht an einer Berliner Fassade und dessen Überschreibung durch ein titelloses Gedicht Barbara Köhlers geht.

Von der *site-specificity* zur Ortbezogenheit

Ein auf Lyrik im urbanen Raum übertragbares kunsttheoretisches Konzept ist ‚Ortsspezifik' (*site-specificity*), verstanden als „Kunst für einen bestimmten Ort, die mit diesem untrennbar verbunden ist und sich dabei nicht nur formal (architektonisch, funktional), sondern auch inhaltlich (historisch, soziologisch, politisch) mit diesem befasst" (Krystof 2002, 231). Die Einbeziehung des umgebenden Ortes mit seinen historischen, sozialen und ästhetischen Besonderheiten in die Konstituierung des Werks diente bei der Einführung des Konzepts dem schon erwähnten Ziel, die Kontext- und Ortlosigkeit modernistischer Kunst zu überwinden (vgl. Lewitzky 2005, 81). Ortsspezifik kann ein Merkmal projekthafter, interventionistischer Arbeiten sein, die auf Ereignishaftigkeit und Kürze angelegt sind, aber auch von installativen oder skulpturalen Werken, die dauerhaft einen Ort mehr oder weniger prägen (vgl. Krystof 2002, 231): „Kunst im öffentlichen Raum sollte per se Ortsspezifizität besitzen, doch die komplexe Gemengelage der Interessen bei der Aufstellung von Kunst im urbanen Außenraum verwässert häufig das genuin künstlerische Anliegen ortsspezifischer Kunst." (Krystof 2002, 231–232) Aber Kunst im öffentlichen Raum ist bei weitem nicht immer ortsspezifisch, wie das Beispiel Jenny Holzers zeigt, deren großformatige Lichtprojektionen und Screens von Gedichten und eigenen Kurztexten oft an unterschiedlichen Orten, in verschiedenen Städten auf dem Globus wiederholt werden (siehe Kap. 3.7). Außerdem wurde bereits vor rund 25 Jahren eine Entwicklung beschrieben, wonach sich ortsspezifische Kunst tendenziell von ihrer konkreten physischen Lokalisierung – mit Eigenschaften wie „grounded, fixed, actual" – löst, indem sie weitere „discursive vectors" eröffnet, die eher als „ungrounded, fluid, virtual" zu bezeichnen sind (Kwon 1997, 95). Dazu zählt in der Gegenwart zum einen die schon von Miwon Kwon erwähnte Verweisstruktur öffentlicher Kunst auf soziale und translokale Themen, zum anderen die für die Gegenwart signifikante Dissemination im Netz.

Ortsspezifik wird in der Konzeptkunst mit dem Ansatz der Selbstbezüglichkeit verbunden. Damit ist gemeint, dass sich Werke als ‚Kunst' in einem bestimmten Setting thematisieren, was zugleich auch „eine Sensibilisierung der BetrachterInnen für den Ort, an dem sie sich befinden [ermöglicht]" (Krystof 2002, 233). Die Aufmerksamkeit gilt somit sowohl der Ästhetik eines bestimmten Kunstwerks als auch der Frage, wie es sich von dem es umgebenen Raum abhebt, der durch das Werk in seiner Besonderheit hervorgehoben wird:

> [S]ite-specific art initially took the ‚site' as an actual location, a tangible reality, its identity composed of a unique combination of constitutive physical elements: length, depth, height, texture, and shape of walls and rooms; scale and proportion of plazas, buildings or parks; existing conditions of lightning, ventilation, traffic patterns; distinctive, topographical features. (Kwon 1997, 85)

Entsprechend ist in der Auseinandersetzung mit *site-specific poetry* (wie es in der Selbstbeschreibung des Lyrikprojekts *East Village Poetry Walk* heißt, das wir in Kapitel 3.4 besprechen) zu untersuchen, welche baulichen Elemente, aber auch welche sozialen oder kulturellen Besonderheiten der jeweilige städtische Ort aufweist, in dem sie präsentiert wird. Das englische *site* beinhaltet dabei eine stärkere Konkretion als das im Deutschen gebräuchliche Äquivalent ‚Ort': Als Substantiv steht *site* für eine lokale Positionierung, den Platz, die Stelle oder die Position, die von etwas Konkretem eingenommen wird; als transitives Verb bedeutet *to site* etwas zu lokalisieren oder zu platzieren, als intransitives Verb, dass etwas situiert oder platziert ist (vgl. Kaye 2000, 1). Im Kunst- und Architekturkontext sind *sites* ferner besondere, historisch gewachsene und mit sozialer oder politischer Bedeutung aufgeladene Orte (z. B. Gedenkstätten). Kunst an einem solchen singulären Ort beinhaltet „alle Aspekte und Ebenen des Kontextes", weswegen alternativ zu ortsspezifischer Kunst auch der Begriff *contextual art* (‚kontextuelle Kunst') gebräuchlich ist (Büttner 1997, 192; vgl. auch Ancel/Girel 2015, 83):

> So wurde dem Ort, der Präsenz des Betrachters sowie dem umgebenden Raum eine wesentliche Relevanz zugesprochen. Kategorien wie Originalität, Authentizität und Einzigartigkeit

waren nicht länger ans Kunstwerk gebunden, sondern traten erst mit dessen Situierung in Erscheinung [...]. (Glaser 2017, 53)

Auch wenn in diesem Buch die meisten Gedichte im urbanen Raum zu ‚sehen' sind, weswegen eine verstärkte Bezugnahme auf Kunsttheorie naheliegt, werden in manchen Kapiteln auch Lyrikprojekte besprochen, in denen Gedichte zu ‚hören' sind (siehe Kap. 3.4, 3.5, 3.9). Aus diesem Grund sind auch theoretische Ansätze zu Sound Art im öffentlichen Raum zu erwähnen. Diese nehmen ebenfalls auf Konzepte der *site-specificity* Bezug, wie sich in den nachfolgenden Ausführungen exemplarisch zeigt:

> In developing critical spatial practices, sound artists have imagined new interactions with their publics, creating works for specific audiences who have particular relationships with, or interests in, the places in which these works reside. Such works are not only site-specific in terms of their physical or geographical location; they are also specific to the publics who engage and interact with them, and are intended for a ‚localised public' whose social composition is as central to the work as any other compositional element. (Ouzounian 2013, 85)

Der kontextuelle und situierende Gedanke von in öffentlichen Räumen präsentierter visueller oder auditiver Kunst, wie er in den Zitaten von Katja Glaser und Gascia Ouzounian ausformuliert wird, ist auch für die Lyrik im urbanen Raum wichtig. Terminologisch soll der Akzent in unserer Untersuchung allerdings eher auf der Orts*bezogenheit* von Gedichten als auf Orts*spezifik* liegen, und zwar, weil das Substantiv ‚Spezifik' von feststehenden Eigenschaften eines Ortes ausgeht, es aber doch gerade darum geht, dass kontextuelle (Sprach-)Kunst auch den Ort selbst, an dem sie sich ereignet, verändert und neu interpretiert, wie auch Glaser im obigen Zitat betont. Mit Blick auf urbane Medienkunst beispielsweise wird diese Akzentverschiebung „[f]rom space to context" wie folgt argumentativ begründet: „[M]eaning is not found in the center of the object, but in the environment, relationships and ‚times' that it engages" (Toft 2016, 58). Das Kunstwerk oder der lyrische Text im urbanen Raum steht also in einer indexikalischen Beziehung zu seiner Umgebung in einem spezifischen Moment und erst diese räumlich-temporale Konstellation trägt und erzeugt Bedeutung, wenn sie – dies die dritte essentielle Komponente – von Betrachter:innen wahrgenommen wird. Im Sinne Lefebvres ist dies die Dimension der räumlichen Praxis, in der es um die Gestalt und die Wahrnehmung des Raums geht (siehe Kap 2.1).

Street Art, Graffiti und Schrift

Stärker als bei Skulpturen, Sound Art oder Medienkunst, die prinzipiell auch an anderen städtischen Orten präsentiert werden könnten, gilt diese Kontextualität für den Bereich der Street Art als „dezidiert orts- und situationsbezogene[r]"

Kunstform (Glaser 2017, 53). Aufgrund ihrer Markierung einer konkreten Fläche im Stadtraum – dem „place marking" – ist Street Art in besonders hohem Maße ortsspezifisch und zählt daher auch als Praxis des „place making" (Visconti u. a. 2010, 513; Lossau 2015; siehe Kap. 2.1). Als Phänomen zwischen Illegalität und Institutionalisierung bedient Street Art die gesamte Spannweite von ‚Störung' und ‚Entstörung' und weist ein großes Spektrum auf: von zum Teil flüchtigen, kleinen Bildern, Zeichnungen oder Schriftzeichen (*tags*) bis hin zu dauerhaften, monumentalen *murals* (großflächige, legale Wandmalereien; vgl. Glaser 2017, 348).

Die Terminologie ist in der Forschung recht uneinheitlich, wobei ein dominanter Typus dem Ziel dient, einen Ort durch Kunst aufzuwerten, und ein anderer eher dessen ‚Verfall' hervorheben will (vgl. Visconti u. a. 2010, 518). Im Wesentlichen zählen als Street Art Murals, die auf Hausfassaden und Mauern gemalt werden; auch Graffiti wird in der englischsprachigen Forschung bisweilen als Street Art bezeichnet (so etwa bei Visconti u. a. 2010, 513–514). Javier Abarca stellt hingegen beide Formen von *urban art* einander gegenüber: „If graffiti is the filthy, incomprehensible monster that came out of the ghettoes in the hands of poor children and teenagers, street art is its cultured, grown-up cousin from the suburbs, smart looking and immediately intelligible." (Abarca 2015, 224) Diese polemische Aussage trifft wohl insbesondere auf frühe Formen zu, heute sind beide gleichermaßen etabliert, auch wenn Graffiti ein verbreiteteres Phänomen ist und das illegale Anbringen weiterhin geahndet wird. Street Art wendet sich zumeist an die breite Öffentlichkeit, indem sie Bildsprachen verwendet, die im Prinzip jede:r verstehen kann (vgl. Abarca 2015, 225). Sie setzt sich häufig mit für eine Community relevanten Fragen auseinander. Die Gestaltung des öffentlichen Raums durch Street Art wird als eine Form der Demokratisierung verstanden: Diese Kunst anzuschauen ist kostenlos, und sie ist für alle da – auch wenn sie möglicherweise Elemente beinhaltet, die nur die entsprechende (sub-)kulturelle Szene entschlüsseln kann. In der Wahrnehmung von Street Art kann die Verschönerungsfunktion überwiegen oder ein politischer Wille, die bestehende Architektur und das ‚urbane Design' durch Kunst kritisch zu hinterfragen und visuell zu transformieren sowie die Frage aufzuwerfen, was öffentlicher Raum ist oder sein sollte (vgl. Visconti u. a. 2010, 512).

Heute ist Street Art durch eine doppelte Verortung gekennzeichnet. Neben ihrer physischen Manifestation an einem konkreten Ort im Stadtraum stehen die Kunstwerke oft in Beziehung zu einem ‚digitalen Ort', „den sie besetzen und an dem sie sich neu verorten" (Glaser 2017, 342). Die Repräsentation von Street Art im Netz hat zur Folge, dass Bedeutungsproduktion nicht mehr allein an ästhetischen Kriterien und ihrer Kontextualisierung in einem städtischen Umfeld festzumachen ist, sondern sie auch digitale „Anschlusspraktiken des Austausches, der Zirkulation und der Aktivierung sozialer Beziehungen" beinhaltet (Glaser 2017, 344). Damit werden auch plurale Öffentlichkeiten adressiert. Kunst im öffentlichen Raum und Street Art sind heute also nicht mehr nur lokalisierende Praktiken, die sich an einem bestimmten Ort ereignen und diesen mitgestalten, sondern mit Dynamiken der De- oder Translokalisierung durch Internet und Smart Technologies verschränkt. Gleiches gilt für einige der hier untersuchten Lyrikprojekte, insbesondere solche mit kollektiver Autor:innenschaft, die im Internet und in Sozialen Medien verbreitet werden und zum Teil sogar Gedichte, die aus Wörtern und Syntagmen durch automatisierte Suchprozesse in Online-Foren erzeugt werden (siehe das Beispiel von *doombot* im Kap. 3.2).

In der Kommunikationswissenschaft werden Städte zunehmend ‚textuell' (vgl. Gerhard/Warnke 2007) beziehungsweise als sprachlicher „Kommunikationsraum" (Warnke 2011) verstanden, in der Sprachwissenschaft sind *linguistic landscapes* ein neuerer Forschungszweig (vgl. Warnke 2011, 356–358; Tophinke/Ziegler 2019, 297–301). Auch Lyrik im urbanen Raum findet sich zumeist in Schriftform. Damit konkurriert sie um Aufmerksamkeit mit anderen dort vorfindlichen Schriftelementen: in der Werbung, auf Wegweisern, Schildern und Screens, aber auch mit Graffiti und anderen Formen von Schriftkunst (einen guten Überblick gibt der Bildband von Ganz 2015). Vergleichbares gilt für bildende Kunst, die im öffentlichen Raum zwangsläufig in Relation zu anderen urbanen Bildflächen, insbesondere Werbung, wahrgenommen wird. Künstler:innen arbeiten daher bisweilen mit der Irritation, die entsteht, wenn Kunst auf Flächen präsentiert wird, auf denen man Werbung erwartet. Ein prominentes Beispiel ist ein öffentliches Kunstprogramm in New York, das sich zum Ziel gesetzt hat, „to experiment and engage with one of the world's most iconic urban places" (Times Square Arts 2016, 492): Im *Midnight Moment* wird jeweils um Mitternacht auf den digitalen Screens am Times Square in Manhattan anstatt der ubiquitären Werbung Videokunst gezeigt (siehe Kap. 3.8). Auch in anderen urbanen Kunst- und Designprojekten werden für Werbung installierte Videoscreens genutzt oder zur Erprobung von ‚vernetzter Architektur' eingesetzt. So etwa die temporäre Installation *Mégaphone* (2013) im Quartier des Spectacles in Montreal, die drei Elemente umfasste, „an immersive presentation of the speakers in public space via text, images and sound samples; an agora where people come together, exchange and discuss; and a huge wall to visualize the words and to spread/unfold the voices over the city" (Moment Factory & Etienne Paquette 2016, 255). Oder *Urban Alphabets* (2012–2014): Bewohner:innen von verschiedenen Städten – darunter Madrid, Berlin, Helsinki, Riga und São Paulo – konnten Buchstaben und Piktogramme im Stadtraum fotografieren und digital übermitteln. Daraus entstanden ‚Alphabete', die auf großen LED-Screens im öffentlichen Raum projiziert wurden (vgl. Miessner 2016, 156–161). Als drittes künstlerisches Beispiel können die *Media Architectures* eines Teams aus Designer:innen und Informatiker:innen in Aarhus erwähnt werden, das Projekte durchgeführt hat, in denen Häuserwände zu „media façades" wurden, als „digital display" fungierten und mit Content bespielt wurden (Brynskov/Dalsgaard/Halskow 2015, 51). In allen Fällen wurde eine Ästhetik präsentiert, die sich stark von den auf den Screens sonst gezeigten Inhalten unterschied.

Künstler:innen können im Gegenzug aber auch eine täuschende Angleichung zur Werbeästhetik wählen, um derart Konsumkritik und Manipulation vorzuführen:

> Using the same instruments as the industry [...], an artist or activist can tap the same power in the same pop language or expand perceptions of what mass media does and can do. Art using this technology can, more specifically, assist viewers to distinguish their realities from illusion, a required skill soon to be rare, atrophied by pervasive edutainment. (Bray 2002, 15)

Ziel solcher subversiven ästhetischen Praktiken ist es, hervorzuheben, dass Kunst „an experience rather than a commodity or luxury" (Bray 2002, 16) ist. Ähnlich ist dies auch für Gedichte der Fall, wenn diese strategisch dort präsentiert werden, wo man Reklame erwartet: zum Beispiel auf Werbetafeln am Straßenrand (vgl. Paul 2021, 323–328; siehe Kap. 3.8) oder in der U-Bahn am gleichen Ort und im ähnlichen Layout wie Werbeanzeigen (vgl. Benthien 2021b, 348–352; siehe Kap. 3.3).

Auch die urbane Praxis des Graffitischreibens weist eine Relation zur Werbung im Außenraum auf, „both in terms of their ubiquity in urban space and their visual impact on urban landscape" (Brighenti 2010, 317). So steht Graffiti einerseits im Spannungsverhältnis zur Werbung – als Praxis der nichtkommerziellen Aneignung und des Place-Markings –, andererseits wurde verschiedentlich bemerkt, dass einige Graffiti-Schreiber:innen oder Street Artists ihre künstlerische Expertise zur Gestaltung von kommerzieller Werbung im öffentlichen Raum einsetzen (vgl. Kramer 2016, 121) oder sich Grafikdesigner:innen bei der Gestaltung von Werbung von Graffiti inspirieren lassen. Graffiti als von Hand erstellte, visuell gestaltete Schriftbildlichkeit ist für dieses Buch erstens aufgrund der durch ihre Markierung öffentlicher oder privater Flächen im Stadtraum evozierten Frage nach diesem Raum und dem damit einhergehenden städtisches „place making" (Tophinke 2019a, 259; mit Bezug auf Warnke/Busse 2014), relevant, zweitens aufgrund der in Graffitis eingesetzten poetischen und schriftkünstlerischen Verfahren. Hier liegen Ähnlichkeiten zu auf Wände geschriebenen oder gemalten Gedichten vor, wie sie in den Kapiteln 3.9 und 3.10 untersucht werden. Selten allerdings werden tatsächlich Gedichte zum Inhalt von Graffiti, wie dies im 140 Meter langen Colinton Tunnel in Edinburgh der Fall ist, der durchgehend mit Bildern und den grafisch bunt gestalteten Versen von Robert Louis Stevensons Gedicht „From a Railway Carriage" (1895) bemalt ist.

Die Ursprünge von Graffiti liegen im HipHop der afroamerikanischen urbanen Subkultur und im kulturellen Protest; heute allerdings ist es in vielen Fällen eine legale Praxis, mit dafür freigegebenen Wandflächen (vgl. Kramer 2016). Mit ihren Werken transformieren Graffiti-Künstler:innen die Stadt in einen „huge communicative space" (Ventura 2015, 126), indem sie schriftsprachlich miteinander interagieren und ein für Außenstehende schwer zu entschlüsselndes Netzwerk bilden. Ähnliche Flächen wie für Graffiti oder Street Art werden auch für Lyrik im urbanen Raum genutzt (z. B. die *Wall Poems* im niederländischen Leiden, siehe Kap. 3.10). Mauern und Hauswände sind „territorial devices" in der „urban spatial political economy" (Brighenti 2010, 322, 324), da sie Eigentumsgrenzen markieren und dadurch den Raum strukturieren. Sie erzeugen Wahrnehmungsbarrieren, trennen private und öffentliche Räume und gehören zum „unquestioned, naturalized background of the here-and-now of a given urban environment" (Brighenti 2010, 322). Aber weil Mauern und Wände den begehbaren und sichtbaren Raum auch einschränken, sind sie potentiell konflikthaft:

> Dwellers dissatisfied with the ugliness of our cities may endorse an ideology of resistance to the alienation of public space. [...] They observe that city walls, although privately owned, are nonetheless visible to everyone and thus made consumable to a larger set of stakeholders that may express legitimate rights in terms of use and renovation. (Visconti u. a. 2010, 518)

Die Existenz von Graffiti auf Fassaden wirft daher auch die Frage auf, was öffentlicher Raum ist, wo er beginnt und endet – und wer darüber bestimmt (vgl. Brighenti 2010, 326). Unter den Typen der Markierung öffentlich sichtbarer Flächen durch Graffiti und Street Art zählen Luca Visconti und seine Co-Autor:innen neben den grundlegenden Graffiti-Typen *tags* (Signaturen, kleine Schrift- und Zeichenelemente) und *writing* (komplexe, großformatige schriftbildliche Werke) auch eine für dieses Buch besonders interessante Form auf, die sie ‚poetischen Angriff' („poetic assault") nennen und die im Schreiben oder Ankleben von Gedichten oder Gedichtzeilen „on dull public spaces", wie etwa Wänden, Rollläden oder Garagentore, „to infuse them with lyrical and graceful content" besteht (Visconti u. a. 2010, 513–514). Leider wird der Typus nicht näher erläutert; es handelt sich wohl um einen Grenzbereich von Graffiti, der möglicherweise mit dem in lateinamerikanischen Raum üblichen Begriff *acción poetica* (vgl. Neves 2014) korrespondiert.

Die Linguistin Doris Tophinke hat herausgestellt, dass die Sprache von Graffiti Poetizität aufweisen kann, und zwar, „wenn sie sich von der Alltagssprache abhebt, sie in ihrer Gestaltung auffällt und von ihr eine besondere, berührende Wirkung ausgeht" (Tophinke 2019, 2). Die visuellen und linguistischen Codes von Graffiti unterscheiden sich zwar offensichtlich von anderen Texten im öffentlichen Raum, machen sie für nicht zur Szene gehörende Leser:innen zugleich aber „undurchsichtig": Ihr Schriftgebrauch ist nicht ‚transparent', sondern hieroglyphisch, sie thematisieren sich selbst als ‚störendes' Zeichen (vgl. Tophinke 2019, 9; zu den medientheoretischen Konzepten von Transparenz und Störung vgl. auch Jäger 2010). Zu weiteren Verfahren von Graffiti zählt Tophinke die Ikonizität der Schrift (z. B. geschwungene *speedlines*), Schriftgröße als ikonisches Zeichen für ‚Großartigkeit' oder die „Rekurrenz eines Graffitis in der Horizontalen entlang einer Wand", die sich „ikonisch als Spur lesen [lässt], die die Bewegung der Akteure durch die Strassen anzeigt"; Tophinke 2019, 10). Graffitis fehlt ein „grounding", wie es andere Schriftelemente im urbanen Raum, zum Beispiel Straßenschilder, aufweisen; sie sind situationsungebundene „absolute Rede" (Fricke/Stocker 2003, 499), es bleibt den Rezipierenden überlassen, sie etwa als Handlungsanweisung oder als Bekenntnis zu verstehen (vgl. Tophinke 2019, 11), was ähnlich auch für Public Poetry gilt. Graffitis überlassen demnach viel ihren Leser:innen und weisen oft keinen konkreten Bezug zu ihrem Erscheinungsort auf – trotz ihrer Anbringung auf konkreten Flächen im Stadtraum sind sie also nicht unbedingt *site-specific*.

Poetische Sprache und Stadt

In einer *Einführung in die Literaturtheorie* hat Terry Eagleton die Frage, was Literatur ist, ob und wie sie sich von Alltagssprache unterscheidet, problematisiert. Dabei bezieht er sich mehrfach auf fingierte Situationen, in denen poetische Sprache im öffentlichen Raum zu hören ist, so auch die nachfolgende:

> Literatur intensiviert und verändert die Alltagssprache, weicht systematisch von ihr ab. Wenn Sie sich mir an der Bushaltestelle nähern und murmeln „Du noch unberührte Braut der Stelle", wird mir sofort bewußt, daß ich mich in der Gegenwart des Literarischen befinde. Das weiß ich, weil die Dichte, der Rhythmus und der Klang der Worte ihre erkennbare Bedeutung bei weitem überwiegen – oder, wie die Linguisten es technischer ausdrücken könnten: es besteht hier ein Ungleichgewicht zwischen Bezeichnetem und Bezeichnendem. Die Sprache lenkt die Aufmerksamkeit auf sich selbst und prunkt auf eine Weise mit ihrer materiellen Substanz, wie es Äußerungen wie „Wissen Sie nicht, daß die Busfahrer streiken?" nicht tun. (Eagleton 1997, 2)

Auch wenn Eagleton im Sinne seines Arguments die Unterscheidung von Alltagssprache und Poesie letztlich hinterfragt, kann sie hier als Ausgangspunkt für das Argument dienen, dass es die unerwartete Literarizität poetischer Sprache im öffentlichen Raum ist, die Worte, Verse oder Strophen als ‚lyrisch' erscheinen lässt. Es kann hier an Tophinkes Argumentation bezüglich der linguistischen Verfremdung in Graffitis unmittelbar angeknüpft werden. Literarische Sprache kann sich von Alltagssprache auf drei Ebenen unterscheiden: Erstens weist sie andere Arten der Verwendung von Zeichen auf (Pragmatik), zweitens Veränderungen und Erweiterungen ihrer Signifikationsmodi (Semantik) und drittens Abweichungen in der Kombination der Worte (Syntax; vgl. Saße 1980, 698). Die Literaturtheorie hat entsprechende ‚Abweichungspoetiken' entwickelt, wonach eine Sprachverwendung ‚poetisch' ist, wenn sie nicht nur eine Abweichung von der sprachlichen Norm darstellt, sondern dieser auch eine Funktion zukommt (vgl. Fricke 1981, 87). Neuere linguistische Untersuchungen hinterfragen allerdings eine solche Setzung von standardsprachlichen Normen als Folie (vgl. Androutsopoulos/Busch 2020, 22–23), was auch für literarische Texte bedenkenswert ist – es ist daher immer im Einzelfall zu prüfen, ob es um ein solches Verhältnis von Norm und Abweichung geht.

Gedichte weisen besonders viele formale und stilistische Veränderungen und Verfremdungen gegenüber der Alltagssprache auf. Zäsuren und Akzentuierungen werden durch Versifizierung und Metrik hervorgerufen. Darüber hinaus sind Gedichte zumeist durch grammatische Auffälligkeiten gekennzeichnet, „vor allem Reim und Metrum, aber auch weitere klangliche Besonderheiten (Lautmalerei), Verformungen der Wortgestalt, unübliche Wortstellungen (Inversionen) und vieles andere" (Burdorf 2015, 21). Ihr Wortgebrauch ist, wie auch Eagleton betont, verdichtet und „durch Wiederholungen (Leitmotive) und gezielte Variationen" (Burdorf 2015, 21) gekennzeichnet. Durch den Einsatz von Figuren und Tropen weisen Gedichte traditionell oft eine erhöhte Bildlichkeit und sprachliche Komplexität auf (vgl. Rohowski 2012, 423–425). Die hier summarisch angeführten Eigenschaften und Merkmale von Gedichten werden von heutigen Lyriker:innen zum Teil bewusst unterlaufen und konterkariert, allerdings immer auf der Folie bestehender Vorstellungen von Lyrik.

Weiterhin wurde in der Literaturwissenschaft oft herausgestellt, dass viele Gedichte selbstreflexiv und poetologisch sind, das heißt, sich im Medium der Sprache selbst thematisieren und (oft indirekte) Aussagen über Lyrik oder das Schreiben von Gedichten machen (vgl. Hildebrand 2003, 3), was auch für einige der hier untersuchten Texte zutrifft. Die Selbstbezüglichkeit und sprachlichen Besonderheiten von Gedichten erhöhen die Aufmerksamkeit auf den Vorgang des Aussagens und die „materielle Substanz" (Eagleton 1997, 2) der Darstellung: „Die poetische Sprache macht die im Sprachgebrauch [...] latenten sprachlichen Mittel manifest, ‚spürbar' (Jakobson) und beobachtbar." (Helmstetter 1995, 30) Durch sprachliche Mittel wie Verdichtung, Inversion oder die Verwendung ungewohnter Worte und Sprachbilder wird Sprache ‚intransparent', eine ‚absorbierende Lektüre' wird so verhindert (vgl. Bernstein 1987, 19 und 41).

Neben Selbstbezüglichkeit und der Hervorhebung der eigenen Materialität zählt die Literaturwissenschaft auch die spezifische ‚Sprechweise' von Gedichten heraus. Dazu zählen eine „strukturell einfache Redesituation", die „unmittelbare Ansprache der Lesenden" sowie eine „Dominanz der Personalpronomina, insbesondere der ersten und zweiten Person" in Gedichten (Burdorf 2015, 21). Die neuere Lyrikologie bezeichnet diese Instanzen als „Adressant" (das Ich des Gedichts) und „Adressat" (das angesprochene Du), um umstrittene ältere Begriffe wie ‚lyrisches Ich' zu überwinden (Hillebrandt u. a. 2019, 11–14). Die Termini implizieren allerdings grammatisch ein Maskulinum oder müssten explizit gegendert werden, was nur bei solchen Gedichten Sinn ergibt, in denen das soziale Geschlecht der sich artikulierenden Instanz thematisiert wird. Gleichwohl ist der in dem Begriffsvorschlag enthaltene Gedanke des Adressierens durch poetische Sprache gerade für Public Poetry zutreffend, weswegen die Termini hier trotzdem angeführt und im Buch auch bisweilen verwendet werden.

Das unmittelbare Adressiertwerden durch Lyrik im Hier und Jetzt ist für ihre Präsentation im öffentlichen Raum virulent, weil sie eben durch diese Präzenz erzeugende Sprechweise irritiert und überrascht: „The fundamental characteristic of lyric [...] is not the description and interpretation of a past event but the iterative and iterable performance of an event in the lyric present, in the special ‚now', of lyric articulation." (Culler 2015, 226) Nach Jonathan Culler ist es eben dieses Angesprochenwerden in der unmittelbaren Gegenwart, das das Gedicht zum ‚Ereignis' macht: „Address to someone or something gives the poem a character of event, and the less ordinary the addressee, the more the poem seems to become a ritualistic invocation." (Culler 2015, 188) Das treffendste Beispiel für eine derartige ungewöhnliche Adressierung sind Gedichte, die sich an die Stadt beziehungsweise den Landkreis Miami richten, wie wir sie in Kap. 3.5 untersuchen. In seinen Ausführungen zum Thema „Lyric Address" verwendet Culler den Begriff „addressee" (korrespondierend zum obigen ‚Adressaten') für diejenige Instanz, die durch ein Gedicht grammatisch, durch ein Personalpronomen, angesprochen wird und „audience" für die Hörenden oder Lesenden eines Gedichts (Culler 2015, 187). Interessant für Lyrik im urbanen Raum sind insbesondere solche Gedichte, bei denen beide Adressierungsinstanzen verschwimmen. Wenn hingegen eine konkrete namentliche benannte Instanz adressiert wird, handelt es sich um eine „triangulated address" (Culler 2015, 186), wonach das Publikum über den Umweg der Apostrophierung – zum Beispiel an eine Stadt – mittelbar angesprochen wird. Cristóbal Bianchi, Mitinitiator eines in diesem Buch untersuchten Lyrikprojekts (siehe Kap. 3.6), hat bemerkt, dass sich Lyrik besonders gut für den öffentlichen Raum eigne, weil sie zumeist ‚generisch' spricht und eben nicht als konkrete, individuelle Person. Er bemerkt, das Gedicht äußere sich „as an artwork", „as a particular form of language that is a more elliptical than direct forms of communication" (Bianchi 2020, 373).

Wie im vorigen Kapitel erläutert, definiert die Stadtsoziologie den öffentlichen Raum hinsichtlich dreier Parameter: Zugänglichkeit, Offenheit für unterschiedliche Tätigkeiten sowie Anonymität. Es ist demgegenüber der erst im Bürgertum entstandene Privatraum, in dem die Gattung Lyrik traditionell verortet wurde: Gedichttexte wurden in Büchern veröffentlicht und im ‚stillen Kämmerlein' zuhause leise gelesen. Poetische Sprache in der Stadt hinterfragt, auch durch die eben beschriebene Sprechweise des unmittelbaren Adressierens, Vorstellungen von ‚lyrischer

Subjektivität' als eines quasi-privaten Selbstausdrucks, wie sie im deutschsprachigen Kontext zum Teil noch immer vorherrschen: Die Wirkmächtigkeit der Goethe'schen ‚Erlebnislyrik' und deren Theoretisierung durch Hegel, demzufolge sich das empfindende Subjekt selbst mit seinen Versen ausdrücke (vgl. Metz 2018, 21; Benthien/Lau/Marxsen 2019, 119–120), führte dazu, dass bis heute, vor allem in Europa und Amerika, mit Lyrik etwas Persönliches, Innerliches und Affektives assoziiert wird und oftmals gar ‚Ich' und Autor:in gleichgesetzt werden (kritisch dazu Hildebrandt u. a. 2019, 2–5; Müller 2019, 88; Geist/Reents/Stahl 2021, 5–14).

Wenn man zum Beispiel in der New Yorker U-Bahn *Poetry in Motion* liest, die ‚private' Gefühle thematisiert, wie das 2019 präsentierte Gedicht „Notes On Longing" von Tina Chang (siehe Kap. 3.3), so ist offensichtlich, dass ‚Sehnsucht' aus sozialpsychologischer Sicht ein Zustand ist, den U-Bahn-Fahrgäste in einer Metropole eher zu vermeiden suchen, weil sie sich in einer Situation der körperlichen Enge und Bedrängnis unter fremden Menschen befinden (vgl. Collins 2017, xv). Sie legen dann eher einen Habitus an den Tag, den Simmel als Distanz, Reserviertheit und blasierte Haltung beschrieben hat (siehe Kap. 2.1). Oder aber, es gelingt ihnen, die Anderen so vollständig zu ignorieren, dass es ihnen dann wieder möglich wird, intimste Dinge am Smartphone zu besprechen – vielleicht sogar Sehnsucht zu artikulieren.

Eine diesem Buch zugrunde liegende These lautet, dass Lyrik im urbanen Raum, stärker als andere dort vorfindliche Textsorten, solche Fragen nach Subjektivität und dem Individuum stellt. Selbstverständlich macht auch Werbung oft davon Gebrauch, und sogar die PR-Abteilung städtischer Müllabfuhren setzt heutzutage ‚poetische' und vermeintlich subjektive Sprache ein, um die Stadtbewohner:innen zu aktivieren, wie man exemplarisch anhand der Aufforderung, Müll doch bitte in die dafür vorgesehenen Behälter zu werfen, erkennt. So werden etwa in Hamburg verfremdete Sprichwörter in Sprechblasen auf die Behälter geklebt, auf denen dann steht „Habe schmutzige Fantasien", „Ich fühle mich so leer" oder „Gib mir den Rest". Solche Wortspiele wecken die Aufmerksamkeit der Passant:innen, indem sie eine „Spürbarkeit der Zeichen" (Jakobson 1979 [1960], 93) erzeugen. Jakobson zufolge setzt Poesie die ‚ästhetische' oder ‚poetische' Funktion dominant, wodurch die Nachricht „um ihrer selbst willen" Aufmerksamkeit erhält (Jakobson 1979, [1960], 92). Oder, in den Worten von Viktor Šklovskij: Lyrik hat das Ziel „den Stein [wieder] steinig zu machen" (Šklovskij 1966 [1917], 14), also die Wahrnehmung der Materialität und der Bedeutung zu schärfen, zu aktivieren, wie man über einen Stein stolpern muss, um wieder achtsam zu gehen. In ähnlicher Weise überrascht die unerwartete sprachliche Mehrdeutigkeit auf einem Mülleimer. Die persönlich wirkenden Botschaften der Sprachkunst einer Jenny Holzer (siehe Kap. 3.7) oder eines Robert Montgomery (siehe Kap. 3.8) im urbanen

Raum sind ebenfalls Beispiele für die Dominanz der poetischen Funktion. Mit anderen Worten, an einer Bushaltestelle zu stehen und plötzlich die Worte „Du noch unberührte Braut der Stille" zu hören – faktisch ein Vers aus John Keats' „Ode auf eine griechische Urne" (1820; zit. n. Eagleton 1997, 2) – ist das, worum es in diesem Buch geht: die überraschende, stimulierende oder beunruhigende Präsenz von Lyrik in urbanen Räumen.

2.3 Fragestellung und Methoden

Auf der Grundlage der skizzierten theoretischen Konzepte werden nun zunächst die Fragen konkretisiert, die den Leitfaden der Fallanalysen bilden, im zweiten Schritt wird das methodische Vorgehen erläutert. Wenn wir im Folgenden die Fragen zur Untersuchung der Lyrikprojekte formulieren, dann folgt daraus nicht, dass in jedem Fall genau diese im Zentrum der jeweiligen Darstellung stehen. Das wäre einerseits ermüdend zu lesen, vor allem aber auch der Vielfalt der untersuchten Lyrikprojekte nicht angemessen. Mit den Fragen verdeutlichen wir vielmehr die interdisziplinäre Perspektive, unter der wir die Analysen angegangen sind, und den generellen Fokus der Untersuchung. Im Resümee (Kap. 4) dienen die sechs Leitfragen zudem als Grundlage für eine vergleichende Zusammenführung der durchgeführten Analysen.

Aus den im Kapitel 2.1 formulierten Überlegungen der Raum- und Stadtforschung ergeben sich im Wesentlichen drei Fragen:

1. *Um welchen Typ des städtischen Raums, in dem die Lyrikprojekte realisiert wurden, handelt es sich?* Hier ist nicht die jeweilige Stadt als Ganzes in den Blick zu nehmen, sondern insbesondere die je unterschiedlichen Stadtteile, vom Villenviertel bis zum benachteiligten Quartier, die klassischen öffentlichen Räume wie Marktplatz und Park bis hin zu den ‚Nicht-Orten' des Transports und Konsums. Naheliegend ist es zunächst, Lyrik dort zu präsentieren, wo sich die meisten Menschen aufhalten, also in den innenstädtischen Plätzen und Nicht-Orten. In anderen Quartieren können Gedichte zur Verschönerung eher trister Fassaden dienen, bis hin zum Versuch, über diese in ihnen thematisierten Inhalten oder den über die Lyriker:innen vermittelten kulturellen Kontexte eine Identifikation mit den Wohngebieten zu stärken.

2. *Welche Akteur:innen sind mit welchen Intentionen maßgeblich an den Lyrikprojekten beteiligt?* Diese Frage zielt auf die Stadtpolitik. Die Projekte können sich in strategische Überlegungen der Kulturpolitik einfügen und etwa zur Attraktivitätssteigerung der Stadt für Tourist:innen instrumentalisiert werden, sie könnten sich aber auch kritisch mit aktuellen Problemen der Stadtentwicklung wie Gentrification, Touristification, Mietpreise, Rassismus und sozialer Ausgrenzung auseinandersetzen. Das Spektrum der Akteur:innen ist entsprechend breit: informelle Projekte von engagierten Individuen, die mit geringen finanziellen Ressourcen und ohne Partner:innen aus Politik und Wirtschaft Lyrik ‚veröffentlichen', Projekte aus der Kunstszene, die eher Eventcharakter haben bis hin zu Großprojekten, getragen von Stadtpolitik und Sponsor:innen, die temporär oder dauerhaft das Stadtbild verändern und etwa für die Touristification in Dienst genommen werden könnten.

3. *Wie tragen die Lyrikprojekte zur Produktion des Raums im Sinne Lefebvres bei?* Das ist die Frage nach der Veränderung des wahrgenommenen und des gelebten Raums durch die lyrischen Texte und ihre visuelle oder akustische Präsentation. Durch das Place-Making der Lyrikprojekte verändern sich – mehr oder weniger – die Wahrnehmung eines Ortes wie auch die Handlungsoptionen von Nutzer:innen, teils für ein paar Tage, teils dauerhaft. Es ist zu untersuchen, wie ‚kontextuelle Sprachkunst' den Ort, an dem sie sich ereignet, verändert respektive mit erzeugt. Dazu gehört auch die Frage der Rezeption: Wie reagieren Anwohner:innen und Passant:innen auf die Lyrik im urbanen Raum – distanziert oder interessiert, möglicherweise mit anderen in Kommunikation tretend – und zu welchen Verhaltensweisen im Stadtraum laden die Poetry-Projekte ein?

Aus den in Kapitel 2.2 formulierten kunst- und literaturwissenschaftlichen Überlegungen ergeben sich drei weitere Leitfragen:

4. *In welcher Hinsicht sind die Lyrik-Projekte ortsbezogen, und dienen sie dabei eher der ‚Störung' oder der ‚Entstörung' lokaler soziokultureller Verhältnisse?* Hier ist zu fragen, ob, und wenn ja wie, Public Poetry, vergleichbar den Theorieansätzen zu Public Art, mit dem Ort ihrer Präsentation formal und/oder inhaltlich verbunden ist. Dies gilt besonders für dauerhafte Präsentationsformen an Häuserwänden, die, ähnlich wie Street Art und Graffiti, eine Markierung von Flächen oder Territorien darstellen, oft auf der Schwelle zwischen öffentlichen und privaten Räumen. Außerdem ist zu fragen, welche Bezüge zwischen den lyrischen Texten und dem jeweiligen Ort entstehen: Werden eher Kontraste oder Übereinstimmungen erzeugt? Werden Fragen der Urbanität im Gedicht thematisiert und städtische Räume beschrieben oder eher utopische Gegenwelten geschaffen (unberührte Natur, privates Leben)?

5. *Welche künstlerische Konzeption und ästhetische Gestaltung liegen der Präsentation von Lyrik im urbanen Raum zugrunde?* Dabei geht es zunächst um die Frage, ob eher eine textlich-inhaltliche oder eine bildlich-visuelle Dimension im Zentrum steht, ob die Gedichte also eher einen Rezeptionsmodus des Lesens oder des Sehens anregen (vgl. Schneider 1998, 228–229)? Gleiches gilt auch für zu hörende Gedichte, wo zu fragen ist, ob es eher um das Rezipieren von Inhalten oder um ein sinnliches Klangerlebnis geht. Hinsichtlich der künstlerischen Konzeption von urbaner Poesie ist auffällig, dass zahlreiche Projekte die Gedichte ‚in Bewegung' erfahrbar machen: entweder indem die Schrift mobil ist oder indem die Betrachter:innen selbst Bewegungen im Stadtraum vollziehen. Weiterhin sind die verwendeten Texttypen und Gedichtgenres sowie das den Projekten zugrunde gelegte Lyrikverständnis von Interesse.

6. *Inwiefern setzt die Lyrik im urbanen Raum einen Kontrast zu alltäglich vorfindlicher Schrift oder wird eine Angleichung zur Werbeästhetik gewählt, um derart Aufmerksamkeit zu erreichen oder Kritik zu üben?* Für alle Poetry-Projekte in Schriftform ist ihre Relation zu anderen Schriftelementen (Werbung, Wegweiser, Schilder, Screens, Graffiti) von Interesse. Des Weiteren ist der Gedanke der poetischen „Abweichung" (Fricke 1981) untersuchungsleitend: ob also die unerwartete Konfrontation mit lyrischer Sprache im städtischen Setting Irritation, möglicherweise aber auch erhöhte Aufmerksamkeit erzeugt: aufgrund ihrer Mehrdeutigkeiten, sprachlichen Dichte, Subjektivität, unmittelbaren Adressierung, Betonung von Sinneseindrücken und Wahrnehmung.

Die leitenden Fragenkomplexe sind nicht nur aus der Auseinandersetzung mit den theoretischen Grundlagen entstanden, sondern auch anhand des Untersuchungsmaterials entwickelt worden. Die Tauglichkeit der Frageperspektiven wurde insbesondere in der Analyse des temporären Lyrikprojekts *TRANSIT* am Kölner Ebertplatz (siehe Kap. 3.2) erprobt, die als erste erstellt wurde.

Bei den Methoden stand am Anfang des Projekts die übliche Literaturrecherche sowie die in diesem Fall recht ausführliche Online-Recherche der Lyrikprojekte und ihres räumlichen Umfelds, die dann die Basis für die Entscheidung bildete, welche Projekte in diesem Buch berücksichtigt werden. Die Auswahl der Lyrikprojekte, die nachfolgend untersucht werden, lässt sich durch das Bestreben charakterisieren, ein möglichst vielfältiges Spektrum von Fallbeispielen zu analysieren. Zur Unterscheidung der Lyrikprojekte lassen sich folgende Aspekte heranziehen:
– *Akteur:innen:* sie lassen sich grob unterscheiden zwischen informellen und formellen. Zu den informellen Akteur:innen zählen etwa Bewohner:innen, die eigenständig agieren und Gedichte im Park oder an der eigenen Hauswand veröffentlichen. Formell sind dagegen Akteur:innen aus Politik, Planung, Unternehmen, Kunst oder dem Literaturbetrieb, die mit ganz unterschiedlichen Interessen und Zielsetzungen offiziell genehmigte Lyrikprojekte im urbanen Raum verfolgen.
– *Auswahl der Lyriker:innen und Gedichte:* Manche Lyrikprojekte dienen nicht zuletzt dazu, auf die eigene literarische Produktion aufmerksam zu machen. Die meisten hier untersuchten Projekte, vor allem institutionell organisierte, verwenden jedoch Gedichte, die nicht von den Initiator:innen selbst stammen, sondern zumeist von bekannten Lyriker:innen (zeitgenössisch oder historisch; aus dem eigenen oder eher einem anderen Kulturraum). Signifikante Ausnahmen dazu finden sich natürlich auch, etwa das Lyrikfestival *O, Miami* (siehe Kap. 3.5).

- *Zielsetzungen:* Es gibt Projekte, die vor allem darauf abzielen, das Interesse an Lyrik zu steigern; es gibt solche, die Teil einer Festivalisierung der Stadtpolitik sind, oder solche, die der bloßen Verschönerung von Fassaden und Vierteln dienen sollen. Es lassen sich somit ästhetische, unterhaltende, soziale, bildungspolitische, stadtplanerische und ökonomische Zielsetzungen unterscheiden.
- *Reichweite:* Manche Projekte sind nur vor Ort erfahrbar, andere erschließen sich über Bücher oder Internetpräsenzen Rezipient:innen auch jenseits des konkret erfahrbaren Stadtraums. Die aktive Einbeziehung des digitalen Raums ist dabei von zusätzlicher Bedeutung, denn durch die Digitalisierung ändert sich auch das Verständnis von Öffentlichkeit. In Einzelfällen ist das Wechselverhältnis von urbanem und digitalen Raum für die untersuchten Lyrikprojekte von Bedeutung.
- *Ressourcen:* Bei einigen Projekten entstehen nur marginale Kosten für Kopien, Klebeband, Folien und ähnliche Hilfsmittel, während für große Projekte mit digitalen Billboards oder Laufbändern sowie Lichtprojektionen hohe Kosten entstehen, die weit über die Ressourcen von individuell initiierten Projekten hinausgehen.
- *Zeitrahmen:* Hier reicht das Spektrum von zeitlich auf eine sehr kurze Spanne befristete performativen Events bis zu Installationen oder Inschriften auf Gebäuden, die auf Dauer angelegt sind.

In methodischer Hinsicht kamen da, wo es möglich war – und es die Corona-Verordnungen zuließen – ethnographische Methoden zum Zuge, die es ermöglichen durch Begehungen und Beobachtungen vor Ort sowie Expert:innengespräche und Kurzinterviews mit Passant:innen Befunde zu präsentieren, die allein aufgrund von ‚Schreibtischarbeit' nicht möglich gewesen wären. Das zweite methodische Standbein sind semiotisch grundierte, kontextbezogene Interpretation ausgewählter Gedichte und ihrer ästhetischen Gestaltung im urbanen Setting. In diesem Buch werden auch mehrere nicht auf Dauer angelegte Lyrikprojekte besprochen, die vor Beginn der Arbeit an diesem Buch im Frühjahr 2019 realisiert wurden oder zu aufwändiger Reisen bedurft hätten und daher von uns nicht aufgesucht werden konnten (auch hier spielte die Pandemie mit hinein). Aufgrund ihrer Singularität oder Relevanz sollen sie aber trotzdem berücksichtigt werden. Methodisch greifen wir in solchen Fällen, ähnlich wie es in der Theaterwissenschaft bei ‚abgespielten Inszenierungen' üblich ist, auf dokumentarische Materialen, Videos, Interviews und Katalogbeiträge zurück, „in order to reconstruct a narrative composed of samples of several experiences" (Lagos Preller 2015, 144), aber auch auf nachträgliche Expert:inneninterviews. Bei der Lektüre der

Analysekapitel wird jeweils deutlich, welche der Lyrikprojekte auf einer Recherche vor Ort beruhen und welche nicht. Die methodischen Herausforderungen, die diese unterschiedlichen Vorgehensweisen mit sich bringen, führen zugleich zu einer variantenreichen Darstellungsform, denn jedes Kapitel hat seine eigene Geschichte und Gestalt.

3 Fallstudien: Urbane Lyrikprojekte

3.1 Informelle Zettelpoesie

Als Einstieg in die Untersuchung unterschiedlicher Formen von Lyrik im urbanen Raum gehen wir einem informellen Typus nach: Zettel mit Gedichten, die an verschiedenen städtischen Orten von Einzelpersonen angeheftet werden. Es sind entweder selbstgeschriebene Texte oder solche von kanonischen Lyriker:innen. In diesem Kapitel geht es um drei Lyrikprojekte, die durch Initiativen von Einzelpersonen und ohne größere Organisation und Zuschüsse zustande gekommen sind: das anonyme, informelle Projekt *Mal was Schönes* im Wehbers Park in Hamburg, das im Kontext der Coronapandemie stand, das mehrjährige Projekt *augen::post* in Leipzig, konzipiert unter anderem von der Lyrikerin und Performerin Ulrike Almut Sandig, sowie die kurzen Gedichte des sogenannten ‚Zettelpoeten' in Wien.

Mal was Schönes im Hamburger Wehbers Park

Der Wehbers Park ist ein kleiner Nachbarschaftspark mit Spielplatz, Skateranlage, Fitnessgeräten und Hundeauslaufzone im Hamburger Stadtteil Eimsbüttel. An der Südost- und Südwestseite wird der Park von vierspurigen Straßen begrenzt, die für Fußgänger:innen eine massive Barriere zu dem Wohngebiet bilden, zu dem der Park gehört. Aufgrund der Lage und der Ausstattung des Parks ist davon auszugehen, dass er im Wesentlichen von Anwohner:innen aus der Nachbarschaft genutzt wird. Mitte April 2020, in der Zeit des Lockdowns der ersten Welle der Coronapandemie, als viele Menschen von den Bildern aus Bergamo geschockt waren und eine Stimmung tiefer Verunsicherung herrschte, tauchten auf DIN A4-Blättern kopierte Gedichte im Park auf, die in Plastikfolien mit Reißzwecken an Bäumen befestigt waren (Abb. 3.1.1a+b). Die schlichte Aktion knüpfte an eine Alltagsästhetik an, wie man sie in Großstädten kennt: private Aushänge mit Wohnungsgesuchen in einem bestimmten Stadtviertel, in dem man gern wohnen möchte, oder Aufrufe zur Suche einer entlaufenen Katze in der Nachbarschaft.

Alle Ausdrucke waren mit dem Motto *Mal was Schönes* in großen blauen Buchstaben überschrieben, was Neugier geweckt hat. Das Attribut ‚schön' war allerdings nur auf die Inhalte, nicht auf die doch eher schmucklose Gestaltung bezogen – oder auf ein allgemeines Verständnis von ‚Poesie' als schöner Sprachkunst. Wer das Projekt mit welchen Intentionen initiierte ist unbekannt. Zum Zeitpunkt des Besuchs des Parks hingen dort Gedichte von Mascha Kaléko („Der Frühling", 1971), Hilde Domin („Im Tor schon", 1987) und Rose Ausländer („Das Schönste", um 1977). Damit wurden die drei prominentesten deutschsprachigen Exil-Lyrikerinnen ausgewählt, die durch diese Thematik inhaltlich miteinander verbunden sind. Was die

Abb. 3.1.1a: Wehbers Park, Hamburg (April 2020).

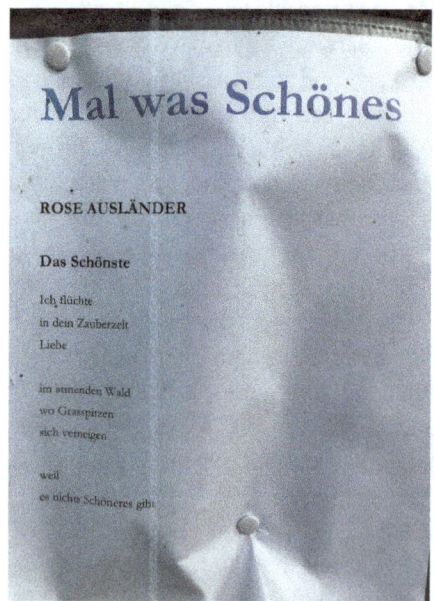

Abb. 3.1.1b: Gedicht „Das Schönste" von Rose Ausländer an einem Baum im Wehbers Park, Hamburg (April 2020).

Exilsituation 1933–1945 konkret mit der Coronapandemie zu tun haben könnte, bleibt allerdings offen, vielleicht ist die Autorinnenauswahl auch zufällig, da die

Gedichte selbst sich anderen Themen widmen und alle auch deutlich später entstanden. So etwa das von Rose Ausländer präsentierte Gedicht (Abb. 3.1.1b), dessen Titel wie ein Superlativ des Mottos *Mal was Schönes* klingt:

Das Schönste

Ich flüchte
in dein Zauberzelt
Liebe

im atmenden Wald
wo Grasspitzen
sich verneigen

weil
es nichts Schöneres gibt.
  (Ausländer 1984, 21)

Lesende können sich als Adressat:innen („dein Zauberzelt") und dadurch unmittelbar angesprochen fühlen. Nimmt man eine Nähe von Wald und Park an, fühlt man sich sogar aufgefordert nach den Gräsern zu schauen, ob sie sich etwa „verneigen". Oder man kann das Gedicht als Ausdruck einer im Zeichen des Klimawandels stark anwachsenden Sehnsucht lesen: nach Natur, nach einem unberührten „atmenden Wald" mitten in der Großstadt. Der Ton des Gedichts passt gut in das räumliche Setting, trifft aber kaum die aktuelle Situation der Lesenden, denn zum Verlieben bei persönlichen Begegnungen gab es in Zeiten der Pandemie ja kaum Gelegenheiten. Das Gedicht kann aber als Trost und Hoffnung auf eine bessere Zukunft und vielleicht auch als schöne Erinnerung an bessere Zeiten gelesen werden – und zwar solche, in denen man keine Angst haben muss, frei atmen zu können ohne sich möglicherweise mit dem Virus anzustecken. Im Monat April 2020 gab es die ersten Verordnungen zum Tragen von sogenannten Alltagsmasken, damals noch aus Stoff, weswegen die Atemthematik in diesen Wochen besonders ‚virulent' war.

Ein weiterer für *Mal was Schönes* präsentierter Text fällt aus dieser poetischen Reihe heraus, handelt es sich doch um ein kurzes Zitat des japanischen Kulturwissenschaftlers Kakuzo Okakura aus seinem 1906 auf Englisch erschienenem Buch über die japanische Teekultur. Im Original lautet der Satz: „To keep the proportion of things and give place to others without losing one's own position" (Okakura 2020, 16). Im Wehbers Park wurde allerdings eine französische Übersetzung verwendet: „Préserver le sens de la mesure et laisser aux choses leur place, sans perdre la sienne", der Autorname wurde mit „Maître Okakura Kakuzo" angegeben und als Motto nicht das der Gedichte („Mal was Schönes") gewählt, sondern die französische Formulierung „Pour changer un peu" („Mal was anderes"). Neben den Gedichten könnte dieser Aushang, den vielleicht eine andere Person hinzugefügt hat, um einen Dialog zu initiieren, irritierend wirken: Warum kommt die französische Sprache ins Spiel, warum nicht das englische Original oder die deutsche Übersetzung? Warum dieser Halbsatz, dessen Aussage sich im Buch auf das ‚weltliche Drama' („To keep the proportion of things and give place to others without losing one's own position was the secret of success in the mundane drama.") bezieht? Vielleicht ist es als Mahnung oder Ermutigung zugleich zu verstehen, sich in dieser schwierigen Zeit der wichtigen Dinge des Lebens zu vergewissern, andere zu respektieren und den eigenen Platz zu behaupten ohne das Gegenüber herabzusetzen. Es bleibt rätselhaft.

Das No-Budget-Projekt kann als ein Geschenk an und Trostspender für die Nutzer:innen des Parks und damit die Nachbarschaft interpretiert werden. Die Person, die die Gedichte an die Bäume pinnte, konnte damit rechnen, dass es in dem gentrifizierten, innenstadtnahem Altbauquartier ein kulturell interessiertes Publikum gibt, das diese positiv aufnimmt. Lyrik als Mittel des Trostes einzusetzen ist eine zentrale Gebrauchsfunktion dieser Textsorte in Vergangenheit und Gegenwart, die sich auch im Internet finden lässt (z. B. YouTube-Videos, bei denen anonyme Personen ihre Lieblingsgedichte mit oft kitschigen Amateurphotos unterlegen, oder der Einsatz von Gedichten im digitalen Totengedenken). Aufgrund der Unsicherheit und der geringen Kenntnisse über die Gefahren von Sars-CoV-2 gab es in der Anfangsphase der Pandemie rigide Kontaktbeschränkungen durch die Behörden. Die Bewohner:innen waren auf Kontakte im eigenen Haushalt beschränkt, für Singles in Einpersonenhaushalten bedeutete das eine enorme Belastung, ein Spaziergang im Park gehörte bisweilen zu den Highlights des Tages. Die Gedichte luden zum Innehalten ein, zum Nachdenken und Reflektieren, waren unter den gegebenen Bedingungen aber kaum Anlass zur Kommunikation unter Fremden – die dazu nötige körperliche Nähe wurde als zu großes Risiko angesehen, der Versuch zur Kommunikation hätte leicht als übergriffig empfunden werden können. Was bleibt, ist ein bürgerschaftliches Engagement, mit dem ein kleines Zeichen gesetzt wurde in einer Zeit, in der sich viele Menschen kaum mit öffentlichen Angelegenheiten befassen konnten oder wollten, die räumliche Nähe zu anderen Menschen erforderten. Aufgrund des starken aktuellen Bezugs ist dieses Lyrikprojekt eher zeit- als ortsbezogen.

augen::post in Leipzig

Die Studentinnen und Lyrikerinnen Ulrike Almut Sandig und Maren Pelny gründeten Anfang der 2000er Jahre gemeinsam mit ihrer Kommilitonin Dorit Horn die Literaturgruppe *augen::post*. 2001–2004 hat diese Gruppe in Leipzig eigene Gedichte und andere Texte im öffentlichen Raum plakatiert. Der Gruppenname betont dabei die (visuelle) Mitteilungsfunktion der Texte. In einer monatlich stattfindenden Aktion gingen die Frauen durch Leipzig, hängten Gedichte mit Teppichkleber an Straßenlaternen, Mauern, Ampeln, Elektrokästen, Bauzäune und Türen – insgesamt an circa 90 Plätzen in der Stadt (vgl. Johnson 2018, 279) – und verteilten sie zudem in Form von Flyern und Postkarten an Passant:innen.

Abb. 3.1.2: *augen::post* mit Ulrike Almut Sandigs Gedicht „Territorium" in Leipzig (2003).

Die Gedichte wurden bisweilen anonym kommentiert oder ‚korrigiert', wenn sie etwa sprachliche Abweichungen enthielten. Das Konzept des Lyrikprojekts beruhte mithin auf Veränderbarkeit sowie Temporalität: Die Gedichte hingen so lange, bis sie verwitterten, von Passant:innen abgerissen wurden oder die turnusmäßige Stadtreinigung sie beseitigte. Die Platzierung von Lyrik auf Zetteln, wie auch deren Distribution an vorbeigehende Personen, korrespondierte sowohl mit Werbepraktiken als auch mit solchen des politischen Engagements (Abb. 3.1.2). Die Aktion spielte mit dieser Situierung zwischen den Bereichen der Konsumkultur – auch im Sinne der werbenden Aufmerksamkeit auf die eigene literarische Produktion – und der Politik.

Neben der Zettelaktion veranstalteten die Autorinnen auch sporadische Lesungen in den Straßen Leipzigs, was sie analog zum hier dominanten Rezeptionsorgan *ohrenpost* nannten (vgl. Johnson 2018, 279–284). Die ursprünglich als illegale Straßenkunst verstandene Aktion, entstanden im privaten Off-Bereich der Kultur, wurde immer populärer und damit zunehmend auch zu einer anerkannten Kunstform, über die in Printmedien und im Fernsehen berichtet wurde und auf die Anwohner:innen mit einer Erwartungshaltung reagierten, so dass sich der Überraschungseffekt zum Teil abschwächte.[1] Andererseits entstanden informelle Fortsetzungen des Projekts in weiteren Städten, etwa Köln und Berlin, durch neue Akteur:innen, die davon gehört hatten und von der *augen::post*-Gruppe mit Kopiervorlagen versorgt wurden. Einzeln Gedichte waren also zeitgleich in unterschiedlichen Städten translokal zu lesen.

Der Akt des Gehens der Aktionistinnen durch die Stadt und das gemeinsame subversive Plakatieren im öffentlichen Raum waren die performativen Elemente des Projekts. Begleitet wurden die urbanen Aktionen von der interaktiven (inzwischen nicht mehr existierenden) Website *www.augenpost.de* mit den geposteten Texten sowie einer Kommentarfunktion, gestaltet von einem Leipziger Büro für visuelle Kommunikation, wodurch eine Verbindung vom urbanen zum digitalen Raum entstand (vgl. Johnson 2018, 280) und eine Publicity-Dimension hinzukam. Rebecca May Johnson weist zurecht darauf hin, dass sich die Ko-Präsenz von Handschrift, gedruckter Schrift und digitaler Technologie auch auf der Rezeptionsebene mit dem „urban reading subject" verbindet, das genau wie die Akteurinnen vor Ort in „analoge and digital literary networks" eingebunden ist (Johnson 2018, 282). Insofern die Akteurinnen bei ihren Aktionen gleich mehrere Gedichte an unterschiedlichen Orten anbrachten, erzeugte die räumliche Bewegung eine Art poetische Kartografie des Stadtraums von Leipzig. Man kann man dies mit Michel de Certeau als sprachanaloge „Äußerung" der Fußgängerinnen begreifen, mit der „Beziehungen zwischen unterschiedlichen Positionen" artikuliert werden (De Certeau 1988, 189); die Gedichttexte wären dann Knotenpunkte innerhalb des Systems.

Zu den Texten hat Sandig in einem *Spiegel*-Interview angemerkt: „Das typische ‚Augenpost'-Gedicht muss optisch wirksam sein, das heißt einen auffälligen Zeilenumbruch oder eine interessante Strophen-Struktur haben. Wir spielen auch gern mit Schrifttypen und mit Groß- und Kleinschreibung." (Sandig in Heckmann 2003) Hier wird deutlich, dass nicht nur auf der Ebene des Inhalts, sondern auch der Form bewusst eine poetische Abweichung von anderen Zetteln dieses Seitenformats im urbanen Raum gesucht wurde – etwa von naheliegenden Textsorten wie Wohnungsgesuchen oder Veranstaltungsankündigungen. Ein auch thematisch einschlägiges *augen::post*-Gedicht Sandigs ist „Territorium", das sich mit dem öffentlichen Raum befasst, wenn auch auf sehr abstrakte Weise:

Territorium

das licht hat eine Konsistenz
von Erde und von Glas.

als nass die Zeit zwischen Orten
verlegte erliebte uns
Teer fuß und Kabel gestank.

als waben schwarzer Abgas
verglaste und rauchte
wider den Worten. das war

als das licht unsere laute
versprengte dynamit gleichen
Zeichen den Horizont schenkte.

Neben der zentrierten Schreibweise und der Zeilenabstände, die sofort auf die Textsorte Lyrik hinweisen, fallen die fehlenden Kommas in Zeilen 4, 8 und 10 und die abwechselnde Groß- und Kleinschreibung der Substantive ins Auge sowie das strophenübergreifende Enjambement zwischen „das war" und „als das licht". Diese poetischen Verfahren verrätseln das Gesagte und regen zum Nachdenken an.

Während der Titel durchaus als performative Praxis gedeutet werden kann, wonach die Lyriker:innen mit dem im öffentlichen Raum angeklebten und dem eigenen Namen signierten Gedicht ihr ‚Territorium' markieren, ähnlich wie das auch Graffitikünstler:innen tun, geben die vier Strophen innere und äußere Eindrücke preis. Auffällig ist die zweifache Verwendung des Pronomens ‚uns', die zwischen der Artikulationsinstanz des Gedichts und den lesenden Passant:innen eine Wahrnehmungsgemeinschaft herstellt oder behauptet. In der ersten Strophe wird die Perzeption von Licht beschrieben, das zwischen Natur (Erde) und Urbanität (Glas) changiert, ebenso wie zwischen Schwere/Materialität und Leichtigkeit/Immaterialität. In der vierten Strophe kehrt die Lichtthematik wieder, nun werden synästhetisch Visuelles (Licht) und Akustisches (Laute) auf paradoxe Weise miteinander verschränkt. Die Laute werden sogar, ähnlich wie Dynamit, in der Weite ‚versprengt', was ebenfalls selbstbezüglich auf die Dissemination von Poesie im urbanen Raum verweist. Und diese Laute sind es auch, die abschließend einen ‚Horizont schenken' – diesen vielleicht erweitern? Auch in der zweiten und dritten Strophe überwiegen synästhetische und zum Teil alogische Bilder: In Strophe zwei werden etwa temporale und räumliche Dimensionen auf irritierende Art und Weise verbunden („als nass die Zeit zwischen Orten | verlegte"): Das Abstraktum „Zeit" wird im oder in den Raum „verlegt", ein irritierendes Bild. Das eigentlich Unschöne, etwa der „gestank" von Kabeln, wird durch den Neologismus ‚erlieben' zu etwas äußerst Positivem, aktiv Erreichtem (Verben mit Präfix ‚er-' drücken aus, dass etwas erfolgreich abgeschlossen wird, zum gewünschten Erfolg führt, dass man eine Sache bekommt oder erreicht). Teer – so weich, dass ein Fuß einsinkt –, Abgase und Rauch sind unangenehme, mit zu viel Verkehr in der Stadt einhergehende Substanzen, die man taktil oder olfaktorisch wahrnimmt und die sich hier explizit den Worten entgegenstellen. Am Beispiel von Sandigs Gedicht „Territorium" zeigt sich also eine vielschichtige poetische Auseinandersetzung mit dem öffentlichen, urbanen Raum, deren Ziel ein Innehalten, Nachdenken und Überprüfen der eigenen Wahrnehmung ist.

Neben Gedichten wurden im Rahmen von *augen::post* auch andere Textsorten in der Stadt aufgehängt, darunter drei Texte Sandigs mit Fragen, wie etwa diese:

> Bleibst du stehen oder gehst du weiter? Und weißt du, wie du stehst? Kennst du den Ort, wo du jetzt hingehst und willst du dahin? Bist du entschlossen? Und warst du schon alt? Bist du online und kannst du mich riechen? Hast du gesehen, wie Spinnen aus den Stromkästen kriechen und Netze in die Ampeln spannen? Und quer über die Brücken im Park? Was tust du, wenn die Ampel auf grau springt? (Sandig 2002).

Manche Passant:innen nahmen diese Fragen ernst und antworten schriftlich daneben auf dem Zettel. Auch wenn der zitierte Fragenkatalog nicht Lyrik im engen Sinne ist, ist er doch in dreierlei Hinsicht bemerkenswert. Erstens werden die Leser:innen als wahrnehmende Subjekte unmittelbar adressiert. Der Ursprung dieser persönlich, reflektiert wirkenden Fragen bleibt ungreifbar. Zweitens transformiert die letzte Frage den Text zweifellos in Poesie, aufgrund der unerwarteten sprachlichen Abweichung der Wendung ‚die Ampel springt auf grün'. Weil die Farbadjektive ‚grau' und ‚grün' ähnlich klingen und sich ähnlich schreiben, ist die Veränderung minimal, aber effektiv: Anders als Grün ist Grau eine unbunte Farbe, sie symbolisiert Langeweile, Monotonie und Tristesse. Die Frage über die Spinnennetze und Stromkästen an den Ampeln thematisiert drittens erneut die Beziehung zur Natur im urbanen Raum und weist außerdem einen konkreten Bezug zur Platzierung des Gedichts auf – ob es nun an einer Ampel hängt oder auch nicht –; sie kann dadurch den Automatismus der Bewegung im urbanen Raum möglicherweise für einen (Schreck-)Moment unterbrechen.

Johnson sieht *augen::post* in der Tradition einer gegenüber dem Establishment kritischen Kunst, die ein Publikum zu erreichen sucht, das üblicherweise keine Lyrik liest. Die durative Intervention, die über einen Zeitraum von drei Jahren durchgeführt wurde und mithin große Bekanntheit in der Stadt Leipzig erlangt hat, „call[ed] on residents to reflect on the urban environment and materials, opening up spaces for reflection on the relationship between nature and pollution, as well as love and urban alienation at the traffic lights while waiting to cross the road."

(Johnson 2018, 280) In diesem Sinne sieht Johnson Rückbezüge zu den künstlerisch-politischen Praktiken der 1968er Jahre, etwa der Situationistischen Internationalen oder zu Henri Lefebvres Manifest „Das Recht auf Stadt" (2016 [1968]), worin er auf dem Grundrecht besteht, dass alle Bewohner:innen das urbane Leben mitgestalten können und Zugang zu städtischen Infrastrukturen haben. Mit ebendiesem Impuls präsentiert *augen::post* „Gedichte für alle" (Sandig, zit. in Leeder 2018, 330). Auch Sandig selbst bezieht sich auf Lefebvre, etwa in einem Reader, den sie für einen Workshop in Delhi zusammengestellt hat (siehe Kap. 3.4). Lefebvre beklagte schon in den späten 1960er Jahren eine zunehmende kapitalistische Nutzung von Stadt, ihre Touristifizierung und Spektakel-Orientierung. Er verstand diese ‚Krise der Stadt' (vgl. Lefebvre 2016 [1968], 321–332) aber auch als Chance für Erneuerung, als ein utopisches Potential wie Johnson bemerkt: „To exercise a right to the city is also to politically de-alienate the urban subject who necessarily reshapes the urban environment as part of that de-alienation." (Johnson 2018, 284) Die Leipziger Gedichtaktionen hatten, so scheint es, eine solche temporäre Aufhebung von Entfremdung zum Ziel und erfüllten damit auch die Funktion des ‚Störungsdienstes' im urbanen Raum.

Der Wiener Zettelpoet

Während die Gedichte im Hamburger Wehbers Park nur wenige Wochen und ausgelöst durch den Ausnahmezustand des Corona-Lockdowns an den Bäumen hingen und die Leipziger *augen::post*-Installationen sich immerhin über einen Zeitraum von einigen Jahren erstreckten, weist die abschließend für dieses Kapitel in den Blick genommene poetische Intervention eine extreme Zeitspanne auf: das „Unikat auf dem Gebiet alternativer Kunstverbreitung" (Palmetshofer 2011, 11) ist nunmehr schon ein halbes Jahrhundert aktiv. Als stadtbekannter „Zettelpoet" agiert der Autor Helmut Seethaler seit 1973 in den Innenstadtbezirken von Wien. Er klebt seine Gedichte und Aphorismen auf Zetteln und Fotokopien an Laternenmasten, Bäume in Parks, Bauzäune und Brückengeländer, aber auch an Wände und Säulen von U-Bahn-Stationen (Abb. 3.1.3). Seine kurzen Texte sind nicht nur zum Lesen vor Ort gedacht, sondern auch zum Mitnehmen: Er nennt sie „Pfückgedichte" und befestigt sie an den Flächen mit einseitigem Klebeband, so dass sie von Passant:innen leicht abnehmbar sind. Seethaler hat auch eine informative Website,[2] ist auf Facebook[3] und Twitter (*@Zetteldichter*) aktiv, wo er auch mit Fotos seine Aktionen dokumentiert, und finanziert seine schriftstellerisch-interventionistische Tätigkeit durch Spenden.

Abb. 3.1.3: „Pflückgedichte" des ‚Zettelpoeten' in einem Wiener U-Bahnhof (September 2019).

Da er seine Gedichtaktionen nicht anonym macht, sondern Name, Post- und Mailadresse auf den Zetteln angibt – dies nicht zuletzt zu Werbezwecken und als Spendenaufruf – haben sie ihm schon Tausende von Klagen und diverse Gerichtsverhandlungen eingebracht. Zumeist wurde ihm Sachbeschädigung vorgeworfen, von den Gerichten aber wird seine Zettelpoesie in der Regel als Kunst und entsprechend als ‚schutzwürdig' eingestuft (vgl. Justnik/Stübler 2008, 277). Oft aber werden die angeklebten Gedichte als Vandalismus begriffen, und die Mitarbeiter:innen des städtischen Verkehrsbetriebs der Wiener Linien schicken ihm regelmäßig Rechnungen für das Entfernen der Aushänge in den Bahnstationen. Die Tätigkeit als selbst ausgerufener Stadtschreiber lässt sich demnach als eine Sisyphos-Arbeit bezeichnen, wonach der informell und zumeist nachts aktive Autor sein Werk flinker und effektiver zu distribuieren hat als es von den Behörden und Diensten wieder entfernt werden kann: Eine zentrale Funktion dabei hat die Öffentlichkeit inne. Denn viele Wiener:innen unterstützen Seethaler ideell und materiell, nicht nur finanziell, sondern auch, indem sie seine Gedichte mitnehmen, woanders im Stadtraum aufhängen und indem sie positive Kommentare posten und sie in Sozialen Medien weiter verbreiten. Auch bekannte Wiener Schriftsteller:innen setzen sich für ihn ein, und die Presse schreibt regelmäßig Artikel über ihn. So zeigt sich, dass die urbane Textpraxis des Zettelpoeten ein komplexes Gewebe von Aktionen und Anschlusskommunikationen auslöst.

Seethalers Gedichte sind handgeschrieben oder im Retrostil eines Schreibmaschinen-Layouts gestaltet, zumeist schwarz auf weiß oder weiß auf schwarz. Zum Teil handelt es sich um handschriftliche, danach eingescannte oder abfotografierte und dann wieder ausgedruckte Blätter, wodurch die hier aufgehängte Lyrik gewissermaßen eine mehrfache Remediation (bzw. die Repräsentation eines Mediums in einem anderen; vgl. Bolter/Grusin 2000, 45) darstellt. Manche der Zettelgedichte greifen in begrenztem Maße auch Verfahren der visuellen Poesie auf, zum Beispiel Zeilen, die schräg zueinanderstehen oder als Figurengedicht einen bildlichen Umriss aufweisen (Abb. 3.1.4).

Abb. 3.1.4: „Pflückgedichte" des ‚Zettelpoeten' in der Karlsplatzpassage, Wien (April 2018).

Verteilt und angeheftet werden Fotokopien und Post-its mit Gedichten, oft auch nur kleinere Schnipsel aus kopierten Seiten (im Netz kursieren Selbstkommentare Seethalers, wonach er immer dann Public Poetry machen kann, wenn seine Copy Card noch ein Guthaben aufweist, wie er immer wieder betont). Durch diese Praxis und Ästhetik erinnert die Zettelpoesie des inzwischen 70-jährigen Autors an eine fortgesetzte ‚Studentenaktion', sie hat etwas ostentativ Prekäres. Anders als die *augen::post*-Gedichte der Leipziger Autorinnen handelt es sich bei den vom Autor auch als „Denk-Zettel" bezeichneten Poemen um plakative, kultur- und kapitalismuskritische Gedankenlyrik, die Menschen dazu auffordert, gesellschaftliche Entfremdung, die Ausbeutung des Planeten und ähnliches zu hinterfragen. Zwei Beispiele: „MAN DARF DIE WELT | NICHT DENEN ÜBERLASSEN | DIE IMMER WENIGER | VON IHR ÜBERLASSEN" und „2 TAGE in der Woche | versuchst Du, | das versäumte Leben | von 5 TAGEN | nachzuholen. | Je mehr du von | diesen 2 TAGEN | erwartest, | umso stummer | läßt du | 5 TAGE | über dich verfügen." Während sich das erste Kurzgedicht ziemlich pauschal gegen Ausbeutung, Ressourcenverschwendung und Missbrauch von Macht richtet, formuliert das zweite eine Art ‚Lebensweisheit' im Kapitalismus und ruft Passant:innen zum Innehalten und Hinterfragen des durch den Berufsalltag normierten, festgelegten und daher öden Lebens auf. Inhaltliche Bezüge auf den umgebenden urbanen Raum gibt es in den Zettelgedichten nicht. Allerdings wird Seethaler in einem volkskundlichen Beitrag zu Recht attestiert, dass es sich bei seinen Aktionen um die „vehemente Rückaneignung eines Raumes" handelt, „der nicht mehr so öffentlich ist, wie er zu sein scheint, weil er zunehmend normiert, reguliert und privatisiert wird" (Justnik/Stübler 2008, 279).

Seethaler nutzt die Stadt und ihre Infrastrukturen als Bühne, die ihm ein so heterogenes Publikum garantiert, so dass er davon ausgehen kann, genug Interessent:innen für seine oft agitativen Gedichte zu finden. Seine Aktionen sind aber auch eine Form der Aneignung städtischer Einrichtungen, die insbesondere beim Betreiber der U-Bahnstationen auf Widerstand stoßen, stellen die dort angepinnten Gedichtzettel doch die Herrschaft über die Gestaltung des Nicht-Orts (siehe Kap. 2.1) in Frage. Selbstgemachte und -geklebte Zettel passen nicht zu einem Image, das auf Sauberkeit und Sicherheit setzt und Irritationen auf jeden Fall vermeiden muss. Seethaler stellt auch die Einförmigkeit des Nicht-Orts in Frage, seine Zettelgedichte könnten Unverwechselbarkeit schaffen, aber die ist nicht gewünscht.

Zettelpoesie – ein Resümee

Die drei informellen Lyrikprojekte sind „Praktiken des Stadtgebrauchs" (Oswalt/Overmeyer/Misselwitz 2013, 10), die die ästhetische und zum Teil konzeptuelle Nähe zu anderen Zettelpraktiken im urbanen Raum eint: Werbung, politische Flugblätter, private Aushänge und Gesuche. Die Projekte sind informell, da sie nicht durch formelle Institutionen der Stadt, sondern durch einzelne engagierte Individuen umgesetzt wurden (das unterscheidet sie auch von ähnlichen Projekten wie die 2010 in Florenz gegründete *Movimento per l'Emancipazione della Poesia*, deren Ziel ebenfalls die Verbreitung von Lyrik auf Zetteln im öffentlichen Raum ist, für die es aber eine Plattform sowie eine potentiell unbegrenzte Zahl an Mitwirkenden gibt).[4] Während die Zettelpraktiken in öffentlichen Räumen rechtlich unproblematisch sind, wird der Zettelpoet regelmäßig mit Klagen überzogen, wenn er in den privatrechtlichen Räumen der Verkehrsbetriebe aktiv wird. Gerade in den Nicht-Orten des Transits fallen die Zettel und Post-its besonders auf, weil in diesen Räumen üblicherweise großer Wert darauf gelegt wird, dass die Nutzer:innen eben nicht durch ungewöhnliche Aushänge oder Aktionen verunsichert werden – was ja zu einem gewissen Grad der Sinn der Zettellyrik in Wien ist. In jedem Fall handelt es sich um eine lyrische Kunst ohne großen Aufwand, die bewusst schlicht gestaltet ist und durch dieses Understatement jede:n ansprechen möchte. Die unterschiedlichen Objekte des Anbringens der Zettel – Bäume, Laternenmasten, Elektrokasten, Säulen, Brücken, Geländer oder Wände – werden Teil der urbanen Poesie. Diese besteht mithin nicht nur aus Worten, sondern umfasst auch Artefakte. Die in den drei Projekten eingesetzten Gedichte weisen ein recht großes Spektrum auf: von kanonisierten Werken der deutschsprachigen Exilliteratur über innovative, experimentelle Gedichte bis hin zu kurzen poetischen Sinnsprüchen. Dies verdeutlicht exemplarisch die in Kapitel 2.2 genannte Verschränkung von „social and aesthetic activities" (Bean/Chasar 2017, 5) in der zeitgenössischen Praxis des Umgangs mit Gedichten. Mit Parks, Plätzen, Straßen und U-Bahnstationen werden Räume aufgesucht, die im Alltag hoch frequentiert sind, die aber ansonsten wenig Beachtung finden.

3.2 Ortsbezogene Lyrik in der Passage

Der Ebertplatz in Köln

Das in diesem Kapitel diskutierte Projekt *TRANSIT – Vorübergehende Literatur am Ebertplatz* (2021) stand im Zusammenhang mit der lokalen Initiative „Unser Ebertplatz", einem Zusammenschluss von Anwohner:innen, Engagierten, Interessierten, Künstler:innen, lokalen Akteur:innen und der Stadt Köln.[1] Es wurde von der Stadt im Rahmen eines ‚Zwischennutzungskonzepts' initiiert:

> Während der Zwischennutzung wird der Ebertplatz zu einer Art Labor. Erforscht werden soll, wie gut einzelne Nutzungsideen wie z. B. Gastronomie, Kulturprogramme im Außenraum, innovatives Mobiliar oder der instandgesetzte Brunnen funktionieren. Aber auch die Zusammenarbeit zwischen Stadt und verschiedenen Initiativen und Einzelpersonen, die den Platz mitgestalten, wird erprobt.[2]

Das *TRANSIT*-Projekt zielte nach Aussage der Verantwortlichen darauf, einen „neuen Zugang zur Gegenwartsliteratur" zu eröffnen, weil klassische Literaturformate wegen der Pandemie nicht stattfinden konnten; das Projekt sollte als „proaktive Maßnahme" dienen, „Kunst und Kultur wieder öffentlich wirksam zu machen" und „Literatur auf eine besondere und unerwartete Weise im öffentlichen Raum zu erfahren".[3]

Der Ebertplatz ist ein typischer urbaner Ort in einer westdeutschen Großstadt. Er liegt innerstädtisch, 1,3 km vom Kölner Hauptbahnhof und vom Dom entfernt, einen Kilometer vom Rhein. Er bildet die nördliche Grenze des migrantisch geprägten, multikulturellen Eigelstein-Viertels. In Köln hat circa 40 Prozent der Bevölkerung einen Migrationshintergrund, bei Kindern und Jugendlichen sind es über 60 Prozent. Der Schriftsteller Navid Kermani hat über sein Wohnviertel bemerkt:

> Ich gehe durch das Viertel, ich höre hier etwas Arabisches, dort Polnisch, links eine Sprache, die nach dem Balkan klingt, Türkisch sowieso, vereinzelt Persisch, das mich aufhorchen lässt, sonst Französisch von Afrikanern, Asiatisch, Deutsch in den unterschiedlichsten Färbungen und Qualitäten. Ich verstehe die Hälfte nicht […]. (Kermani 2011, 10)

Die Spezifik des Stadtteils zeichnet sich also durch Vielsprachigkeit aus sowie durch den Umstand, dass es fortwährend gehörte oder gelesene Sprache gibt, die den Einzelnen unverständlich bleibt.

Der Ebertplatz ist umgeben von einer vierspurigen Bundesstraße. Aufenthaltsqualitäten hat er vor allem im größeren östlichen Teil, in dem sich eine zur Zeit ihrer Entstehung spektakuläre Brunneninstallation, viele Bäume, ein Café sowie Sitzgelegenheiten befinden. Der kleinere westliche Teil des Platzes liegt unterhalb des Straßenniveaus und bietet durch eine Unterführung – oberhalb derer die *TRANSIT*-Installation platziert war – Anschluss ans Straßensystem: an fünf sternförmig abzweigende Straßen sowie die U-Bahn- und die Straßenbahnstation an der nordöstlichen Seite. Es handelt sich also um einen wichtigen Durchgangsort für Fußgänger:innen, die aus der U-Bahn kommen sowie für solche, die – getrennt vom Autoverkehr – in eine der abzweigenden Straßen gehen wollen. Treppen und Rolltreppen, letztere allerdings seit langem außer Betrieb, verbinden die Straßenebene mit der unteren Platzebene. Der Platz ist mit schmucklosen, grauen Platten gepflastert, hat aber viele Bäume und Hochbeete und wirkt dadurch (bei unserem Besuch Ende April 2021) sehr grün.

Abb. 3.2.1: Der westliche Teil des Ebertplatzes, Köln, mit Literaturinstallation *TRANSIT* (April 2021).

Die Architektur des Platzes, vor allem aber die Unterführung, gilt als Beispiel für den sogenannten Brutalismus der 1970er Jahre: viel Beton und Waschbeton in grauer Farbe, keine Spielereien, klare Kanten, sechseckige Säulen (Abb. 3.2.1 und Abb. 3.2.2). Doch nicht die Architektur ist das Hauptproblem des Platzes, sondern der schlechte Ruf, weil sich in den letzten Jahrzehnten ein baulicher Verfall der Passage ereignete, die Unterführung für Drogengeschäfte genutzt wurde und es unter den Dealern zu gewalttätigen Auseinandersetzungen kam:

> Schleichend, aber kontinuierlich wurden nicht nur die Qualitäten, sondern auch die Funktionen dieses öffentlichen Raumes ignoriert und vernachlässigt: Ein Drittel der Lampen wurde demontiert, an funktionierende Rolltreppen erinnert sich kaum noch jemand, und

der Brunnen ist seit langem trocken. Die dunklen Ecken wurden noch schmutziger und unheimlicher, ungepflegtes Gehölz nimmt die Sicht. Selbstverständlich kann niemand dort unten einen Laden betreiben – auch nicht mietfrei –, und selbstverständlich wurden die Bedingungen für den Drogenhandel irgendwann ideal. Fast fragt man sich, ob es Kalkül war, die absehbare Folge vom Meiden über das Ignorieren bis zum Aufgeben nicht zu stoppen. (Winterhager 2017, 5)

Aufgrund des schlechten Images, zu dem auch, wie aus der Forschung über die Entstehung von sogenannten Problemquartieren bekannt ist (vgl. Rinn/Wehrheim 2021), die mediale Berichterstattung und die polizeilichen Interventionen beigetragen haben, galt der Platz in den letzten Jahren als gefährlich, wurde abends von vielen gemieden und wirkte durch die Leere dann noch unsicherer. Die Stadt reagierte mit Videoüberwachung, langfristig mit Plänen zum Umbau: Der Platz soll sicherer werden, sein Image sich wandeln. In den Debatten der Planungsphase, die noch andauert, polarisieren sich Meinungen zwischen der Forderung nach Denkmalschutz für das Brutalismus-Ensemble auf der einen und der nach einem Zuschütten der Unterführung und damit einer radikalen Abkehr vom Prinzip der Platzarchitektur auf der anderen Seite (vgl. Winterhager 2021). Das Vorhaben der Stadt, die Unterführung zuzumauern und die Probleme damit zu verdrängen und gleichsam unsichtbar zu machen, stieß auf massiven Protest unterschiedlicher Gruppen und Initiativen. Letztlich wurde das Ansinnen verworfen, und es begann die Planungsphase zum Umbau des Platzes. Weil sich diese sehr lange hinzog, entstand die Frage nach einer Zwischennutzung. Das kurzfristige Place-Making der Stadt(-planung) zielte darauf ab, die Aufenthaltsqualitäten des Ebertplatzes zu verbessern und zu erreichen, dass Dealer, Drogen- und Alkoholabhängige ihn nicht länger dominieren, sondern er auch von als friedlicher geltenden Familien und anderen Gruppen intensiver genutzt würde. In der Unterführung haben längst Vereine von Künstler:innen die kleinen Geschäftsräume übernommen und mit Galerien und politischen Projekten ein wenig Abwechslung in das Grau gebracht. Die Künstler:innen erhalten nur befristete, immer wieder verlängerte Verträge, weil die Planungen nicht abgeschlossen werden. Die Zwischennutzung soll sicherstellen, dass der Platz lebhaft und sicher bleibt, bis der Umbau irgendwann stattfindet. Dass vernachlässigte Räume als Nischen für Kunstprojekte fungieren, ist ein häufiges Phänomen in Großstädten; es ist davon auszugehen, dass mit dem Abschluss der Neugestaltung dieser Freiraum geschlossen wird.

Unter das Stichwort ‚Zwischennutzung' fällt auch das Literaturprojekt *TRANSIT – Vorübergehende Literatur*. In der Kulturbehörde der Stadt entstand die Idee, Literatur am Ebertplatz auf einem digitalen Laufband zu präsentieren. Zur Realisierung dieser Initiative ‚von oben' brauchte die Stadt die Akteur:innen ‚von unten'. Die Kulturdezernentin nahm deshalb Kontakt mit Initiativen aus der freien Kölner Literaturszene auf, die ein Konzept entwickelten, einen Aufruf zur Einreichung von Texten und Gedichten verbreiteten und eine Jury aus sieben Personen bildeten, die die Aus-

Abb. 3.2.2: Unterführung im westlichen Teil des Ebertplatzes, Köln (April 2021).

wahl der präsentierten Texte traf. Die Länge der Texte war laut Ausschreibung auf 600 Zeichen begrenzt. Die Sprache wurde nicht vorgegeben, die meisten ausgewählten Texte waren deutsch, einige englisch und türkisch, auch ein dänischer war dabei. Es fand sich, vielleicht wegen der vorgegebenen Kürze der Texte, vielleicht wegen ihrer Möglichkeiten der Spracharbeit auf knappem Raum, überraschend viel Lyrik darunter. Die Jury musste aus mehr als 600 Einreichungen auswählen. In der Pressemitteilung wurde TRANSIT als „ein Corona-konformes Outdoor-Format" angekündigt, das die Stadt „der Kulturszene, allen voran der Literaturszene und den Autor:innen, als Vermittlungsplattform zur Verfügung [ge]stellt"[4] hat. Fünf Wochen lang wurden im April und Mai 2021 die ausgewählten 31 Texte auf dem Laufband präsentiert. Zusätzlich zur Präsentation im urbanen Raum gab es eine Online-Präsenz, unter anderem einen Twitter-Account, auf dem täglich einer der Texte gepostet wurde. Städtische Kulturpolitik hat in diesem Fall zusammen mit lokalen Kultur- und Literaturinitiativen Teil am Place-Making eines Platzes, der von Bewohner:innen und der Stadtplanung in Frage gestellt wurde. Das Projekt entspricht demnach Public Art in dem im Kapitel 2.2 beschriebenen Sinne, erfüllt werden sogar alle vier Dimensionen des Attributs *public* (nach der Arbeitsdefinition von Cartiere 2008, 15): Es handelt sich um ein Kunstprojekt ‚in der Öffentlichkeit', das konkret auf einem ‚öffentlich zugänglichen Platz' durchgeführt wird; seine Realisation liegt im ‚öffentlichen Interesse' (verkörpert in der lokalen Initiative ‚Unser Ebertplatz') und es wird zudem ‚von der Öffentlichkeit finanziert' – über Mittel der Kulturbehörde. *TRANSIT* ist zudem nicht nur formal, also etwa auf die Architektur bezogen, sondern auch inhaltlich, vor allem durch die Auseinandersetzung mit dem Ebertplatz selbst in einigen Texten, in hohem Maße ortsbezogen und regt daher das Publikum an, sich mit dem konkreten Ort zu befassen (vgl. Krystof 2002, 231 und 233). Dies wird nachfolgend anhand ausgewählter Gedichte gezeigt.

Laufband-Literatur als Teil der ‚Zwischennutzung'

Die „Literatur-Installation im Großformat", so der Ankündigungstext auf der Projektwebsite, bestand aus einem 50 Meter langen und circa 60 cm hohen, technisch hochwertigen LED-Laufband mit weißer Schrift, das an der Brüstung des Platzes oberhalb der Unterführung montiert wurde. Die Ästhetik war äußerst minimalistisch, was dazu führte, dass manche Passant:innen die Installation womöglich gar nicht als Kunst oder Literatur wahrgenommen haben, sondern als ein – recht merkwürdige Inhalte verbreitendes – Info-Band. Es ist anzunehmen, dass dieser Irritationsaspekt bei der Auswahl der Präsentationstechnik mitbedacht wurde. Die LED-Projektionen waren für täglich von 9 bis 23 Uhr angesetzt: bis 20 Uhr sollte ein kuratiertes Programm aus fünf oder sechs Einzeltexten pro Wochentag laufen und in den letzten drei Stunden jeweils sämtliche Texte hintereinander. Wegen der abendlichen Corona-Ausgangsbeschränkung in Köln (ab 21 Uhr) wurde diese Abfolge allerdings angepasst: nun zeigte man bereits ab 17 Uhr der Gesamtdurchlauf und in den letzten beiden Stunden lief die Installation quasi ohne Publikum, nur für den leeren Platz (bzw. für Leute, die sich nicht an die Ausgangsbeschränkungen hielten oder für die Ausnahmen galten). Die Beschränkungen standen also im eklatanten Widerspruch zum Ziel, eine möglichst große Öffentlichkeit zu erreichen sowie zur Möglichkeit, die Schrift im Wechsel der Tageszeiten und ihre besondere Wirkung auch bei Dunkelheit zu rezipieren.

Die Leuchtschrift wurde oberhalb der Unterführung auf den Waschbetonplatten installiert. *TRANSIT* befand sich also über dem ‚Transitraum' Ebertplatzpassage. Es wird deutlich, dass der Titel speziell für dieses Literaturprojekt im öffentlichen Raum treffend gewählt ist, weil er die verschiedenen Dimensionen des Transitorischen verknüpft:

> Die Qualifikation ‚transitorisch' hat eine temporale und eine räumliche Semantik. Erstere bezieht sich auf vorübergehende, kurz andauernde, später wegfallende Phänomene oder Ei-

genschaften. In der räumlichen Semantik impliziert ‚transitorisch' in der Bedeutung von Transit ‚Durchfahrt', ‚Durchquerung' und meint dabei Durchgangsorte. (Borsò 2015, 259)

Titel und Untertitel der Installation verweisen zum einen auf den ephemeren Charakter des Projekts an sich, der sich in der Bewegtheit und Flüchtigkeit der Schrift äußert, und zum anderen auf die räumliche Dimension des Laufbandes über dem konkreten Durchgangsort der Ebertplatzpassage. Wegen der Platzierung der Literatur auf der Horizontlinie (von unten gesehen) beziehungsweise der oberen Straßenebene (von weiter weg betrachtet) erhielt das Laufband im räumlichen Sinne eine liminale Position: Man konnte oberhalb und unterhalb entlang gehen.

Die einheitliche Textpräsentation war wie folgt: erst die Titel, geschrieben in Versalien, dann die literarischen Texte, mal in regulärer Schreibweise, mal nur Kleinbuchstaben, mal nur Versalien, gefolgt vom Autorennamen in Klammern. Aufgrund der Versifikation ist geschriebene Lyrik üblicher Weise eher auf die Vertikale hin ausgerichtet: Die Verse stehen untereinander, die Kontur des Schriftbildes vieler Gedichte ist eher höher als breit. Hier hingegen war die Schrift linear und einheitlich horizontal angeordnet; Zeilenumbrüche oder Verse sowie Absätze oder Strophen wurden durch einfache beziehungsweise doppelte Schrägstriche markiert. Durch die kontinuierliche Bewegung des Laufbandes wurde der Untertitel „vorübergehende Literatur" performativ umgesetzt, indem die Literatur das Gleiche ‚tat' wie die Passant:innen. Falls diese stehenblieben, bildete sich ein Kontrast zum Bewegungsfluss des Textes. Ein interviewter Anwohner sagte, ihm gefalle an der Installation das „Laufen von Worten". Die Bewegung des LED-Bandes von rechts nach links ermöglichte – und erforderte – demgegenüber ein Lesen ‚auf der Stelle'. Das vorgegebene Lektüretempo war für geübte Leser:innen langsam, und es entmündigt in gewissem Sinne, etwa im Vergleich zur individuellen Lesegeschwindigkeit von Büchern, die keinem Zeitdiktat unterliegt. Positiver gefasst, wurde man durch die Langsamkeit zum Innehalten und kontemplativen Lesen ermuntert – oder dazu, Worte und Syntagmen mehrfach zu lesen, einen schweifenden Blick zu entwickeln, bei dem man zugleich liest und die Bewegung der Sprache wahrnimmt. Die Neugier lenkte den Blick nach rechts, wo die neuen Worte oder Sprachkunstwerke ‚auftauchten'. Es entstand der Eindruck, dass die Texte von rechts nach links über die Mauern strichen, um dann wieder links im Beton zu verschwinden.

Inhaltlich lassen sich die präsentierten Texte in drei Kategorien einteilen (nur vier von ihnen passen in keine davon): Erstens aktuelle sozio-politische Thematiken wie Flucht und Migration, Fremdheit und Rassismus – Erfahrungen also, die gerade mit Bewohner:innen eines multikulturellen Viertel verbunden werden, zweitens Texte mit Bezügen zur Pandemiesituation, drittens ortsbezogene Texte über den Ebertplatz oder andere städtische Räume. Zur ersten Kategorie zählt der wohl beeindruckendste Text, der anonym eingereicht wurde (Abb. 3.2.3). Sein Titel

Abb. 3.2.3: *TRANSIT*-Installation mit Ausschnitt aus dem anonym eingereichten Text „IF I WAS OFFERED A PLACE IN TOWN [...]", rechts Videokamera mit Erläuterungstafel, Ebertplatz, Köln (April 2021).

ist zugleich eine performative Ankündigung: „IF I WAS OFFERED A PLACE IN TOWN TO SHARE SOME POETRY, THIS IS WHAT I WOULD WRITE", gefolgt von einem Doppelpunkt. Was für ein erweitertes Verständnis von Poesie dem Text zugrunde liegt, wird deutlich, wenn man den darauffolgenden ersten ‚Vers' liest: „BLACK LIVES MATTER". Diese drei Worte, Slogan der in den USA entstandenen, inzwischen globalen BLM-Bewegung, werden nachfolgend variiert (z. B. „BLACK JOY MATTERS"; „WE MATTER"; „BLACK HISTORY MATTERS"). Die deklarativen, durch Versalien monumentalisierten Aussagen münden nach der Zeile „BLACK GRIEF MATTERS" in einer Nennung der Namen von sieben bekannten aus rassistischen Gründen ermordeten Menschen, darunter George Floyd und Oury Jalloh, was im Anschluss mit den selbstreflexiven Worten „I WANT TO SEE THEIR NAMES WRITTEN ON THE WALLS OF THE CITY I LIVE IN" verbunden wird: als Aufforderung und zugleich als – zumindest temporäre – Erfüllung des Wunsches![5]

Weitere sehr eindringliche Werke zum Themenkomplex Flucht, Migration, Fremdheit und Rassismus sind das Gedicht „MEIN NAME IST AUSLÄNDER" von Semra Ertan, einer türkischen Arbeitsmigrantin und Schriftstellerin, die sich 1982 in Hamburg aus Protest gegen Rassismus öffentlich selbst verbrannte – der einzige historische Text in der Auswahl – und das Gedicht „ICH BIN MEIN EIGENER WIDERSTAND" der in Deutschland geborenen Autorin und Aktivistin Simin Jawabreh, deren Eltern aus dem Iran und Pakistan geflohen sind. Beide Gedichte sind anklagend und direkt ‚sie richten sich ans Kollektiv der Mehrheitsgesellschaft. So heißt es etwa bei Jawabreh: „Ich fühle mich schön, während ihr keine Bilder für mich habt, / schüttel Locken, die ihr bändigen wollt, / zeige Haut, deren Farbe euch plagt / und schwarze Behaarung, die ihr nicht sehen wollt." Und im historischen Gedicht Ertans heißt es: „Meine Arbeit ist schwer, / Meine Arbeit ist schmutzig. / [...] / Die Türkei braucht Devisen, / Deutschland Arbeitskräfte. / Mein Land hat uns nach Deutschland verkauft, / Wie Stiefkinder, / Wie unbrauchbare Menschen." Liest man solche persönlich anmutenden Verse im öffentlichen Raum in monumentaler Schrift, so grenzt dies an einen Tabubruch, weil schmerzhafte, traurige Wahrnehmungen („unbrauchbare Menschen") und intime Dinge („schwarze Behaarung") ausgesprochen werden. Durch die Veröffentlichung werden sie von der individuellen Aussage zu einem repräsentativen Akt.

TRANSIT-Texte der zweiten Gruppe weisen Bezüge zur Situation in der Coronapandemie auf, die gesellschaftlich starke Verunsicherungen auslöste, „die Garantien einer gefügig gemachten Wirklichkeit" (Block 2020, 160) in Frage gestellt und zu einer Reihe von Einschränkungen des Alltagslebens und der Bewegungsfreiheit im öffentlichen Raum geführt hat. So wird zum Beispiel in den mehrsprachigen „HELDENSAGEN INTERRUPTED" von Harriet Grabow, dazu aufgefordert, die Tasche nicht zu packen, sich nicht wie die antiken Helden auf eine weite Fahrt zu begeben, und die deutsche Version endet mit der für diese Zeit verhaltensprägenden Aufforderung „Bleib Zuhause". Oder „BABA BOZORG", ein Gedicht der Kölner Autorin Mehregan, das den „Geschmack / des Verlustes", der am Gaumen, an der Schädeldecke, „klebt" als einem Schwinden der Ferne in Zeiten der Pandemie beschreibt, was auch „ein womöglich / nie wahrhaftig gewesenes / Gefühl / von zu Hause / zu Hause / zu Hause" umfasst – das als ein solches möglicherweise nicht mehr wahrnehmbar ist, wenn das Haus überhaupt nicht verlassen wird. Selim Özdogans auf Türkisch und Deutsch präsentiertes, selbstreflexives und politisches Gedicht „#ŞIIRSOKAKTA" beziehungsweise „DAS GEDICHT IST AUF DEN STRASSEN" (Abb. 3.2.4) thematisiert ebenfalls die Pandemiesituation – „die straßen sind leerer geworden / die menschen zu hause" –, weswegen Gedichte zwar „einsam auf den straßen" sind, aber, so die Hoffnung, auch „in schwierigen zeiten [gedeihen]"[6] (in der türkischen Version: „fakat sokaklar boşaldı / insanlar evde / şiirler sokakta yalnız kaldı / [...] / şiirler zor zamanlarda açar"). Der Titel des Gedichts zitiert überdies die in den Istanbuler Gezi-Park-Protesten 2013 entstandene Lyrikbewegung in der Türkei (siehe Kap. 3.9).

Ein faktualer Text von Jan Schillmöller listet demgegenüber schlicht die während der Pandemie ‚exponentiell angestiegenen' Börsenkurse der Pandemiegewinner auf (Unternehmen wie Amazon, Netflix, BionTech, Moderna), was zur Laufband-Ästhetik der Installation gut passt, indem es an Börsenticker im Fernsehen erinnert. Spektakulär und ähnlich ‚reißerisch' ist auch ein von Passant:innen laut einem Kurator des Projekts oft als Covid-Anweisung verstandener Text der Autorin Nicol Gourdarzi mit dem Titel „UNSICHERHEITSHINWEIS". Darin heißt es, höchst ironisch und

Abb. 3.2.4: *TRANSIT*-Installation mit Nahansicht aus Selim Özdogans Gedicht „DAS GEDICHT IST AUF DEN STRASSEN" und Werbung in der Unterführung, Ebertplatz, Köln (April 2021).

mehrdeutig, auf die Pandemie beziehbar: „+++ SICHERHEITSHINWEIS: BITTE ATMEN SIE NUR IN DEN DAFÜR AUSGEWIESENEN BEREICHEN". Und, mittelbar zudem auf den Ebertplatz bezogen: „+++ SICHERHEITSHINWEIS: BITTE LESEN SIE. +++ SICHERHEITSHINWEIS: BITTE HALTEN SIE DEN ANGEMESSENEN MINDESTANSTAND EIN. +++ SICHERHEITSHINWEIS: DIESER BEREICH WIRD VON KAMERAS ÜBERDACHT". Im übertragenen Sinne werden durch *TRANSIT* die an diesem Platz üblichen ‚Sicherheitshinweise' durch Poesie ersetzt. Dabei kommt speziell dem letzten zitierten Wort Poetizität zu: Erstens ersetzt ‚überdacht' das eigentlich hier zu verwendende Verb ‚überwacht', wodurch der Sinn entstellt wird; zweitens kann das verfremdende ‚überdacht' sich sowohl vom Verb ‚überdachen' als auch ‚überdenken' ableiten, was auf die Doppelung von pragmatischem Schutz und kritischer Reflexion anspielt; drittens wird im Prinzip durch das Wortspiel den Kameras ‚Agency' zugeschrieben, als wären diese denkende Wesen. Der in dieser Zeit vorherrschende Wunsch nach ‚Sicherheit' wird durch den „UNSICHERHEITSHINWEIS" ebenfalls ironisiert und zugleich als ein verbindendes Leitthema von Platz und Pandemie herausgestellt. Zugleich lässt sich speziell dieser Text als ‚Störungsdienst' im Sinne Höllers begreifen: als eine künstlerische Intervention, die obrigkeitsverordnetes Verhalten hinterfragt und zum Beispiel die Überwachungskameras in der Ebertplatzpassage zum Thema macht. Dies zeigt sich exemplarisch auch an dem oben zitierten Wort „MINDESTANSTAND", das ja auf ‚Mindestabstand' anspielt, sich mithin als eine Hinterfragung des Appells auf die ‚Moral' verstehen lässt, wonach es etwas mit Anstand und Vernunft zu tun hat, diesen Abstand einzuhalten.

Unter den Texten mit Corona-Bezug fällt des Weiteren „RESTART_THE_SYSTEM" heraus, ein ebenfalls ‚störender', hochgradig experimenteller Programmcode-Text von Daniel Lucien (Autor und zum Zeitpunkt des Verfassens Mitarbeiter im Impfteam Köln). Er widmet sich in erster Lesart Computerviren; durch Formeln wie „VIRUS_DETECTED!" ist er aber mehrdeutig und eben auch als Corona-Text lesbar. Durch Anweisungen in PC-Sprache wird eine Analogie zur Lebenssituation während der *TRANSIT*-Installation erzeugt, in der die deutsche Politik das drastische ‚Herunterfahren' von Kontakten erzwungen hat.

Gedichte im und über den urbanen Raum

Die dritte Gruppe von Texten bezieht sich konkret auf den Ebertplatz oder auf urbane Räume im Allgemeinen. Für uns sind diese Texte von besonderem Interesse, sofern sie zugleich lyrisch sind, denn nur sie sind ortsbezogene Lyrik im skizzierten Sinn (siehe Kap. 2.2). Einschlägig ist hier „SÜSSE BAUSÜNDE", ein Gedicht des Aachener Lyrikers Christoph Wenzel in konsequenter Kleinschreibung, der sich recht konkret auf den Ebertplatz bezieht, ohne ihn aber zu benennen:

> SÜSSE BAUSÜNDE: //denk dir den platz als wohnzimmer / mit angeschlossenem partykeller, / als sein eigenes wörterbuch, / einen angsttraum vom angstraum, / denk ihn dir als real life streaming server, / als schreibtisch mit kartoffelkeller, / siehst du die reisterrassen, die hängenden gärten, / brutal, aber zärtlich, sieh ihn an als proberaum / fürs tanztheater, als brettspiel oder bastelbogen, / boxring, brennpunkt, eine vorlesung / zu geschichte, geometrie und plattentektonik, / als darkroom für lichtflüchter, als gut getarntes / trümmerfeld und biotop, als eine süße bausünde, / als stammtisch, niemandsland, eine gemeinheit // (Autor: Christoph Wenzel)

Wenzels mit 14 Versen formal lose an ein Sonett erinnerndes Gedicht soll zum Nachdenken und Fantasieren darüber anregen, was der Platz im besten Sinne sein könnte („wohnzimmer", „partykeller", „proberaum", „biotop", „stammtisch") und was er im schlechten Sinne ist („brennpunkt", „trümmerfeld", „niemandsland", „gemeinheit"). In manchen Wendungen wird die charakteristische Architektur des Ebertplatzes spielerisch, fast liebevoll, bewertet („brutal aber zärtlich", „plattentektonik", „süße bausünde"), wodurch das Gedicht eine selbstreflexive Wendung erhält. Denn man liest hier ja Beschreibungen dessen, was man zeitgleich um die Schrift herum und unterhalb von ihr wahrnimmt. Wenn es also heißt „siehst du die reisterrassen, die hängenden gärten / brutal, aber zärtlich", so wird die Wahrnehmung der real vorhandenen Blumenkübel aus Waschbetonplatten und der Brutalismus-Architektur mit Sprachbildern einer anderen, schöneren, auch exotischeren, Wirklichkeit verschränkt.

Durch die Trias aus Beschreibung, Bewertung und Utopie triggert „SÜSSE BAUSÜNDE" eine urbane Reflexion in allen drei Raumdimensionen nach Lefebvre (siehe Kap. 2.1). So weist der an ein lesendes Du gerichtete Gestus des Gedichts, sich den in der lesenden Gegenwart wahrgenommenen Platz anders zu ‚denken', ihn anders zu ‚sehen', auf eine aktive Praxis des Symbolisierens, die sich hier ganz im Wortsinn der „verborgenen und unterirdischen Seite des sozialen Lebens" (Lefebvre 2018 [1974], 333) zuwendet, den Platz aber als gelebte beziehungsweise phantasierte Praxis zugleich auch neu besetzt. Zum Beispiel, indem man ihn nicht nur als Passage zum Durchgehen nutzt, sondern kreative Tätigkeiten wie Tanzen, Boxen oder Schreiben vollzieht, Kontakte knüpft oder eine Party feiert. Der nach Lefebvre ‚beherrschte' und ‚erlittene' Raum (bei Wenzel drastisch als „angsttraum vom angstraum" gefasst) kann durch solche – realen oder imaginierten – Praktiken potentiell angeeignet und mit Leben gefüllt werden.

In ihrer Ortsbezogenheit und ‚räumlichen Praxis' (Lefebvre) weniger komplexen, aber in sich originellen Art und Weise verhandeln weitere Texte den konkreten Ort. So etwa „UNSER MITTAGSESSEN AM EBERTPLATZ", ein satirischer Text von Ruždija Russo Sejdović, in dem Blaue Briefe, Asylanträge und Duldungen erwähnt werden, die von einer „Oma" skurriler Weise ‚gekocht' werden. Auch im Gedankenfluss „... UND WENN DU GENAU HINHÖRST" von Amelie Soyka geht es um diesen Kölner Platz sowie um eine typisch städtische Atmosphäre:

> [...] bilder fluten die passage, streifen betonpfeiler, hosenbeine, hände, die sich halten oder eine zigarette, und du mittendrin; passing places; hey, kunst, oder?, klirren die flaschen in der dunklen ecke; und dann der beat, das kreisen, dancing spaces; das echo huscht die treppe hinauf und verliert sich in der nacht ... (Autorin: Amelie Soyka)

In diesem großstadtlyrischen Fließtext fällt der saloppe und selbstreflexive Gestus („hey, kunst, oder?") auf, gemischt mit poetischen Bildern und urbanen Momentaufnahmen, wie sie auch im Rap und in der Slam-Poetry auftauchen, etwa die Reimformeln „passing places" und „dancing spaces", die einen rudimentären Groove erzeugen.

Das narrative Gedicht „SCHRITTE" von Jonathan Löffelbein bezieht sich ebenfalls auf einen städtischen Platz, wohl ebenfalls den Ebertplatz (der sich unter anderem durch einen inzwischen raren „fotoautomaten" auszeichnet). Es bietet sich auch ein intertextueller Bezug zu Alfred Döblins Großstadtroman *Berlin Alexanderplatz* an, weil der Platz und die ihm zugehörigen Elemente bei Löffelbein ganz ähnlich wie in diesem modernistischen Erzähltext von 1929 Subjektivität erhalten („die pfütze fragt sich wie es war als eis zu leben / und hinten schimpfen bahn und automat"). Während unserer Begehung vor Ort las ein junger Mann daraus im Vorbeigehen den Vers „ein großvater rutscht aus und bleibt kurz liegen" laut vor, sagte erstaunt zu seinem Freund „Was ist das?" und beide gingen ohne stehenzubleiben in die Unterführung hinein. Das Beispiel verdeutlicht den momenthaften Irritationscharakter der poetischen Sprache, aber auch die Reserviertheit des städtischen Sozialtypus' nach Simmel, der sich trotzdem nicht von seinem Weg abbringen lässt.

Abb. 3.2.5: *TRANSIT*-Installation mit Ausschnitt aus dem computergenerierten titellosen „doombot"-Skript und lesender Passantin, Ebertplatz, Köln (April 2021).

Das Höchstmaß an Selbstreflexivität und Poetizität erreichte paradoxer Weise ein computergeneriertes Gedicht, das während der Laufzeit des Projekts auf Twitter (unter dem Hashtag @deardoombot) täglich erweitert wurde (Abb. 3.2.5). Es handelt sich um das folgende, von Julia Knaß und Thomas Hainscho programmierte titellose Skript:

ebertplatz wird schlagzeile / alle schaudern / ebertplatz wird zuflucht / alle schlafen / ebertplatz wird brötchen / alle belegen / ebertplatz wird text / alle schreiben / ebertplatz wird umschlagplatz / alle kaufen / ebertplatz wird krater / alle verschwinden / ebertplatz wird beschreibung / alle lügen / ebertplatz wird reichenspergerplatz / alle verwechseln / ebertplatz wird geheimnis / alle wissen / ebertplatz wird müllhalde / alle empören / ebertplatz wird regenbogen / alle pride / ebertplatz wird liebesnest / alle schmusen / ebertplatz wird schachbrett / alle springen / ebertplatz wird chance / alle vertun / ebertplatz wird demokratie / alle herrschen / (Autor:in: doombot)

Das aus 30 Versen bestehende, ‚Schlagzeilen' aneinanderreihende Gedicht weist lyriktypische Stilmittel wie Wiederholung und Rhythmisierung auf, allerdings in penetranter Überzeichnung. Immer zwei Verse bilden ein Paar (ein mit „ebertplatz wird ..." und ein mit „alle ..." beginnender Vers). Nur das jeweils letzte Wort verändert sich. Beide variierten Worte – Substantiv und Verb – hängen semantisch zusammen, manchmal grammatisch fast korrekt („ebertplatz wird text / alle schreiben"), manchmal schief („ebertplatz wird brötchen / alle belegen") oder eben *queer* („ebertplatz wird regenbogen / alle pride"). Zwei solche Verspaare sind für unsere Fragestellung besonders interessant. Hier wird der Ebertplatz nämlich zu einem anderen Platz, was mithin auch Ziel der Literaturinstallation – und des Anwohner:innen-Projekts ‚Unser Ebertplatz' – selbst ist: „ebertplatz wird umschlagplatz / alle kaufen" und „ebertplatz wird reichenspergerplatz / alle verwechseln". Mit dem Umschlagplatz wird auf den florierenden Drogenhandel in der Passage verwiesen, aber zugleich entsteht eine schwere historische Assoziation zum Holocaust, denn es war der Name des Deportationsplatzes im Warschauer Ghetto. Der Reichenspergerplatz ist ein repräsentativer Kölner Platz, an dem das monumentale historische Gebäude des Oberlandesgerichts steht. Man ist versucht, hier eine kritische Perspektive hineinzulesen: dass der Ebertplatz womöglich seine Eigentümlichkeit, Besonderheit verliert und ihn dann „alle" mit einem anderen Platz „verwechseln" (der im Übrigen auch eine problematische NS-Geschichte hat[7]). Gerade bei solchen Assoziationen erscheint die posthumane Autorschaft als umso unheimlicher. Zwar gilt für alle auf dem Kölner Laufband präsentierten Texte, dass sie kurz und dekontextualisiert sind, aber die in gepaarten Versstrukturen präsentierten elliptischen Aussagesätze üben im Vergleich zu den anderen nochmal eine stärkere Wucht aus.

TRANSIT als Element des Place-Makings

Die nachfolgenden empirischen Beobachtungen zur Rezeption von *TRANSIT* wurden an zweieinhalb Tagen Ende April 2021 gemacht. Sie lassen sich in zwei Thesen zusammenfassen: Erstens, die meisten Passant:innen beschäftigen sich nicht mit den Texten und Gedichten, sondern gehen souverän und distanziert ihres

Weges; zweitens, die Ästhetik des Projekts trägt trotzdem dazu bei, den Platz gleichsam zu ‚beruhigen'. Zweimal wurden die Passant:innen in einem jeweils zehnminütigen Zeitraum gezählt:

(1) Freitag 23.4., 12.10 bis 12.20 Uhr: 47 Passant:innen, davon 19 aus der Richtung oberer Ebertplatz oder Eigelstein (d. h., sie blickten beim Gehen direkt auf das Laufband), ein Passant schaute sichtbar auf das Laufband, las aber nicht einen ganzen Text; kein:er der Passant:innen las einen Text;

(2) Freitag 23.4., 18.10 bis 18.20 Uhr: 41 Passant:innen, davon 20 aus der Richtung oberer Ebertplatz oder Eigelstein (d. h., sie blicken beim Gehen direkt auf das Laufband), ein Passant schaute sichtbar auf das Laufband, las aber nicht einen ganzen Text; kein:er der Passant:innen las einen Text.

Aus dieser Stichprobe folgt: Weder zur Mittagszeit noch am frühen Abend, womöglich auf dem Weg von der Arbeit ins Wochenende, nahmen Passant:innen sich die Zeit, einen Text oder mehrere Texte vollständig zu lesen. Dabei mag auch eine Rolle gespielt haben, dass das Projekt bereits ein paar Wochen lief und vielen Menschen, die die Passage regelmäßig durchquerten, bereits bekannt war. Die Eindeutigkeit des Befundes (niemand liest) ist aber doch erstaunlich. Allerdings konnten wir zu anderen Zeiten einige wenige Passant:innen beobachten, wie sie stehenblieben, einen Text lasen und auf unsere Nachfrage sich sehr positiv sowohl über den gelesenen Text als auch über das Projekt insgesamt äußerten.

Die Ästhetik des Literaturprojekts mit ihrem kontinuierlichen Fluss von Worten und dem einheitlichen visuellen Gesamtbild trug dazu bei, den Platz zu beruhigen – in diesem Sinne dominiert die ‚entstörende' Funktion der Literaturinstallation, während die provozierenden inhaltlichen Elemente (z. B. die Rassismus anklagenden Texte oder die kritischen Auseinandersetzungen mit den Pandemiemaßnahmen) darin eher momenthafte Elemente des Widerstands oder des Protests waren. Das intendierte Place-Making gelang daher, und zwar auch ungeachtet der allgemeinen Distanz der meisten Passant:innen. Eine Frau, die täglich über den Ebertplatz geht, erklärte im Kurzinterview, dass sie die Texte auf dem Band als eine Art Kunstinstallation wahrgenommen habe, bei der es weniger auf den einzelnen Text als auf die visuelle Gesamtwirkung ankomme. Andere Interviewte haben die Texte nicht gelesen, weil sie sie als „Endlosschleife" angesehen haben. Die Wahrnehmung als ‚Kunstobjekt', mit dem man sich nicht intensiver auseinandersetzen muss, das aber gleichwohl die Qualität des Platzes verbessert, ist der Grund für ein Gelingen des Place-Making. Durch die Literaturinstallationen wurde aus dem „Unplatz" wieder ein „Platz", so ein Anwohner. Ein anderer sprach sogar davon, dass der Ebertplatz jetzt viel schöner sei: wie ein „Wohnzimmer" (so ja auch eine Bezeichnung aus Wenzels „Süße Bausünde") und dass durch die Installation zu einem „Verweilen" auf dem Platz eingeladen würde, so dass dieser nicht mehr nur „Fluchtpassage" sei. Für die

Autor:innen der präsentierten Texte und das Projektteam mag das überwiegende Desinteresse der Passant:innen ernüchternd sein, für die Wahrnehmung des Platzes jedoch war das Projekt *TRANSIT* mithin ein Baustein zur Abkehr des Images als ‚gefährlichem Ort' oder gar einer ‚No-Go-Area'. Die Kehrseite des Projekts könnte sein, dass es Teil einer Ausgrenzungspolitik werden könnte, die zur Verdrängung von als störend wahrgenommenen Personengruppen aus dem Park führen könnte. So wie es ein Zuwenig an Sicherheit in öffentlichen Parks geben kann, wenn etwa wie am Ebertplatz geschehen gewaltsam Konflikte ausgetragen werden, so kann es auch ein Zuviel an Sicherheit geben, etwa dadurch, dass durch Videoüberwachung und Polizeistreifen ein Raum geschaffen wird, in dem Anonymität und Verhaltensoffenheit kaum noch möglich sind. Wenn zur Urbanität gehört, dass Fremde sich begegnen und lernen mit verunsichernden Situationen umzugehen, dann würde das Schaffen eines Hochsicherheitsparks gerade in multikulturellen Vierteln einen schwerwiegenden Verlust bedeuten. Denn mit der „Angst vor Urbanität" (Wehrheim 2012, 217–219) drohen die kulturellen Grundlagen des Umgangs mit Vielfalt zu erodieren.

3.3 Im ‚Nicht-Ort': Gedichte im öffentlichen Nahverkehr

Lyrik im öffentlichen Nahverkehr ist seit den 1990er Jahren ein populäres Format, das weltweit in einer Vielzahl von Städten, insbesondere in U-Bahnen von Großstädten und Metropolen, Anklang gefunden hat. Das Besondere an diesen Projekten ist, dass die Gedichte nicht an einem statischen Ort angebracht werden, sondern mit den Passagieren durch den Untergrund der jeweiligen Großstadt fahren. Auf Bewegung als Besonderheit dieser Lyrikprojekte spielt auch der Titel *Poetry in Motion* der New Yorker Initiative an. Er rekurriert auf ein bekanntes amerikanisches Liebeslied von 1960, dessen erfolgreichste Version von Johnny Tillotson eingespielt wurde und in dem die Formel „Poetry in Motion" als Metapher für eine im Stadtraum flanierende junge Frau fungiert. Wie auch im Lyrikprojekt *TRANSIT* (siehe Kap. 3.2) sowie in den Arbeiten von Casagrande (siehe Kap. 3.6) und Jenny Holzer (siehe Kap. 3.7) befinden sich also nicht (nur) die Betrachter:innen im Stadtraum in Bewegung, sondern das poetische Wort selbst steht nicht still, es fährt durch die Stadt.[1]

Das erste U-Bahn-Lyrikprojekt war *Poems on the Underground* in der Londoner U-Bahn, das 1986 von der amerikanischen Schriftstellerin Judith Chernaik gemeinsam mit ihren Lyrikerkollegen Cicely Herbert und Gerard Benson initiiert wurde. 1992 folgte *Poetry in Motion* in New York, ein Programm das wie auch das Londoner noch heute existiert. In vielen weiteren Städten wurden Lyrikprojekte im öffentlichen Nahverkehr nach dem Vorbild Londons entwickelt:

> ‚Poems on the Underground' has inspired a host of partner programmes around the world: from Dublin [...] to Adelaide, Melbourne, New York, Paris, Stuttgart, Sydney, Barcelona, Athens, Moscow, St. Petersburg and Shanghai. The UK ‚Poems on the Underground' have been displayed in the subway systems of Helsinki, Oslo, Stockholm and Vienna. Poem series are often themed. Past topics include: European Poetry, Young Poems on the Underground, Commonwealth Poetry, Chinese Poetry, African Poetry and 1,000 Years of Poetry.[2]

In der Aufzählung fehlen zwei ambitionierte Lyrikprojekte im asiatischen Raum: das mit dem doppeldeutigen Titel versehene Projekt *Moving Words*, das für mehrere Monate im öffentlichen Nahverkehr der Stadt Singapurs lief (vgl. Gui 2019), und das kontinuierlich fortgeführte U-Bahn-Lyrikprojekt 서울 시민 시 *[Gedichte der Bewohner:innen von Seoul]*. In zahlreichen U-Bahn-Stationen der südkoreanischen Megacity Seoul (über 20 Mio. Einwohner:innen) befinden sich seit 2009 Gedichte auf den gläsernen Schiebetüren, die sich automatisch öffnen, wenn ein Zug dahinter zum Halten gekommen ist. Das Sicherheitsglas ist auf den Bahnsteigen vor den Gleisen installiert, um die Fahrgäste vor den einfahrenden Hochgeschwindigkeitszügen zu schützen.

Abb. 3.3.1: Fahrgast vor dem Gedicht „무지개 생명부" von Lee Su-Yeong in der U-Bahn in Seoul (Mai 2022).

Inzwischen sind es Tausende von Gedichten in Hunderten von U-Bahnstationen, und es ist geplant, an sämtlichen Stationen des Liniennetzes Gedichte zu präsentieren. Besonders bemerkenswert ist, dass erstens viele Gedichte thematische Bezüge zu den Stationen aufweisen – etwa zu Kindheit und Jugend an der Station Children's Grand Park oder zu China an der Daerim- und der Garibong-Station, in deren Umgebung es viele chinesischstämmige Bewohner:innen gibt (vgl. Marshall 2015). Zweitens, dass ein Großteil der Gedichte von Laien geschrieben wird, die diese in einem kompetitiven Verfahren bei einer Jury der Kulturbehörde der Stadt einreichen (vgl. Jiyoung 2014). Drittens ist hervorzuheben, dass viele Gedichte Naturwahrnehmungen beschreiben; zum Beispiel geht es in dem im Bild (Abb. 3.3.1) zu sehenden Gedicht von Lee Su-Yeong um ein Ich, das im Schatten auf einer Parkbank sitzt, die nach und nach von der Sonne bestrahlt wird. Wie in einigen anderen hier untersuchten Projekten, dient die Lyrik im urbanen Raum also nicht zuletzt der Verbesserung des Ambientes und der Befriedung der Nutzer:innen des Nahverkehrs, um „das Funktionieren des sozialen Räderwerks zu entstören" (Höller 1995, 22). Weihsun Gui spricht hier von „literary distraction", die dazu dient, der instrumentellen Nutzung des öffentlichen Nahverkehrs etwas Schönes entgegenzustellen (Gui 2019, 3).

In Deutschland gibt es das im obigen Zitat erwähnte Projekt in Stuttgart, *Lyrik unterwegs*, das 1987, also unmittelbar nach London, initiiert wurde und darin besteht, in Straßenbahnen kanonische Gedichte seit der Goethezeit ‚auszuhängen' (vgl. Stuttgarter Straßenbahnen AG 2020, 6). Weiterhin verteilt der Nordhessische Verkehrsverbund mit Sitz in Kassel an seine Fahrgäste unter dem Motto *Poesie unterwegs* viermal im Jahr auf ausgewählten Straßenbahnlinien kostenlose Lesehefte mit Gedichten (und anderen literarischen Texten) von bekannten Autor:innen oder Lokaldichter:innen, mit denen sie die Fahrgäste zur Lektüre animieren möchte. In diesem Kapitel soll aber weder eine Überblicksdarstellung noch ein Vergleich unterschiedlicher Lyrikprojekte im städtischen Nahverkehr erfolgen, vielmehr wird das New Yorker Lyrikprojekt *Poetry in Motion* im Zentrum stehen, weil es, wie wir zeigen möchten, besonders vielschichtig angelegt ist und, ähnlich wie das in Seoul, den Stadtraum selbst konzeptuell mit aufnimmt.

Konzept, Ästhetik und Rezeption von *Poetry in Motion* in New York

Anders als das Londoner Projekt, das weiterhin von Chernaik, nun gemeinsam mit den Lyriker:innen Imtiaz Dharker und George Szirtes, für den Betreiber der London Underground kuratiert wird, ist das New Yorker Projekt seit seiner Entstehung an eine große literarische Gesellschaft mit mehr als hundertjähriger Tradition angebunden, die Poetry Society of America, die es professionell mit eigener Website betreut und es national verbreitet, so dass sich viele ähnliche lokale Initiativen in anderen US-amerikanischen Städten entwickelt haben (vgl. Lauer 2002). Auf der Website der Poetry Society[3] findet sich auch eine Übersicht über die insgesamt 27 US-amerikanischen Städte, in denen *Poetry in Motion* bislang lief oder läuft und das den „wider national effort developed vigorously over the past twenty years" spiegelt, „to situate poems in the paths of people as they travel from one place to another" (Collins 2017, xvi), wie der amerikanische Lyriker Billy Collins anmerkt, der im New Yorker Lyrikprojekt mit mehreren Gedichten vertreten ist. Im Jahr 2022 fanden sich in den USA Poems im öffentlichen Nahverkehr der Städte Los Angeles, Nashville, Providence, San Francisco und New York. Darüber hinaus gibt es die *Transit Line Poetry Series* zwischen Manhattan und den Bahnhöfen, die in New Jersey zum suburbanen Raum New Yorks gehören.[4]

Für *Poetry in Motion* wird von der Poetry Society of America eine Vorauswahl geeigneter Gedichte erstellt und den Mitarbeiter:innen der Abteilung für ‚Arts & Design' der Verkehrsgesellschaft Metropolitan Transportation Authority (MTA) vorgeschlagen. Selbstbewerbungen von Lyriker:innen wurden lange nicht angenommen, inzwischen können aber auch etablierte Poet:innen – Zulassungskriterium: mindestens zwei publizierte Gedichtbände – selbst Vorschläge einreichen. Die Entscheidung für ein bestimmtes Gedicht fällt in einem Aushandlungsprozess zwischen der Lyrikgesellschaft und den Leuten der MTA, erstere hat die literarische Expertise, letztere hat die Expertise darüber, was in der Subway funktioniert. Der MTA obliegt die finale Auswahl, und sie übernimmt auch die Kosten für die Grafik, den Druck und das Aufhängen der Plakate in den U-Bahnen sowie manchmal auch in Bussen. In der Regel sind es kurze, zeitgenössische, amerikanische Gedichte auf Englisch, die potentiell viele Menschen ansprechen. Die Multilingualität der in dieser Stadt lebenden Bevölkerung wird durch das Projekt so allerdings nicht abgebildet (anders als etwa in den Lyrikprojekten in Leiden und Miami, siehe Kap. 3.5 und 3.10). Provokante und problematische Themen wie Sexualität und Gewalt werden ausgeklammert, um keine Trigger für Aggressionen zu bieten und weil die Gedichte von Menschen unterschiedlichster Herkünfte oder Religionszugehörigkeiten und eben auch von Kindern gelesen werden. Das Langzeitprojekt ist seriell angelegt, veröffentlicht werden zwei Gedichte pro Quartal. Üblicherweise verbleibt ein Gedichtplakat drei Monate in den Wagen, manchmal auch länger. Eigentlich würde man also zu einem gegebenen Zeitpunkt immer nur zwei Gedichte in den U-Bahnen sehen, aber tatsächlich findet man meist mehrere, weil einzelne Plakate länger hängen bleiben. So sind wir zum Zeitpunkt unserer Recherche im Frühjahr 2022 auf insgesamt zehn unterschiedliche Gedichte gestoßen.

Die New Yorker Subway gehört zu den ältesten Untergrundstreckennetzen; im 20. Jahrhundert war es das größte städtische Transitsystem der Welt (vgl. Höhne 2017, 14). Bis heute hat es die meisten Bahnhöfe und gehört zu den zehn umfangreichsten und dabei komplexesten Verkehrsnetzen weltweit. Täglich nutzten vor der Coronapandemie mehr als fünf Millionen Passagiere die Bahnen auf annähernd 1.400 Gleiskilometern in 26 Linien mit mehr als 460 Stationen (vgl. Höhne 2017, 18). Die Infrastruktur des U-Bahnnetzes ist teilweise veraltet und marode; der Kulturwissenschaftler Stefan Höhne verweist in seiner Rekonstruktion der Kulturgeschichte der New Yorker U-Bahn auf drastische Metaphern wie „Hölle", „Dschungel" und „Todeszelle" (Höhne 2017, 16), die sich schon in den 1960er Jahren in Beschwerdebriefen an die MTA fanden. Nach einer langen Phase des Niedergangs des Verkehrssystems, in der die U-Bahn in den 1970er Jahren nicht zuletzt aufgrund der ausufernden Kriminalität einen „geradezu postapokalyptischen Eindruck" (Höhne 2017, 321) vermittelte, konnten ab Mitte der 1980er Jahre mit verschiedenen Maßnahmen Verbesserungen erzielt werden, durch die auch verlorengegangene Passagiere wiedergewonnen werden konnten. 1985 wurde als Reaktion auf den zunehmenden Vandalismus und die massive Präsenz von Graffiti in den Bahnen und Stationen auch die Abteilung MTA Arts & Design gegründet. Ziel war und ist es, mit Hilfe von bildender Kunst, Musik und Gedichten die Atmosphäre und das Aussehen des Liniennetzes und damit auch dessen Image zu verbessern – auch hier also ein

Impuls zur ‚Entstörung' von Infrastruktur. Die Subway wurde in den 1990er Jahren wieder sicherer, schüttelte Ihren „Ruf als gefährliches Territorium" aber nur langsam ab; zeitgleich erfolgte die „Neuerfindung" New Yorks als „Touristen- und Finanzmetropole" (Höhne 2017, 326). Zu dieser für amerikanische Metropolen typischen postindustriellen Entwicklung passt das Lyrikprojekt gut, weil es dazu beiträgt die städtische Infrastruktur gleichsam zu verschönern.

In der ersten Projektphase von *Poetry in Motion* (1992–2008) erschienen kurze Gedichte oder Gedichtauszüge auf oberhalb der Fenster angebrachten querformatigen Plakaten im gleichen Format wie die Werbetafeln in den Waggons. Die Gedichte werden von Logos und grafischen Elementen gerahmt: oben mittig das Logo des Lyrikprojekts mit dekorativen Ausschnitten aus Mosaiken in New Yorker Subway-Stationen, unten links das Logo „SubTalk" sowie zwei Logos der MTA und Werbung des Sponsors, der Buchhandlungskette Barnes & Noble. Walt Whitmans zeitlos gültiger Aphorismus, überschrieben mit „To You" (1860), der in der ersten Projektphase in der U-Bahn präsentiert wurde, ist für unseren Zusammenhang auch inhaltlich von Interesse: „Stranger, if you passing meet me and desire to speak to me, why should you not speak to me? | And why should I not speak to you?" (Whitman 1973b, 14). Das erste Wort wurde für *Poetry in Motion* durch Großbuchstaben und ein Ausrufezeichen zusätzlich hervorgehoben; damit wird der auch im Titel angelegte Adressierungseffekt verstärkt: „‚To You' addresses readers necessarily unknown, boldly claiming intimacy" (Culler 2015, 193) und jede:r Leser:in ist potentiell dieser „STRANGER", der oder die vom Gedicht angesprochen wird. Reflektiert wird bereits in diesen Zeilen aus dem späten 19. Jahrhundert ein Grundgedanke der Stadtsoziologie, den Georg Simmel nur wenige Jahre später auf die Formel gebracht hat, der Fremde sei „der Wandernde, der heute kommt und morgen bleibt", mit anderen Worten, ein potentiell ‚Wandernder', der, obgleich er nicht weitergezogen ist, die „Gelöstheit des Kommens und Gehens" (Simmel 1992 [1908], 764) verkörpert. Aufgrund der Erfahrung des Ortswechsels ist er oder sie nach Simmel potentiell beweglicher und freier als die Anwohner:innen und zu einer besonderen Objektivität fähig. Für sesshafte Einheimische ist der oder die Fremde deshalb eine ambivalente Figur, die neugierig macht, aber auch als bedrohlich empfunden werden kann. Diese Ambivalenz, so Zygmunt Bauman, charakterisiere auch die Stadt selbst: „Die Stadt ist der Ort von Lust und Gefahr, von Chance und Bedrohung. Sie zieht an und stößt ab und kann das eine nicht ohne das andere" (Bauman 1997, 223). In Whitmans Gedicht wird das Fremdsein verabsolutiert, was zur Situation der anonymen Großstadt passt, wo im Prinzip jede jedem fremd ist (siehe Kap. 2.1). Das Gedicht zielt jedoch darauf ab – so zumindest ist es als Subway Poem lesbar –, dass man auch als sich gegenseitig fremde Personen in der Großstadt Kontakt aufnehmen kann.

Man kann Whitmans Gedicht als Artikulation des Leidens unter der Anonymität der Großstadt lesen. Der distanzierte städtische Sozialcharakter, wie ihn Simmel mit den Schlagworten „Blasiertheit", „Reserviertheit" und „Intellektualismus" beschrieben hat (Simmel 1995 [1903], 120–124; siehe Kap. 2.1) – und der hier als besonders ausgeprägt gilt („New Yorkers donned their blasé attitudes along with their coats as they left their appartments"; Stonecipher 2018, 24) – kann eben auch als Zumutung für das Individuum empfunden werden. Zahlreiche Studien haben untersucht, wie belastend das tägliche Pendeln zur Arbeit im öffentlichen Nahverkehr in Metropolen und Megacities ist und welche Strategien Passagiere hier unwillkürlich entwickeln, um beschäftigt zu wirken oder sich anderweitig aus der anonymen Öffentlichkeit in einen ‚inneren Privatraum' zurückziehen – etwa durch Lektüren, Kopfhörer oder durch intensiven Austausch von Textmessages via Smartphone –, was andererseits aber zu Gefühlen der Isolation und Feindseligkeit gegenüber den übrigen Fahrgästen führen kann (vgl. Gui 2019, 4). Erving Goffman spricht diesbezüglich von „höflicher Gleichgültigkeit", wonach man den Mitreisenden „deutliche Hinweise darauf gibt, dass man ihre Anwesenheit bemerkt (man gibt offen zu verstehen, man habe sie gesehen), um im nächsten Moment diese Aufmerksamkeit bereits wieder zurückzunehmen und damit zu dokumentieren, dass sie kein Ziel besonderer Neugier oder spezieller Absichten darstelle" (Goffman 2009 [1963], 98). Gerade für den oft beengten Raum innerhalb der U-Bahn-Waggons entwickeln Passagier:innen „Techniken der Abschottung und Entemotionalisierung", vor allem hinsichtlich der „komplexen Codierungen des Blicks" (Höhne 2017, 36). Der New Yorker Lyriker Billy Collins hat dies als „first rule of New York City subway comportment" plastisch beschrieben und auf das Lyrikprojekt bezogen:

> Do not make eye contact. With anyone. You look at the floor. You study a button on the coat of the person next to you. You look up at the row of gaudy ads offering free legal advice, cheap flights to the Carribean, and a cure for acne guaranteed by one Dr. Zitsmore, or at least that's what his name sounds like. Then, just as you are giving small thanks for not being in one of those cars that are plastered with one huge thematic ad for a single product […] you notice a little cluster of words. (Collins 2017, xv)

Collins beschreibt dann am Beispiel eines Gedichts des japanischen Dichters Kobayashi Issa – „Don't worry, spiders, | I keep the house | Casually" –, welche Irritation drei kurze Verse auslösen können und inwiefern sich ein Gedicht von allen anderen Textsorten im Zug unterscheidet:

> [T]he poem is not selling anything except itself, declaring its own existence right there before your eyes. The poem is not a pitch, but an offering, a gift. If its singular presence, not in a book with other poems but on a subway car, seems incongruous, it's because it stands apart from the business of ‚getting and spending'. The poem is free – in more ways than one. (Collins 2017, xvi)

Die dargestellte Szene des Suchens nach etwas, wohin man in einer möglicherweise überfüllten U-Bahn den Blick richten kann, ohne in die visuelle Intimsphäre einer anderen Person einzudringen, mündet in die zufällige Lektüre eines Gedichtplakats. Das Gedicht wird als ‚Anderes' in einer von vielen Texten dominierten Umgebung wahrgenommen, zumeist in stillem, mentalem Austausch der Lesenden mit dem Text. Denn es ist zu beobachten, dass in der New Yorker Subway eher selten Kommunikation unter Fremden über die Gedichte entsteht, sondern diese zumeist blasiert übergangen werden, mit Ausnahme vielleicht von Tourist:innen, die so etwas zum ersten Mal sehen. Das mag damit zusammenhängen, dass es das Programm schon seit vielen Jahrzehnten in New York gibt und, gerade in dem neuen Layout, recht dekorativ wirkt und kaum provoziert. Während unseres Besuchs im März 2022 waren wir überrascht, in wie vielen Waggons Gedichte präsent waren, aussagekräftige empirische Beobachtungen zur Rezeption konnten wir aus Zeitgründen nicht durchführen. Systematische Erhebungen zur Rezeption gibt es bisher nicht. Die Projektleiter:innen berichteten in den Interviews von intensiven Rezeptionsmomenten. So erzählte die Direktorin von MTA Arts & Design, dass ihr Personen, die sie neu kennenlernt, oft spontan von ihrem liebsten U-Bahn-Gedicht erzählen oder dieses gar rezitieren. Der Vorsitzende der Poetry Society spricht davon, das sich Menschen, mit denen er ins Gespräch kommt, oft noch Jahre später an einzelne Gedichte oder Verse erinnern und bemerkt, „Poetry in Motion has an incredible recognition in New York" – alle Bewohner:innen der Millionenstadt würden es kennen. Das Projekt ist auch in Sozialen Medien durchaus präsent, etwa indem auf der Fahrt neu entdeckte Gedichte abfotografiert und per Twitter oder Instagram geteilt werden.

Eines der ersten im neuen Design von 2012 präsentierten Gedichte hat Jeffrey Yang verfasst, der der MTA einen euphorischen Brief über die Rezeption geschickt hat (von Vorteil war sicher, dass sein Gedicht mit einem sehr auffälligen, spektakulären Bild versehen wurde, einem echten Blickfang):[5]

> I cannot begin to describe the response I've received and continued to receive from friends and strangers who have found the poem unexpectedly around the city. One film director has used it in his new movie, a musician has set it to music, many friends have described spur-of the-moment discussions with other train riders about it, a philosopher started a long blog thread discussion on it, a literary critic used it as an epigraph in her new book, a nun wrote me a glowing note about it, random people post stills of it on the internet, and just last week a letterpress printer contacted me out of the blue about seeing it – the list goes on and on and is just astonishing. (Yang, zit. n. Quinn 2017, xii)

Dies liest sich wie eine Erfolgsgeschichte für alle Beteiligten. Während die Gedichte in der ersten Programmphase über den Waggonfenstern und damit oberhalb des Gesichtsfeldes auch der stehenden Passagiere angebracht wurden, befinden sie sich in der 2012 lancierten zweiten Programmphase in etwa auf Augenhöhe der sitzenden Passagiere. Auch das Layout hat sich geändert: Nun sind es größere Plakate im Hochformat, die durch Fotografien und Illustrationen ergänzt werden. Es ist offensichtlich, dass durch das neue Format nicht nur eine andere Ästhetik entsteht, sondern auch der Perzeptionsmodus verändert wird. Passagiere werden nun mit visuell gestalteter Dichtung konfrontiert, der dekorative Anteil wurde verstärkt. Gedichte und visuelle Kunstwerke werden konzeptuell als gleichwertig angesehen. Das wird unter anderem dadurch betont, dass in dem auf der MTA-Website bereitgestellten *Poetry in Motion Guide* Lyriker:innen und Künstler:innen nebeneinander und in gleicher Schriftgestaltung genannt werden und zu beiden etwa gleichlange Biografien präsentiert werden.

Ortsbezogenheit und Raumdynamik der Gedichtplakate

Auf der Textebene bestehen sämtliche Plakate aus einem vollständig oder im Auszug präsentierten Gedicht; für die Bildebene werden Fotografien von Kunstwerken, Mosaiken und anderen Wandgestaltungen verwendet, die New Yorker U-Bahnstationen und Bahnhöfe schmücken und oft nur in Ausschnitten oder in grafischen Adaptionen gezeigt werden. Gerade im letzten Jahrzehnt wurden eine Reihe solcher Kunstwerke realisiert, oft in Vierteln, die weit weg von Manhattan und den Pfaden des Tourismus liegen, sich mithin an die Anwohner:innen des Großraums New York richten. Die MTA besitzt und kuratiert aktuell über 350 solcher Werke. Viele der für die Auftragsarbeiten ausgewählten Künstler:innen wohnen in New York und arbeiten *site-specific*. Entsprechend oft stehen die von ihnen geschaffenen visuell die Station sichtlich aufwertenden Kunstwerke in Beziehung zu der in einem Viertel dominanten Bevölkerungsgruppe. Ein spektakuläres Beispiel befindet sich in der im Südwesten der Bronx gelegenen Station 167 Street der Linien B und D: der von der MTA angekaufte Zyklus mit dem Titel *Beacons* (2019) von Rico Gatson (Abb. 3.3.2). Auf jedem der acht großen, visuell durch strahlenförmige Streifen auffälligen Mosaiken wird eine für die Bronx bedeutende Persönlichkeit abgebildet, darunter James Baldwin, Celia Cruz und Gil Scott-Heron. Für das Gedichtplakat wurde ein Ausschnitt aus Gatsons Porträt von Audre Lorde gewählt und mit ihrem 1993 publizierten Gedicht „Smelling the Wind" kombiniert (Abb. 3.3.3).[6] In dem an ein – allgemeingültiges – ‚Du' adressierten Gedicht Lordes werden Nähe und Distanz, Begegnung und die Bewegung des Reisens auf rätselhafte Weise miteinander verschränkt.

Im Stadtteil Bensonhurst in Brooklyn wurde in der Station Bay Parkway der Linie D das große Glasmosaik *Tree of Life* (2012) der chinesisch-amerikanischen Künstlerin Xin Song angebracht, das Elemente einer Fotocollage und chinesischer Scherenschnittkunst aufnimmt und sich somit auf die kulturellen Traditionen der

3.3 Im ‚Nicht-Ort': Gedichte im öffentlichen Nahverkehr — 87

Abb. 3.3.2: Glasmosaik von Rico Gatson mit Audre Lorde, Station 167th Street der Linien B und D in der Bronx, Teil seiner dort präsentierten Serie *Beacons* (April 2022).

Abb. 3.3.3: Gedichtplakat „Smelling the Wind" von Audre Lorde, mit Ausschnitt aus dem Mosaik von Rico Gatson in der New Yorker U-Bahn (April 2022).

dort lebenden Community bezieht. Ein Ausschnitt daraus ziert das Gedichtplakat zu „Cranes in August" (2002) von Kim Addonzio.[7] In beiden Fällen – wie in vielen anderen – lässt sich festhalten, dass die künstlerische Gestaltung von Bahnstationen durch *Poetry in Motion* zusätzliche Aufmerksamkeit erhalten und wohl ebenfalls das Image der U-Bahn verbessern soll. Zugleich werden die Bilder als Repräsentanten unterschiedlicher Quartiere, Bezirke und ganz konkreter Bahnhöfe selbst in den Nahverkehr geschickt. Da manche der ortsspezifischen Kunstwerke für ethnisch geprägte und sozial unterprivilegierte New Yorker Stadtviertel stehen, werden mithin auch Wohngegenden und Bevölkerungsgruppen durch die Bildebene des intermedialen Lyrikprojekts symbolisch miteinander verschränkt, die im Alltag häufig übersehen werden. Die Mobilität der Gedichtplakate lässt unterschiedliche Stadtteile und Ansichten der Metropole New York im Raum zirkulieren, die *neighborhoods* reisen in gewissem Sinne durch die sie repräsentierenden Kunstwerke in der Stadt hin und her, als seien sie mehr oder weniger frei flottierend und austauschbar. In Analogie zu De Certeau könnte man dies als „herumwandernde Stadt" bezeichnen, die „in den klaren Text der geplanten und leicht lesbaren Stadt" – beziehungsweise hier: des MTA-Streckennetzes – „ein[dringt]" (De Certeau 1988, 182). Die genannten Zirkulationsbewegungen erschließen sich einem aber nur, wenn man entweder den aktuellen *PoetryGuide* herunterlädt[8] oder auf den Plakaten Kunst aus Subway-Stationen wiedererkennt, die einem vertraut sind, was nur für Passagier:innen zu erwarten ist, die in New York leben und häufig die Subway nutzen.

Ortsbezüge finden sich nicht nur durch die jeweiligen Bildkunstwerke, die U-Bahnstationen repräsentieren, sondern auch bei einigen der ausgewählten Gedichte. Ein Gedicht der in New York lebenden französisch-amerikanischen Lyrikerin Nathalie Handal heißt „Lady Liberty" und widmet sich der amerikanischen ikonischen Freiheitsstatue und ihrer vor der Südspitze Manhattans liegenden Insel.[9] Ein von Collins als Auftragsarbeit für das 100-jährige Jubiläum des berühmten Bahnhofs im Jahr 2013 verfasstes Gedicht ist mit „Grand Central" betitelt und hat die goldene Uhr an der Südfassade und den gemalten Sternenhimmel in der Haupthalle zum Thema. Ein zweites in *Poetry in Motion* präsentiertes Gedicht Collins' heißt „Subway" (2017); es erinnert an die Arbeiter, die einst das New Yorker U-Bahnnetz geschaffen haben (schon vor der Lancierung von *Poetry in Motion* war die U-Bahn New Yorks Thema zahlreicher Gedichte; vgl. Kreutzer 1990).

Im U-Bahn-Gedicht „Awakening in New York" (1983) der Schriftstellerin, Dichterin und Bürgerrechtlerin Maya Angelou, die ebenfalls einige Jahre in New York lebte, findet sich die für den Kontext höchst selbstreflexive Formulierung, „[t]he city | drags itself awake on | subway straps" (Angelou 1993, 183; Abb. 3.3.4). Das Gedicht wurde von der Poetry Society 2014 vorgeschlagen, um die in dem Jahr verstorbene afroamerikanische Autorin zu würdigen. Es beschreibt einen er-

Abb. 3.3.4: Gedichtplakat „Awaking in New York" von Maya Angelou, mit Ausschnitt aus der Glasinstallation *A Day in Parkchester* von William Low.

schöpfenden Zustand, zwischen Schlaf und Wachheit, in dem Subjekt und Objekt verschwimmen: Nicht nur die personifizierte Stadt selbst zieht sich an den Haltegriffen in der U-Bahn ‚aus dem Schlaf', auch die Vorhänge zwingen dem Wind ihren Willen auf – wohl den, verschlossen zu bleiben, um weiterschlafen zu können. Und das artikulierte Ich des Gedichts bezeichnet sich selbst als „an alarm, awake as a | rumor of war", bleibt aber trotzdem, zumindest bis zum Morgengrauen, im Bett liegen, „unasked and unheeded", als ob niemand es brauche und zur Arbeit ruft.

Das Gedichtplakat ergänzt Angelous Gedicht um die Variation eines Ausschnitts aus einer naiv-pittoresken Glasinstallation, die der Künstler William Low 2011 für MTA Arts & Design in der oberirdisch gebauten Parkchester Station der Local-Train-Linie 6 in der östlichen Bronx realisiert hat (Abb. 3.3.5). Man sieht helle Sonnenstrahlen, frisches Grün und die typischen, monotonen New Yorker

Abb. 3.3.5: Glasinstallation *A Day in Parkchester* von William Low, Station Parkchester der Linie 6, Parkchester, Bronx (April 2022).

brownstones (Einfamilien-Reihenhäuser). Durch die lichten Farben und das Gelb des Gedichtgrunds wird dessen melancholisch-müde Grundstimmung aufgehellt, was auch als Appell an die Millionen unausgeschlafenen täglichen Pendler:innen der Metropolregion gerichtet sein mag.

Der Nicht-Ort U-Bahn und die Intimität der Lyrik

Das Gedicht „Notes On Longing" der im Bezirk Brooklyn lebenden und diesen als *poet laureate* auch repräsentierenden Tina Chang wurde 2018 auf einem Gedichtplakat zusammen mit einem Ausschnitt aus einer Glasinstallation der in Madrid und ebenfalls New York lebenden Künstlerin Laura F. Gibbelini gezeigt, die in der Station Forest Avenue der Linie G im Stadtteil Ridgewood von Queens zu sehen ist. Gibbelinis 2013 entstandene auch noch in zwei weiteren Subway-Stationen präsentierte mehrteilige Arbeit *Dom (Variations)* spielt, ebenso wie Changs Gedicht, mit der für ein Lyrikprojekt im öffentlichen Raum besonders relevanten Spannung zwischen Privatheit und Öffentlichkeit. „Domestic artefacts bring a human scale to an otherwise everyday subway passage", heißt es dazu im MTA Guide, und weiter: „Reflecting the path that flows from within the interior space of a

Abb. 3.3.6: Beschichtete Glasscheiben von Laura F. Gibbelini aus *Dom (Variations)* neben einem Fahrkartenautomaten, Station Forest Avenue der Linie G, Ridgewood, Queens (April 2022).

cozy home to the exterior world, the artworks trace the daily commute to work and the return home and seeks to inspire an ethereal and dreamy atmosphere that evokes childhood memories."[10] Changs Gedicht „Notes on Longing" setzt mit einer urbanen Raumwahrnehmung ein, dem Geruch von Regen und von Essen. Es schließen sich Beschreibungen des städtischen öffentlichen Raums, dann eines privaten Innenraums an:

> It smells of after-rain tonight.
> Duck bones, a wounded egg on rice.
> On the corner, there is a shop,
> that makes keys, keys that open
> human doors, doors that lead
> to rooms that hold families
> of four or seven that sit at a table.
> There is a mother who brings
> sizzling flounder on a wide platter
> for the family whose ordinary
> mouths have been made to sing.
> (Chang 2004, 42)

Das Gedicht kann für *Poetry in Motion* als exemplarisch angesehen werden: es ist kurz, leicht verständlich und enthält Motive, die mit Mobilität im Stadtraum New Yorks assoziiert werden können: der Hinweis auf einen Hardware-Store, der

Schlüssel anfertigt oder der Umstand, dass viele Pendler:innen nach der Arbeit mit der Subway zu ihrer Familie nach Hause fahren. Innerhalb des weiten Spektrums an New-York-Gedichten, das der Amerikanist Ferdinand Schunck differenziert hat, gehört dieses wohl zu den „[t]ableauhaften Millieustudien", die „intensive impressionistische Stimmungsbilder" gestalten (Schunck 1990, 24). So evoziert der Titel des Gedichts, ähnlich wie der Bildausschnitt Gibellinis, Sehnsucht und Nostalgie, insbesondere mit Blick auf die in den letzten vier Versen beschriebene traditionelle Verteilung der Geschlechterrollen: Das Bild der die Familie bekochenden und die Speisen auf Servierplatten hineintragenden Mutter wird als etwas Irreales, Vergangenes beschrieben. Der zweite Vers „Duck bones, a wounded egg on rice" beinhaltet auch einen kulturellen Verweis auf die Küche Asiens – die Autorin hat einen taiwanischen Migrationshintergrund. Somit findet sich, wie hier deutlich wird, in Gedichten manchmal auch Codes, die nicht für alle gleich zu verstehen sind, sondern von spezifischen Personengruppen eher erkannt werden und somit bei diesen möglicherweise nochmal eine andere Reaktion hervorrufen, das Gefühl der Zugehörigkeit beispielsweise.

Ein solches Gedicht in der Öffentlichkeit zu lesen, selbst wenn es leise geschieht, ist etwas peinlich – weil es als sentimental, vielleicht gar als kitschig gelesen werden kann, aber auch, weil es von Sehnsucht, Geschmack, Privatangelegenheiten und kultureller Zugehörigkeit spricht – Themen, die typischerweise nicht in der Öffentlichkeit verhandelt werden. Einerseits kann Lyrik in diesem Ambiente wie alle anderen Reize blasiert und distanziert übergangen werden, andererseits kann sie aber auch Irritationen hervorrufen. Man kann sich gleichsam erwischt oder gar peinlich berührt fühlen, wenn man merkt, dass man beim Lesen eines solchen Gedichts beobachtet wird. Peinlich berührt kann man sich auch fühlen, wenn man andere beim Lesen beobachtet oder gar assoziativ eine melancholisch wirkende Frau mit Blumenstrauß mit dem Inhalt dieses Gedichts in Verbindung bringt (Abb. 3.3.7).

Wie in Kapitel 2.1 ausgeführt, können Transiträume wie U-Bahnen und Flughäfen, aber auch Shopping Malls und Hotelketten nicht zuletzt aufgrund der global austauschbaren Architekturen mit Augé als Nicht-Orte bezeichnet werden. Die von der MTA verwalteten Stationen und Bahnen wirken, insbesondere in Manhattan und anderen sehr alten Teilen des Streckennetzes, aufgrund jahrzehntelanger Desinvestitionen heruntergekommen und technisch veraltet – der Gegensatz etwa zu den hochmodernen Systemen in chinesischen Megastädten, in Seoul oder Delhi, ist geradezu schockierend. Allgemein gesprochen, reduzieren Nicht-Orte die Nutzer:innen auf kategorial definierte Rollen, in diesem Fall als Passagier:innen und, zumindest in der visuellen Ansprache, auch als Konsument:innen, die ihre Reise möglichst schnell hinter sich bringen möchten. Es ist die Gleichförmigkeit von Nicht-Orten, die dazu führt, dass Karten, Wegweiser und

Abb. 3.3.7: Passagierin vor dem Gedichtplakat „Notes on Longing" von Tina Chang mit Ausschnitt aus dem Kunstwerk von Laura F. Gibbelini (März 2019).

Anweisungen erforderlich sind, um sie nutzen, sich in ihnen orientieren zu können. Die Merkmale unpersönlicher Kommunikation in Nicht-Orten gelten auch für Passagiere im öffentlichen Nahverkehr: Als Nutzer:innen von „Mobilitätsinfrastrukturen" sind ihre „Praktiken, Interaktionen und Erfahrungen zu einem großen Teil durch die technische Umgebung des Transits strukturiert" und auch „die tagtäglichen Anrufungen und Appelle der Passagiere realisieren sich weniger durch menschliche Sprecher, sondern sind größtenteils über die Infrastrukturen und Institutionen vermittelt" (Höhne 2017, 24). In den Waggons in New York finden sich neben der unvermeidlichen Werbung die für Nicht-Orte typischen Schriften und Symbole, die der Orientierung der Passagiere dienen.

Aber wie passt das Lyrik-Projekt in dieses „visuelle Regime" (Höhne 2017, 203–208) der Subway? Höhne differenziert drei Formate: erstens Schilder mit „Orientierungsfunktion" wie Stationsnamen und Wegweiser zu weiteren Linien und Ausgängen; zweitens „Warnungen und Verbote", hierzu gehören Hinweise auf Fahrplanänderungen, aber auch Aufforderungen, die letztlich disziplinierenden und auch kontrollierenden Charakter haben: Im Frühjahr 2022 waren die Hinweise auf das korrekte Tragen der Masken zum Schutz vor Coronainfektionen ebenso unübersehbar wie die plakativen Aufforderungen zur Impfung. Außerdem ist Sicherheit ein großes Thema, denn seit Beginn der der Pandemie stieg die Anzahl von Gewalttaten nicht nur in der Stadt, sondern auch in der U-Bahn.[11] So wird die – recht umfangreiche und rigide – Hausordnung[12] präsentiert, und es gibt unübersehbare Aufforderungen, die Augen offen zu halten, aufeinander zu achten. Die Texte dieser beiden Kategorien sind typisch für Nicht-Orte, sie sprechen die Lesenden als Passagier:innen an, die sich ohne die Hinweise kaum im Gewirr der Gänge orientieren könnten und einen sicheren Ort erwarten. Die dritte Kategorie von Texten adressiert die Lesenden nach Höhne als Konsument:innen: Werbung ist allgegenwärtig, auf Postern in den Waggons, auf Screens in den Waggons und den Stationen. Ästhetisch unterscheiden sich die bebilderten Gedichte nicht grundsätzlich von der Werbung, inhaltlich passen sie nicht in die Formate, die man in U-Bahnen kennt und erwartet, sie sind ein wenig subversiv, nimmt das lesende Individuum doch eine Position jenseits der erwünschten Rollen als Passagier:in und Konsument:in ein. Optisch fügen sich die Gedichte in das übliche MTA-Werbelayout ein und sind deshalb keine Fremdkörper, inhaltlich sind sie als Versuch zu interpretieren, im unwirtlichen Nicht-Ort der New Yorker U-Bahn trotz des stetigen Gerumpels und Lärms der Waggons eine Gelegenheit zur Ruhe und – womöglich subversiven – Reflektion zu bieten: „Poetry situated in the spaces of and portraying various experiences aboard public transport potentially rearrange[s] the logics and habits of urban life in a neoliberal city along less instrumental and more human lines." (Gui 2019, 15–16)

Neueste Innovation des Programms sind Gedichte auf digitalen Screens, die nun nach und nach in den Waggons gedruckte Plakate ersetzen und auch in immer mehr Stationen zu finden sind (Abb. 3.3.8). Auf diesen Bildschirmen wechseln die angezeigten Gedichte mit Werbung und Texten, die auf Sicherheit und Kontrolle abheben, im Sekundentakt. Die Akteur:innen des Lyrikprojekts sehen hier eine große Chance, neue Aufmerksamkeit für *Poetry in Motion* zu generieren. Die Bildschirme präsentieren Informationen der MTA sowie Werbung, und für kurze Momente auch Gedichtplakate (die Rede ist von 15 Sekunden alle 10 Minuten). Es braucht allerdings Geduld, *Poetry in Motion* hier überhaupt zu entdecken und als solche zu identifizieren. Anders als ein gedrucktes Gedichtplakat, dessen Verfügbarkeit auf einer langen Bahnfahrt zur Kontemplation einlädt, werden die digitalen Versionen derselben so kurz gezeigt, dass sie wohl kaum vollständig lesbar sind, bevor sie wieder verschwinden. Die Ebene der grafischen, visuellen Gestaltung wird zum dominierenden Blickfang. Die durch Bewegtbilder entstehende neue Aufmerksamkeit, die Leuchtkraft der Schrift und Farben, wie auch das Sich-Entziehen des Gedichts nach kurzer Zeit, erzeugen zweifellos eine

Abb. 3.3.8: Screen mit dem Gedicht „Stationary" von Agha Shadid Ali, Station Bowling Green, Lower Manhattan, mit Ausschnitt aus der Spiegelglasinstallation *I dreamed a world and called it Love* von Jim Hodges (Februar 2022).

zeitgemäße Ästhetik, die neue Zielgruppen anspricht. Dies gilt auch für die digitalen Standbildschirme, die vom Format her riesigen Smartphones ähneln.

Die erhöhten Screens befinden sich zumeist direkt auf den Bahnsteigen, wo die Fahrgäste stehen, und zwar ungefähr in der Körpergröße der Reisenden, manchmal werden auch drei Screens wie ein Triptychon an einer Wand platziert. Damit wird dann, anders als zuvor, der stärker von Verkehrslärm und menschlicher Bewegung geprägte Raum der Bahnsteige zum Schauplatz der digital präsentierten Lyrik, und die Platzierung des eigenen Körpers in Relation zum Bildschirm hat für die ästhetische Wahrnehmung eine größere Bedeutung. Wenn dann dort kurzzeitig ein Gedicht erscheint, kann dies durchaus die Routine des Alltags für einen Moment durchbrechen: „A poem that you notice [...] comes at you too fast for you to resist. You might even read it before you realize it's a poem." (Collins 2017, xvii)

Hier bietet sich als letztes Textbeispiel und zugleich als Resümee dieses Kapitels ein poetologischer Text von 1977 der afroamerikanischen Dichterin und Aktivistin Ntozake Shange an, den *Poetry in Motion* unter dem Titel „What Do You Believe a Poem Shd Do?" präsentiert. Er wurde 2015 auf einem Gedichtplakat gedruckt, zusammen mit einem Ausschnitt aus Xenobia Baileys majestätischem Glasmosaik, das sich über dem Hauptausgang der hippen U-Bahn-Station 34th St/Hudson Yards befindet, einem der neuesten Hypergentrifizierungsprojekte Manhattans. In provozierendem Kontrast zu dessen großkapitalistischen Mega-Architekturentwürfen ist Shanges Text, wie die meisten ihrer Gedichte, in einem verknappten, vernakularen Schreibstil verfasst, der zum Teil auf Vokale verzichtet, die Worte verdichtet, und dies in einer an Gil Scott-Heron, den – auf dem erwähnten Mosaik Gatsons in der 167 St Station abgebildeten – ‚Vater des Rap', erinnernden Rhythmisierung:

> quite simply a
> poem shd fill you
> up with something /
> cd make you swoon,
> stop in yr tracks,
> change yr mind,
> or make it up.
> a poem shd happen
> to you like cold
> water or a kiss.
> (Shange 1991 [1977], 24[13])

Was also soll ein Gedicht – in der New Yorker U-Bahn – ‚tun'? Es soll die Leser:innen mit ‚etwas' anfüllen, könnte sie gar einer kurzen Ohnmacht nahe bringen („cd make you swoon"), in jedem Fall aber aufwühlen, zum Nachdenken bringen, und für einen Moment innehalten lassen – was durch die Formel „stop in yr tracks" in der Subway durchaus mehrdeutig ist. Ein Gedicht soll sich, wie Shange hier auch performativ vorführt, schlicht ‚ereignen': als eine plötzliche, überraschende, sinnliche Wahrnehmung von Sprache.

3.4 Auditive Formate – Lyrik im Stadtraum hören

In diesem Kapitel geht es um Gedichte, die im Stadtraum zu hören sind, in Form von Unterhaltungsveranstaltungen, Audiowalks und künstlerischen Aktionen. Die drei Formate in Hamburg, New York und Delhi, die im Folgenden diskutiert werden, eint wenig über den Umstand hinaus, dass es hier nicht um zu lesende, sondern zu hörende Gedichte geht. Ziel dieses Kapitels ist es daher auch, anhand der drei Beispiele die Besonderheit von auditiver Poesie herauszustellen: wenn man diese also erstens in Bewegungssituationen wahrnimmt und zweitens nicht in einer stillen Rezeptionssituation – wie zum Beispiel Hörlyrik in der eigenen Wohnung –, sondern in einem urbanen, von Mobilität, Geräuschen, Lärm sowie unterschiedlichen Akteur:innen geprägten Setting. Relevant ist hier unter anderem die in den Sound Studies betonte Unterscheidung von Hören (*hearing*) und Zuhören (*listening*): „We are constantly hearing, for we are persistently attuned to the sounds of the world: listening in contrast requires skill and focus for it is an active, responsive and willing engagement with the world [...]." (Saunders/Moles 2015, 106) Außerdem wird in auditiven Formen von Public Poetry stärker der temporale Aspekt betont: die Prozessualität und das wahrnehmbare Vergehen von Zeit während man im urbanen Raum einem gesprochenen Gedicht oder Slam Poem zuhört.

Open Air Poetry Slams in Hamburg

Poetry Slams finden in Cafés, Kulturzentren oder Theatern statt, manchmal auch unter freiem Himmel. Sie sind aufgrund der Ticketgebühren nur eingeschränkt öffentlich zugänglich; es gibt aber auch kostenlose Formate. Bei Poetry Slams im deutschsprachigen Raum weisen, anders als das in manchen anderen Ländern der Fall ist und der Name nahelegt, nur wenige Texte überhaupt Gattungsmerkmale von Lyrik auf, wie sie in Kapitel 2.2 skizziert wurden. Es dominieren fiktionale, autobiografische und komödiantische Prosatexte, und diese werden von der Publikumsjury auch zumeist besser bewertet. Aber oft sind ein paar Gedichte darunter oder andere Texte, die Sprachbilder oder variierende Wiederholungen poetisch einsetzen. Es gibt drei Gründe, weshalb wir trotz dieser Einschränkungen kurz auf das Literaturformat Poetry Slam im öffentlichen Raum eingehen wollen: Erstens, weil in diesem Buch auch akustisch präsentierte Lyrik berücksichtigt werden soll, von der es im urbanen Raum eher wenige Beispiele gibt. Zweitens, weil die Slam-Performance oft über den Veranstaltungsort hinausschallt und dann potenziell von allen Bewohner:innen zu hören ist, die sich in der Nähe aufhalten, egal ob sie Eintritt bezahlt haben, oder nicht. Drittens, weil Poetry Slam ein Veranstaltungsformat ist, das gezielt an einem bestimmten Ort und zu einer bestimmten Zeit stattfindet und somit mit einigen anderen Lyrikprojekten korrespondiert, die Festivalcharakter aufweisen (siehe Kapitel 3.5 und 3.6).

Frei nach dem Werbemotto „Hamburg ist Slamburg" des lokalen Veranstaltungsteams Kampf der Künste, einem der größten Anbieter für Poetry Slam in Europa, werden zunächst zwei von Kampf der Künste entwickelte Slam-Eventformate in Hamburg besprochen: der *Best of Poetry Slam Open Air* im Stadtteil Bahrenfeld und der *Wortflut Poetry Slam* in der HafenCity.

Mit mehr als 5.000 Besucher:innen wurde *Best of Poetry Slam Open Air* (2015) als der größte Poetry Slam aller Zeiten angekündigt und im Anschluss auch so in der Presse besprochen. Organisiert von Kampf der Künste gemeinsam mit dem Konzertveranstalter FKP Scorpio fand dieser Event auf der Trabrennbahn in Hamburg-Bahrenfeld statt, einem neben dem großen Volkspark gelegenes Areal. Der westliche Teil Bahrenfelds, eines Stadtteils des Bezirks Altona, wird durch die Autobahn vom innenstädtischen urbanen Flair getrennt; es handelt sich um ein grünes, bürgerliches Wohnviertel mit Mehrfamilienhäusern. Die Trabrennbahn wird aus Kostengründen nicht nur für den Trabrennsport, sondern auch als Location für Open-Air-Konzerte, Flohmärkte und Festivals genutzt. Aufgrund der professionellen, auf Pop- und Rockkonzerte ausgerichteten Lautsprechersysteme war der Poetry-Slam-Event im August 2015 weit über das Gelände der Rennbahn hinaus hörbar. Prominente deutschsprachige Slammer:innen trugen ihre Texte vor, darunter Sebastian 23 und Patrick Salmen. Dabei erwies sich als paradoxes Phänomen, was für Musikkonzerte und Lesungen gleichermaßen gilt: dass die menschliche Stimme Intimität und Nähe insbesondere evoziert, wenn sie durch elektroakustische Technologie verstärkt wird. Die Verwendung von Mikrofonen enträumlicht und entkörperlicht die Stimme, die nicht länger als aus einem menschlichen Körper kommend wahrgenommen wird, sondern mittels der Lautsprecherboxen als eine „akustische Großaufnahme" (Pinto 2012, 25) erscheint, die womöglich gar nicht mehr mit den Slamer:innen auf der Bühne in Beziehung gesetzt wird. Die Amplifizierung des Tons erzeugt daher eine eigentümliche Form der akustischen Nähe, die sogar außerhalb des eigentlichen Veranstaltungsortes wahrnehmbar ist.

Zur Illustration soll hier Julia Engelmanns Performance von „One Day Baby / Reckoning Text" dienen.[1] Für einen Slam-Text ist er recht lyrisch, denn er weist Metrik und iterative Strukturen auf. In der Buchpublikation Engelmanns wird er versifiziert und strophisch gegliedert abgedruckt. Das Poem widmet sich der Denkfigur des *carpe diem*, populär sowohl in der Epoche der Frühen Neuzeit als auch in der Gegenwart (vgl. Benthien/Prange 2020, 524–525). Hier ein Auszug aus dem langen Spoken-Word-Gedicht, das die Poetin – ‚Special Guest' bei dem Open Air Slam – im leichten Rap-Stil vorgetragen hat:

> Ach, das mach ich später
>   ist die Baseline meines Alltags
> Ich bin so furchtbar faul
>   wie ein Kieselstein am Meeresgrund.
> Ich bin so furchtbar faul,
>   mein Patronus ist ein Schweinehund.
> Mein Leben ist ein Wartezimmer,
>   niemand ruft mich auf.
> Mein Dopamin – das spar ich immer,
>   falls ich's noch mal brauch.
>   (Engelmann 2014, 25)

Aufgrund der ersten Person Singular und der (für das zahlende Publikum) sichtbaren Poetin, die ihren eigenen Text stimmlich präsentiert, evoziert die Slam-Performance eine vermeintlich ‚verkörperte Subjektivität' und mithin einen Authentizitätseffekt (vgl. Novak 2017, 157–158). Engelmann setzt „zahlreiche[n] Emphasen", die Emotionalität anzeigen, „als würde ihre Stimme aus einem inneren Drang heraus an Höhe und Lautstärke gewinnen" (Novak 2017, 155). So wird durch die Sprechweise suggeriert, das Textsubjekt und die sprechende Dichterin gleichzusetzen. Engelmann wählt hier also für ‚ihr' Leben die Metapher des ‚Wartezimmers', aus dem ‚sie' aufgerufen werden möchte. Dieser Zustand ruft das anthropologische Konzept des Nicht-Orts auf (siehe Kap. 2.1), als einen ‚uneigentlichen' Übergangsraum, in dem man sich lediglich befindet, um ein anderes Ziel zu erreichen, dort auf einen Zug oder ein Flugzeug wartet – oder, nimmt man den Begriff wörtlich, eine medizinische Konsultation. In jedem Fall ist dieser Raum der Gegenwart kein Ort des dauerhaften Aufenthalts, sondern des Transits, hier in temporaler Hinsicht:

> Engelmann beschreibt in ihrer schonungslosen Diagnose der eigenen Generation eine Existenzform, die in Abwarten und Lethargie besteht: Man möchte keinen Fehler machen, lieber warten, nichts tun, bis man vielleicht weiß, was man mit seinem Leben anfangen will. Die Botschaft des Textes ist, dass man erst aus der Perspektive des Alters, wenn es also zu spät ist, diese Passivität, das vergebliche ‚Warten aufs Leben' durchschauen wird [...]. (Benthien/Prange 2020, 524–525)

Wenn man Engelmanns Verse hört, während man beispielsweise durch den neben der Trabrennbahn befindlichen Volkspark flaniert oder als Anwohner:in in seinem Viertel unterwegs ist, erzeugt dies möglicherweise ein irritierendes Gefühl von Intimität, durch eine Stimme, die nah und weit weg zugleich ist. Eine solche vermeintliche Introspektion in einem öffentlichen Großevent, deren Sound sich in den Stadtteil Bahrenfeld und den Park überträgt, gehört zu den Besonderheiten von Spoken-Word-Poetry, die gerade wenn es um Themen wie das eigene Leben, die kulturelle oder geschlechtliche Identität geht, als authentisch und autobiografisch wahrgenommen wird (vgl. Ailes 2021, 142). Anders als wenn man einen Spoken-

Word-Event in einem Veranstaltungsraum, etwa einem Hamburger Theater, aktiv aufsucht, würde man bei einem Spaziergang im Park nicht zwingend den Klang einer Stimme erwarten. Von daher kann diese ‚Beschallung' auch schnell störend wirken und dann eben keine Intimität erzeugen.

Beschaulicher geht es auf einem Veranstaltungsformat zu, das Kampf der Künste in Kooperation mit der HafenCity Hamburg GmbH auf dem Amerigo-Vespucci-Platz in der Hamburger HafenCity anbietet: den *Wortflut Poetry Slam*, der als kostenlose Veranstaltung sonntagnachmittags im Sommer das Publikum in einen der eher unwirtlichen Bereiche des teilweise noch im Bau befindlichen Stadtteils HafenCity lockt. Dabei handelt es sich um das derzeit größte innerstädtische Entwicklungsprojekt Europas (vgl. Meyerhöfer 2021, Bruns-Berentelg/Noring/Grydehøj 2022). Ein 240 Hektar großes ehemaliges Hafengelände, dessen Becken zu klein und zu flach für die großen Containerschiffe waren, weswegen seit den 1960er Jahren auf der anderen Elbseite neue Terminals entstanden, wird seit 2001 als Wohn-, Büro- und Gewerbegebiet erschlossen. In der Schlussphase werden mit einem Shopping Center, das in Kürze fertiggestellt werden soll, und dem 245 Meter hohen Elbtower, dessen Eröffnung 2026 geplant ist, zwei umstrittene Großprojekte realisiert. Dann wird die HafenCity von der Elbphilharmonie im Westen und dem Elbtower im Osten reichen und somit durch zwei spektakuläre Bauten gerahmt, die symbolisch für eine „Festivalisierung der Stadtpolitik" (Häußermann/Siebel 1993; siehe Kap. 2.1) stehen, die auf große Events und spektakuläre Architektur setzt. Die Straßennamen in der HafenCity beziehen sich auf für Hamburg bedeutende Orte, Personen und Handelsbeziehungen. Auch einige „Entdecker der Weltgeschichte" (wie es auf dem offiziellen Internetportal der Hansestadt Hamburg heißt) fanden Berücksichtigung. Entsprechend der Idee, Orte nach historischen Personen zu benennen, wurde der neue Platz nach Amerigo Vespucci benannt, einem frühneuzeitlichen Kaufmann und Seefahrer, der die Ostküste Südamerikas erforscht hat.

Der *Wortflut Poetry Slam* ist Teil der Gratis-Veranstaltungsreihe „Sommer in der HafenCity" auf dem Vespucci-Platz, wo auch Tango- und Swingtanz-Nachmittage angeboten werden. Das Besondere bei dem Slam-Format in der HafenCity ist sein improvisiert wirkender Charakter und die räumliche Offenheit der Bühnensituation. Die Poet:innen sitzen in einem vor einem Hafenbecken geparkten VW-Bus, den sie nur für ihren Auftritt verlassen; auf dem gepflasterten Platz stehen ein Standmikrofon und zwei Lautsprecher: „Die Treppenstufen werden zur Tribüne und die Promenade wird zur Arena", heißt es dazu in dem Online-Werbetext (Abb. 3.4.1). Bei der trotz kühlem Wetter gut besuchten Veranstaltung im Juli 2022 traten drei Poeten und zwei Poetinnen auf. Darunter fand sich nur ein lyrikartiger Text, auch hier von einer Autorin – Paulina Behrendts reflexives und nachdenkliches Poem über das recht konventionelle Thema der Sprachkritik und den Mut zur Verbalisierung von Gefühlen. Darin heißt es:

3.4 Auditive Formate – Lyrik im Stadtraum hören

Abb. 3.4.1: Paulina Behrendt beim *Wortflut* Poetry Slam, Amerigo-Vespucci-Platz, HafenCity, Hamburg (Juli 2022).

> Denn mit brummenden, bummernden Bässen im Kopf
> und pulsierenden, pointierten Pulsen im Herz,
> finde ich den Mut nicht zu sprechen,
> was mich aufregt.
> was mich bewegt, was mich dreht,
> was mich schwindelig macht.
> Und die Buchstabensuppe hier drin,
> die köchelt und kichert,
> nein sie lacht.
> Sie lacht immer lauter.
> Sie spricht immer lauter.
> Sie schreit immer lauter:
> Jetzt form doch endlich Sätze!
> Jetzt sag doch was du fühlst!
> Was dich da bewegt,
> was dich gerade aufwühlt.
> Wovor hast du Angst,
> als am Ende vor dir selbst,
> denn ist es nicht das Nein,
> was dir am wenigsten gefällt?
> (Behrendt 2021, 51–52)

Behrendts durch Rhythmisierung und Wiederholungen liedhaftes Slam-Poem mit dem originellen Neologismus „Mutausbruch" im Titel war wegen des sich am Mikrofon brechenden Windes nicht so gut zu hören, weswegen man nicht alle Worte deutlich verstand (ein gewisser Widerspruch zum Thema des sich Aussprechens). So eröffnete der Veranstaltungstitel *Wortflut* nicht nur Assoziationen zu der direkt am Wasser gelegenen Freiluft-Location (und mittelbar der großen Hamburger Sturmflut von 1962), sondern auch zum Umstand, dass von den sich ausbreitenden ‚Schallwellen' nicht alle beim Publikum ankamen.

Insgesamt hat das Veranstaltungsformat etwas bewusst Lässiges und tendenziell Amateurhaftes – die Moderatorin Klara Györbiro betonte, dass sie auch Spoken-Word-Poetin, im Hauptberuf aber Psychologin sei, Behrendt wiederum ist Medizinstudentin. Der VW-Bus als Teil der Inszenierung wirkte wie spontan dort abgestellt und der Umstand, dass auch mal Fahrradfahrer:innen mitten durch die ‚Bühne' fuhren oder sich Familien mit Kleinkindern auf dem Platz niederließen, erhöhte den urbanen Freizeitcharakter. Die auf einem Sonntagnachmittag trotzdem unwirtliche Szenerie des Neubaugebiets mit Kränen, Bauzäunen und vielen offenen, windigen Plätzen und Promenaden konnte durch den kleinen Slam-Event nur kurzzeitig belebt werden. Veranstaltungen wie dieses Lyrikprojekt richten sich an Hamburger:innen, vor allem an jene, die die HafenCity normalerweise nicht als Stadtteil für einen Freizeitbesuch in Betracht ziehen. Ziel ist es, den öffentlichen Raum des Stadtteils durch Kultur zu beleben, weswegen bei dieser Veranstaltungsreihe nicht von einer strategischen Festivalisierung gesprochen werden kann, auch wenn sich die HafenCity ansonsten so trefflich in diese neoliberale Strategie einpasst.

Passing Stranger – The East Village Poetry Walk, New York

Die 2012 eröffnete, mit Kopfhörern zu rezipierende, Walking Tour im New Yorker East Village stellt innerhalb des florierenden Genres des Audiowalks eine Besonderheit dar, weil sie sich inhaltlich mit Lyrik befasst und man rezitierte Gedichte hören kann: Das ist normalerweise nicht der Fall, weil Audiowalks eher erzählende oder kommentierende Texte beinhalten, die ihre Hörer:innen auf dem Weg durch die Stadt begleiten – was auch bei künstlerischen Walks, etwa den seit der Documenta 13 im deutschsprachigen Raum bekannten Arbeiten von Janet Cardiff und George Bures Miller, der Fall ist (vgl. Stankievech 2007, Batista/Lesky 2015, Szepanski 2017). Audiowalks betonten Kunst „as something mobile not situated, and they drew attention to art as an everyday, relational forging rather than an absolute object" (Saunders/Moles 2015, 99). Anghared Saunders und Kate Moles heben hervor, dass Audiowalks, anders als visuelle Kunst, im öffentlichen Raum kein „product for observation" anbieten, sondern vielmehr eine „nomadic metaphysics that depends on the embodied movement of both the creater and the consumer" (Saunders/Moles 2015, 100). Weil die Hörer:innen selbst Entscheidungen treffen können, etwa wie lange sie vor einem Gebäude oder einem Platz stehenbleiben, ob sie den Audiotrack unterbrechen oder wiederholt hören und auch ob sie die vorgeschlagene Route vollständig abgehen, wird die Rezeption personalisiert und individualisiert (vgl. Saunders/Moles 2016, 1).

Passing Stranger ist eine historische Chronik von Poet:innen und Gedichten, die mit dem East Village assoziiert werden, insbesondere der Dichtergruppe der sogenannten New York School (vgl. Silverberg 2010) und der Beat Generation (vgl. Kane 2003). Verbunden durch die Erzählerstimme des Filmemachers Jim Jarmuschs, der selbst viele Jahre im East Village lebte, hört man „site-specific poetry", wie es auf der Website heißt, Interviews, Archivaufnahmen und Musik vom „East Villager" John Zorn.[2] Der online zum Download bereitgestellte Audiowalk wurde von dem in New York lebenden, aus Dänemark stammenden Dichter und Übersetzer Pejk Malinovski konzipiert und von ihm in den WNYC Rundfunkstudios produziert. Der britische Dichter und Literaturwissenschaftler Daniel Kane hat das Projekt beraten; auf dessen Studie über die Lower East Side Poetry Scene in den 1960er Jahren (Kane 2003) wird auf der Website hingewiesen. Unterstützung hat Malinovski auch von der in Chicago ansässigen Poetry Foundation erhalten, die hier ihr Ziel umgesetzt sah, Lyrik einem breiteren Publikum zugänglich zu machen, was durch die Ortsbezogenheit verstärkt werde (vgl. Ryzik 2012). Catherine Halley, die damalige Direktorin des Digitalprogramms der Poetry Foundation bemerkte dazu treffend: „When you are walking around and you're listening to a poem being read and you're looking at the place where it was written or where the poet lived, [...] the poem, it enters your body, the rhythm of it, the life of it." (Halley in Ryzik 2012) Das Gedicht verortet mithin sich selbst – und zugleich die körperlich anwesenden Hörer:innen – im East Village.

Der Walk beginnt in Manhattan an der Ecke 2nd Avenue / East 10th Street und endet an der Bowery zwischen der 1st und der 2nd Street (Abb. 3.4.2). Er führt durch zahlreiche Straßen und Plätze, die für die Dichter:innen der 1950er bis 1970er Jahre wichtig waren und bietet Stopps vor vielen ihrer Wohnhäuser an. Unmittelbar deutlich wird damit auch die Geschichte der Gentrifizierung New Yorks, insbesondere dieses ehemaligen Künstlerviertels (vgl. zum Folgenden Moss 2017, Kap. 1; Smith 1993; Zukin 2010, 95–122). Das East Village hat eine lange Geschichte als Stadtviertel von Unangepassten, Außenseiter:innen und Oppositionellen: Im 19. Jahrhundert waren es vor allem jüdische Linke und Aktivist:innen der Arbeiterbewegung, darunter die Anarchistin Emma Goldberg, im 20. Jahrhundert vor allem Kunstschaffende, die den Ruf des Viertels prägten; der afroamerikanische Jazzmusiker Charlie Parker beispielsweise konnte dort ebenso relativ unbehelligt in den

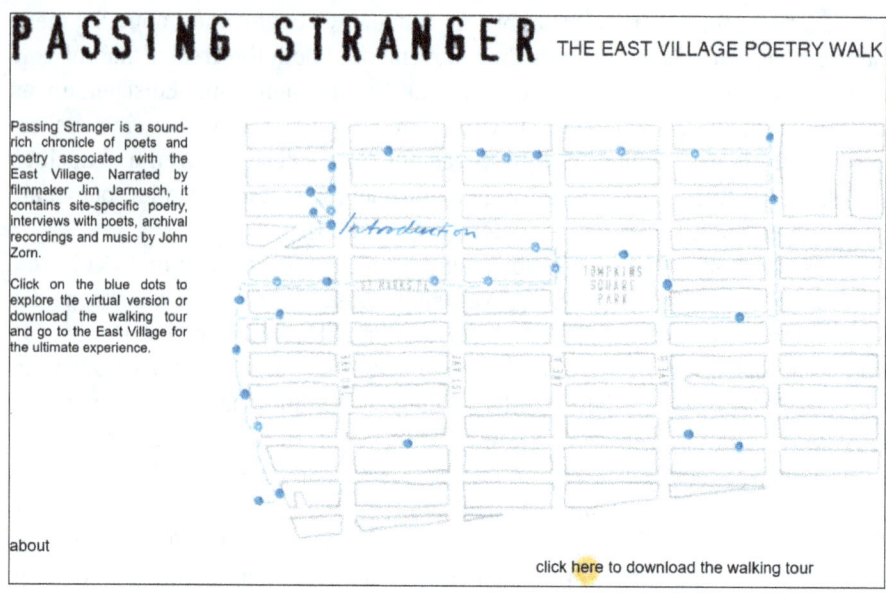

Abb. 3.4.2: Interaktiver Plan des Poetry Walks *Passing Stranger* im East Village, Manhattan (2012) von der Website https://eastvillagepoetrywalk.org/.

1950er Jahren mit seiner weißen Frau leben wie der schwule Poet Allen Ginsberg in den 1960ern. Ab den 1970ern Jahren wurde der Musikclub CBGB an der Bowery zur wichtigsten Bühne des amerikanischen Punks, auf der unter anderem Patti Smith, die Ramones und die Talking Heads auftraten:

> The East Village has long attracted a youth population from outside the mainstream. They were lefties, Beats, hippies, and punks, queer artists and scruffy castoffs. But in the 2000s, the young people who took over the neighborhood came straight from the mainest part of the Middle American stream. (Moss 2017, 78)

Die Vertreibung von Obdachlosen, die im größten Park des Viertels, dem Tomkins Square Park, in den 1980er Jahren campierten, die repressive Nulltoleranz-Strategie der Polizei unter Bürgermeister Rudy Giuliani und vor allem die Entdeckung des von Desinvestitionen und Armut geplagten Viertels durch Investor:innen führten zu der geradezu idealtypischen Gentrifizierung des East Villages: Wohnungswirtschaftliche Wertsteigerungen durch Sanierungen und Neubauten, rasant steigende Miet- und Immobilienpreise, Verdrängung von Haushalten mit niedrigeren Einkommen, eine Vielfalt neuer Boutiquen, Restaurants und Cafés – all dies resultierte darin, dass aus dem ehemals ‚gefährlichen' Viertel ein für Angehörige des Mainstreams und auch Tourist:innen zunehmend attraktiver Ort wurde. Durch diese Entwicklung veränderte sich auch die ethnische Zusammensetzung, denn die Puerto-Ricaner:

innen, in vielen Straßen die größte Bevölkerungsgruppe, gehörten meistens zu den einkommensarmen Haushalten, die sich das Wohnen im Village nicht mehr leisten konnten.

Der Audiowalk lässt die rebellischen 1960er Jahre inhaltlich und auditiv wiederaufleben. Einerseits wird das Leben im East Village als „fascinating microcosm of a counterculture" (Kane 2003, xiii) präsentiert, andererseits werden neue Gedichttypen vorgestellt, die in dieser Zeit entstanden sind und die die Ästhetik der lange wirkmächtigen New York School of Poets zu überwinden suchten (die aber ebenfalls repräsentativ, etwa durch Gedichte John Ashberys, Ted Barrigans und Frank O'Haras, vertreten ist). Der sich in den 1960er Jahren vollziehende Wandel der Lyrik der Beat Generation wird von Jarmusch (in Malinovskis Worten) so beschrieben: „[...] moving to a language that was looser, less formal, more open to politics and city life, sex, and popular culture, more communal." Viele Lyriker:innen, die im Audiowalk zu hören sind, präsentieren ortsbezogene Gedichte, die sich auf die Stadt New York oder das East Village beziehen. Zum Beispiel Ted Berrrigans 1966 publizierte Sonette, über die Jarmusch sagt, sie seien, wie die von Shakespeare, an eine Muse gerichtet, diese heiße hier aber East Village. Oder Ron Padgetts „Poema del City" (1976), in dem er die Vorzüge der Stadt thematisieren möchte, aber ironischerweise kaum über die in vielen Wohnungen lebenden Kakerlaken hinauskommt. Besonders eindringlich ist die Passage des Audiowalks über den Beat-Poeten Allen Ginsberg, der über viele Jahrzehnte im Village lebte und über dessen Wohnorte, Stammlokale und Treffpunkte es sogar eine eigene Walking Tour gibt.[3] Mehr als zwanzig Jahre wohnte er in der 437 East 12th Street.[4] In dem langen Track, den man vor Ginsbergs ehemaligem Wohnhaus hört, wird beispielsweise die Anekdote erzählt, dass dieser immer, wenn jemand bei ihm klingelte, den Schlüssel in eine Socke steckte und runterwarf, damit er nicht vom vierten Stock hinabgehen und aufmachen musste. Ginsberg schrieb zahlreiche Gedichte über dieses Haus und das multikulturelle Künstlerviertel, darunter sein in Auszügen im Audiowalk zu hörende späte Gedicht „The Charnel Ground" (1992), in dem er im Stil eines antizipierten Nachrufs ein bildgewaltiges Panorama dort lebender Charaktere porträtiert, die so sozial und kulturell heterogen sind, dass man von *super-diversity* sprechen kann, auch wenn der Soziologe Steven Vertovec diesen Begriff erst 2007 eingeführt hat (siehe Kap. 2.1). Hinsichtlich eines anderen New-York-Gedichts Ginsbergs spricht Ferdinand Schunck von einem „Gefühl des zentripetalen Hereingezogenwerdens ins Stadtzentrum", wodurch ein „Simultanitätspanorama" erzeugt werde (Schunck 1990, 11)]. Dies lässt sich insofern auf „The Charnel Ground" übertragen als dass Ginsberg hier Dutzende im Viertel lebende Personen skizziert – in der Eingangssequenz sind das etwa „John from Poland", „The Chinese teachter", „th' old hippie flower girl", „The Russian landlady's husband from concentration camp", „Marie born in the building" und „One poet highschool teacher" (Ginsberg 1996, 388) –, die sämtlich simultan durch entsetzliche und unerwartete Unfälle oder Vorkommnisse zu Tode kommen. Der von Jarmusch vorgetragene Kommentar zu diesem Gedicht lautet demgegenüber nüchtern, er wollte damit wohl auch die beginnende Gentrifizierung seines Viertels beklagen. Damit könnte gemeint sein, Ginsberg beschreibe auf groteske Weise, wie die letzte Generation der alteingesessenen Bewohner:innen des Viertels wegstirbt und die so frei gewordenen Wohnungen umgehend saniert und sodann zahlungskräftigen Angehörigen der Mittel- oder Oberschicht angeboten werden.

Anders als in den weiteren in diesem Kapitel behandelten Lyrik-Projekten, bei denen die Sprecher:innen der zu hörenden Slam-Poems oder deklamierten Gedichte live vor Ort zu sehen und zu hören sind, handelt es sich bei dem Audiowalk um eine ‚entkörperlichte' Tonkonserve, die man in den Straßen des East Village als „sonic flâneur" (Born 2015, 3) rezipiert. Diese spezifische mediale Konstellation passt allerdings sehr gut zum multisensorischen Konzept des Audiowalks. Denn man hört durch die Kopfhörer unmittelbar, neben der sonoren Erzählerstimme Jarmuschs, viele vergangene poetische Stimmen des Viertels, die als eine Art Echo in der Gegenwart widerhallen. Während man mit dem Körper und der visuellen Wahrnehmung eindeutig im Hier und Jetzt ist, ist man mit dem Gehör teilweise in der Vergangenheit, weil sich der aus historischen und zeitgenössischen Stimmen zusammengesetzte Audiotrack und die live zu hörenden Stadtgeräusche überlagern. Somit präsentiert die visuelle Ebene das ‚Außen' und die Gegenwart, die auditive Ebene eher das ‚Innen' und die Erinnerung, durch Multisensorik wird beides kognitiv verknüpft. Besonders überzeugend gelöst wird die Schichtung auditiver Spuren in der Sequenz über Walt Whitman. Dessen Gedichtsammlung *Leaves of Grass* erschien bereits in der Mitte des 19. Jahrhunderts, sie war aber so wirkmächtig für die Dichter:innen der Beat Generation, speziell Ginsberg selbst – der von Whitman seine langen Free-Verse-Zeilen übernahm und auch seine Liebe für New York –, dass sogar der Titel des Poetry Walks *Passing Stranger* einem der berühmten Gedichte Whitmans, „TO A STRANGER" (1867), entstammt:

> PASSING stranger! You do not know how longingly I look upon you
> you must be he I was seeking, or she I was seeking, [...]
> I am not to speak to you, I am to think of you when I sit alone or wake at night alone,
> I am to wait, I do not doubt I am to meet you again,
> I am to see to it that I do not lose you.
>
> (Whitman 1973a [1867], 127)

Wer die Zeilen hört, wird potentiell zu diesem faszinierenden „STRANGER", dem man „[i]n the space and fleeting moment of the urban encounter" in einer Situation aus „passing glances and close proximity" (Nesci 2014, 80) begegnet. Im Audiowalk hört man einen Auszug aus dem Gedicht, in dem – entsprechend der sexuellen Ambiguität des Textes – mehrere männliche, später auch weibliche

Stimmen überblendet werden, die Whitman-Verse sprechen, auch die Stimme Jarmuschs ist darunter. Mithin hört man konzeptuell hier also drei Epochen zugleich: New York im 19., 20. und 21. Jahrhundert. Diese Vielstimmigkeit macht historisch unterschiedliche Artikulationsformen von Lyrik hörbar, auch verschiedene Akzente und Sprechweisen, etwa von professionellen Sprecher:innen und Laien, werden deutlich.

Mit Miguel Piñeros Gedicht „A Lower East Side Poem" (1980) wird auch ein Werk eines Dichters puerto-ricanischer Herkunft zum Hören gebracht, das auf seine Art an die Odentradition des heroisierenden oder rühmenden Stadtpreises anknüpft (vgl. Schunck 1990, 14), in dem das artikulierte Ich hier so innig mit dem Stadtviertel verbunden ist, dass es sich wünscht, seine Asche würde nach seinem Tod in der Lower East Side verstreut:

> Just once before I die
> I want to climb up on a
> tenement sky
> to dream my lungs out till
> I cry
> then scatter my ashes thru
> the Lower East Side.
>   (Piñero 2010, 4)

Der Adressant des Gedichts beschreibt sich als Dieb und Junkie, als „streetfighting man | a problem of this land", ja als „the Philosopher of the Criminal Mind" (Piñero 2010, 5) und stellt ohne Sentimentalität die Schattenseiten des Stadtlebens in Lower Manhattan heraus. Selbst diese zutiefst destruktive und dystopische Seite des Großstadtlebens aber verhindert nicht die tiefe Identifikation mit dem Viertel, die bis über den Tod hinaus gelten soll.

Piñero war Anfang der 1970er Jahre Mitbegründer des Nuyorican Poets Café in der Alphabet City, das zu einem bedeutenden Treffpunkt puerto-ricanischer Künstler:innen im East Village wurde (dort finden bis heute Lesungen und Poetry Slams, oft zu politischen Themen, statt). Die auch im Poetry Walk thematisierte Gründung des Cafés trug dazu bei, das Viertel als kulturelles Zentrum puerto-ricanischer Künstler:innen zu etablieren – und zugleich das East Village als Ort der Poesie zu stärken, denn die Dichter:innen des Viertels haben sich hier und in weiteren Locations getroffen, die sie als gegenkulturelle, „self-consciously inscribed meeting grounds, think tanks, and community spaces for poets working outside the mainstream of contemporary American poetry" (Kane 2003, xiii) verstanden. Dazu zählt das 1966 gegründete und ebenfalls bis heute bestehende Poetry Project in der St. Mark's Church (vgl. Kane 2003, Kap. 4–6). Durch diese Aktivitäten entstand in dem teils baulich heruntergekommenen Viertel ein produktives kulturelles Milieu. Das Schreiben von Gedichten wurde zu einem kollaborativen Akt des Schaffens und des Dialogs. Im Audiowalk wird gleichsam nebenbei die Entstehung dieser kulturellen Infrastruktur der Lyrik-Szene erklärt, zu der neben weiteren Kulturcafés auch Buchläden und eine Druckerei gehörten, in der für wenig Geld Gedichtbände gedruckt wurden, die von den etablierten Verlagen abgelehnt worden waren. Der Walk endet am 2002 gegründeten Bowery Poetry Club, der Lyrikveranstaltungen in unterschiedlichen Formaten anbietet und bis heute eine Anlaufstelle für die junge Lyrikszene New Yorks ist. Präsentiert wird ein breites Spektrum an Gedichten, die mit der Stadt New York beziehungsweise der Lower East Side zusammenhängen.[5] Das Format des Poetry Walks passt angesichts des Erfolgs von Podcasts und digitalen Audiobüchern auch gut in unsere Zeit (vgl. Have/Stougaard Pedersen 2016).[6]

Mit Handy, Buch und Megafon im Stadtraum indischer Metropolen

Bei der Wahrnehmung von Gedichten im urbanen Raum zeigen sich in indischen Großstädten einige kulturelle Besonderheiten, wie Ulrike Almut Sandig im Kontext ihres 2019 in drei Metropolen Indiens – Delhi, Kolkata und Pune – realisierten Lyrikprojekts #audiblepoetry hervorhebt: Die Lyrikerin und Performerin ist auch studierte Indologin und geht davon aus, dass im indischen Subkontinent der Umgang mit Poesie viel alltäglicher ist als in Europa oder Nordamerika, weil dort beispielsweise auch philosophische, mathematische oder geisteswissenschaftliche Texte in Versen, zum Teil sogar mit Metrum, abgefasst würden.[7] Auch die Auseinandersetzung mit Literatur sei häufig ein öffentlicher Prozess, der auch in den Straßen der Städte zu hören und zu sehen sei; viele Menschen würden Gedichte und andere literarische Texte auswendig kennen und gern rezitieren. Das Projekt #audiblepoetry, bei dem die Lyrikerin zusammen mit lokalen Mitwirkenden auf Plätzen, an Straßenecken und U-Bahn-Ausgängen oder vor Imbissständen Lyrik vortrug, griff diese besondere Situation auf. Zugrunde liegt Sandig ein Konzept von ‚hörbarer Dichtung', und ein vielschichtiges Experimentieren mit der Verlautbarung poetischer Sprache, das auch die konventionelle Verknüpfung von Stimme und Identität hinterfragt (vgl. Leeder 2018, 329–330). Die Lyrikerin vertont viele ihrer Gedichte und trägt sie auf kunstvolle, manchmal exaltierte Weise begleitet durch Musiker:innen vor; aber schon als reine Textkompositionen ist ihre Lyrik durch eine intensive Klanglichkeit, Musikalität und Rhythmik gekennzeichnet.

Die Mitwirkenden an Sandigs Poesieaktionen in Indien setzen sich aus unterschiedlichen Gruppen zusammen: zum einen Studierende der Seagull School of Publishing in Kolkata, die zu Sandigs englischsprachigem Verlag Seagull Books gehört und einen weiterqualifizierenden Studiengang anbietet, zum anderen Teilnehmer:innen eines Workshops, den die Dichterin am Goethe Institut[8] in Delhi abgehalten hat, aber auch Studierende der Delhi University sowie Passant:innen, die sich spontan den Aktionen anschlossen, als Zuhörende wie auch als Vortragende. Bemerkenswert ist das Spektrum der frei rezitierten, aus einem Buch oder vom Handy abgelesenen Texte, wie auch der persönlichen Beziehung zu diesen. So wurden Texte Sandigs auf Deutsch oder Englisch von ihr selbst oder von anderen vorgetragen, manchmal zuvor von den Teilnehmenden in lokale Sprachen übersetzt. Vorgetragen wurden des Weiteren eigene und fremde Gedichte, darunter solche von Laien wie auch von anerkannten Dichter:innen (z. B. hatte eine Teilnehmerin ein Gedicht von Sylvia Plath in eine indische Sprache übersetzt). Vielsprachigkeit ist in Indien Normalität, weswegen die aktuelle Regierung mit dem Fokus auf Hindi als Hauptsprache Sandig zufolge eine kritikwürdige Sprachpolitik betreibt. Ein Ziel der Aktion war es daher wohl auch, möglichst viele, unterschiedliche, auch regional dominante indische Sprachen hörbar zu machen, wodurch sie letztlich politischer wurde als geplant. Im Raum Kolkata gehört dazu besonders Bengalisch, im Raum Pune Marathi, beides sind verbreitete indogermanische Sprachen.

Im Vorfeld der *#audiblepoetry*-Aktion in Delhi hatte die Lyrikerin den Teilnehmenden drei ihr wichtige Botschaften mitgeteilt: (1) „Words create reality"; (2) „A suitable text would be a poem/story that they think of would be strong enough to add something to the city that she lacks of." (3) „short (5 mins max), audible, preferably in a language that is understood in the city (Hindi, English, ...)".[9] Mit diesen Anmerkungen konzeptualisiert Sandig ihre Arbeit im öffentlichen Raum als Gabe, die der Stadt Poesie schenkt, als eine eigene Qualität von Sprache, die nicht nur anders und kunstvoll klingt, sondern von einer großen Gruppe von Anwohner:innen auch verstanden und vermutlich positiv aufgenommen wird.

Hier ein Auszug aus „from the wings", das Sandig selbst im Stadtraum von Dehli gelesen hat. Es handelt sich um das durch Karen Leeder ins Englische übersetzte Eröffnungsgedicht „Lied aus dem Off" von Sandigs mit dem barocken Titel *ich bin ein Feld voller* Raps *verstecke die Rehe und leuchte wie dreizehn Ölgemälde übereinandergelegt* versehenen Band von 2016 (englische Übersetzung 2020):

in the beginning there's no one.
in the Land of Beginning I lay
screaming. in the end, I lie silent
white writing on white ribbons
of the wreath. can you read it?
[...]
I am made wholly of language
I am this wild vowel of origin
the unique defining feature
of my lost kind that must speak

> to understand itself. we
> are alone and now all together:
> [...] in the beginning I lay
> I was no one and no one is who
> I will become. in between I am
> a fluid tuning fork I am my own
> song coming in *from the wings*
> across a completely white field
> of rapeseed covered with snow.
> (Sandig, 2020, 3–4)

Sandigs „from the wings" wurde am zentralen Connaught Place im Stadtteil Neu-Delhi vorgetragen (Abb. 3.4.3). Dieser bekannte, in der Kolonialzeit entstandene Platz wird durch drei Straßenkreise gebildet; vom äußersten Ring, dem Connaught Circus, gehen konzentrisch viele Straßen ab. Die Gegend um den Connaught Place ist einer der größten Geschäfts- und Verwaltungsbezirke Indiens. Während der Lesung in Delhi hat Sandig Gedichte aus den englischen Ausgaben ihrer Gedichtbände *Raps* (2016; „from the wings" und „Hinemoana) und *Dickicht* (2011; „under the churchyard und „song") vorgetragen. Zwei Mitstreiterinnen lasen eine Hindi-Version ihres „lullaby for all those" – eines ‚Schlafliedes', in dem die Stille und Dunkelheit der Nacht mit Stadtbildern verbunden werden (weil die Version auf Hindi nicht vorliegt, wird die möglicherweise auch verwendete englische Ausgabe zitiert):

> [..] in the bars all the chairs have been
> stacked on the tables, the billboards hum
> as the posters change, cameras film
> the empty bank foyers, all the night
> kiosks are alight, all the night buses
> purr through the illuminated cathedral
>
> of the city. we're just talking in pictures. But
>
> do we have any idea how DARKNESS
> is written? [...]
> (Sandig 2020, 15)

Die Beschreibung dieser Szenerie ist in Relation zu Ort und Zeit des Gedichtvortrags in zweierlei Hinsicht irreal: Zum einen, weil es definitiv weder ruhig noch dunkel ist, als das Gedicht zu hören ist, zum anderen, weil die poetische Beschreibung der Stadt als „illuminated cathedral" (Sandig 2020, 15) mit ihren Bars, Werbetafeln mit Wechselplakaten sowie videoüberwachten Bankfilialen doch sehr europäisch anmutet. Zugleich ist die Frage, „do we have any idea how DARKNESS | is written?" (Sandig 2020, 15), nicht nur selbstreflexiv, sondern auch kulturkritisch, richtet es sich doch gegen die ökologisch bedenkliche Dauerbeleuchtung von Städten und dem damit einhergehenden Fehlen einer als solche wahrnehmbaren Nacht.

Abb. 3.4.3: Ulrike Almut Sandig: *#audiblepoetry*, Deklamation von Gedichten am Connaught Square, New Delhi (Februar 2019).

Zu Beginn der Aktion standen Sandig und ihre Teilnehmer:innen in dem kleinen Park im Zentrum des Platzes, der von der Ringstraße Rajiv Chowk umschlossen wird. Auch weitere Straßen waren Teil der Aktion, etwa die große Ausfahrtstraße Kasturba Gandhi Marg, die in südwestlicher Richtung vom Connaught Circus abzweigt. In Kolkata (Abb. 3.4.3) fanden die Lesungen entlang der Shyama Prasad Mukherjee Road und ihrer kleinen Nebenstraßen statt. Vorgetragen in Delhi am Connaught Place und seiner Zufahrtsstraßen oder auf einer Hauptstraße im ebenso quirligen und lärmigen Kolkata, wirken die Verse deplatziert, fremd. Die Lautstärke passt nicht zu den Worten, die Worte nicht zu der anonymen großstädtischen Umgebung: Die Worte haben einen starken, deklarativen Gestus, zugleich sind sie rätselhaft und scheinbar subjektiv. Dies wird im Fall von „from the wings" durch eine behauptete Gleichsetzung von Text und Sprecherin verstärkt, bis hin zur poetologischen Aussage, das Selbst sei ‚ganz aus Sprache gemacht' und das adressierte Publikum könne seinem Erscheinen („beginning") beiwohnen. Manche Verse dieses Gedichts korrespondieren aber gleichwohl auf verblüffende Weise zum Geschehen vor Ort, dem sich durch das konzentrierte Lesen und Zuhören konstituierenden temporären Gemeinschaft inmitten des Trubels („we | are alone and then together") und beschreiben den performativen Zustand einer Performance („I am | a stream that flows into others | while others again flow into it"; Sandig 2020, 9). Auch die oben zitierten Schlussverse verweisen selbstreflexiv auf die Flüchtigkeit der Poesie-Performance wenn das sprechende Ich von sich sagt, es war vor dem Hören der hier und jetzt gesprochenen Worte ‚niemand' und wird auch danach ‚niemand' sein, nur dazwischen sei es für einen kurzen Moment eine „fluid tuning fork und ein „song coming in from the wings", singe aber gleichwohl nur über das ‚Nichts' (Sandig 2020, 9), und ein weißes Rapsfeld im Schnee, das sich als poetologisches Bild des leeren Papiers lesen lässt (vgl. Leeder 2018, 338).

Das Vorgehen, Gedichte nicht allein zu verbalisieren, sondern wie politischen Protest mittels hoher Lautstärke durch das Vortragen im öffentlichen Raum zu ‚publizieren', erzeugt Irritationen. Oder die Aktionen werden im dröhnenden Lärm der mehr als 28 Millionen Einwohner:innen großen Megacity schlicht überhört, was dann aber gleichfalls als Teil des künstlerisches Konzept verstanden werden kann: den Anspruch, dass Lyrik hörbar und zu hören ist, wie es ja schon im Titel des Projekts *#audiblepoetry* steht. Entsprechend hat Sandig bei den drei indischen Aktionen auch die Soundtechnik angepasst: Während bei der ersten Performance in Kolkata die Vortragenden nur ihre unverstärkte oder nicht technisch unterstützte Stimme zur Verfügung hatten, was zu Verständnisschwierigkeiten führte, hat die Gruppe bei der zweiten in Delhi mit einem Megafon experimentiert. Hier erwies sich, dass die Verse zwar laut waren, aber die Differenziertheit der Sprache oft verlorenging – ein Megafon funktioniert gut für das Verbreiten von politischen Slogans oder die Unterstützung von Sprechchören, nicht aber für die Verlautbarung von Poesie. Trotzdem hielt während der Performance immer diejenige Person, die ein Gedicht vortrug, das Megafon wie ein „Totem" (Sandig) in der Hand, selbst wenn sie es nicht einsetzte. Beim dritten Event in Pune wiederum kam ein Mikrofon mit tragbarem Verstärker zum Einsatz (Abb. 3.4.4), was abgesehen von ‚Kabelsalat' nach eigener Aussage Sandigs am besten funktioniert hat.

#audiblepoetry ist eines der wenigen Beispiele in diesem Buch, in dem Lyrik im Stadtraum zu hören und nicht zu lesen ist. Diese Unterscheidung war für die jüngere Lyrikforschung von besonderer Bedeutung, weil die „Verlautbarung" von Gedichten (Vorrath 2020, 10) sich von schriftlich vorliegenden von Grund auf unterscheidet – einerseits aufgrund der Flüchtigkeit; andererseits aufgrund der

Abb. 3.4.4: Lesung von Gedichten im Rahmen der Poesieaktion *#audiblepoetry* in einer Einkaufsstraße in Pune (Februar 2019).

durch die sprechende Person unweigerlich vorgegebenen Interpretation. Als theoretischer Hintergrund kann hier auf Ausführungen des Dichters und Spoken-Word-Theoretikers Charles Bernstein zurückgegriffen werden, der wiederum, anknüpfend an die ältere Forschung zum Verhältnis von Mündlichkeit und Schriftlichkeit, den Begriff der *orality* auffächert:

> By *aurality* I mean to emphasize the sounding of the *writing*, and to make a sharp contrast with *orality* and its emphasis on breath, voice, and speech – an emphasis that tends to valorize speech over writing, voice over sound, listening over hearing, and indeed, orality over aurality. [...] Aurality is connected to the body – what the mouth and tongue and vocal chords enact – not the presence of the poet [...]. The poetry reading enacts the poem not the poet; it materializes the text not the author; it performs the work, not the one who composed it. In short, the significant fact of the poetry reading is less the presence of the poet than the presence of the poem. (Bernstein 1998, 13)

Die hier formulierten Besonderheiten ‚auraler Gedichte' treffen sehr gut auf die verlautbarten Texte von Sandigs Lyrikprojekt in Indien zu, bei denen ebenfalls die lautliche und materielle ‚Präsenz des Gedichts' in den je unterschiedlichen Sprachen wichtiger war als die des Dichters oder der Dichterin respektive der kontingenten Person, die ein fremdes Gedicht vortrug. Dies zeigte sich unter anderem an den verteilten Rollen und Rollenwechseln und an den gleichberechtigten Lesungen von Sandig-Texten oder anderer Lyriker:innen durch Teilnehmer:innen der Gruppe. Konzeptuell nimmt Sandig den Stadtlärm der indischen Metropolen in

Kauf, ja bezieht ihn sogar mit ein. Gleichwohl setzt sie auf eine nuancenreiche stimmliche Verlautbarung der Verse und erprobt dafür mit ihren Mitstreiter:innen in den Poesieaktionen unterschiedliche technische Hilfsmittel. Diese beiden Aspekte – die Einbeziehung von Nebengeräuschen und die artikulierte Präsentationsform – stehen mithin in einem wohl gewollten Widerspruch zueinander.

Lyrik im Stadtraum hören

Betrachtet man die hier untersuchten Lyrikprojekte vergleichend, so sind medienspezifische und konzeptuelle Unterschiede offenkundig. Die Poetry-Slam-Events im Stadtraum Hamburgs und die Lyriklesungen in den Straßen von Delhi und anderen indischen Städten eint, dass die Poems verkörpert und live vorgetragen werden. Damit einher geht ihre Flüchtigkeit, denn Poesie-Performances sind im Sinne der Theaterwissenschaft durch „Gegenwärtigkeit" gekennzeichnete „Aufführungen"; eine Aufführung aber „lässt sich niemals wieder als genau dieselbe wiederholen. Die Materialität der Aufführung wird performativ hervorgebracht und tritt immer nur für eine begrenzte Zeitspanne in Erscheinung" (Fischer-Lichte 2004, 14). Diese konstitutive Flüchtigkeit von Poetry Slam und Gedichtlesung steht im Kontrast zur prinzipiellen Verfügungsmacht über und Wiederholbarkeit der Audiotracks des Poetry Walks im New Yorker East Village. Weil der Audiowalk mit Kopfhörern rezipiert wird, sind hier auch Aspekte der Kontingenz und Ablenkung durch städtische Nebengeräusche, Gespräche und Lärm geringer. Besonders bei den performativen Formaten von Slam und Lyriklesung erzeugt die akustisch und visuell wahrnehmbare Stadtkulisse ein wirkmächtiges Ambiente, das die live gesprochenen Texte begleitet und umhüllt, aber auch in Konkurrenz zu ihnen steht. Slams und Lesungen sind „performative Prozesse", bei denen die Aufmerksamkeit auf die Körperlichkeit, Stimmlichkeit und ko-präsente Zeitlichkeit von Performer:innen und Publikum gelenkt wird (vgl. Fischer-Lichte 2002, 287), aber zugleich, wie Bernstein betont, auch auf das gesprochene Gedicht selbst.

Die drei Formate, in denen Lyrik im Stadtraum zu hören war oder ist, unterscheiden sich auch in der Präsenz des Publikums und dessen Bewegung im Raum: Während bei den Poetry-Slams der Stadtraum Hamburgs als Bühne genutzt wurde, und die Zuschauer:innen, die sich bewusst für den Event entschieden (und in Bahrenfeld zudem Eintritt zahlen mussten), auf Treppenstufen oder auf dem Boden saßen, bildete sich bei den Lesungen in den Straßen Delhis, Kolkatas und Punes spontane, mobile Gruppen, die als zufällig entstandene temporäre Gemeinschaften den Sprecher:innen zuhörten, um diese einen stehenden Halbkreis bildeten und gemeinsam zum nächsten Platz weiterzogen (ähnlich beim ‚lyrischen Flashmob' im Rahmen des Poesiefestivals in Krefeld, siehe Kap. 3.5). Auch beim Audiowalk im

East Village ist die Rezeptionssituation durch abwechselndes Gehen und Stehenbleiben gekennzeichnet, aber die Zuhörenden sind hier konstitutiv isoliert, da jede:r eigene Kopfhörer trägt, selbst die Abfolge der Einzeltracks bestimmt und es auf der akustischen Ebene keine geteilte Rezeptionssituation mit anderen Teilnehmer:innen gibt. Auch für dieses Format wird von Organisator:innen das performative Element betont, wenn Halley, wie zitiert, davon spricht, dass die im Gehen gehörten Gedichte ‚in den Körper eindringen'. Gleichwohl unterscheiden sich die Events mit Blick auf das Verfügen über die Audiogedichte und die Situation eines kollektiven oder eher individuierten Publikums.

Die drei auditiven Formate von Lyrik im urbanen Raum unterscheiden sich ferner in ihren Funktionen. Der Poetry Walk setzt sich zum Ziel, die Geschichte der Lyrik New Yorks mit konkreten Räumen, Straßen und Gebäuden zu verknüpfen, um sie lebendig zu halten und anschaulich zu machen. Während die aufgesuchten Straßen und Orte visuell im 21. Jahrhundert situiert sind, wird akustisch eine vergangene Zeit evoziert. Die Ortsbezogenheit der präsentierten Gedichte und Lyriker:innen ist für das Projekt wesentlich. Die Slam-Veranstaltungen hingegen dienen der kommerziellen Unterhaltung oder der Belebung eines Stadtteils durch performative Kultur. Die dargebotenen Inhalte sind nicht ortsbezogen. Das von deutschen Kulturinstitutionen geförderte Projekt Sandigs in den drei indischen Städten hatte zum Teil ebenfalls Gedichte im Programm, die nicht auf die konkreten Städte und Orte bezogen sind. Das Projekt stand im Zeichen der Kultur- und Literaturvermittlung und hatte didaktische Anteile im Rahmen von Deutsch als Fremdsprache. Dass die Lyrikerin aber die extreme Vielsprachigkeit Indiens gegenüber der hegemonialen und offiziellen (Amts-)Sprache Hindi betont und die Mitwirkenden aktiv aufgefordert hat, diese Multilingualität durch Gedichte aus diversen, ihnen verfügbaren Sprachen im Stadtraum hörbar zu machen, hat auch eine lokale kulturpolitische Dimension.

3.5 Poesiefestivals im öffentlichen Raum

Lyrikfestivals gibt es viele – zu den bekanntesten zählen wohl das jährlich im Juni stattfindende *Poesiefestival Berlin* sowie das ebenfalls jeden Sommer wiederkehrende große *European Poetry Festival* in London und anderen Städten Großbritanniens. Bei diesen Festivals finden sich viele unterschiedliche Präsentationsformen – wie Lesungen, Poesiefilme, Poetry-Slam-Events –, die aber überwiegend in geschlossenen Räumen und dafür vorgesehenen Veranstaltungsorten durchgeführt werden und Eintritt kosten. Demgegenüber geht es hier um zwei Poesiefestivals im öffentlichen Raum und ohne Einlassbarrieren, in zwei Städten, die ansonsten kaum Gemeinsamkeiten haben: Krefeld und Miami. Der Grund, dass diese sehr unterschiedlichen Formate gemeinsam diskutiert werden, ist schlicht, dass dies die einzigen uns bekannten urbanen Festivals sind. Beide setzen sich zudem mit ihrer Stadt inhaltlich auseinander und sind wesentlich auf die Bewohner:innen selbst ausgerichtet, suchen diese durch Mitmach-Formate aktiv einzubeziehen.

Lyrik macht Stadt in Krefeld

Die Stadt Krefeld (227.000 Einwohner:innen) zelebrierte vom 10.–14. November 2021 erstmalig das Festival *Lyrik macht Stadt*, das ab sofort alle zwei Jahre stattfinden soll. Kuratiert wurde es von Thomas Hoeps, dem neuen Leiter des Niederrheinischen Literaturhauses der Stadt Krefeld, und dem Lyriker Henning Heske. Hoeps möchte mit dem Festival Literatur vermehrt in die Stadt bringen und auf sein Haus als Ort soziokultureller Begegnung sowie auf die aktuelle literarische Szene aufmerksam machen. Nach eigener Aussage ist für ihn das Hervorholen speziell von Lyrik aus der „Nischenkultur" ein zentrales Anliegen.[1] Es wurden bewusst nur aktuelle, ab 2010 entstandene deutschsprachige Gedichte berücksichtigt. Das kleine, feine Festival passt exzellent in das Korpus dieses Buches, weil es aus unterschiedlichen Formaten von Lyrik im urbanen Raum besteht, die zusammen eine konzeptuelle Einheit bilden. In dem Titel des Festivals *Lyrik macht Stadt* steckt eine Doppeldeutigkeit im Bezug auf die Stadt: Sie ist hier nicht nur die Bühne, sondern auch das Thema fast aller präsentierter Gedichte.

Das Festival bestand aus vier Formaten: Erstens wurde in der Innenstadt in einem kurzzeitig gemieteten Laden eine „Lyrikzentrale" eingerichtet. Zweitens wurden Krefelder Kultur-Litfaßsäulen mit Gedichtplakaten beklebt. Drittens wurden in der Innenstadt acht „Hörstationen" eingerichtet: Aus an Laternenmasten installierten Lautsprechern waren Gedichte zu hören. Viertens wurde zum Abschluss des Festivals die Fußgängerzone der Stadt zur „Gedichtgängerzone": Ein Flashmob von Interessierten zog durch die Hauptgeschäftsstraße Krefelds und hörte sich von circa dreißig Personen an unterschiedlichen Stationen vorgetragene Gedichte an. Diese unterschiedlichen Aktionen fanden ausgehend von dem Pop-Up-Store in der Krefelder Innenstadt, der Lyrikzentrale, statt.[2] Die Ladenanmietung in einer der teilweise desolaten, von Leerstand betroffenen Nebenstraßen im Stadtzentrum verweist unmittelbar auf die stadtpolitische Frage nach der Zukunft der Innenstädte von Städten ohne besondere Touristikattraktionen, die im Zeitalter der Pandemie und des Online-Shoppings verstärkt sichtbar wurde.

Im Stil einer temporären Galerie konnte man im Souterrain der Lyrikzentrale extrem breitformatige Poesiefilme sehen, die Studierende der Hochschule Düsseldorf angefertigt hatten, ausgehend von aktuellen Gedichten zur Stadtthematik, die mal mehr, mal weniger explizit auch im Film auftauchten. Die experimentellen Kurzfilme sollen zu einem späteren Zeitpunkt dauerhaft an der Hochschulfassade im Großformat gezeigt werden. Außerdem wurden im Erdgeschoss neben einem Büchertisch mit Gedichtbänden die Plakate ausgestellt, die auf den Litfaßsäulen in der Stadt zu sehen waren, sowie im DIN-A4 Format Gedichte der Hörstationen (siehe unten). Design-Studierende der Hochschule Niederrhein hatten zu fünf Gegenwartsgedichten großformatige Plakate entworfen, die während der Laufzeit des Festivals im Stadtraum auf den in Krefeld üblichen Kultur-Litfaßsäulen (Abb. 3.5.1) zu sehen waren – neben regulären Programmankündigungen für Theater oder Konzerte. Die Plakate auf den Kultur-Litfaßsäulen mischten sich unter die in dieser Stadt recht zahlreichen Litfaßsäulen mit Werbung und erzeugten einen visuellen und inhaltlichen Kontrast. Spannend ist hier die Art und Weise, wie die Gedichte von Mirco Bonné, Anna Hetzer, Nadja Küchenmeister und Marion Poschmann und ihre grafischen Gestaltungen konkret den Stadtraum thematisierten oder beschreiben, also selbstbezüglich und spielerisch auf das städtische Umfeld verwiesen. Das mit den Zeilen „Heute war es | windstill und warm" (2020) beginnende titellose Gedicht von Berit Glanz dagegen erschafft – wie auch dessen grafische Gestaltung – mit Strand, Sand und Meer demgegenüber eine utopische Naturkulisse, die im Gegensatz zur Urbanität steht (ähnlich auch in den Naturgedichten im Stadtraum von Robert Montgomery, siehe Kap. 3.8).

Ein titelloses Gedicht von Marion Poschmann hingegen wirkt als wäre es just für diese Poesieaktion in kalter Jahreszeit in einer deutschen Innenstadt verfasst:

> in der Fußgängerzone kam Wind auf
> wie immer Wind aufkommt bei der Suche
> nach jenem richtigen Ort der sich stets
> weit entfernt zeigt, die Abfallpapiere
> am Boden verrutschten, mein Mantel
> flatterte, und, als wäre dies schon ein Grund
> mich selbst zu den Dingen zu zählen
> als wäre dies schon ein Grund

Abb. 3.5.1: Kultur-Litfaßsäule in Krefeld mit Gedichtplakat, titelloses Gedicht von Berit Glanz, gestaltet von Linh Hoang und Jessica Bayerlein (November 2021).

>   blieb ich ungefragt stehen
>   (Poschmann 2021, 9)

Das von Helin Erceylan zu diesem Gedicht gestaltete Plakat erinnert an dadaistische Collagen von Raoul Haussmann, bei denen abgerissene Stücke von Werbeplakaten und Handschrift wichtige, auf Alltag und Stadtraum verweisende Elemente sind. Und doch ist Erceylans Plakat ganz zeitgemäß, weil es eben auch an Kritzeleien erinnert, die man heute in öffentlichen Toiletten oder auf Anschlagtafeln findet. Auf dem ‚Plakat im Plakat' kann man eine weibliche Gestalt mit Mikrofon erkennen, vielleicht eine Politikerin, vielleicht eine Spoken-Word-Poetin (Abb. 3.5.2). Die auf die links oben abgerissene Fläche geschriebene Schrift überdeckt deren Schulterpartie und Gesicht, wie die Andeutung einer ausfransenden Sprechblase, die aus dem Mikrofon dringt. Erceylan missachtet die von Poschmann vorgegebene Versifizierung, die diesem suchend-bewegten Gedicht, das auf Satzzeichen fast vollständig verzichtet und, ähnlich dem in ihm thematisierten Wind, einen schwingenden Rhythmus gibt, zugunsten eines Fließtextes mit Flatterrand. So ist der Text visuell nicht mehr als Gedicht identifizierbar. Liest man ihn im Vorbeigehen, wirkt er wie ein Unikat, ein anonymes, subjektives Statement in Prosaform. Umso mehr irritiert dann die poetische Genauigkeit der Alltagsbilder – am Boden ‚verrutschendes' Pa-

Abb. 3.5.2: Plakat mit titellosem Gedicht von Marion Poschmann, gestaltet von Helin Erceylan, Festival *Lyrik macht Stadt*, Krefeld (November 2021).

pier, ein im Wind flatternder Mantelsaum –, insbesondere aber der performativ abrupt endende Schlussvers, „blieb ich ungefragt stehn", der potentiell die Rezeptionssituation doppelt: wenn man im Vorbeigehen an diesem Plakat neugierig die Worte zu entziffern versucht und dann erstaunt über die überraschende Poesie im Alltags kurz innehält.

Auch das von Maike Hohnrath gestaltete Plakat zu Mirco Bonnés Gedicht „Venceremos" (Abb. 3.5.3) bildet eine interessante Spannung zwischen visueller Gestaltung, Gedichtinhalt und Stadtraum. Auf abstrakter Ebene passen Text und Bild sehr gut zusammen, denn beide stellen die Beobachtung einer Straßenszene ins Zentrum. Für die Fotografie wurde eine Perspektive aus der ersten oder zweiten Etage eines Hauses auf die Straße gewählt. Eine berühmte Formel der kanadischen Stadt- und Architekturkritikerin Jane Jacobs aufgreifend, werden hier die „Augen auf die Straße" (2015 [1961], 32) verbildlicht. Mit diesem Slogan beschreibt Jacobs die

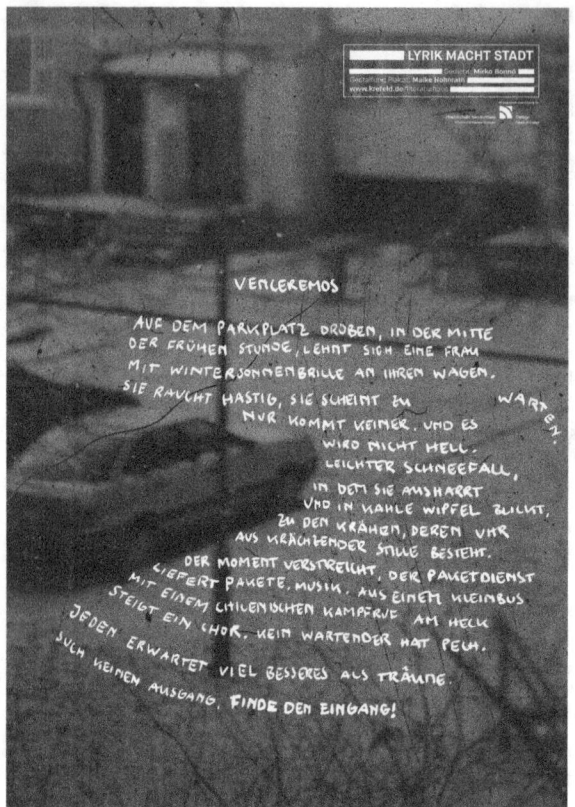

Abb. 3.5.3: Plakat mit Gedicht „Venceremos" von Mirco Bonné, gestaltet von Maike Hohnrath, Festival *Lyrik macht Stadt*, Krefeld (November 2021).

positiven Funktionen sozialer Kontrolle, das Entstehen eines Gefühls von Sicherheit infolge der intensiven Nutzung des öffentlichen Raums durch die Anwohner:innen. Hier jedoch ‚liegt' einzig ein Gedicht auf der menschenleeren Straße eines einfach wirkenden Wohnviertels (eine Inspiration durch die türkische #şiirsokakta-Protestbewegung [siehe Kap. 3.9] sowie die diese zitierenden Text „DAS GEDICHT IST AUF DEN STRASSEN" von Selim Özdogan aus dem Kölner *TRANSIT*-Lyrikprojekt ist denkbar; siehe Kap. 3.2). Genauer betrachtet, wirken die Verse wie mit weißem Edding in Versalien auf eine Glasscheibe geschrieben (dabei werden die in dem als Sonett formatierten Verse des im Buch in Normalschrift gedruckten Gedichts zum Teil in zwei Zeilen getrennt). In Bonnés Gedicht werden Alltagssituationen beschrieben, doch ergeben sich inhaltliche Widersprüche: etwa den einer Frau, die sich mit „Wintersonnenbrille" rauchend an ihr Auto lehnt – ein solches ist auch auf dem Foto zu sehen –, an einem Tag, an dem es aber gar „nicht hell" wird und es „[l]eichte[n]

Schneefall" gibt (Bonné 2018, 67). Die Sprechinstanz nimmt an, dass sie zu „warten" scheint, eine Zeit des Nichtstuns, die das Schriftlayout durch eine breite Lücke der Syntax spiegelt. Auch die Formel „[d]er Moment verstreicht" ist für jegliche Dichtung selbstreflexiv, die „krächzende[] Stille" hingegen ein im lärmigen Stadtraum irritierendes Oxymoron. Die profane Alltagssituation des „Paketdienst[es]", der Pakete liefert, wird mit einem Rätselbild verschränkt, wonach aus einem Kleinbus „mit einem chilenischen Kampfruf" – das titelgebende *venceremos* (‚wir werden siegen') – ein „Chor" entsteigt. Wenn man weiß, dass die musikalische Version von *venceremos* nicht nur 1970 Wahlkampflied Salvator Allendes und im Anschluss inoffizielle Nationalhymne Chiles war und in der spanischsprachigen Welt bis heute eine hohe Bedeutung hat, so verwundert dieses Schlussbild, gefolgt nur noch von rätselhaft bleibenden Aussagen über das Warten und Erwarten und den Appell, anstelle eines „Ausgangs" einen „Eingang" zu suchen, an einer Plakatwand in einer niederrheinischen Stadt, umso mehr.

Wie die Gedichtplakate mit Texten von Bonné und Poschmann, erzeugen auch die drei anderen inhaltliche Widersprüche und visuelle Hingucker. Inwiefern sie aber faktisch von Bewohner:innen und Gästen der Stadt Krefeld wahrgenommen wurden und eben nicht nur konzeptuell ‚wirken', muss offenbleiben.

Hörstationen und Lyrik-Flashmob

An zentralen Plätzen der Stadt Krefeld, insbesondere in der Fußgängerzone, hingen an acht Laternen Lautsprecher – sogenannte „Hörstationen". Hier konnte man während der Laufzeit des Festivals im Vorbeigehen Verse aus neun Gedichten hören, gesprochen von den Lyriker:innen selbst, ebenfalls sämtlich zum Thema ‚Stadt'. Im allgemeinen Lärmpegel einer Fußgängerzone wurden die Hörgedichte von den meisten Passant:innen aber wohl gar nicht bewusst wahrgenommen. Konzeptuell waren die von Laternen herabhängenden Lautsprecher durchaus innovativ, erzeugten sie doch eine Art akustische ‚Gedichtdusche', von der man im Moment des Passierens lediglich ein paar ‚Wortspritzer' abbekommt. So zum Beispiel beim Hören von Versen aus Nora Bossongs sehr treffendem Gedicht „Im letzten Moment November", das mit Worten eine trübe Stadtszenerie malt, in der die Straßen mit nassem Laub „ausstaffiert" sind, Erinnerungen „in einer Pfütze ab[tauchen]" und im Umschalten der Ampel „von Rot auf nichts" ein „Bruch mit der Routine toter Dinge" erzeugt wird (2018, 31).

Durs Grünbeins für die Hörstationen ausgewähltes Gedicht „Der Optiker" verschränkt auf ironische Weise Fragen der physikalischen Optik („Reflexion und Refraktion") mit Konsumtempeln und Brillenmode: „In einem Maximum aus Chrom und Glas, vereint, | Fängt sich der städtische Verkehr" (Grünbein 2012, 83). Das Gedicht beschreibt einen durch Licht in den Schaufenstern erzeugten Spiegeleffekt, der die gegenwärtige Stadt „en passant" „zerscherbt" und „[z]u einem Haufen aus Fragmenten vieler Städte" macht. Ganz ähnlich geschieht es auf akustischer Ebene, wenn man beim Passieren einer der Krefelder Hörstationen nur einzelne Worte auffängt: „Ladengalerie", „Vitrinen", „Kassentisch". Die Sprechinstanz fordert nicht zum Hören, sondern zum Sehen auf: „Schau durch die Sonnenbrillen, schau." Die Auslage der Sonnenbrillen evoziere ein mondänes „Saint-Tropez", mit „Brunnen und Bananenstauden, | Palazzi im Pastellton", die eine Uferstraße säumen, wobei die Ausfahrtstraßen der realen Stadt faktisch nur „zu den Plattenbauten, ins vertraute Grau" führen, „[w]o sie die leeren Tage in die Tonne werfen". Auch dies ein treffendes Gedicht, das relevante Fragen zeitgenössischer Urbanisierung und Konsumkultur aufgreift, aber als leise zu hörender Audiotext diese Intention wohl nur zum Teil erfüllen kann.

Am Samstagvormittag taufte das Festival die städtische Shopping-Meile in eine „Gedichtgängerzone" um. Dem Programmflyer zufolge „trat" an der Ecke Rheinstraße und Schwanemarkt „die Poesie auf und wandert[e] Gedicht für Gedicht" durch die Hochstraße, der zentralen Krefelder Fußgängerzone, bis zum Neumarkt. Die performative Aktion, die in der Praxis den Charakter einer freundlichen Demonstration hatte, bestand aus rund 30 an unterschiedlichen Positionen im Zickzack in der Hochstraße platzierten Personen, die jeweils, wenn der Flashmob bei ihnen angelangt war und sich um sie versammelt hat, ein Gedicht rezitierten (Abb. 3.5.4). Junge, Alte, Laie:innen und Profis trugen Gedichte vor: vom selbstgeschriebenen naiv-lustigen paargereimten Text bis hin zur avancierten Gegenwartslyrik auf Deutsch oder Englisch, vom vorsichtigen Lesen bis zur rhetorisch und stimmlich brillanten Performance. Durch die anwachsende Zahl der Mitwirkenden, die sich nach dem Ende ihres eigenen Vortrags jeweils dem Flashmob anschlossen, aber auch durch hinzukommende neugierige Passant:innen, vergrößerte sich die Gruppe zusehends. Am Schluss liefen mehr als 60 Personen mit. Betrachtete man den Flashmob von außen, war er von einer politischen Aktion auf den ersten Blick kaum unterscheidbar, was mit neueren Theorien und Praktiken des ‚Versammelns' korrespondiert: „In art and activism, the assembly as such has been revisited, redefined and reclaimed as the basic mode of political participation." (Geheimagentur/Schäfer/Tsianos 2016, 19) Ob und wodurch eine Versammlung entsteht, ist dabei genauso von Interesse wie die Frage, ob im öffentlichen Raum automatisch eine politische Dimension hineingelesen wird. Es offenbarte sich aber auch hier das Problem akustischer Dichtung im Stadtraum: Viele deklamierte Verse, die zu

Abb. 3.5.4: Flashmob in der „Gedichtgängerzone", Krefeld (November 2021).

leise gesprochen waren oder wo man zu weit weg stand, blieben unverständlich. Gleichwohl gelang es der Aktion, das ‚Anderssprechen' der Lyrik im urbanen Zentrum der Stadt hörbar zu machen und bei einigen Passant:innnen damit Neugier oder aber Irritationen auszulösen. Besonders der Schluss offenbarte dies: Auf dem Neumarkt, dem Vorplatz des Galeria-Kaufhauses, wurden als kollektives Finale alle Gedichte zugleich noch einmal deklamiert – wortgewaltige Kaskaden aus Klängen und einzelnen semantisch dechiffrierbarenen Wörtern und Satzfetzen, die die von den Dadaisten entwickelte Idee des Simultangedichts ins Zentrum des Konsums und ins 21. Jahrhundert transportierten. Durch die sich überlagernden Stimmen der Mitwirkenden wurde der Platz zu einem öffentlichen ‚Forum', performativ erzeugt durch ein sich aus den ‚Vielen' zusammensetzendes temporäres Kollektiv (vgl. Geheimagentur/Schäfer/Vassilis 2016, 26) einander bekannter oder auch unbekannter Krefelder Bürger:innen.

Wenn einem die im Stadtraum zu hörenden oder zu lesenden Gedichte nicht gefielen – oder man an der Gattung Lyrik an sich etwas auszusetzen hat, weil sie etwa zu unverständlich blieb, konnte man sich am Samstag nach dem Flashmob auch an die in der Lyrikzentrale eingerichtete „Gedichtbeschwerdestelle" wenden. Dort saßen die Dichter Christoph Wenzel (der Autor von „SÜSSE BAUSÜNDE", siehe

Kap. 3.2) und Henning Heske (von dem ein Gedicht in den Hörstationen präsentiert wurde) mit offenen Ohren und einem Stapel von Gedichtbüchern auf dem Tisch. Der pädagogische Impuls des Lyrikfestivals wurde durch diese selbstreflexive Aktion auch ein kleines Stück weit ironisiert.

Zieht man ein kurzes Fazit, dann ist es mit dem Festival gelungen, das Literaturhaus auf die Bühne der Stadt zu bringen, der verfolgte Werbezweck wurde somit erzielt. Durch die Berichterstattung in den digitalen und den klassischen lokalen Medien wurde dieser Werbezweck über das unmittelbare Erleben vor Ort hinaus verstärkt. Es ist auch gelungen, Lyrik im öffentlichen Raum in höchst unterschiedlichen, spielerischen Formaten zu präsentieren und dabei nicht nur die Texte von hochrangigen Dichter:innen zu verwenden, sondern auch Texte von Amateur:innen, denen so die Bühne der Stadt offenstand. Die meisten ausgewählten Gedichte haben dazu eingeladen über verschiedene Aspekte städtischen Lebens nachzudenken. So wurden in unterschiedlichen Räumen der Stadt Bewohner:innen und Passant:innen mit lyrischen Texten konfrontiert, die einen scharfen Kontrast zu den Schriften und Werbetafeln des kommerziellen Einerleis der Innenstädte boten.

O, Miami oder: Die Stadt als Gedicht

Das seit 2011 jährlich vom 1. bis 30. April – dem *US national poetry month* – stattfindende Lyrikfestival *O, Miami* geht konzeptuell, vom Umfang der Veranstaltungen wie auch in geografischer Hinsicht über alle anderen in diesem Buch untersuchten Lyrikprojekte hinaus.[3] Es hat zugleich die stärkste Anbindung an die im Süden der amerikanischen Ostküste gelegene Metropolregion selbst, da ein Großteil der präsentierten Gedichte von Autor:innen aus dem County (Landkreis) Miami-Dade stammt und zudem diese selbst zum Thema hat. Die City of Miami ist der Verwaltungssitz des Landkreises, der zusammen mit Teilen der benachbarten Counties Broward und Palm Beach die Metropolregion Miami bildet. Die vier größten Städte im County Miami-Dade sind Miami, Hialeah, Miami Gardens und Miami Beach. Die Stadt Miami hat 442.000 Einwohner:innen (und ist damit ‚nur' doppelt so groß wie Krefeld), aber der Landkreis hat 2,7 Millionen und die Metropolregion 6,1 Millionen Einwohner:innen. Miami ist eine „minority-majority city" (Portes/Armony 2018, 30), das heißt, die Mehrheit der Einwohner:innen gehört einer – landesweit gesehen – ethnischen Minderheit an: beim letzten Zensus (2020) waren fast drei Viertel (72%) Hispanics, 16 Prozent Blacks und knapp 12 Prozent Whites (deren Anteil betrug 1960 noch über 60 Prozent).[4] Bewohner:innen kubanischer Herkunft bilden mit einem Bevölkerungsanteil von 34 Prozent die größte Gruppe (vgl. Portes/Armony 2018, 30). Rivalitäten zwischen ethnischen Gruppen in Miami unterscheiden sich von denen in anderen amerikanischen Städten, da es hier keine Mehrheitsbevölkerung gibt und die Bedeutung der Whites schwindet, Kubaner:innen zentrale politische Positionen übernommen haben und die Konkurrenz unterschiedlicher lateinamerikanischer Bevölkerungsgruppen gewachsen ist (vgl. Aranda/Hughes/Sabogal 2014, Kap. 6). Zu den weiteren Merkmalen, die die „radical uniqueness" (Portes/Armony 2018, 1) Miamis ausmachen, gehört die nicht nur geographische enge Verbindung zu Lateinamerika. Miami ist zum einen ein ökonomischer Knotenpunkt für Finanzflüsse zwischen den USA und Lateinamerika und zum anderen der Zielort für Flüchtlinge und Immigrant:innen aus lateinamerikanischen Ländern wie Kuba, Nicaragua, Venezuela und Haiti. Durch ihre ökonomische Funktion wurde Miami zu einer Global City (vgl. Aranda/ Hughes/Sabogal 2014), die allerdings auch durch eine scharfe soziale Ungleichheit und eine überdurchschnittliche Armut gekennzeichnet ist: Über 20 Prozent der Bevölkerung lebt unterhalb der offiziellen Armutsgrenze.[5] Soziale Ungleichheit, ethnische Vielfalt und Armut schlagen sich auch in der sozialräumlichen Struktur der Stadt nieder: Die Segregation ist zum einen durch ein kleinteiliges Nebeneinander von Reichtum und Armut gekennzeichnet und andererseits durch die Prägung von Stadtvierteln durch eine Minderheit, wofür das afroamerikanische Viertel Overtown und die Enklave Little Haiti bedeutsame Beispiele sind.

Ermöglicht wird das Festival wesentlich durch die nachhaltige Förderung der Knight Foundation, einer aus einem ehemaligen amerikanischen Zeitungsimperium hervorgegangenen Non-Profit-Organisation, die sich für Qualitätsjournalismus, zivilgesellschaftliche Verantwortung und Kunstprojekte in den USA engagiert, mit dem übergreifenden Ziel, die Demokratie und den gesellschaftlichen Zusammenhalt zu stärken. Sie ist besonders in den Städten aktiv, in denen die Gründer, John S. and James L. Knight, früher Tageszeitungen publiziert haben. In Miami hatte das Unternehmen seinen Hauptsitz (auch in Charlotte, North Carolina, fördert sie Kunstprojekte; siehe Kap. 3.10). Auf der Website der Stiftung wird der Aspekt der lokalen Kulturarbeit im und für den öffentlichen Raum betont: „We invest to connect people to the places where they live and to the public life of the community through the design, construction and programming of inclusive and equitable public spaces."[6] Gefördert wird also gesellschaftliches und kulturelles Engagement vor Ort, das Gleichberechtigung und Inklusion unterschiedlicher Bewohner:innen anstrebt. Die zentrale Vision der Stiftung lautet:

> We believe an engaged community is one where people are attached to the place where they live and are invested in the community's future. Engagement includes many things, such as choosing to stay in a place, participating in community and civic affairs, voting, volunteering or simply taking part in the social life of the community.[7]

Das ambitionierte und in allen Publikationen erwähnte Ziel des Poetry-Festivals in Florida ist, dass jede einzelne Person im Kreis Miami-Dade während der Laufzeit mindestens einem Gedicht im Stadtraum begegnet. Durch ortsbezogene Events, Aktionen und Projekte will *O, Miami* die Stimmen der Menschen in der Stadt mittels Poesie hörbar machen, Bewohner:innen dazu ermutigen, sich in temporären literarischen Gemeinschaften zusammenzufinden („engage residents in a literary community") und individuelle Erfahrungen und kulturellen Austausch ermöglichen:[8] „Mixing site-specific events, community gatherings, and poetry-in-public-places projects, the festival strives to be a celebration of Miami and its people."[9] Da die Bindung an die Stadt und das zivilgesellschaftliche Engagement in Miami eher gering sind (vgl. Portes/Armony 2018, 54), sind gerade solche Projekte bedeutsam, die die Identifikation mit der Stadt ermöglichen und stärken.

Viele der Angebote und Formate von *O, Miami* sind niederschwellig und werden wesentlich von der Bevölkerung selbst vorgeschlagen und durchgeführt. Anders als fast alle in diesem Buch behandelten Projekte, beruht das Festival auf einem offenen Ausschreibungsprinzip und einem hochgradig egalitären Lyrikverständnis: Jede:r kann sich mit einem Vorschlag bewerben, ob mit oder ohne Erfahrungen im Kuratieren von Kulturveranstaltungen oder im Schreiben von Gedichten. Zwischen zehn und 25 Prozent der Vorschläge werden laut P. Scott Cunningham, dem Gründer und Direktor des Festivals, realisiert. Für die Auswahl sei entscheidend, inwieweit die Projekte finanziell und organisatorisch umsetzbar sind, ob sie an für das Festival neuen Orten stattfinden sollen und ob neue Themen und Ansätze vorgeschlagen werden; insgesamt gelte: „The team [sechs Personen, die Verf.] has to be ‚excited' about it." Besonders der didaktische Aspekt wird großgeschrieben, und es beteiligen sich viele Schulen und andere Bildungseinrichtungen. Es gibt zwar in Ausnahmefällen auch Lesungen mit bekannten Dichter:innen, und es widmet sich in einzelnen Events kanonischen Poet:innen – zum Beispiel Emily Dickinson –, aber gleichberechtigt daneben finden sich schlicht gestaltete, manchmal naiv wirkende Mikrogedichte von Grundschüler:innen und Laien. Ferner gibt es für viele Veranstaltungen keine literarischen Vorgaben, so dass die präsentierten Gedichte zuweilen eher Sentenzen oder Miniaturen gleichkommen (beim Festival von 2021 etwa der Event „This City Is ...", bestehend aus großformatigen, kontinuierlich aktualisierten und per Zufallsprinzip erscheinenden Projektionen im Stadtraum, die Twitter und anderen Online-Plattformen entnommenen subjektive Aussagen über die Stadt in mehreren lokalen Sprachen präsentierten[10]). Lyrik wird während des Festivalmonats zudem programmatisch in Alltagspraktiken integriert. Zum Beispiel wurden bei dem erwähnten Dickinson-Event im Coral Gables Woman's Club im April 2022 nicht nur Gedichte, sondern auch Backrezepte der berühmten Autorin vorgestellt (und gemeinsam nach einem von ihr überlieferten Rezept Kokosnusskuchen gebacken).

In einem Interview spricht Cunningham davon, dass es den Organisator:innen darum gehe, Lyrik mit anderen Kunstformen sowie dem städtischen Leben zu verbinden und sie in „interesting places" in den unterschiedlichen Quartieren Miamis zu präsentieren.[11] Interessant seien solche Orte an denen üblicherweise kulturelle Events nicht stattfinden, die aber andererseits „very Miami" seien, also besonders typisch für die Stadt oder den Landkreis; es gehe darum, aus dem eigenen „cultural hub" herauszukommen, aus den „spaces", in denen sich „arts and culture" für gewöhnlich abspielten. Ziel sei es auch nicht, Lyrik einem passiven und rezeptiven Literaturpublikum zu präsentieren, sondern vielmehr „mutual, interactive pieces" zu fördern, an denen auch eher literaturferne Bevölkerungsgruppen mitwirken könnten: „[A]t the beginning, I thought we'd be delivering poetry to Miami, and now I know that we are simply creating opportunities to encounter poetry, because the poetry's already in Miami. It doesn't need to be delivered."[12] Entsprechend des Postulats, dass der Stadt Miami bereits eine ihr eigene Poesie innewohnt, geht es den Macher:innen des Festivals darum, diese Kleinode zu finden, zu zeigen und mit anderen zu teilen. Im Interview mit uns spitzt Cunningham das zu der Aussage zu, dass es in erster Linie um Miami ginge und erst in zweiter Linie um Lyrik: Das Festival feiere mit dem Titel *O, Miami* primär die Metropolregion. Zweitens ginge es nicht darum, anerkannte ‚große' Dichter:innen, sondern die poetischen Talente der Stadt zu präsentieren. Diese Ausrichtung auf die Poesie der Bewohner:innen habe sich allerdings erst im Laufe der Festivalgeschichte ergeben:

> That shows an important shift in our thinking, because when we started doing the festival, we would often use more canonical poems, famous poems by poets that people might have heard of – Walt Whitman, or whoever. And as we did the festival more, we realized that it were more meaningful for the poems to come from people in Miami themselves. (Interview Cunningham)

In diesem Sinne fand sich bis vor kurzem auf der professionell gestalteten Instagram-Seite @omiamifestival in der Rubrik „About us" eine poetisch anmutende Erklärung des Festivaltitels: „‚O' is a direct | address of the | beloved. | ‚Miami' is our | beloved." Die Apostrophe („O") ist ein Stilmittel der Rhetorik, das in der traditionellen Lyrik, zum Beispiel in Hymnen und Oden, sehr oft verwendet wird: die unmittelbare Anrede oder feierliche Anrufung von Figuren, Dingen oder Abstrakta (vgl. Culler 2015, 212; Zettelmann 2017, 189). Durch den Titel wird Miami mithin personifiziert und von jeder sich artikulierenden poetischen Stimme adressiert: „[T]he fundamental gesture of apostrophe is to make something which cannot normally be addressed into an addressee, treating it as a subject capable of hearing, and thus in principle capable of acting and responding." (Culler 2015, 232) Mit der Apostrophe an das Abstraktum einer Stadt – beziehungsweise, noch weniger greifbar, an einen aus 34 Kommunen bestehenden Landkreis – wird diese kommunikativ verlebendigt. Das Gedicht evoziert eine „interpersonal relation" (Culler 2015, 24), die einer Liebesbeziehung ähnelt: „Love poems, addressed to a beloved, named or unnamed, real or imagined, accessible or inaccessible are the primary example of poems ostentesibly addressed to another individual that indirectly address an audience." (Culler 2015, 206) Rezipierende der *O,-Miami*-Gedichte werden also durch diese ‚trianguläre Form' der Adressierung (vgl. Culler 2015, 186) ebenfalls angesprochen.

Der dem Lyrikprojekt zugrundeliegende doppelte Impuls von Stadtpreisung und kommunaler Aktivierung wurde 2022 auf Instagram in wenigen Worten, formatiert in der Ästhetik zweier kurzer, im Story-Format mit animierter Schrift gestalteter Gedichte, dargeboten: „We believe | that Miami is a | poem we write | together" und „We believe in a | Miami where all | residents are | empowered to | share their | stories through | poetry" (das erste wird gekürzt auch als Spruch auf T-Shirts angeboten und vom Festivalteam getragen: „Miami is | a poem | we write | together"). Erstens will also das Festival sämtliche Bewohner:innen des Landkreises zur Mitwirkung ermutigen, zweitens soll Lyrik – verstanden in einem sehr weiten Sinne – als Ausdrucksform von eigenen, persönlichen Erlebnissen und Geschichten eingesetzt werden. Dabei gehe es auch darum, so Cunningham, dass in einer Stadt mit einer ausgeprägten sozialen Ungleichheit auch die zu Wort kommen, die normalerweise nicht gehört werden. Entsprechend wird ein reziproker Ansatz gewählt, der sich im Story-Format auf der Instagram-Seite des Festivals 2022 kurz und bündig so las: „O, Miami collects poems from students and residents. Then we create | public art | projects that broadcast those | poems back to | the communities | they came from."[13] Das Festivalteam setzt sich zur Aufgabe, diese Poesie im Stadtraum hör- und sichtbar zu machen. Im Interview schlägt Cunningham die Metapher eines ‚Ökosystems' vor: Das Team sammele das ganze Jahr über Poems von Miamians und im April erfolge dann eine öffentliche Ausstrahlung, das sie nicht zuletzt in denjenigen Communities sendet, in denen sie entstanden.

Von politischer Dichtung bis Kinderpoesie: exemplarische Formate

Jedes jährliche Festival umfasst 25–35 Veranstaltungen, und im übrigen Kalenderjahr finden sich weitere,[14] so dass aus der Fülle der Einzelformate hier nur wenige kurz diskutiert werden können. Ausgewählt wurden Veranstaltungen, die städtisches Leben thematisieren oder in denen der Stadtraum eine besondere Rolle spielt.

Ein Teil der Veranstaltungen von *O, Miami* ist dezidiert politisch, so etwa eine Poesieaktion, die unter dem Titel „The Beach is a Border" beim Festival von 2019 stattfand (Abb. 3.5.5). Entwickelt von der Konzeptkünstlerin Sandra March führte sie eine Gruppe von circa 50 Teilnehmer:innen an den South Beach, den bekanntesten Touristenstrand der Stadt Miami Beach, wo die Dichter:innen José Olivarez und Natalie Scenters-Zapico, beide mit mexikanischem Migrationshintergrund, Gedichte

Abb. 3.5.5: José Olivarez liest am South Beach, Miami Beach aus *Citizen Illegal*, im Rahmen der Poesieaktion „Come With Me, Don't be Afraid: The Beach is a Border" (April 2019).

zum Themenkomplex ‚Grenzen' vortrugen: zu territorialen Grenzen, die die Bewegung von Menschen regulieren und kontrollieren, aber auch zu den Arten und Weisen, sie durch Poesie und Kunst zu transzendieren (vgl. Uszerowicz 2019). Die Aktion sollte daran erinnern, dass die Atlantikküste der USA ein liminaler Ort der Ankunft für diejenigen ist, die aus ihrem (zumeist mittelamerikanischen) Ursprungsland geflohen sind, aber auch der potentiellen Zurückweisung, wie die Künstlerin darlegt:

> The beach is seen as a place of recreation, but for migrants it is an insurmountable frontier [...]. With this poetic action, I want to highlight this tension, between the leisure that some experience and the danger that others run into when they are forced to cross a natural border. Where some live their privileges, others die for a better life. (March zit. n. Uszerowicz 2019)

Alle Teilnehmer:innen mussten ihre Schuhe gegen Flip-Flops austauschen, in deren Sohlen konkav Worte aus Gedichten (u. a. von Scenters-Zapico und Olivarez) auf Englisch, Spanisch, im haitianischen Kreol und in ‚Spanglish' eingestanzt wurden – „Citizen Illegal, Murmura Agua, Chimen Lavi, Tomorrow Tampoco" (zit. n. Uszerowicz 2019) –, die sich beim Gehen mit Sand füllten und so dem Konzept zufolge am feuchten Strand als poetisches Wortgewirr lesbar wurden, bevor die nächste Welle sie wieder wegwusch. Olivarez präsentierte sich, so Monica Uszerowicz in ihrem Bericht im *Literary Hub*, dem Publikum gegenüber als

Bürger der ‚nordmexikanischen Stadt Chicago' und las aus seinem bilingualen Gedicht „Gentefication" vor:

> I plant a grain of sand in the new-organic-juice spot
> in el barrio. [...] the grain of sand grows
> into a cactus & mi Abuelita Jacinta is back
> with the living. she's kicking the juicers out
> of her kitchen & making masa.
>
> (Olivarez 2018, 64)

Vorgetragen per Megafon am Strand von Miami Beach, erhalten derartige Zeilen über Sand, aus dem ein riesiger Kaktus wächst, über die Gentrifizierung von Stadtvierteln – „El Barrio" meint wohl das mexikanische Viertel Chicagos, Little Village – und eine beherzte Großmutter, die Bio-Säfte konsumierende Hipster verjagt, einen neuen Sinn, weil auch in der Metropolregion Miami die Gentrifizierung von Latino-Vierteln ein großes Problem darstellt (vgl. Portes/Armony 2018, 62). Der ironische Titel „Gentefication" anstelle von *gentrification* spielt daher auf das Ziel an, dass sich die ansässigen ‚Leute' (spanisch *gente*) ihr Viertel zurückerobern.

Gentrifizierung ist eine zentrale Problematik, die Little Haiti prägt, ein Migrationsviertel im angrenzenden Miami, wo die Mehrheit der Bewohner:innen aus Haiti und aus anderen karibischen Ländern stammt. Ein traditionell eher armer Stadtteil, dafür ‚reich' an kultureller Vielfalt: kreolische Restaurants, Kunstgalerien und Veranstaltungsorte wie das Little Haiti Cultural Center. *O, Miami* hat hier, ebenfalls beim Festival 2019, ein Projekt gefördert, das die in Little Haiti lebenden Künstlerinnen Najja Moon und Michelle Lisa Polissaint realisiert haben: Für „Who's the Fool? How to Patch a Leaky Roof" wurden an die Anwohner:innen bedruckte Regenschirme verteilt, die mit dem kreolfranzösischen haitianischen Sprichwort „Kay koule Twonpe Soley, | Men Li pa Twonpe Lapli" (‚Ein Leck im Dach kann zwar die Sonne täuschen, | aber nicht den Regen') bedruckt wurden.

Die Künstlerinnen wollen damit auf den Sachverhalt anspielen, dass die Gentrifizierung zwar auf den ersten Blick positive Errungenschaften für das Viertel bringt, weil es nun ausreichend Abfallbehälter und Recyclingtonnen, reparierte Straßen und Bürgersteige gibt, dieser ‚sonnigen' Seite aber die negative (also ‚regnerische') gegenüberzustellen ist, wonach reiche Investor:innen und Newcomer Little Haiti ‚totemisieren', so ihr Begriff, es in Besitz nehmen und angestammte Anwohner:innen verdrängen. Deren Eindringen zeigt sich symbolisch an den in Luxusboutiquen des benachbarten Quartiers an Kund:innen kostenlos verteilten blauen Design-District-Regenschirmen. Diesen mit Gentrifizierung assoziierten Schirmen (vgl. Uszerowicz 2022) wurden die roten Poetry-Schirme performativ entgegengestellt, die den Anwohner:innen von Little Haiti von den Künstlerinnen überreicht oder aufgespannt vor ihre Haustür gelegt wurden. Ein Mann bemerkt im Dokumentationsvideo, noch nie in den 25 Jahren, die er hier wohne, habe ihm jemand überhaupt etwas geschenkt.[15] Moon weist darin auch auf den derzeit mitten im Viertel von Großinvestoren hochgezogenen sogenannten „Magic City Innovation District – Little Haiti®" hin, der ein geradezu idealtypisches Beispiel für eine von Investoren getragene Strategie der Gentrification darstellt. Dazu gehört eine schicke Website, auf der mit den üblichen Schlagworten von ‚Design' bis ‚Nachhaltigkeit' geworben wird und die Bewohner:innen des Viertels nur als potentielle Empfänger:innen zukünftiger Wohltaten wie Stipendien für Colleges vorkommen.[16] Wohngebiete wie Little Haiti werden, so Moon, oft fälschlich als „underserved communities" eingeschätzt, als verstünden die Anwohner:innen nicht, wie ihnen geschieht, was aber dezidiert nicht der Fall sei: „The umbrellas were a gift to residents in the community but also continue to exist, through their documentation, as an invitation to the larger Miami community to join us in combating this much larger issue", heißt es dazu im Ankündigungstext.[17]

Für die sehr unterschiedlichen und sich während der Festivaldauer potentiell im gesamten Stadt- und Landgebiet von Miami-Dade ereignenden Poetry-Events sind zwei weitere Tendenzen hervorzuheben: erstens, dass viele Veranstaltungsformate sich dezidiert an Kinder und Jugendliche richten, zweitens, dass einige das Transitsystem der Stadt, die Highways und den öffentlichen Nahverkehr thematisieren oder verwenden, wodurch – wie in einigen anderen Projekten in diesem Buch (siehe zum Beispiel Kap. 3.3) – Lyrik selbst in Bewegung gerät. Exemplarisch für beide Tendenzen ist „Wheels and Words" (2017), bestehend aus Gedichtversen von Grundschüler:innen auf Bussen überall im Miami-Dade County. Auf einem Bus fand sich etwa eine abgewandelte Redewendung „DON'T JUST STANZA THERE" – *stanza* (Strophe) anstelle von *stand* (stehen). Dieses Projekt wurde von der Poetry Coalition, einem nordamerikanischen Verbund zur Förderung von Lyrik,[18] unterstützt, im Format namens „Because We Come From Everywhere: Poetry & Migration".[19]

Exemplarisch für beide Tendenzen ist auch das im Jahr davor realisierte Projekt, eines der berühmtesten und in der Festivalgeschichte aufwändigsten überhaupt: „Poems to the Sky". Es wurde von dem Künstler und Grafikdesigner Randy Burman entwickelt und mit den Grundschulen Poinciana Park und Orchard Villa in Miami durchgeführt. Ausgewählt wurden Gedichte zweier afroamerikanischer Schüler:innen, aus denen prägnante Einzelverse in riesigen Buchstaben im einen Fall auf ein Gebäudedach, im anderen auf die nicht überdachte oberste Ebene eines Parkhauses geschrieben wurden.

Der Clou des Projekts ist, dass man den Auszug „I AM | FROM | A | PLACE | WHERE | IT | DOES | NOT | SNOW" (Abb. 3.5.6) aus dem Gedicht „I Am from a Great Place" der Drittklässlerin Nieema Marshall auf dem Dach des innerstädtischen Mana-Wynwood-Kongresszentrums nur lesen kann, wenn man sich, auf einem Fensterplatz, im Landeanflug auf den Miami International Airport befindet oder von dort mit dem Flugzeug startet. Dann löst die Schrift wahrscheinlich Irritationen bei den Lesenden aus, denn riesige Lettern, die nur von oben zu lesen sind, sind, abgesehen von Sicherheitsmarkierungen für die Polizei oder den Flugverkehr, ohnehin selten und der zu lesende Satz wirft viele Fragen auf: Wer ist das Ich, das hier eine solche Selbstaussage tätigt? Warum wird mir als Fluggast dies mitgeteilt – werde ich adressiert? Warum wird jedes Wort in eine neue Zeile geschrieben? Dass es an diesem ‚Ort' – ob Miami gemeint ist, bleibt offen – nicht schneit, wird als wesentliches Identitätsmerkmal des Ich konstatiert. Oder doch eher beklagt? Soll damit auf den Klimawandel hingewiesen werden? Auf den Aspekt der Migration oder der Verschleppung der Vorfahren im Zeitalter der Sklaverei? Denn sowohl Westafrika als auch der afrokaribische Raum haben ja ähnlich heißes Klima wie das südliche Florida. Das spektakulär Kleine – der Gedichtvers einer Grundschülerin – und das spekakulär Große – die riesige Grundfläche eines Kongresszentrums – werden in „Poems to the Sky" konzeptuell überblendet und zusammen mit der kuriosen und kontingenten Rezeptionssituation aus dem Flugzeug zu einem höchst originellen Poetry-Event.

Abb. 3.5.6: „Poems to the Sky", Gedichtauszug von Nieema Marshall auf dem Dach des Mana Wynwood Convention Center, Wynwood, Miami, Konzept von Randy Burman (April 2016).

Ein weiteres für das Thema ‚Stadt und Transit' relevantes Format sind die „Poetry Parking Tickets". Entwickelt 2013 von der in Miami lebenden Autorin und Lektorin Christina Frigo, handelt es sich um gedruckte Gedichte, die exakt im Layout von Miami-Dade-Strafzetteln fürs Falschparken gestaltet sind. Während 2013 noch die fünf Lieblingsgedichte Frigos gedruckt wurden, fanden sich in der Wiederaufnahme 2022 Gedichte von Schulkindern darauf. Die Tickets wurden PKWs an unterschiedlichen Orten hinter die Windschutzscheibe gesteckt oder man konnte sie sich im Festivalcenter abholen („to ‚ticket a friend'"). *O, Miami* rief ferner online dazu auf, gefundene Poetry Parking Tickets zu fotografieren und auf Social Media zu posten. Die Aktion zielte auf Irritation und das Überraschungsmoment, plötzlich ein Gedicht in der Hand zu halten, wodurch die „experience of getting ticketed" (die Erfahrung, einen Strafzettel für das Falschparken zu erhalten) positiv und spielerisch umcodiert wurde.

Die „Zip Odes" von Miami-Dade

Konkret den gesamten Raum des Landkreises Miami-Dade mit Poesie zu kartografieren ist das Ziel der „Zip Odes", ein Projekt, das 2015 von *O, Miami* zusammen mit dem Rundfunk- und TV-Sender WLRN entwickelt wurde, über dessen Website man Vorschläge für Gedichte jederzeit einreichen kann.[20] Es sind 5-zeilige Gedichte, die von Anwohner:innen zu den Postleitzahlen (*zip codes*) ihres Wohnorts verfasst werden, „designed to transform your zip code into an occasion for place-based, lyrical celebration"[21]. Oden sind liedförmige Gedichte, die oft ein starkes Gefühl, insbesondere Bewunderung, ausdrücken und an die erhabene Natur (etwa Klopstock: „Der Zürchersee") oder ein Abstraktum (Schiller: „An die Freude") gerichtet sind. Die Instruktion zum Schreiben eines solchen ortsbezogenen, was-auch-immer-feiernden Gedichts lautet: „Write the numbers of your zip code down the left-hand side of the page. Each number determines the number of words in that line."[22] Enthält der Code eine Null, kann man die Zeile leer lassen, ein Emoji oder anderes Symbol einfügen oder auch 1–9 Worte. Im Unterschied zu bestehenden Strophenmaßen lyrischer Texte werden hier also nicht Silben gezählt, sondern Wörter, was die Rhythmik durchaus erschwert. Pro Jahr werden Dutzende ‚Postleitzahl-Oden' von einer Jury ausgewählt. Die Entscheidung darüber, welche Zip Odes letztlich auf das Festival gelangen, trifft die Dichterin Sarah Trudgeon, Humor und Ortsbezogenheit seien Kriterien ihrer Auswahl, so Cunningham. Auch in diesem Projekt gibt es eine Zusammenarbeit mit Lehrer:innen, die ihre Schüler:innen ermuntern solche Kurzgedichte zu schreiben und sich dadurch mit ihrem Stadtviertel auseinanderzusetzen. Die Zip Odes werden im Stadtraum, im Nahverkehr und in Shopping Malls gepostet sowie in einer öffentlichen Veranstaltung während des Festivals vor einem begeisterten Publikum vorgetragen (Abbs. 3.5.7 und 3.5.8). Den online verfügbaren Dokumentationen zufolge stammen die meisten Postleitzahl-Oden von weiblichen Autorinnen, darunter viele Mädchen und Teenager sowie People of Color.

Abb. 3.5.7: „#ZipOde 33141", verfasst von ‚The Kaplan Family' im Eingangsbereich der Aventura Shopping Mall, Miami (April 2021).

Abb. 3.5.8: Finalistin Siya, Schülerin beim Vortragen ihrer Zip Ode im Garten des Vizcaya Museums, Coconut Grove, Miami (April 2019).

Einige Gedichte befassen sich mit dem Thema Klimawandel und dessen Auswirkungen auf die eigene Region. So etwa die 2022 eingereichte „#ZipOde 33181" von Emily Harwitz:

Where waves leap
at seawall, once
5
inches lower. How soon 'til fish flapping in
yard?[23]

Der Witz besteht hier wohl darin, dass die fünf Zoll, die der Meeresspiegel angestiegen ist, doppelt mit der Form konvergieren: mit dem fünfzeiligen Gedicht und der Mittelstellung der nicht ausgeschriebenen Zahl. Ferner wird in der äußeren Gestalt des Gedichts und den übereinanderstehenden Zeilen dieser Anstieg auch verbildlicht und am Schluss durch den Zeilenumbruch die Bewegung der wohl bald in den Garten schwappenden Fische poetisch präfiguriert. Aber die Komik des Gedichts kann sich auch in Grauen wandeln, bedenkt man den Umstand, dass der Anstieg der Meeresspiegel für viele Städte weltweit zu den drängendsten Problemen gehören (vgl. Finch 2022, 127). Cynthia Collins' „#ZipOde 33133" aus dem gleichen Jahrgang thematisiert mit den zunehmenden Bränden im westlich von Miami liegenden großen Sumpfgebiet, den Everglades, die sogar in ihrem Stadtteil Coconut Grove (33133) ganz am östlichen Rand von Miami wahrnehmbar sind, eine weitere gravierende Auswirkung des Klimawandels:

Everglades on fire
Ash on cars
Then
Mangos in bloom
Cars turn yellow[24]

Das kurze Gedicht visualisiert diese Naturkatastrophe anhand von unterschiedlich gefärbten Autos: erst aschefarben durch die Brände, dann gelb durch den Blütenstaub der Mangos, als ein nur vermeintlich befriedetes poetisches Bild. Die größte Gefahr für die Everglades und den Ballungsraum Miami infolge des Klimawandels ist allerdings der steigende Wasserspiegel des Meeres: „the sea is slowly reclaiming the peninsula and, most urgently, its southern part" (Portes/Armony 2018, 176).

Thema von Postleitzahlgedichten ist auch die implizite Kritik an der von Simmel beschriebenen, von Anonymität und Distanz geprägten Lebenssituation von Großstadtbewohner:innen (siehe Kap. 2.1), wie dies in der „#ZipOde 33132" von A. Smith am Beispiel der Innenstadt von Miami dargestellt wird, in der man ‚zusammen allein' ist:

Here in downtown
it's small yet
loud
everyone is alone
but together[25]

Demgegenüber werden in der „#ZipOde 33175" von Julio Fernandez auf den fast ausschließlich von Latinos und Hispanics bewohnten Vorortbezirk Kendale Lakes ironisch nur Vorzüge hervorgehoben:

> Everything is near.
> Fast foods, supermarkets,
> Parks,
> That one kestrel eating my neighbor's pigeons.
> Everything just down the road.[26]

Dass ein Turmfalke (*kestrel*) die Tauben des Nachbarn frisst, wird zwar lakonisch in die Aufzählung der bequemen urbanen Wohnlage integriert, fällt aber inhaltlich aus der saloppen Aufzählung heraus. Die Brutalität des Vorgangs weist darauf hin, dass es in unmittelbarer Nähe der Stadt – in den Everglades – in freier Natur lebende Raubvögel gibt, die den Alltagsfrieden stören können. Thematisch ähnlich ist die „#ZipOde 33196" von Sara Sarmiento:

> The roosters living
> In the Walmart
> Parking
> Lot are almost as loud as the construction noise.
> My sweet symphony of diasporic suburbia[27].

Dem Gedicht zufolge leben in dem südwestlich von Miami gelegenen suburbanen Vorort Kendall Hähne auf dem Parkplatz des lokalen Walmart-Kaufhauses. Wie in einem dystopischen Naturgedicht wird ihr Gekrächze dem beständigen Baulärm des Viertels gleichgestellt. Ironisch wird die Lärmkulisse in diesem ebenfalls mehrheitlich von Hispanics bewohnten Viertel dann als ‚süße Symphonie' der „diasporic suburbia" bezeichnet, einer eher unattraktiven Wohnlage am Rand der Stadt. Das Bild von der Vorstadt in der Diaspora kann auch auf die Hähne bezogen werden, die ihr angestammtes Habitat (ihre ‚Heimat') verlassen haben.

Weitere Themen vieler Zip Odes sind Migration und das multikulturelle Leben in der Metropolregion Miami. Gerade diese Gedichte werden vermehrt auf Spanisch verfasst, wie die „#ZipOde 33134" der Schauspielerin, Dichterin und Literaturwissenschaftlerin Rosie Inguanzo, die 1985 von Havanna nach Florida kam, wo sie bis heute lebt:

> Para llegar aquí
> un largo camino
> anduve
> cambié país por
> país, zip code, nube[28].

Das für das Festival 2022 eingereichte Gedicht lässt sich unterschiedlich übersetzen (z. B.: ‚Um anzukommen an diesem Ort, | einen langen Weg | legte ich zurück, | von einem zum nächsten | Land, Zip Code, Nebel.'). Besonders das letzte Wort, *nube*, gibt Rätsel auf – die gängige Übersetzung wäre ‚Wolke', aber vielleicht ist ‚Nebel' im Sinne eines unklaren Aufenthaltsstatus' einer Person mit der damit verbundenen Unsicherheit über die Zukunftsperspektiven im Transit treffender. Das artikulierte Ich hat auf seinem langen Weg („largo camino") in die USA verschiedene Länder und Orte, und damit auch Zip Codes durchreist, bis es ‚hier' („aquí"), in der mit der Postleitzahl 33134 codierten Stadt Coral Gables, angekommen ist. Artikuliert in der Gegenwart und im urbanen Raum wird diese Ankunft, auch wenn sie möglicherweise schon viele Jahrzehnte zurückliegt, zu einem unvergessenen, präsentischen Ereignis.

Mit ihrer Kombinatorik aus Postleitzahlen und Versen richten sich die Postleitzahlgedichte unmittelbar an die Anwohner:innen selbst, weil nur Einheimische ad hoc erkennen, welcher Zip Code für welches Viertel oder welche Stadt steht. Auf Bannern an Laternenpfählen und auf digitalen Screens in U-Bahn-Stationen werden Zip Odes primär in den Stadtvierteln öffentlich gezeigt, aus denen sie kommen. Das ‚Bedichten' des eigenen Wohngebiets ist identitätsstärkend, dies wird hier aber paradoxerweise anhand eines abstrakten und, in einer Zeit, in der kaum noch jemand Briefe schreibt, auch antiquiert erscheinenden Nummernsystems erreicht. Das Format hat innerhalb des *O, Miami*-Poesiefestivals eine herausgehobene Rolle: weil es kontinuierlich im Programm ist, auch auf der Website gesondert hervorgehoben wird, und weil es so bekannt ist, dass es schon Nachahmung in mehreren anderen amerikanischen Städten gefunden hat. Für die animierte Instagram-Version der seriell dargebotenen ‚Oden' gibt es zudem ein originelles Layout im Story-Format, das diese medienadäquat verbreitet. Seit kurzem präsentieren auf Instagram Autor:innen vor der Kamera auch ihre eigenen Zip Odes, die während des Sprechens zeitgleich auch in Schriftform eingeblendet werden.

Eine Stärke des jährlichen Lyrikfestival *O, Miami* ist, dass es sich nicht auf die Kernstadt Miami beschränkt, sondern den gesamten Landkreis Miami-Dade und die Metropolregion umfasst. Zentrum und Peripherie, urbaner, suburbaner und eher ländlicher Raum, Atlantikküste und das an die Everglades grenzende Landesinnere, städtische Straßenzüge und unwirtliche Highways, das öffentliche Transportsystem und viele spezifische lokale Orte (Schwimmbäder, Restaurants, Veranstaltungszentren usw.) werden einbezogen und treten, etwa durch die Kombinatorik der Postleitzahlgedichte, in einen vielstimmigen Dialog, wodurch solche Dichotomien auch aufgelöst werden. Die einzelnen Veranstaltungen des Festivals laden zu neuen und offenen Verhaltensweisen ein und fördern Kommunikation unter Fremden. Poesie wird strategisch dazu eingesetzt, Menschen miteinander zu verbinden – dies spiegelt sich auch in den Dokumentationen und Online-Aktivitäten des Festivalteams wieder, das auf den Bildern überwiegend Menschen zeigt – nur selten ein Gedicht ohne Publikum zum Beispiel auf einem Bus oder einer Mauer – und zwar solche, die sich freuen und miteinander schöne Dinge erleben. Die Autor:innen der Poems sowie die Akteur:innen einzelner Veranstaltungen sind ethnisch heterogen, was dafür spricht, dass tatsächlich unterschiedliche Bevölkerungsgruppen vom Festival angesprochen werden.

Aufgrund der Vielfalt der im Festival realisierten Aktionen und Formate lässt sich – jenseits der Feststellung, dass kaum komplexe, längere und schwer verständliche Gedichte zum Einsatz kommen und dass Sprachen vorherrschen, die vor Ort gesprochen werden – keine einheitliche künstlerische Konzeption oder ästhetische Gestaltung festmachen. Die bei *O, Miami* präsentierten Formen von zu lesender oder zu hörender Poesie variieren in hohem Maße. Dem Ansatz des Projekts entsprechend, stehen oft Elemente der Interaktion und Partizipation im Zentrum der künstlerischen Konzepte. Wie dargestellt wurde, sind viele Events des Festivals ortsbezogen. Dabei dienen sie mehrheitlich eher der ‚Entstörung' lokaler soziokultureller Verhältnisse, indem sie das Gemeinsame und die Schönheit der Städte und Gemeinden des Landkreises Miami-Dade betonen. Aber auch gesellschaftliche Kritik wird artikuliert, hinsichtlich drängender Themen wie soziale Ungleichheit, Migration und Flucht, Klimakrise oder Gentrifizierung. Viele Gedichte – von den hier vorgestellten besonders die Postleitzahl-Oden – widmen sich dem urbanen Raum selbst und thematisieren Probleme zeitgenössischer Urbanität. Auch wenn dem Festival insgesamt ein positiver, die eigene Region feiernder Impuls zugrunde liegt, fällt auf, dass es kaum Texte gibt, die utopische Gegenwelten entwerfen, in Form etwa von unberührter Natur oder harmonischem Zusammenleben. Weil das Festival in der Region Miami inzwischen sehr bekannt ist, wird es, anders als in anderen Lyrikprojekten des Buches – und anders auch als in dem in diesem Kapitel diskutierten neuen Festival *Lyrik macht Stadt* in Krefeld –, eher selten Irritationen auslösen, wenn man im Monat April plötzlich ein Gedicht auf einem Bus oder einer Häuserwand liest. Der im Theoriekapitel 2.2 entwickelte Gedanke der poetischen Abweichung, wonach die unerwartete Konfrontation mit lyrischer Sprache im städtischen Setting Irritation, möglicherweise aber auch erhöhte Aufmerksamkeit erzeugt, ist hier daher weniger relevant als in anderen Lyrikprojekten.

Poesiefestivals ohne Festivalisierung

Bei allen durchaus beachtlichen Unterschieden zwischen den beiden Poesiefestivals – das in Krefeld ist klein, kuratiert, auf die Innenstadt konzentriert und dauert ein Wochenende, das in Miami ist extensiv, vielstimmig, über eine Metropolregion ausgedehnt und dauert einen ganzen Monat –, so gibt es doch die bemerkenswerte

Gemeinsamkeit, das beide Festivals sich an die Bewohner:innen vor Ort wenden und sich nicht dem Trend zur ‚Festivalisierung' städtischer Kulturpolitik beugen (siehe Kap. 2.1) – was in Miami angesichts der Dominanz des Wachstumsregimes (vgl. Portes/Armony 2018, Kap. 8) besonders erstaunlich erscheint. Das Krefelder Lyrikfestival *Lyrik macht Stadt* zielt ferner auf die Stärkung einer lokalen Kulturinstitution ab. Drei Gründe können als Erklärung für diesen Befund der Nicht-Festivalisierung genannt werden. Erstens, die Träger und Unterstützer der Festivals sind Non-Profit-Organisationen, die soziale und kulturelle Interessen verfolgen; zweitens sind es klassische bildungspolitische Ambitionen, die das Literaturhaus in Krefeld ebenso verfolgt, wie die Organisation *O, Miami* und die Knight Foundation: Lyrik soll den Einwohner:innen nähergebracht werden. Sie wird aber auch dazu eingesetzt, dass sich eine Stadtgesellschaft über ihre öffentlichen Räume verständigt, diese erprobt und besetzt und, im Falle von Miami, die eigene kulturelle Vielfalt lebt. Drittens eignet sich das Format Lyrik ohnehin nicht dafür, Touristenströme in eine Stadt zu locken – bis es soweit ist, müssten noch viele Festivals sehr erfolgreich ihre Ziele verwirklicht haben.

3.6 Lyrische Intervention am Himmel über Berlin

Casagrande ist ein 1996 von den chilenischen Dichtern, Künstlern und Aktivisten Santiago Barcaza, Cristóbal Bianchi, Julio Carrasco und Joaquín Prieto gegründetes und bis heute bestehendes Kollektiv.[1] In ihren zwischen Literatur, Kunst und Performance angesiedelten Aktionen nutzt die Gruppe unkonventionelle künstlerische Strategien, um historisches Bewusstsein und die Auseinandersetzung mit politischen Konflikten mit Poesie zu verbinden. Ihr international bekanntestes Lyrikprojekt ist *Bombardeo de poemas*, ein finanziell und logistisch aufwändiges Spektakel, das sie an verschiedenen Orten, unter anderem in Berlin, realisiert hat. Aufgrund der historischen Sensibilität und traumatischen Konnotation des Begriffs der Bombardierung erschien der Titel den deutschen Projektpartner:innen der Literaturwerkstatt in Berlin – dem heutigen Haus für Poesie – nicht vermittelbar, so dass das dortige Projekt in „Regen der Gedichte" umgetauft wurde (vgl. Lagos Preller 2015, 160), was als zweiter Titel auch für die nachfolgenden Aktionen erhalten blieb. In der Buchdokumentation (Casagrande 2011) wird entsprechend der spanische Projektname *Bombardeo de poemas sobre Berlín* neben dem deutschen *Regen der Gedichte* auf der Titelseite verwendet. Mit Ausnahme der Aktion in der baskischen Kleinstadt Guernica, die 1937 durch die deutsche Luftwaffe zerstört wurde und besonders durch Picassos Gemälde im kollektiven Gedächtnis geblieben ist, hat Casagrande bisher ausschließlich Großstädte für ihre Gedichtregen gewählt, die entweder im Zweiten Weltkrieg stark bombardiert und zerstört wurden oder durch Bürgerkrieg und Putsch schwere Gewalt erlitten haben.

Casagrandes Konzept des *bombardeo de poemas*

Bei der ersten Aktion wurden im März 2001 über La Moneda, dem am 11. September 1973 während des blutigen Militärputsches unter der Führung Augusto Pinochets bombardierten Präsidentenpalast in Santiago de Chile, aus sechs Flugzeugen 400.000 Lesezeichen mit Gedichten abgeworfen. Die Gruppe wollte das als „a political gesture in opposition to Pinochet and opposed to any kind of dictatorship anywhere in the world"[2] verstanden wissen. Hierbei ist auch von Bedeutung, dass ‚Regen über Santiago' in den 1970er Jahren in Chile das Codewort für einen Militärputsch war, der in demokratischen Teilen der Bevölkerung schon eine Weile befürchtet wurde; als er dann tatsächlich eintrat, wurde dies im Radio verschlüsselt mitgeteilt (vgl. Spröer 2017). Ausgangspunkt der Arbeit von Casagrande ist der Gedanke, dass durch eine Bombardierung aus der Luft nicht nur „die urbane Geografie einer Stadt, sondern auch ihre symbolische Struktur angegriffen [wird]" (Casagrande 2011, 8) und dies durch Dichtung ‚geheilt' werden könnte:

> Für uns beispielsweise ist das Bild des brennenden Palacio de La Moneda, ehemalige Münzprägeanstalt Chiles, dann Präsidentenpalast, unauflösbar verbunden mit der Bücherverbrennung und der Ächtung der Sprache, die von der Regierung Salvator Allendes geprägt worden war. Die Ruinen erzeugten eine Leere, die siebzehn Jahre lang von einem neuen politischen Projekt verdeckt wurde, welche keine abweichende Meinung und daher auch nicht die freie Ausübung der Sprache zuließ.
> In diesem Sinn lässt sich die Bombardierung mit Gedichten als eine Geste verstehen, die vorgibt, ein Vakuum zu füllen und Wörter zu reparieren. Weil diese Intervention eine symbolische ist, bleibt die Sprache aber weiterhin abwesend. Die Gedichte, die vom Himmel fallen, von zeitgenössischen Lyrikern [...] zusammengestellt und verfasst, mobilisieren diese Suchbewegung in Richtung Zukunft. (Casagrande 2011, 8)

Die Performance wird als ‚Akt des Gedenkens' verstanden, bei dem einerseits der Himmel als Raum der Erinnerung fungiert und andererseits am Boden ein gemeinsamer Ort des Engagements erzeugt wird, der den Bewohner:innen einer Stadt die Möglichkeit gibt, schwerwiegende oder gar kollektiv traumatisierende Ereignisse der Vergangenheit zu bearbeiten (vgl. Bianchi 2020, 373).

Im Anschluss an die Bombardierung mit Gedichten in Santiago wurde die Intervention andernorts jeweils unter Verwendung von Lyrik chilenischer und lokaler Autor:innen wiederholt: 2002 in Dubrovnik, 2004 in Guernica, 2009 in Warschau, 2010 in Berlin, 2012 in London, 2015 in Mailand und 2018 in Madrid. Konzeptuell dient die Wiederholung auch der symbolischen Verknüpfung sehr unterschiedlicher Städte, indem sie zwischen divergierenden geschichtlichen Ereignissen und der Zerstörung von Städten aus der Luft Korrespondenzen herstellt, gleichzeitig aber die jeweiligen politischen Bedingungen eines Ortes betont (vgl. Bianchi 2020, 376). Jedes Mal stand die Poesieaktion im Zusammenhang mit kulturellen Aktivitäten und Feierlichkeiten und wurde in Verbindung mit lokalen oder nationalen Kulturinstitutionen veranstaltet, auch um die Finanzierung zu erleichtern sowie die lokalen Behörden zu überzeugen – das hochgradig Politische der Gedichtbombardierung wurde quasi als spielerischer Event ‚getarnt'. In Madrid war die Aktion Teil der Festveranstaltungen zum 400-jährigen Jubiläum des zentralen Platzes der Stadt, der Plaza Major, sowie des internationalen Lyrikfestivals *Poetas*, in Berlin und London wurden die in internationale Kulturevents – das Berliner *Poesiefestival* beziehungsweise das Londoner *Poetry Parnassus Festival* als Teil der ‚Kulturolympiade' im Kontext der Olympischen Spiele 2012 – eingebundenen Aktionen Casagrandes zusätzlich von der chilenischen Regierung unterstützt, weil man sich einen Imagegewinn für das eigene Land erhoffte (vgl. Lagos Preller 2015, 165). In Mailand war es die Weltausstellung Expo 2015, die den Rahmen für das Projekt bot. Casagrande konnte in diesen Fällen Großprojekte nutzen, die seit langem unter dem Begriff der „Festivalisierung der Stadtpolitik"

(Häußermann/Siebel 1993) kritisch diskutiert werden für eine Stadtpolitik, die auf große Events setzt, um sich in der Konkurrenz der Städte zu präsentieren (siehe Kap. 2.1). Weitere Pläne für *Bombardeos de poemas* gibt es für Buenos Aires, Rotterdam, Nagasaki und Hiroshima, wobei die japanischen Städte aufgrund ihrer besonders gravierenden Gewaltgeschichte das Ende des Projekts darstellen sollen. Wann das sein wird, ist ungewiss, der Planungsaufwand ist enorm, man müsse, so die Mitglieder der Gruppe, ein Projekt jahrelang planen und für mehrere Monate in die jeweilige Stadt ziehen, um es vorzubereiten, eine Finanzierung auf die Beine zu stellen und es schließlich durchzuführen.

Vom ‚Non-Event' von Dresden zum Gedichteregen über Berlin

Casagrande unternahm zwei Versuche (2003 und 2005), das Projekt in Dresden zu realisieren, bekam aber nicht die notwendigen Genehmigungen. Von der Stadt wurde die Ablehnung nicht begründet, was angesichts des bedeutenden Themas für die Stadtgeschichte und der Bitte einer bekannten ausländischen Künstlergruppe zumindest erstaunlich ist. Cristóbal Bianchi hat diesen „Non-Event" zum Anlass genommen, sich mit den kontroversen Debatten über die Erinnerung und den problematischen Instrumentalisierungen der Bombardierungen Dresdens im Zweiten Weltkrieg zu befassen (Bianchi 2020). Es war vielleicht die nicht ganz unberechtigte Sorge der Stadt, dass eine Bombardierung mit Gedichten in Dresden die ohnehin vergleichsweise präsenten Rechtsradikalen auf den Plan rufen würde, die zum Jahrestag der Zerstörung der Stadt durch die Alliierten kurz vor Kriegsende 1945 regelmäßig öffentliche Veranstaltungen abhalten, in denen Goebbels' Propagandaformel von den „Anglo-amerikanischen Terrorangriffen" (zit. n. Bianchi 2020, 379) wiederholt und Dresden gar mit Hiroshima gleichgesetzt wird. Im Gegensatz zu den vorherigen Aktionen in Santiago, Dubrovnik und Guernica waren es in Dresden nicht nur unschuldige Opfer, die bombardiert wurden, sondern eben auch Menschen, die selbst an der Ausgrenzung von Minderheiten und politischen Gegner:innen sowie der Deportation und Ermordung jüdischer Bürger:innen der Stadt aktiv beteiligt waren. Eine öffentliche Debatte über den Luftkrieg gegen die Zivilbevölkerung deutscher Städte ist kaum geführt worden (vgl. Sebald 1999, 22–29), aber wohl in keiner Stadt ist sie so misslungen wie in Dresden, wie das Beispiel Casagrande zeigt.

In Berlin war es auch nicht einfach, die Poesieaktion durchzusetzen, wie die Titeländerung verdeutlicht, aber schließlich wurde die Genehmigung erteilt. Als besonders wichtig dafür hat sich ein Besuch des Berliner Bürgermeisters in Warschau erwiesen, der auf Einladung seines Warschauer Kollegen an der dortigen Poesieaktion 2009 teilnahm: Die aufgrund der Geschichte schwierige Beziehung beider Länder war „intrinsic to the realization of the Bombing of Poems" in Berlin: „In this case, Warsaw, a victim of Nazi invasion and air-bombing, hosts the mayor of the German capital." (Bianchi 2020, 391)

Der ‚Regen der Gedichte' fand im Bezirk Mitte im Berliner Lustgarten statt, einer zwei Hektar großen, historisch bedeutenden Grünfläche auf der Museumsinsel. Er wird östlich von dem Berliner Dom und der Straße Am Lustgarten begrenzt, im Norden vom Alten Museum, westlich vom Kupfergraben und südlich von der Karl-Liebknecht-Straße sowie heute dem als Humboldt Forum wiederaufgebauten Berliner Schloss (2010 war dort noch eine Baulücke). Der Lustgarten wurde Mitte des 17. Jahrhunderts angelegt; um 1800 diente er als Exerzierplatz, im 19. Jahrhundert wurde er mehrfach nach Plänen bedeutender Architekten neugestaltet. In der Weimarer Republik war er Schauplatz für politische Kundgebungen und Proteste. Die Nazis ließen die Fläche pflastern und nutzten sie für Propaganda- und Massenrituale. Während der alliierten Luftangriffe, die in Berlin Schätzungen zufolge über 20.000 Todesopfer forderten (vgl. Demps 2013, 371), wurden die Freifläche und die angrenzenden Gebäude, darunter das Schloss und der Dom, durch Brände schwer beschädigt oder zerstört. Am schwersten wurde von den Luftangriffen das Zentrum zwischen Alexanderplatz und Brandenburger Tor getroffen (vgl. Demps 2013, 359). Ziemlich genau in der Mitte zwischen diesen beiden Orten liegt der Lustgarten. In der DDR wurde die Fläche in Marx-Engels-Platz umbenannt und als zu klein für Kundgebungen erachtet. Das teilweise ausgebrannte Schloss wurde abgerissen, um Platz zu gewinnen, und auf einer Teilfläche mit dem Palast der Republik bebaut. Dieser wiederum wurde nach der Wende ebenfalls abgerissen, 2013 begann der historistische Nachbau des barocken Berliner Schlosses der Könige von Preußen. Der Platz wurde wiederbegrünt und erhielt auch seinen barocken Namen, Lustgarten, zurück. Als wechselvoller Schauplatz von Geschichte, im Zweiten Weltkrieg zerbombtes Areal sowie zentrale Freifläche in der Mitte Berlins bot er sich der Künstlergruppe Casagrande für ihr Projekt an.

Der Poesie-Event am 28. August 2010 stand im Kontext von Feierlichkeiten in Berlin anlässlich des 200. Jahrestages der Unabhängigkeit vieler lateinamerikanischer Länder, so auch Chiles. Es versammelten sich laut Angaben der Veranstalter mehr als 8.000 Menschen im Lustgarten, um sich in der Abenddämmerung mit Gedichten beregnen zu lassen. 40 chilenische und 40 deutsche Lyriker:innen (mit dem nicht inhaltlich begründeten Auswahlkriterium ‚unter 40 Jahre alt') haben jeweils ein Gedicht zur Verfügung gestellt. Neben dem Alter sei allein die Qualität das entscheidende Auswahlkriterium, ein besonderer Ortsbezug oder eine Thematisierung der historischen Bombardierung seien möglich, aber nicht entscheidend. Man wolle damit auch Dichter:innen befördern, die weniger bekannt seien, so die Mitglieder von Casagrande im Interview. Die chilenischen Autor:innen wurden von Casagrande ausgewählt, bei den deutschen haben sie sich auf die Auswahl der Literaturwerkstatt verlassen (vgl. Carrasco, zit. n. Lagos Preller 2015, 166). Gedichte der Mitglieder von Casagrande waren, wie bei allen Aktionen, auch hier darunter; denn die Events werden von der Gruppe auch als Möglichkeit verstanden, sich als Dichter und nicht nur als ‚Projektmanager' zu präsentieren. Alle Gedichte wurden in die je andere Sprache übersetzt und nach einem Entwurf des Designstudios Magia Diseño und Casagrandes auf 7 × 22,5 cm große Lesezeichen aus festem Karton gedruckt (Abb. 3.6.1). Ein mitsamt dem Piloten gemieteter Hubschrauber schwebte circa 30 Minuten über dem Lustgarten, und die beiden Casagrande-Mitgliedern Bianchi und Carrasco warfen stapelweise (insgesamt ca. 500 kg) Gedichte hinaus, die auch treffgenau auf den Veranstaltungsort herabfielen (Abb. 3.6.2).

Abb. 3.6.1: Christobál Bianchi und José Joaquín Prietro (Casagrande) bei der Vorbereitung des *Regens der Gedichte*, Flughafen Berlin-Schönefeld (August 2010).

Bei dem Event spielt die Flüchtigkeit und Singularität des Ereignisses eine große Rolle, weswegen für seine Rekonstruktion Videos, wie sie die Künstlergruppe auf der die Aktion dokumentierenden Buchpublikation samt DVD sowie online auf ihrer Plattform *vimeo.com/loscasagrande* bereitstellt, wichtige Zeugnisse sind. Dort sieht man, wie die Menschen freudig und erwartungsvoll in den Himmel blicken und hinabsegelnde Gedichte auffangen. Jedes Mal, wenn sich eine große Wolke von Gedichten naht, geht ein Raunen durch die Menge. Das teilnehmende Publikum ist gemischt, von kleinen Kindern bis zu Senior:innen sind alle Alters-

Abb. 3.6.2: Casagrande: *Regen der Gedichte*, Hubschrauber über dem Lustgarten, Berlin-Mitte (August 2010).

klassen dabei. Zuerst springen die Kinder nach den Lesezeichen, dann auch die Erwachsenen, die Gedichte werden gesammelt, getauscht, weitergegeben. Bianchi assoziiert mit der kindlich-spielerischen Freude des Publikums, die sich bei den Gedichtregen einstellt, eine „kollektive[n] Regression" (Bianchi 2020, 275). Viele lesen die von ihnen ‚aufgeschnappten' Gedichte sofort, wodurch individuelles Innehalten und kollektive Bewegung verschmelzen. Die Mitglieder von Casagrande haben betont, dass die Reaktion der Menschen, auf die die Gedichte herabfielen, in allen Städten die gleiche ist: Es entsteht Begeisterung und Spannung, die Gedichte werden erwartet, nach dem Fang werden sie getauscht und wie Trophäen nach Haues getragen (Abbs. 3.6.3 und 3.6.4). Die Bedenken der lokalen Stadtreinigung, Tausende von Gedichtpapieren, könnten auf dem Boden liegen bleiben, hätten sich in jedem Fall als unbegründet erwiesen.[3] Der Theaterwissenschaftler Teobaldo Lagos Preller beschreibt die Reaktion des Berliner Publikums:

> [T]he message is not only a message but also the experience of holding and reading messages individually, the multiple co-presence of bodies performing the running, the jumping to catch the passages, the holding and the reading of them. This shared experience sets in a temporary scene one massive act that implies a tension between collective sharing [...] and the individual experience. In this, a tension that is typical of globalization is exemplified and manifested: total communication in contact with extreme individualization. (Lagos Preller 2015, 160)

Abb. 3.6.3: Freudige Erwartung im Lustgarten, ein Gedicht zu fangen (August 2010).

Abb. 3.6.4: Lesende mit einem *Regen-der-Gedichte*-Lesezeichen im Lustgarten, Berlin-Mitte (August 2010).

Ähnlich wie hier Lagos Preller hat auch Bianchi von Casagrande hervorgehoben, dass die Kollektivität und Individualität des Erlebnisses beim Gedichtregen verschmelzen. Bianchi bezieht sich hier auf Jacques Rancières Gedanken der ‚emanzipierten Zuschauer:innen', wonach in Performances jede:r hierarchisch gleichgestellt ist und möglicherweise ähnliche, aber nie gleiche Erfahrungen macht oder „intellektuelle Abenteuer" erlebt, die im unvorhersehbaren „Spiel von Assoziationen und Dissoziationen" bestehen (Rancière 2009, 27–28).

Lagos Preller betont des Weiteren die Fluidität des Poetry-Events und spricht von einer „dimension of landscape related to infinity and the transcendence of territory" (Lagos Preller 2015, 160). Im Kontext unserer Untersuchung ist es in der Tat interessant, dass hier nicht nur, wie in einigen anderen Lyrikprojekten, räumliche Bewegung der Partizipierenden oder der Gedichte eine Rolle spielte, sondern dass erstens hier beides zugleich erfolgte – herabfallende Gedichte plus in Bewegung befindliche Teilnehmer:innen – und zweitens die Bewegung des Herabfallens und Hinaufblickens die vertikale Dimension viel stärker als in anderen Lyrikprojekten einbezog, also den seit Wim Wenders' poetischem Film sprichwörtlichen *Himmel über Berlin*. Ähnliches findet sich in der Metaphorik der ‚Himmelsschau', einem Gedicht von Turgut Uyar, das in den Protesten gegen den Abriss des Gezi-Parks in Istanbul 2013 zitiert wurde (siehe Kap. 3.9).

Als einen berühmten literarischen Vorläufer von Casagrandes Gedichtregen könnte man das konkrete Gedicht „Il pleut" (1912) von Guillaume Apollinaire nennen, das in fünf schrägen Linien hinabfallende Buchstaben zeigt.[4] *Bombardeo de poemas* ähnelt von seinem ästhetischen Konzept her ferner der interaktiven digitalen Installation *Text Rain* (1999) von Camille Utterback und Romy Achituv. Hier treten Betrachter:innen im Museum vor eine Projektionswand, in der sie sich selbst gespiegelt sehen, während Buchstaben von oben nach unten hinabregnen, die dem – leicht modifizierten – Gedicht „Talk, You" (1993) von Evan Zimroth entstammen. Die Buchstaben sind so programmiert, dass sie auf dem eigenen Körper stehenbleiben und durch Bewegungen wieder in die Luft gleiten oder springen. Dadurch sind sie letztlich „kein Text mehr, sondern Spielgefährten in einer interaktiven Installation", was eine Form der Interaktion mit Sprache darstellt, die „nicht auf Lektüre und Deutung zielt, sondern auf sinnliche Erfahrung innerhalb einer physischen Aktion" (Simanowski 2012, 5–6). Im Sinne des Performativitätsgedankens werden sowohl die virtuell herabregnenden Buchstaben der digitalen Installation von Utterback und Achituv als auch die hinabregnenden Gedichte auf bedruckten Lesezeichen bei Casagrande nicht nur als Träger von Bedeutung wahrgenommen, sondern auch in ihrer physischen Materialität. Es wird kein beständiges Werk gezeigt, sondern die Kunst besteht vor allem in einem sich in Interaktion mit dem Publikum ereignenden flüchtigen Geschehen. Insofern bei der Berliner Intervention jedoch vollständige Gedichte hinabfielen, die mit Autor:innennamen, Länderflagge und Übersetzung versehen waren und die, anders als beim *Text Rain*, auch mit nach Hause genommen werden konnten, handelt es sich bei der Arbeit von Casagrande eher um ein Hybrid aus textlicher Botschaft und performativem Ereignis – oder, um eine bekannte Formel aus der Performativitätstheorie Erika Fischer-Lichtes aufzugreifen: weder dominiert die „performative" noch die „referentielle Funktion", sondern beide emergieren (Fischer-Lichte 2002, 279).

Neben der besonderen Ereignishaftigkeit, dem Eventcharakter und der Singularität des aufwendigen Spektakels über dem Berliner Lustgarten, kommt auch der Dimensionen historischer Verwobenheit eine wichtige Funktion zu. So bezeichnet Lagos Preller die Berliner Aktion als Reenactment der originalen Aktion in Santiago, weist aber auch darauf hin, dass diese ebenfalls durch Wiederholung transformiert und damit die traumatische Erfahrung der Bombardierung in eine „performative language" überführt wurde (Lagos Preller 2015, 162). Casagrande betont in der oben zitierten Selbstdarstellung des Projekts, das ein zentrales Motiv ihrer Arbeit die Auseinandersetzung mit der Bücherverbrennung in Chile während der Pinochet-Diktatur war (im November 1986 wurden 15.000 Exemplare des regimekritischen Buches *Das Abenteuer des Miguel Littín – Illegal in Chile* von Gabriel García Márquez verbrannt). Speziell für den Berliner Poesieregen lässt sich daher ein Bezug zur nationalsozialistischen Bücherverbrennung am 10. Mai 1933 auf dem nur wenige Gehminuten vom Lustgarten gelegenen Bebelplatz herstellen. Für diese zugleich symbolische und manifeste Vernichtung geistiger Arbeit wurden bekanntlich Büchereien und Buchhandlungen geplündert, auch die Bibliothek der gegenüberliegenden Humboldt-Universität. Tausende Bände wurden abtransportiert und ins Feuer geworfen. Dass die Casagrande-Gruppe mithin Gedichte auf Zehntausende von Lesezeichen drucken lässt, was als Alltagsgegenstand unmittelbar mit dem Medium Buch verbunden ist, lässt sich daher auch als konkreten Erinnerungsakt an die NS-Bücherverbrennungen deuten. Insofern Lesezeichen eigentlich dazu dienen, zu markieren, wo man bei der Lektüre stehengeblieben war, verweisen sie im performativen Sinne auf die Fortsetzung eines unterbrochenen Leseakts.

Das Abwerfen der Paketbündel aus Gedichten erinnert ferner an die Berliner Luftbrücke 1948–1949, bei der allerdings nur über den drei Westsektoren, also nicht unmittelbar über dem Lustgarten, Lebensmittel für die hungernde Bevölkerung abgeworfen wurde. Historischer Hintergrund: Die sowjetische Besatzung nahm die im Juni 1948 von den Westalliierten durchgeführte Währungsreform zum Anlass einer unbefristeten Blockade der Stadt. Die Westsektoren wurden nicht nur von der Stromversorgung aus der sowjetisch besetzten Zone abgeschnitten, es folgten auch die Unterbrechung des Güter- und Personenverkehrs auf Straßen, Schienen und zu Wasser von den westlichen Besatzungszonen nach West-Berlin. Insgesamt wurden in der 15 Monate dauernden Luftbrücke rund 2,1 Millionen Tonnen Fracht (davon ca. ¾ Kohle, ¼ Nahrungsmittel) eingeflogen. Für die Berliner:innen in den Westzonen war die Luftbrücke lebenswichtig, aber auch ein Symbol der Hoffnung (z. B. wurden die Flugzeuge liebevoll „Rosinenbomber" genannt, weil ein britischer Pilot im Dezember 1948 eine Ladung Rosinen für die Weihnachtsbäckerei nach Berlin geflogen hatte). Auf historischen Fotografien sieht man, wie sich die Berliner:innen versammeln, die Blicke freudig gen Himmel gerichtet, die Arme erhoben und geöffnet. Ähnliche Impulse und eine ähnlich wirkende Ikonografie hat der Berliner ‚Regen der Gedichte' von 2010 ausgelöst, auch wenn der Anlass nun nicht existentiell war.

Zwar thematisieren einige der herabgefallenen Gedichte in der einen oder anderen Form Raum, Natur oder Stadt, doch nur wenige lassen sich inhaltlich unmittelbar auf die poetische Intervention im Berliner Stadtraum beziehen. Andere beziehen sich, kontrastiv dazu, auf Santiago de Chile. Dazu zählt das Gedicht „Vista general" („Blick von oben") von Jaime Pinos, vordergründig ein dystopisches, expressionistisch anmutendes Großstadtgedicht:

> Die Stadt
> breitet sich im Raum aus,
> ohne Kontrolle,
> wie ein Lauffeuer,
> Stein um Stein,
> Straße um Straße
> frisst sie sich ins Land,
> füllt es mit Menschen, Ratten und schmutzigen Vögeln.
> Hier
> ist die Kultur wild
> und man baut mit Schweiß ebenso wie mit Blut.
> Der Lebensraum
> eine kleine große Gosse an den Rändern der Moderne
> am Fuß der Anden,
> unter dem ungeheuren Himmel Amerikas.
> (Pinos 2011, 75[5])

Von einem neutralen „Beobachtungspunkt" aus blickend, entwirft Pinos' „Vista general" das „Stadtpanorama" (Schunck 1990, 8) einer nicht namentlich genannten, aber geografisch deutlich auf Santiago de Chile verweisenden südamerikanische Metropole, deren Suburbanisierung mit Schmutz und ungesunder Wucherung assoziiert wird. Während die Bevölkerung Chiles zwischen 1980 und 2010 von elf auf über 17 Millionen gewachsen ist, hat sich die Zahl der Einwohner:innen der Hauptstadt Santiago auf circa fünfeinhalb Millionen verdoppelt, wobei die mittlerweile zwei Millionen Bewohner:innen angrenzender Kommunen noch nicht berücksichtigt sind. Diese rasante Urbanisierung ist in vielen lateinamerikanischen Millionenstädten durch eine Zuwanderung aus den ländlichen Regionen, in Santiago darüber hinaus durch die Immigration aus Ländern wie Venezuela, Peru und Haiti sowie durch eine oft informell organisierte Ansiedlung an den Stadträndern, geprägt. Dort treffen sie häufig auf Angehörige der größten indigenen Minderheit Chiles, Mapuche, die in den letzten Jahren zunehmend Organisationen mit dem Ziel gegründet haben, ihre kulturellen und sozialen Belange im städtischen Raum zu artikulieren (vgl. Brablec 2020). Wenn sich die Hoffnungen dieser Menschen auf einen kleinen ökonomischen Aufstieg zerschlagen, dann bleibt für viele nur das, was Pinos als paradox groß-kleines („pequeño gran") Habitat „Gosse" bezeichnet. Die Anden, deren Anblick Besucher:innen der Stadt grandios und unvergesslich erscheint – „baja el inmenso cielo de América" – sind dann nicht mehr als eine territoriale Markierung des Elends.

Zwei Gedichte des Korpus' lassen sich selbstreflexiv auf die Bewegung der herabsegelnden Lesezeichen beziehen und sind zugleich erotische Auseinandersetzungen zwischen einem Ich und einem adressierten Du. So ein Luft und Flüchtigkeit thematisierendes titelloses Vanitas-Gedicht des Casagrande-Mitglieds Julio Carrasco:

> Was uns am meisten bedeutet, zerfällt schon in der Luft
> (das sagte ich zu einem Mädchen, das ein erschrockenes
> Gesicht zog, als es sah, wie mir das Bierglas
> aus der Hand fiel)
> Es sollte uns nicht kümmern, was zu Boden fallen muss
> um in Scherben zu zerspringen
> Die wirklich zerbrechlichen Dinge
> Seifenblasen, Kartenhäuser, Asche
> kurz bevor sie sich vom Glimmstengel eines Mädchens löst
> das auf einer Party steht und gestikuliert
> (fast rutscht mir raus das Herz)
>
> Sie zerfallen in der Luft.
>
> (Carrasco 2011, 71[6])

Das Gedicht greift tradierte Topoi der Vergänglichkeit auf, um sie mit einer differenzierten Situationsschilderung und -wahrnehmung zu verbinden. Bezieht man die Kernaussage des Textes, wonach die wichtigen Dinge flüchtig sind und schon in der Luft zerfallen, als selbstreflexiven Kommentar auf die Poesieaktion, so werden auf einer oberflächlichen Lesart die Gedichte, die ja unversehrt von den Menschen aufgefangen werden oder zu Boden fallen, als unbedeutend markiert. Während das Schwere am Boden zerbricht, zerfällt das Leichte in der Luft („Se rompen en el aire"). Im übertragenen Sinne kann damit die Materie und das Körperliche im Unterschied zum Immateriellen und Ideellen gemeint sein: die Wünsche, Träume und Illusionen, gefasst in barockisierender Symbolik der zerplatzenden oder in sich zusammenfallenden „pompas de jabón" oder „Seifenblasen, Kartenhäuser" (vgl. Benthien/Schmidt 2022) sowie der schöne, intensive, aber flüchtige Moment, gefasst im Bild der von einer Zigarette herabfallenden Asche. Der Gedichtregen verbindet die beiden Aggregatzustände; erstens, weil die Gedichte sowohl materiell – durch die Lesezeichen – als auch immateriell – in ihrem gedanklichen Gehalt – sind, zweitens, weil zwar die Poesieaktionen flüchtig, die materiellen Träger der Gedichte aber beständig sind.

Auch die letzten vier Zeilen von Nora Gomringers Liebesgedicht „Erkenntnis im April" lassen sich konkret mit dem Ereignis der herabfallenden Gedichte verschränken:

> Weil wir uns in allem drehten wie Derwische
> Wild und tranceartig
> Und all mein Bitten, um ein Anhalten
> Dieses Fortlaufes war unendlich vergeblich.
> (Gomringer 2011, 103)

Menschen in Bewegung – vielleicht auch nur das Ich und ein adressiertes Du – können mit den sich während der Aktion im Wind drehenden Lesezeichen analogisiert werden, und beide Bewegungen verweisen auf einen nicht aufhaltbaren Prozess, einen ‚Fortlauf' kollektiver wie individueller Geschichte.

Der vom Casagrande-Mitglied Christóbal Bianchi beigesteuerte titellose Sechszeiler liest sich wie ein direkter Kommentar auf das performative Ereignis vor Ort, man kann sogar den darin vorkommenden „jardín" als Synonym des Lustgartens deuten und „las flores de la pluma" poetologisch als die in dem Poem erschaffenen Blumen:

> Ich lege den Hörer auf und sehe es
> im Garten regnen
> sehe Blumen, die der Feder entspringen, wo
> sonst nichts mehr ist
> außer dem Wind, der die Verse trägt, die ich
> dir zuflüstere
> (Bianchi 2011, 69[7])

Das Ich behauptet eine intime Kommunikation mit einem Du, das das Gedicht liest und es wie eine stille, geflüsterte Post ‚empfängt'. Gelesen von einer kontingent genau dieses Lesezeichen auffangenden Person in der Öffentlichkeit des großen Poesiespektakels, wird der vermeintlich persönliche Moment poetischer Wahrnehmung und Inspiration zu etwas Allgemeinen, das jedem:r mit dem Wind ‚zugeflüstert' werden kann.

Timo Berger schließlich, der auch als Übersetzer vieler Gedichte aus dem Spanischen in das Projekt involviert war, hat sich in „was von oben kommt" gar nicht erst bemüht, den Bezug zu der Poesie-Intervention zu verbergen, ganz im

Gegenteil: Sein 24 Verse umfassendes Gedicht enthält unterschiedliche Dinge und Entitäten, die potentiell ‚von oben' kommen können, vom Poetischen zum ganz Prosaischen, beispielsweise „goldgelber Sahara- | sand, feiner Nieselregen", „die Möbel des Nachbarn | aus dem Vierten", „Vogelschiss", „schillernde Brückenspinnen | an Flugfäden", „Fallschirmspringer | in Formation" oder „Heißluftballons und | Papierflieger". Ganz am Schluss liest man dann, vielleicht etwas zu plakativ, „dieses Gedicht, auf dem Boden | erdacht und hoch über der Stadt | in den Luftraum entlassen, | es segelt mit einem Lächeln | in deine Hand." (Berger 2011, 121) Sehr auffällig ist, dass in den spielerisch-leicht anmutenden 24 Versen, die alles Mögliche in poetische Sprache fassen, das sich am Himmel befindet oder von dort auf die Erde niederfallen, nichts Negatives erwähnt wird – kein ‚saurer Regen' etwa und schon gar keine Bomben.

Speziell diese kurzen Deutungen ausgewählter Gedichte des Berliner Poesieregens verdeutlichen eine Grundannahme von Casagrande, wonach ihre künstlerischen Aktionen im urbanen Raum „polysemic", „open-close and ambivalent intervention[s]" sind, die sich „beyond the authorial control of the artist[s]" ereignen (Bianchi 2020, 370). Sie erzeugen einen Bedeutungsüberschuss, und dem ‚emanzipierten Publikum' kommt eine konstitutive Aufgabe des Deutens, Verstehens und Aushandelns hinsichtlich der Aktualisierung und Verarbeitung geschichtlicher Ereignisse zu. Großformatige performativ-installative Kunstaktionen im öffentlichen Raum, wie der *Regen der Gedichte* 2010 im Berliner Lustgarten, erzeugen eine temporäre Gemeinschaft und stimulieren den Diskurs über Kunst, Poesie, Gesellschaft und Politik. Die Lyrik-Performance ermöglicht in diesem Sinne einen Aushandlungs- und Transformationsprozess von sozialem Wissen, Erinnerung und Fragen von Identität und Geschichte (vgl. Bianchi 2020, 369; Taylor 2002, 44–45). Zugleich weisen die Gedichte, wie Bianchi im Eingangszitat formuliert hat, eine „Suchbewegung in Richtung Zukunft" auf.

3.7 Vom Museum in die Stadt: illuminierende Poesie

Jenny Holzers Lichtprojektionen

Von Beginn an haben Jenny Holzers poetisch-politische Interventionen im öffentlichen Raum Irritationen ausgelöst, und zwar nicht nur wegen ihrer zum Teil monumentalen Ästhetik, sondern auch, weil sie provozierende und subjektiv anmutende, scheinbar persönliche Botschaften an ungewohnten Stellen platziert hat: auf der Kühlerhaube eines Taxis, auf der Anzeigetafel eines Kinos oder als Leuchtreklame in einer Shopping Area. Seit rund 25 Jahren hat die Künstlerin zahlreiche großformatige Lichtprojektionen in vielen Großstädten gestaltet, in denen sie literarische Texte in ganz unterschiedlichen urbanen Settings Europas und Amerikas präsentiert. Trotz umfänglich vorliegender Katalog- und Forschungsbeiträge zum Werk der international agierenden Konzeptkünstlerin wurde bisher nicht untersucht, warum Holzer zumeist Gedichte für ihre Werke im öffentlichen Raum verwendet, und zwar von zahlreichen Lyriker:innen des späten 20. sowie 21. Jahrhunderts aus unterschiedlichen Ländern. Es wurde zu dieser Thematik lediglich die auch hier verfolgte These formuliert, dass der Rückgriff auf Gedichte generell „die Beziehung zwischen Faktum und Fiktion auf eine neue Weise [kompliziert], indem die Polaritäten zwischen Privat und Öffentlich, dem Persönlichen und Gesellschaftlichen thematisiert werden und verschwimmen" (Smith 2009, 32).

Holzer plakatierte ihre *Truisms* (1977–1979), mit denen sie als Konzeptkünstlerin erstmalig hervortrat, zunächst anonym in den Straßen von New York City. Auf diese *Truisms* (deutsch: Sinnsprüche, Aphorismen) sowie weitere Serien von Kurztexten greift sie seitdem immer wieder zurück. Bei ihren Texten handelt es sich nicht um Lyrik im engeren Sinne, sondern um kurze Phrasen, die inhaltlich zwischen populärem Wissen, hoher Selbstreflexivität, Provokationen und politischem Aktionismus changieren. Man könnte sie aufgrund ihrer Kürze und Pointiertheit als Aphorismen oder Epigramme bezeichnen, zumindest ähneln sie dieser lyrischen Kurzform (wenn auch ohne Reim und Versifizierung). Der von ihrem Team betreute Twitteraccount *@jennyholzer* mit weit mehr als 70.000 Followern wird ausschließlich zur viralen Verbreitung der insgesamt rund 250 Truisms Holzers genutzt. Zu ihren bekanntesten Sinnsprüchen, die im öffentlichen Raum zu lesen sind, aber auch weltweit in Museumsshops auf Postkarten, Holzplatten und T-Shirts erhältlich sind, und nun als Tweet Hunderttausende erreichen, gehören „PROTECT ME FROM WHAT I WANT", unter anderem 1982 auf dem Spectacolor Board am Times Square projiziert, sowie „RAISE BOYS AND GIRLS THE SAME WAY", unter

Abb. 3.7.1: Jenny Holzer: *Xenon for Florence*, Lichtprojektion, hier unter Verwendung eines Truism der Künstlerin aus der Serie „Arno", Arnoufer, Florenz (1996).

anderem in Florenz während der Biennale di Firenze 1996 auf der Kühlerhaube von Taxis zu lesen (vgl. Joselit 1998, 57).

Indem sie eigentümliche poetische Verfahren wie Wortspiele, Mehrdeutigkeiten oder unklare Aussageinstanzen einsetzen, verfremden Holzers Epigramme und Aphorismen die diskursive Struktur von öffentlichen Schildern, Werbung und populären Medien (vgl. Hughes 2006, 421–422). Dort im öffentlichen Raum platziert, wo man definitiv keine Sprachkunst erwartet, verwirren diese „appellativen und in direkter Rede formulierten Sätze" (Lehmann, 2002, 253) und provozieren zum Nachdenken. Die strategische Wahl von populären Orten und Massenmedien zur Vermittlung ihrer Botschaften kalkuliert die Ähnlichkeit ihrer Slogans mit denen von Werbekampagnen ein (vgl. Lehmann 2002, 251–253). Wenn Holzer vermeintlich subjektive ‚Sprechakte' im Stadtraum präsentiert, ruft diese unerwartete ästhetische Erfahrung einen Moment der Irritation hervor, auch durch die Wahl der Personalpronomina: Wer ist zum Beispiel in der Lichtprojektion des Aussagesatzes „I AM LOOSING TIME" an einer Mauer am Ufer des Flusses Arno in Florenz das Ich, das hier in großen Lettern davon spricht, Zeit zu verlieren (Abb. 3.7.1)? Eine politische Dimension erhalten

Holzers florentinische Projektionen – es waren die ersten Xenonlicht-Arbeiten im öffentlichen Raum – zudem, wenn man weiß, dass die Künstlerin sie zunächst für das Projekt der New Yorker Aids-Hilfsorganisation Red Hot verfasst hat (vgl. Holzer in Simon 1998, 33; Simon 2009, 19). Die vermeintlich allgemeingültige Aussage, dass Zeit kostbar ist, wird dann zu einer äußerst krisenhaften Selbstdiagnose.

Neben ihren eigenen Texten projiziert Holzer auch Werke von Schriftsteller:innen. Dabei handelt es sich entweder um Auszüge aus Prosatexten und Abhandlungen von ‚Dichtern und Denkern' – oft mit Ortsbezug: Theodor W. Adorno und Johann Wolfgang von Goethe in Frankfurt am Main, Elfriede Jelinek in Wien, John Edgar Wideman in Pittsburgh – oder (und zunehmend) um Gedichte von internationalen Autor:innen. Darunter sind Werke des deutsch-israelischen Lyrikers Jehuda Amichai, der Amerikaner:innen Elizabeth Bishop und Henri Cole, der polnischen Dichter:innen Wisława Szymborska, Adam Zagajewski und Anna Świrszczyńska, der italienischen Autor:innen Patrizia Cavalli und Eugenio Montale, der Mexikanerin Pura López Colomé, des Palästinensers Mahmoud Darwish und des Irakers Fadhil Al-Azzawi (vgl. Simon 2009, 26). Besonders prominent setzt Holzer Lyrik der Nobelpreisträgerin Szymborska ein, die sie aufgrund ihrer Thematisierung politischer Themen wie Gewalt, Folter und Flucht schätzt (vgl. Holzer in Simon 2009, 21). Bei der Präsentation der so unterschiedlichen Textsorten Lyrik, Prosa und Theorie dominiert durchgehend die „Linearität der Zeile", auch Gedichte werden nicht im Modus visueller Poesie, das heißt als bewegliche Schriftzeichen auf einer Fläche, gestaltet: „Es gibt keine Hinterfragung der Zeile der Versalien oder der Parerga, der Nebenzeichen. Ihre Texte gehorchen der Buchnorm. Weder sind Zeilen gebrochen noch sind Wörter und Buchstabenabstände gedehnt oder über die Fläche [...] verteilt." (Weibel 2010, 38) Allerdings ist das nicht immer der Fall, denn bei vielen verwendeten Gedichten werden Verse aufgrund ihrer Länge zerteilt und damit neu konfiguriert. Ferner führt die Großschreibung der Worte natürlich auch zu einer anderen, stärker monumentalisierten Schriftästhetik als diese aus Büchern bekannt ist.

Holzers Open-Air-Lichtprojektionen bestehen aus Syntagmen in monumentalen, serifenlosen Großbuchstaben aus weißem Licht, die auf Häuserfassaden, Mauern und städtische Sehenswürdigkeiten projiziert – zur Erzeugung visueller Effekte oft auf solche, vor denen sich ein Gewässer befindet –, und wegen der Lichtverhältnisse abends und nachts gezeigt werden. Dabei handelt es sich um Filmprojektionen (185 mm breite Filme, auf die von Holzers Team erzeugte digitale Daten reproduziert wurden), die zu Beginn auch in den Werktiteln als *Xenon projections* bezeichnet wurden, aufgrund eines speziellen, hier verwendeten Typs einer Entladungslampe, die strahlendes und starkes Licht über weite Distanzen zu werfen vermag (vgl. Lehmann 2002, 269; Simon 2009, 18–19). Die Lichtprojektionen zeichnen sich, anders als etwa Holzers stärker technizistisch wirkende LED-Projektionen in Innenräumen, durch Langsamkeit aus, sie erzeugen einen ephemeren, elegischen

Bewegungsfluss und laufen wie ein Filmabspann von unten nach oben quer über die gesamte Fläche einer Fassade (vgl. Smith 2009, 32).

Holzers temporär angelegte Projektionen auf Gebäude sind nicht nur Techniken der „Stadtästhetisierung", sondern auch öffentlichkeitswirksame Großevents, die – ähnlich der spektakulären Verhüllungsaktionen von Gebäuden und Monumenten durch die Künstler:innen Christo und Jean-Claude – der „städtischen Imagepflege" dienen, zahlreiche Besucher:innen anlocken und den internationalen Kunsttourismus ankurbeln (Hornig 2011, 145). Dass Holzer ihren urbanen Kunstprojekten meistens Titel wie *For Duisburg* oder *For Chicago* gibt, verdeutlicht einerseits, dass sie sie der jeweiligen Stadt und ihren Bewohner:innen widmet und einen Lokalbezug herstellen möchte, steht andererseits aber im Widerspruch zum Wiederholungscharakter der Ästhetik und oft auch der ausgewählten Texte. Durch die Titel wird Ortsspezifik suggeriert, mit den lokalen Gegebenheiten setzt sich ihre Kunst allerdings hauptsächlich unter ästhetischen Gesichtspunkten, manchmal zudem durch die Wahl der literarischen Texte auseinander. Aus literaturwissenschaftlicher Sicht erzeugt die mehrfache Projektion identischer Texte in verschiedenen Städten – ob gewollt oder als kontingenter Nebeneffekt – ferner ein intertextuelles Netz von Beziehungen zwischen unterschiedlichen Gebäuden und geografischen Orten.

Gedichte und Truisms auf Fassaden in Basel und Zürich

Untersucht werden im Folgenden aus den zahlreichen Projekten Holzers in europäischen und amerikanischen Großstädten der letzten Dekaden eines, in dem die Projektion auf besonders signifikante und geschichtsträchtige Gebäude erfolgte, die im Stadtkern typischer europäischer Städte – Basel und Zürich – traditionell zu finden sind, sowie eines, in dem mit dem Guggenheim Museum in Bilbao ein postmodernes Gebäude gewählt wird, das seit seiner Entstehung 1997 wie kaum ein zweites für die wachsende Bedeutung von Kultur als Standortfaktor der Stadtentwicklung steht (vgl. Siebel 2015, Kap. 3; Kirchberg 2020). Während im Theorieteil dargelegt wurde, dass Kunst im Museumsraum und Kunst im öffentlichen Raum unterschiedliche Ansprüche und Publika haben (siehe Kap. 2.2), suchen Holzers Arbeiten, diese beiden Präsentationstypen eher zu verbinden, insofern sie Kunstausstellungen in Museumsgebäuden mit Arbeiten im umliegenden Stadtraum kombiniert.

Im Kontext einer gemeinsam mit dem Museum of Contemporary Art in Chicago organisierten Holzer-Ausstellung 2009/10 in der Fondacion Beyeler in Basel wurden Lichtprojektionen mit Texten in Deutsch und Englisch an verschiedenen Plätzen in Basel, im Baselland und in Zürich installiert. Sie konnten zum Zeitpunkt der Ausstellungseröffnung am Basler Rathauses und kurz danach am Bas-

Abb. 3.7.2: Jenny Holzer: *For Basel*, Lichtprojektion, hier unter Verwendung von Truisms der Künstlerin aus der Serie „Arno", Rathaus und Marktplatz, Basel (Oktober/November 2009).

ler Münster (Pfalzmauer und Münsterchor) sowie am Basler Bahnhof SBB erlebt werden. Der abgebildete Text am Rathaus (Abb. 3.7.2) ist der Beginn einer vermeintlichen Liebeserklärung, die mit einer dadurch entstehenden Irritation beginnt, dass ein nicht identifizierbares „I" ein „YOU" anspricht, es sieht, beobachtet und ‚scannt' – was begrifflich eher an einen Überwachungsstaat erinnert als an Liebe. Am (hier nicht abgebildeten) Ende des Textes klingt es dann aber doch wie eine Intimbeziehung („I SLEEP BESIDE YOU | I SMELL YOU ON MY CLOTHES | I KEEP YOUR CLOTHES"), wenn das Ich neben dem Du schläft, die andere Person auf seiner Bekleidung riecht und diese aufbewahrt. Allerdings verwendet Holzer hier erneut ihre 1996 in Florenz projizierte, hoch politische Textserie *Arno*, in der es um das Sterben eines Aidskranken geht und die auf einer allgemeineren Ebene zugleich das Thema verhandelt, wie man mit dem vorzeitigen Tod eines geliebten Menschen umgeht. Für die Biennale di Firenze hatte der Modedesigner Helmut Lang in Kollaboration mit Holzer auch ein Parfum mit dem Namen „I SMELL YOU ON MY CLOTHES" entwickelt, das in einem gemeinsam gestalteten Pavillon versprüht wurde und an den Körpergeruch eines:r Liebenden nach dem Sex erinnern sollte (vgl. Holzer in Simon 1998, 33). Aber selbst in Unkenntnis dieser Hintergrundinformation wird anhand der für ein Rathaus unpassenden, intimen Worte spürbar (auch im Sinne Jakobsons, siehe Kap. 2.2), dass es sich um problematische Sprechsituationen handelt. So kommt die ‚Liebeserklärung' erst nach weiteren Irritationen zustande und ist durch ein eklatantes Ungleichgewicht gekennzeichnet, weil durchgehend das Ich agierendes Subjekt und das Du Objekt ist, das offenbar keinen Einfluss auf die Interaktion hat. Dass sich in der grammatischen ersten Person Singular die Positionen von Menschen, die lieben, sterbenskrank sind und trauern abwechseln, wird hingegen nur erkennbar, wenn man sich intensiv mit Holzers Text befasst (der nicht im begleitenden Ausstellungskatalog abgedruckt ist) oder zumindest mehrere ‚Durchläufe' desselben an der Rathausfassade anschaut.

Abb. 3.7.3: Jenny Holzer: *For Zurich*, Lichtprojektion unter Verwendung eines Gedichts von Wisława Szymborska, Limmatufer mit Wasserfahrclub und Stadtmauer, Zürich (November 2009).

Wenige Tage nach den Basler Projektionen gab es eine Lichtinstallation im Züricher Stadtteil Lindenhof, die den Fluss Limmat, einen Wasserfahrclub, einen Antiquitätenladen und einen Teil der alten Stadtmauer (Lindenhofmauer) illuminiert hat.

Hier hat Holzer eigene Texte sowie Gedichte Wisława Szymborskas und Henry Coles verwendet. Die Texte werden jeweils titellos sowie ohne Namensangabe im gleichen Layout präsentiert. Die dadurch erzeugte Unklarheit der Autor:innenschaft dient zweifelsohne der Verunsicherung des Publikums, das Poesie und ambigue *Truisms* nicht auseinanderhalten kann. In Zürich (Abb. 3.7.3) war unter anderem eine deutsche Übersetzung von Szymborskas Gedicht „Lob der schlechten Selbsteinschätzung" („Pochwała złego o sobie mniemania", 1976) zu lesen, das sich seit 1999 im polnischen Original auch an einer Häuserwand in der niederländischen Stadt Leiden befindet (siehe Kap. 3.10):

> Der Mäusefalke findet sich wohlgeraten.
> Den schwarzen Panther lassen Skrupel kalt.
> Piranhas zweifeln nicht am Sinn ihrer Taten.
> Die Klapperschlange akzeptiert sich ohne Vorbehalt.
>
> Einen selbstkritischen Schakal gibt es nicht.
> Heuschrecke, Alligator, Trichine, alles, was kreucht und schleicht,
> lebt, wie es lebt, und ist zufrieden.
> Hundert Kilo wiegt das Herz eines Wals,
> in anderer Hinsicht aber ist es leicht.
>
> Es gibt hinieden
> auf dem dritten Sonnenplaneten
> nichts was tierischer wäre als das reine Gewissen.
> (Szymborska 1997b, 213)

Während Holzers Kurztexte Momente der Irritation und durch die beständige Verwendung der ersten und zweiten Person Singular eine verwirrende persönliche Ansprache erzeugen, evoziert Szymborskas aufzählendes und eine distanzierte Sprache wählendes Gedicht – in der Forschung ist die Rede vom „matter-of-fact-reporting" (Kelen/You 2019, 153) – den gegenteiligen Effekt. Es benennt gefährliche, zum Teil seltene, exotische Tiere, die inmitten des städtischen Raums im wahrsten Sinne des Wortes ‚Fremdkörper' darstellen. Zugleich spricht es von intimen menschlichen Gefühlen: Selbstkritik, Skrupel, Schuldgefühle. Diese sind den benannten Tieren fremd – mittelbar wird damit gesagt: uns Menschen hingegen sind sie nur zu gut bekannt, werden im Prozess der Sozialisation angeeignet, verinnerlicht und durch soziale Kontrolle sanktioniert. Zu lesen im öffentlichen Raum ist dies als Aufforderung an die Rezipient:innen zu verstehen, über sich – und die eigene Spezies – nachzudenken. Durch die forcierte und irritierende Anthropomorphisierung entblößt Szymborska aber zugleich eine anthropozentrische Sichtweise auf Tiere. Das Fehlen dieser Gefühle ist nicht ‚animalisch' oder ‚inhuman', sondern ‚tierisch' ist die vollständige Absenz moralischer Selbstzweifel, als ein Zustand vor dem Sündenfall (vgl. Bojanowska 1999, 204). Wie dieser zu bewerten ist, bleibt – auch mit Blick auf den ambivalenten Titel – den Lesenden selbst überlassen. Im übertragenen Sinne legt das Gedicht ferner eine politische Lesart nahe, die zum Nationalsozialismus und zum Stalinismus reicht und der Behauptung der fragwürdigen Behauptung der Schuldlosigkeit der Individuen in totalitären Systemen.

Das wohlhabende Limmatufer bietet eine klassische ‚Postkartenansicht' der Zürcher Altstadt (der Dichter Max Frisch wohnte gegenüber). In einem Beitrag von Melanie Moser für die Online-Kulturfernseh-Plattform *arttv.ch* über diese Arbeit Holzers sieht man gutsituierte, bildungsbürgerlich wirkende Personen am Flussufer entlangschlendern und die Projektionen betrachten.[1] Im Unterschied zu anderen in dieser Untersuchung besprochenen Orten der Präsentation von Lyrik im urbanen Raum, zum Beispiel dem Kölner Ebertplatz (siehe Kap. 3.2), handelt es sich hier definitiv um einen ‚sicheren Ort'. In dem erwähnten TV-Beitrag spricht Holzer davon, dass Szymborskas Gedichte davon handeln, Krieg und Terrorismus zu überleben, und sie sie wegen dieser universellen Thematik ausgewählt habe – auch dies steht in eklatantem Kontrast zu der behüteten und wohlhabenden Szenerie Zürichs. Wenn also plötzlich riesenhafte Worte, wie etwa das dem Flucht und Gewalt thematisierenden Gedicht „Irgendwelche Leute" (1996) entstammende Wort „KINDERLEICHE", momenthaft auf der Fassade des Wasserfahrclubs zu lesen ist, könnte das einen Schockmoment auslösen, stehen doch die evozierten Bilder in krassem Gegensatz zur beschaulichen Umgebung. Sie wirken wie Wiedergänger aus einer anderen Zeit, aus einem anderen Raum:

> Auf den Rücken tragen sie Krüge und Bündel,
> je leerer, desto schwerer von Tag zu Tag.
>
> Irgendwessen Stocken ereignet sich leise,
> und im Gewühl entreißt irgendjemand irgendwem das Brot,
> und irgendwer rüttelt an einer Kinderleiche.
>
> Vor ihnen ein Weg, immer noch nicht da lang,
> nicht die, die es sein sollte, Brücke
> über den seltsam blaßroten Fluß.
> Ringsum Schüsse, mal näher, mal ferner,
> oben ein etwas kreisendes Flugzeug.
> (Szymborska 1997a, 310)

Szymborskas Gedicht über „Irgendwelche Leute", die wiederum „auf der Flucht vor irgendwelchen Leuten" sind, „In einem Land unter der Sonne | und manchen Wolken" (Szymborska 1997a, 310) zeichnet sich durch provozierende Unbestimmtheit aus, die so sehr hervortritt, dass sie als Abwehrgestus, bloß nicht mehr oder Genaueres wissen zu wollen, kenntlich gemacht wird: Irgendwo und irgendwann gab oder gibt es Menschen, denen es schlecht geht – dies scheint sehr weit weg, aber, wie Holzer durch ihre riesige, leuchtende Schrift betont, trotzdem translokal bedrohlich nah: Ist vielleicht gar die Limmat der im Gedichte erwähnte, unheimliche, „seltsam blaßrote[] Fluß"?

Nur wenn man sich nicht auf derartige ‚schwierige' Inhalte einlässt und die Texte weniger im Modus des ‚Lesens' als dem des ‚Sehens' rezipiert (vgl. Schneider 1998, 228–229; Benthien/Lau/Marxsen 2019, 82), kann man Holzers Projektionen von Szymborskas Versen als Ästhetisierung der Stadtlandschaft wahrnehmen. Die Texte kommentieren die Stadt und eignen sie sich zugleich an. Alles, was das Licht berührt, wird Teil des öffentlichen Gedichts, nur um wieder zu verschwinden, sobald sich die Projektion weiterbewegt. Die gigantische Schrift läuft, wie ein Filmabspann, von unten nach oben, kreuzt sich also mit der üblichen horizontalen Leserichtung. Im Verlauf der Projektion streift und verbindet sie unterschiedliche Elemente der Stadt. Durch die Bewegung der Schrift werden damit immer neue Bedeutungen erzeugt, die sich fließend verändern und nur in der Gegenwart erfahrbar sind. Auf der Wasseroberfläche der Limmat sind die Verse kaum lesbar; das Fluide der Installation wird so betont, auch der Aspekt des Projektiven, Scheinhaften. Stadt und Projektion treten in einen Austausch, ein Spiel der illuminierten und illuminierenden Schrift, der räumlichen Umgebung, des situativen Kontexts, des Mediengebrauchs sowie des performativen Rezeptionsprozesses (vgl. Lehmann 2002, 265). Die Schrift wird auf unterschiedliche Flächen, Objekte und Gebäude projiziert, was die Arbitrarität der Verbindung zwischen Signifikanten und Signifikaten, die der Linguist Ferdinand de Saussure als zentrale Zeichenrelation benannt hat, spielerisch verdeutlicht. Anstatt das ihnen Bedeutung ‚angeheftet' wird, zieht diese Schrift beständig weiter, wird immer wieder erneut undeutlich und unlesbar, und erzeugt so ein beständiges Wechselspiel:

> Als ginge es ihr allein ums Wort, entfaltet diese Inszenierung des Bildes ihre eigene Anziehung. Das ist das Faszinierende an der Kunst, die Jenny Holzer entwirft: dass die Frage nach der Anschauung uns auf den Inhalt konzentriert und die Suche nach einer Botschaft uns mit der Form konfrontiert. (Werner 2010, 24)

Die hier beschriebene ästhetisch-kognitive Erfahrung wird in der Präsentation von poetischer Sprache im öffentlichen Raum potenziert, weil Ursprung und Autorschaft der Worte nicht benannt werden: „By holding authorship in suspension, Holzer forces the viewer/reader into the position of evaluating and adjudicating often contradictory points of view." (Joselit 1998, 48)

In dem erwähnten TV-Beitrag hat der damalige Vorsitzende der Züricher Arbeitsgemeinschaft Kunst im öffentlichen Raum, Christoph Doswald, zurecht auf die „neue Wahrnehmung von Stadt und Urbanität" durch die „monumentalen" Projektionen Holzers hingewiesen; erzeugt wird ihm zufolge eine neue „urbane Strukturierung", indem die Schrift „die ganze Dimensionalität der Stadt entlang [streicht]".[2] Anders als beispielsweise Gedichte in der U-Bahn (siehe Kap. 3.3), können Passant:innen diese Poesieinstallationen kaum blasiert ignorieren. Betrachter:innen werden hier visuell geradezu überwältigt, die Lichtprojektionen bieten eine ästhetisch herausfordernde Erfahrung, haben aber auch etwas Autoritäres, da man ihnen schwerlich entgehen kann. Wie man in den Dokumentationsvideos sehen kann, gleitet die vertikale Schrift etwa im urbanen Raum Basels mitunter nicht nur über sich horizontal bewegende Straßenbahnen und Busse mit darin befindlichen Fahrgästen – deren Außenseiten ja bereits mit Schrift in Form von Werbung überzogen sind, wodurch fluide Palimpseste entstehen –, sondern auch über die Körper der sich in der Stadt bewegenden Menschen. Sie lesen dann die vorbeiziehenden Worte und Verse, werden zugleich aber auch ihrerseits von anderen im übertragenen Sinn ‚gelesen'. Die Wahrnehmung des städtischen Raums wird durch die Projektionen gleichsam angeleitet. Das Bekannte wird anders gezeigt, Fluss, Straßen, Gebäude und Plätze werden durch das Licht der Projektionen kurzzeitig hervorgehoben, die dunklen Ecken dagegen werden, wie alles, was das Projektionslicht nicht erreicht, noch dunkler und unzugänglicher. Das bekannte historische Stadtzentrum wird durch diese Verfremdung neu erfahren.

Holzer wählt zumeist markante städtische Orte oder aber Nicht-Orte im Sinne Augés (2010; siehe Kap 2.1) – in einem Projekt in Las Vegas etwa waren es der McCarran International Airport, das Caesar's Palace Hotel und die Fashion Show Mall (vgl. Joselit 1998, 57). Der für die New Yorker Präsentation ikonische Ort ihrer ersten Arbeiten war der Times Square, der mit erschlagend großen Werbeflächen und Newstickern als Inbegriff des Turbokapitalismus in der westlichen Welt gilt (vgl. Joselit 1998, 55; Paul 2021, 332; siehe auch Kap. 3.8). Auf dessen Spectacolor Board hat Holzer ihre ersten elektronischen Texte platziert. Wenn sie dagegen in Basel für ihre Projektionen die Schaufassade des im frühen 16. Jahrhundert gebauten Rathauses samt davorliegendem Marktplatz, das vom 11. bis 15. Jahrhundert errichtete Münster sowie den im frühen 20. Jahrhundert mit neobarocker Fassade entstandenen Bahnhof wählt, dann sind das die emblematischen Orte (und Sehenswürdigkeiten) einer im Mittelalter entstandenen europäischen Stadt (vgl. Siebel 2004, 13). Während Holzers formalistische Großprojektionen in alten europäischen Städten einen befremdlich wirkenden Kontrast zu den historischen Gebäuden bilden, fügt sich die zeitgemäße Ästhetik ihrer Kunstprojektionen nahtlos in die Zeichenkultur amerikanischer Metropolen. Befremdlich wirkt an diesen Orten dann eher, auf den zweiten Blick, der Inhalt der Projektionen, eben nicht ihre Form.

Poesie 2.0: Von der Fassade des Guggenheim-Museums, Bilbao, in die Welt

Ähnliches lässt sich über Holzers Projektion auf die Außenfassade des Guggenheim-Museums in Bilbao sagen, einem berühmten, von dem Star-Architekten Frank Gehry entworfenen, höchst extravaganten, postmodernen Bau, auf dem die kinetische Schrift immer wieder in den Winkeln und Schattenflächen verschwindet, die mit glänzenden Titanplatten beschichtet, organisch gewundene, fast kubistisch wirkende Fassade ‚umhüllt', bevor sie in den Himmel entschwindet. 2019 hat Holzer im Zusammenhang mit ihrer Retrospektive *Thing Indescribable* in den Museumsräumen des Guggenheim zugleich an dessen Außenfassade die monumentale Arbeit *For Bilbao* realisiert. Das Gebäude wurde durch mehrere Lichtprojektoren angestrahlt, die vor dem Gebäude sowie auf der gegenüberliegenden Seite des Flusses Ría de Bilbao platziert wurden, und zwar in Simultanprojektionen verschiedener Gedichte in den Sprachen Englisch, Französisch, Spanisch und Baskisch (Abb. 3.7.4).

Abb. 3.7.4: Jenny Holzer: *Like Beauty in Flames*, Augmented-Reality-Installation mit fünf verschiedenen Gedichten, Fassade des Guggenheim-Museums, Bilbao (August 2021).

Konzeptuell ist Holzers darauf bezugnehmende Multimedia-Arbeit von 2021 interessant, weil die Texte nunmehr nichtmehr in Echtzeit und auf die reale Außenfassade projiziert werden, sondern ausschließlich virtuell erfahrbar sind. Dieses für das Guggenheim Museum Bilbao kreierte Projekt unterscheidet sich von allen vorangegangenen urbanen Lichtprojektionen der Künstlerin durch den konstitutiven Einsatz von Augmented Reality (AR). Der Titel der Arbeit, *LIKE BEAUTY IN FLAMES*, ist ein Vers aus „Beauty Dies" („Umiera pięcno", 1972) der polnischen Dichterin Anna Świrszczyńska, das von Holzer verwendet wurde (Abb. 3.7.4; Projektion ganz rechts). Das Bilbao-Projekt von 2021 ist in drei Komponenten unterteilt, die sämtlich nicht in der realen Anschauung, sondern ausschließlich über eine App und mittels mobiler Endgeräte erfahrbar sind – weswegen der durch die Konjunktion *like* unter anderem Scheinhaftigkeit indizierende Titel sehr treffend ist: zwei ortsbezogene Komponenten, die sich auf die spektakuläre Museumsarchitektur beziehen, und einen Besuch des Museums erfordern und eine dritte, die mit entsprechendem Smartphone von jedem (vernetzten) Ort der Welt aus frei zugänglich ist: Im Museum ist eine AR-Version von Holzers bekannten LED-Laufbändern zu sehen, auf der man im zentralen Atrium, in Säulen und Gängen der Obergeschosse durch das Smartphone in schneller Drehbewegung befindliche etwa 40 Truisms in Englisch, Spanisch, Baskisch und Französisch erhaschen kann. Die Museumsetagen erzeugen unterschiedliche visuelle Eindrücke, weil sich die Interaktion mit der Schrift der Innenarchitektur des Gebäudes anpasst. Außerhalb des Museums kann man nach dem Downloaden einer App abends durchs Smartphone von fünf Standorten aus verschiedene simulierte Projektionen auf die Gebäudefassade sehen – als eine Art ‚virtuelles Echo' der Projektionen *For Bilbao* von 2019.[3] Die dritte Komponente ist nicht ortsbezogen, weil sie mittels einer mobilen App überall und jederzeit Holzers Truisms zeigt, die sich temporär über die wahrgenommenen Räume legen, um dann wieder zu entfleuchen.

Holzer sprach in einem im August 2021 vom Guggenheim-Museum veranstalteten Artist Talk zwar davon, dass die ästhetische Erfahrung von 2019 ‚wiedererlebt' werden sollte,[4] aber dies gelingt letztlich nicht: Zwar hat sich der Stadtraum Bilbaos zwischenzeitlich nicht wesentlich verändert, aber er verliert deutlich an atmosphärischer, multisensorischer Bedeutung für das neue Werk. Zugleich wird die einzelne, die Arbeit rezipierende Person aus ihrer Passivität und der Überwältigungsästhetik zum Teil entlassen und hat nun mittels Smartphone selbst stärkere Kontrolle über den Rezeptionsprozess, zumindest über dessen Start und Ende. Es ist daher auch keine kollektive, gleichsam theatrale Erfahrung in Ko-Präsenz mehr, wie sie für die Projektionen mit ihrer performativen Dimension bislang so kennzeichnend war. Dies ist durchaus konzeptuell zu versehen, denn nach Auffassung der Künstlerin ersetzt das Smartphone als zentrales ‚Habitat' der Gegenwart öffentliche Kunst als „place where people are"[5] zumindest teilweise. Die Presseabteilung des Museums kommentiert diese technische Neuentwicklung innerhalb des Œuvres der Künstlerin mit den Worten:

> *LIKE BEAUTY IN FLAMES* harnesses new technology in a continuation of what Holzer does best: placing thought-provoking texts in the public sphere in a democratic and accessible way.

[...] This new possibility embodies the spirit that has informed Holzer's practice throughout her long career of placing language in the public domain to spark reflection and contemplation.⁶

Letztlich dient der global anwendbare Teil der von der Londoner Designagentur Holition entwickelten AR-App wohl der Werbung für das Museum und soll zum Ausstellungsbesuch in Bilbao animieren – wenngleich die Künstlerin selbst im Artist Talk euphemistisch und leicht ironisch von Kunst spricht, ‚die man nun überall mit hinnehmen kann'. Denn man kann nach dem Drücken des Start-Buttons der App wenig mehr machen, als sie vor unterschiedliche Fassaden, Wände, Landschaften oder Gegenstände zu halten, um dann kurzeitig einzelne oder kleine Gruppen von Holzers Truisms davor zu sehen (oder davon ein ‚Foto' anzufertigen). Wenn man mit ihren urbanen Projektionen vertraut ist, erzeugt der Blick durchs Handy auf die persönliche Nahwelt eine gewisse Irritation, den Anschein der Verfügbarkeit, der die Arbeiten aber auch banalisieren könnte. Selbstverständlich entstehen auch neue Bedeutungen, wenn etwa die spanische Version von Holzers Aphorismus „IT'S VITAL TO LIVE IN HARMONY WITH NATURE" durch eine Balkontür auf eine Jugendstil-Häuserfassade in Hamburg-Eimsbüttel projiziert wird und man auf dem davon erzeugten Screenshot zugleich auf dem Balkon domestizierte Natur in Form von Blumentöpfen sieht (Abb. 3.7.5).

Abb. 3.7.5: Jenny Holzer: *Like Beauty in Flames*, mit der Augmented-Reality-App in Hamburg-Eimsbüttel aufgenommen (August 2021).

Anders als in der World-Wide-Version werden auf die lokale Bilbao-Version der App, die mittels QR-Code nur an fünf markierten Punkten vor der Schaufassade des Museums (zwei vor dem Museum, zwei auf der anderen Flussseite, einer von der links liegenden Brücke) aus funktioniert, und eine Reihe von Gedichten projiziert, die nicht von Holzer stammen, sondern unter anderem von den baskischen Lyriker:innen Gabriel Aresti, Bernardo Atxaga und Miren Agur Meabe, der mexikanischen Dichterin Pura López Colomé und der polnischen Lyrikerin Świrszczyńska. Darunter ist Świrszczyńskas titelgebendes Gedicht „Umiera piękno" („Beauty Dies"):

> The museum is burning. Like hay
> the beauty worshipped by generations of men
> is burning.
> It's priceless
> like the body of a man.
>
> A man, who's lived in the world
> only to guard the museum,
> managed to show up on time.
>
> If he survives, he'll confirm
> for future generations
> how beauty was dying like beauty
> in flames.
>   (Świrszczyńska 2016 [1972]: 41)

In der Projektion auf das Guggenheim-Museum wurden die Gedichte in ihrer äußeren Gestalt den Gebäudeelementen angepasst, was dazu führt, dass etwa aus den beiden letzten Zeilen Świrszczyńskas vier Kurzverse werden („HOW BEAUTY | WAS DYING | LIKE BEAUTY | IN FLAMES"), die durch die Verwendung von Versalien sowie eine ‚säulenartige' Anordnung eine andere visuelle Gestalt erlangen. Ferner werden hier, anders als etwa in Basel und Zürich – wie auf dem Still (Abb. 3.7.4) sichtbar –, fünf Gedichte parallel projiziert, und zwar in unterschiedlichen Sprachen, was zu einer wohl intendierten Überforderung der Zuschauer:innen führt. Gedichte als ohnehin komplexe Sprachgebilde werden hier so angeordnet, dass sie sowohl einzeln als auch durcheinander lesbar sind – letzteres wird aufgrund der üblichen Linearität von Schrift sogar nahegelegt, wodurch ein geradezu babylonisches Sprachengewirr entsteht.

Świrszczyńskas Gedicht entstammt der *Building the Barricade [Budując barykadę]* betitelten Sammlung aus hundert Gedichten, in denen die Dichterin annähernd dreißig Jahre später ihre traumatischen Erfahrungen während des Warschauer Aufstands verarbeitet, bei dem sie im Untergrund wirkte und Kranken und Sterbenden als Krankenschwester in einem improvisierten Militärkrankenhaus zur Seite stand (vgl. Kryński/Maguire 1977, 78; Milosz 1985, 4; Reid 2014, 1835–1836). Hunderttausende Mitglieder der Untergrundarmee und zwischen 150.000 und 225.000 Zivilist:innen starben; Überlebende wurden in Lager deportiert, bevor die Nazis die Stadt dem Erdboden gleichmachten. Viele Gedichte Świrszczyńskas, in der Forschung als „poetry of witness" (Forché 1993) bezeichnet, beschreiben unerträgliches Leid, Kriegsgräuel, den puren Kampf ums Überleben und die vollständige Desillusionierung. Sie stellte sich damit gegen den in den bis in die 1970er Jahre vorherrschenden Diskurs der Heroisierung und Glorifizierung des Aufstands (vgl. Ingbrant 2007, 61). Besonders hervorzuheben ist die Einordnung von *Building the Barricade* in eine seit der Antike bestehende literarische Tradition der ‚Stadtklage', in der die Bewohner:innen die Zerstörung ihrer Stadt durch Katastrophen oder Krieg beklagen (vgl. Ingbrant 2007, 149–157).

Holzer nun wählt aus Świrszczyńskas Buch „Beauty Dies", ein Gedicht, das sich auch auf den konkreten Ort – das Bilbaoer Kunstmuseum – beziehen lässt, auf dem es im 21. Jahrhundert in Leuchtschrift zu lesen ist: Im Präsens Indikativ beschreibt es nüchtern, das Museum würde brennen wie Heu; und dass es so unbezahlbar sei, wie der Körper eines Museumwächters, der einzig dafür lebt, es zu bewachen. In der zweiten Strophe wird er zum potentiellen Zeugen, sofern er nur den Brand überlebt – einen Brand des Schönen, der paradoxer Weise, wie es scheint, durch die ihr selbst innewohnenden, brennenden Flammen ausgelöst wird. Konkrete Bezüge zur Zerstörung Warschaus im Zweiten Weltkrieg sind nicht enthalten. Dieses Gedicht wirkt hier eher allegorisch-universell (und Holzer verzichtet zudem auf die zugehörige Widmung an den Avantgarde-Maler Jan Świerczyński, den Vater der Dichterin). Man kann „Beauty Dies", das mit dem ‚Schönen' einen klassischen Topos der Kunsttheorie selbstreflexiv aufgreift, daher als poetologische Spielerei lesen. Man kann es aber auch vor dem aktuellen Hintergrund der reaktionären Kulturpolitik in Polen aktualisiert als Aufschrei für die Kunst(-freiheit) lesen, wodurch es eine für Holzer typische politische Wendung erhält. Das Gedicht ist aber eben auch, insbesondere mit Hintergrundwissen über die (in den USA durchaus bekannte) Autorin, als Beschreibung einer realen Kriegssituation lesbar, wo faktisch Bücher und Kunst, aber auch Menschen, verbrannt wurden und werden – wie das jüngste Beispiel zeigt, die brutalen Luftangriffe auf das Theater in Mariupol im März 2022. Wie sich die Gedichte der von Holzer gewählten baskischen Autor:innen dazu verhalten, lässt sich aufgrund der nicht veröffentlichen Textauswahl (sowie mangelnder Sprachkompetenz) leider nicht sagen.

Im Vergleich zu den Schweizer Projektionen der Fondation Beyeler ist in *LIKE BEAUTY IN FLAMES* jedenfalls sowohl die ‚Ortsspezifik' des Baskenlands – durch die Gedichtauswahl – als auch die ‚Kunstspezifik' – durch die Bespielung einer hochgradig ikonischen und singulären Fassade – ausgeprägter. Zwar handelt es sich beim Guggenheim Bilbao ähnlich wie beim Basler Rathaus oder Bahnhof um eines der wichtigsten und bekanntesten Gebäude der Stadt; insofern aber Holzer mit diesem Museum seit seiner Entstehung eng verbunden ist und ihre Werke darin permanent zu sehen sind (und zwar im Innenraum, anders als im Außenraum, ausschließlich mit eigenen Texten) hat die Lichtprojektion auch eine auf das Gebäude als Kunstort verweisende Funktion. Die sich darin zeigende konzeptuelle Verschränkung des urbanen Raums mit dem Kunstmuseum stellt daher im Kontext dieses Buches eine Besonderheit dar. Eine Störung lokaler soziokultureller Verhältnisse wird hier ebenso wenig angestrebt wie ein visueller oder sprachlich-stilistischer Kontrast zwischen Lyrik, Gebäude und Umgebung. Vielmehr umhüllt und markiert die poetische Sprache die ‚Haut' des monumentalen, weithin sichtbaren Titangebäudes, macht diese Oberfläche ‚spürbar' und verstärkt deren Sichtbarkeit. Deswegen ist dieses institutionell lancierte Lyrikprojekt Teil der Touristification durch Kultur des Standorts Bilbao. Das hier zu beobachtende Prinzip der Dichtung im urbanen Raum als Element der strategischen Vermarktung einer Stadt oder Region wird auch dadurch verstärkt, dass Holzers Team für die Lichtprojektionen oft lokale oder nationale Autor:innen wählt, die mit Gedichten in der Landes- oder Regionalsprache vertreten sind.

3.8 Billboard Poetry als urbane Intervention

Plakatwände zwischen Werbung und (Sprach-)Kunst

Der schottische Künstler Robert Montgomery ist vor allem für seine poetischen Plakatwände bekannt, die er *billboard pieces* nennt (vgl. Montgomery in Small 2013, o.S.), aber auch für eine Reihe auf anderen Medien und Materialien beruhenden urbanen Poesieinstallationen – wie *light poems* (mit Schrift aus solarbetriebenen LED-Lampen) und *fire poems* (brennbare Gedichte, die der Künstler in öffentlichen Performances selbst anzündet). Im Zentrum dieses Kapitels stehen Montgomerys Billboards, und damit ein für den öffentlichen urbanen Raum besonders typisches Format.

Plakate gibt es seit der Erfindung des Buchdrucks, eine massenhafte Verbreitung von Plakaten auf Wänden aber – und in deutschen Städten auf Litfaßsäulen – beginnt erst mit der Urbanisierung im 19. Jahrhundert. Plakatwände sind eine Form der Gestaltung urbaner Räume durch Schrift, Bild und Grafiken zu gewerblichen, politischen oder kulturellen Zwecken, die auf unterschiedlichen Ebenen mit Öffentlichkeit verbunden sind:

> Die Plakatwand trägt [...] eine gewisse Ambiguität in ihrer Beziehung zum öffentlichen Raum in sich. Innerhalb der Grenzen ihres Gestells definiert sie eine kommerzielle Nutzung, eine Fläche, die erkauft werden kann und die Exklusivität ihrer Absicht begrenzt. Doch sie speist sich auch durch ihre Zurschaustellung in der Öffentlichkeit, in der Offenheit und uneingeschränkten Zugänglichkeit der Straßen. Plakatwände waren die erste Form der Werbung, aber sie wurzeln in etwas Essenziellerem. Klassische monumentale Inschriften (und schmierige Graffiti) oder Luthers Thesen an der Pforte der Schlosskirche begründen ebenfalls Ausprägungen textlicher Verfügbarkeit. Plakatwände bewahren etwas von dieser fundamentalen Verwurzelung im politischen Stellenwert des öffentlichen Raums und der geteilten Sichtbarkeit. (Peñas 2015, 184–185)

Die Ambivalenz von Plakatwänden, die zwar wesentlich einer kommerziellen Nutzung für Werbung unterliegen, aber sich auch für politische oder religiöse Propaganda oder eben künstlerische und literarische Ausdrucksformen anbieten, wird hier sehr gut beschrieben. Dabei kann gezielt mit der visuellen oder sprachlichen Ähnlichkeit der Textsorten und Expressionsarten gespielt werden, um die Rezipierenden zu verunsichern oder um gesellschaftliche Kritik zu artikulieren.

In den USA wurden Billboards schon seit dem frühen 20. Jahrhundert auch zur Präsentation von Gedichten im öffentlichen Raum genutzt (vgl. Chasar 2012, 4–5), oft im Werbekontext und bisweilen auch in Serie, indem beispielsweise an Ausfahrtstraßen Einzelverse großformatig auf Plakaten gedruckt wurden, die die mit großem Abstand zueinander aufgestellt werden und erst in der fortgesetzten Lektüre, d. h. im motorisierten Vorbeifahren, ein Gedicht ergeben (vgl. Chasar

2012, Kap. 3; Paul 2021, 323–326), was Mike Chasar als „culture of highway reading" (Chasar 2012, 11) bezeichnet. Mobilität spielt also, wie in vielen anderen Lyrikprojekten in diesem Buch, auch bei Lyrik auf Plakatwänden, eine konstitutive Rolle. Hier sind es die Betrachter:innen, die poetischen Sinn durch Bewegung im Raum erzeugen. Seit den 1980er Jahren werden in der Werbung auch bewegte, elektronische Billboards eingesetzt, und diese werden ebenfalls durch Textkunst mitunter zweckentfremdet, so in den schon diskutierten Arbeiten Jenny Holzers (siehe Kap. 3.7) oder in der Praxis der Konzeptkünstlerin Anne Bray, die etwa durch ihre Arbeit *Single-Handedly* (1989) ein Billboard auf dem Times Square in New York in Beschlag nahm. Zu lesen war dort der konsumkritische Text „I DON'T BUY IT, BUT I PAY FOR IT" und zu sehen war eine Hand, die Anzeigen auf Werbetafeln und anderen Medien, u. a. in einer Zeitung, entfernt. Danach wurde die Handfläche präsentiert, die zum Abschied winkte „while removing the words ‚BUY' and ‚THE PRICE IS ALIENATION'" (Bray 2002, 17). Eine Kunstaktion ganz im Sinne der Situationistischen Internationalen, auf die wir in diesem Kapitel zurückkommen werden.

Seit 2012 gibt es in New York ferner ein öffentliches Kunstprogramm namens Times Square Arts. Das Projekt kooperiert mit – zumeist bekannten, etablierten – zeitgenössischen Künstler:innen, „to experiment and engage with one of the world's most iconic urban places" (Times Square Arts 2016, 492). Jeden Monat bespielt ein:e von der Alliance ausgewählte:r Künstler:in über 50 große Screens zwischen der 41. und 49. Straße für täglich exakt drei Minuten, von 23.57 Uhr bis Mitternacht, weswegen das Projekt den Titel *Midnight Moment* trägt.[1] Indirekt werden so jährlich mehr als 1,5 Millionen Dollar für Kunst zur Verfügung gestellt, indem auf Werbeeinnahmen in dem Zeitfenster verzichtet wird (vgl. Times Square Arts 2016, 495):

> Times Square's electronic billboards are more than screens as the more recent LED structures follow the architecture of the artificial ‚canyon'. They are curved, windowed, cornered, low and high, from ground level placement to sixteen-story towers wrapping around buildings. The effect is a man-made environment that epitomises the urban landscape. (Times Square Arts 2016, 493)

In dieser Beschreibung werden die Dimensionen – monetär wie auch räumlichextensiv – des Turbokapitalismus deutlich: Werbetafeln ‚formen' ikonische Plätze und Stadtansichten, ihre Wirkmacht ist monumental. Damit Kunst sich in diesem Umfeld überhaupt behaupten kann, sind konzeptuelle Setzungen erforderlich, wie die Kürze des Zeitfensters, aber auch die Hervorhebung durch einen 10-sekündigen Countdown in Schwarz-Weiß, bevor die Werbetafeln ‚auf Kunst umschalten'. Außerdem soll sich Kunst in ästhetischer Hinsicht abheben: „For Midnight Moment, the artwork must distinguish itself form other screens' advertisements with different movements, paces or color washes." (Times Square Arts 2016, 493) Nicht nur visuell unterscheidet sich die gezeigte Kunst von Werbeästhetik, auch inhaltlich verfolgt sie ganz andere Ziele, wenn sie politische Themen aufgreift, etwa im Mai 2013 die Hurrikan-Sandy-Katastrophe (vgl. Times Square Arts 2016, 495). Zum Teil, wie in einem Werk von Shantell Martin, wird Schrift künstlerisch eingesetzt – und mit darin formulierten indirekten Fragen („WHO YOU ARE") oder Aussagesätzen („I LIVE HERE"[2]) sogar Identitäts- und Stadtpolitik hinterfragt.

Billboard Poems von Robert Montgomery in London

Gegenüber derartiger Kunst im öffentlichen Raum, die Großinvestor:innen finanzieren, um ihr Image zu verbessern – und vielleicht zugleich für New York als Kulturmetropole zu werben – muten die *billboard pieces* Robert Montgomerys fast verwegen schlicht an. Es handelt sich dabei um von ihm selbst verfasste poetische Texte in englischer Sprache, die in weißen Majuskeln im Schriftsatz Futura auf schwarzen Grund gedruckt werden, und zwar zumeist linksbündig. Die Texte erinnern dadurch visuell an Lyrik, aber auch inhaltlich liegt diese literarische Gattung wegen der auffälligen Verwendung von Metaphern, Vergleichen, Naturbildern sowie einer subjektiv und emotional anmutenden Sprechweise nahe. Die Zeilenumbrüche werden allerdings meistens durch den Rahmen der Plakatwand vorgegeben, und nicht durch eine vom Künstler vorgegebene Versifizierung. Manchmal werden sie aber auch bewusst gesetzt, so etwa auf einer Serie in den Werbeschaukästen von Bushaltestellen (Abb. 3.8.1), die durch das Hochformat ohnehin eine verstärkte Lyrik-Optik aufweisen (vgl. Montgomery in Wobbe/Wobbe 2015, 50 und 53).

Zu Beginn seiner Karriere hat Montgomery gemeinsam mit Freund:innen nachts illegal Plakatwände in London überklebt und damit eine subversive und konsumkritische Praxis im öffentlichen Raum betrieben. Inzwischen handelt es sich zumeist um offizielle, genehmigte Aktionen, die oft in Verbindung mit lokalen Kunstinitiativen durchgeführt werden. Die Plakatwände werden allerdings bis heute weder mit dem Namen des Künstlers noch mit dem einer Institution gekennzeichnet; sie irritieren als ‚Sprechakte' daher durchaus:

> Nicht selten ist auf das Moment des Geisterhaften verwiesen worden im Zusammenhang mit den Arbeiten des schottischen Künstlers: Worte, die so unvermittelt in den Straßen unserer Städte auftauchen und wieder verschwinden, wie aus dem Nichts gesprochen. Worte, die an keinen konkreten Sprecher gebunden sind, sondern vielmehr an einen Ort oder einen Moment. (Wischnewski 2015, 178)

Montgomerys visuell einfach gestaltete urbane Lyrik enthält vielfältige Kritik etwa an der Schnelllebigkeit unserer Zeit, der Regierungspolitik, der Werbung oder dem generellen Konsumverhalten spätkapitalistischer Gesellschaften. Dabei wählt er in

Abb. 3.8.1: Robert Montgomery: *Words in the City at Night*, Billboard Poem, London (2004).

der Regel unbestimmte Pronomina, um Allgemeingültigkeit zu erreichen (vgl. Montgomery in Weatherman 2015, 181), und um die Leser:innen direkt anzusprechen, zum Denken anzuregen. Wie im Zitat Wischnewskis ausgeführt, sind sie als Aussagen nicht an eine konkrete Sprechinstanz gebunden und lassen sich daher auf Situationen im Hier und Jetzt übertragen.

Mit der ersten Serie von Billboard Poems beteiligte sich Montgomery im Frühjahr 2003 an den Protesten gegen den Irakkrieg in London: Am 15. Februar 2003 fanden weltweit Protestmärsche gegen die geplante Invasion des Irak unter Leitung der USA statt, die auf die Attacken vom 9. September 2001 folgten; allein in London gingen mehr als zwei Millionen Menschen auf die Straße, um gegen die Politik von George W. Bush und Tony Blair zu protestieren; trotz der Massenproteste marschierte die von den USA angeführte Koalition am 20. März 2003 in den Irak ein. Montgomery nannte die 2003 bis 2004 entstandene und plakatierte Serie der Billboards *Words in the City at Night*, was neben dem Aspekt des Träumens eventuell auch auf den des Unbewussten verweisen soll. Eines der Billboards hing im Querformat vor der National Gallery in London sowie im Hochformat an Londoner Bushaltestellen (Abb. 3.8.1). Das Gedicht im Hochformat weist eine ungewöhnliche visuelle Gestalt auf, die einerseits seinen assoziativen und flüchtigen Gedankencharakter betont – Peñas schlägt treffend vor, Montgomerys Sprechweise als „Unbestimmtheit einer inneren Stimme" zu interpretieren, die „uneindeutig" bleibt, um so eine „schwer zu fassende Intimität" zu erzeugen (Peñas 2015, 184–185.). Andererseits animiert das ungewöhnliche Layout Personen, die auf den Bus warten, möglicherweise zum Lesen und Nachdenken.

Das zweifache ‚Wir' im zitierten Poem betont die kollektive Verantwortung für den nicht namentlich erwähnten Irakkrieg, weil dieser auf einem „SILENT | CONSENT", einem Nichteingreifen, beruht – der durch Zeilenumbruch und Enjambement auch performativ umgesetzt wird, weil hier die Zäsur des Stillbleibens visuell markiert wird. Dreimal wird zudem durch das Possessivpronomen *our* Gemeinsamkeit betont. Zwar bleibt die Stimme, die sich hier artikuliert, vage und unkonkret, es gibt niemanden, „mit dem man in Verbindung treten könnte, aber oft findet sich ein ‚Ihr' oder ‚Wir', an das die Botschaft, die Aufforderung oder die Mahnung gerichtet ist" (Peñas 2015, 184). Montgomery bemerkt zu diesem Billboard Poem:

> It's the idea that if we allow something to become inhumane, even if it feels really far away and it's just on TV, it has some kind of effect on us anyway. It somehow invades our subconscious mind and it gets into our dreams. It's not like there's no effect on the psyche. (Montgomery in Small 2013, o.S.)

Durch die grammatische Verknüpfung von stillem Einverständnis, Stadt und Traum wird eine Art kollektives Unbewusstes nahegelegt: dass die aus dem Krieg zurückkehrenden, über den Städten schwebenden Flugzeuge latent an das Grauen erinnern, das sie weit weg hervorgerufen haben. Eine solche assoziative Verbindung von Traum und Erinnerung ist für Montgomerys Texte typisch, viele seiner Werke befassen sich auch mit geschichtlichen Ereignissen (vgl. Wischnewksi 2015, 177). Antikriegsproteste und Pazifismus sind Themen weiterer Textkunst-Arbeiten von ihm wie etwa *Shock and Awe* (2003), die eine US-amerikanische Militärstrategie problematisiert und ebenfalls mittelbar den Irakkrieg kritisiert, oder ein 2014 vor dem Louvre in Paris entzündetes *fire poem*, das sich gegen historische Kriegsdenkmäler richtet (vgl. Polla 2015, 170).

Montgomery versteht sich als *urban poet* und bezieht sich konkret auf die Textkunst Lawrence Weiners und Jenny Holzers, die beide auch im öffentlichen Raum arbeiten (vgl. Small 2013, o.S.; Lützow 2015, 186). In der Kunstkritik wird er als „postsituationistischer Künstler" bezeichnet, „der mit seinen ‚visuellen Gedichten' in den öffentlichen Raum eindringt – anfangs oft illegal – und ihn besetzt" (Polla 2015, 168). Wie Holzer (siehe Kap. 3.7) verwendet Montgomery seine Gedichte zum Teil mehrfach in unterschiedlichen Orten und Städten, was den Aspekt der Ortsbezogenheit relativiert. Er installiert seine Texttafeln fast ausschließlich im Außenraum von Städten, nur selten findet man sie in Museen oder anderen Innenräumen. Diesem Impuls zur künstlerischen Arbeit im Urbanen liegt ein eigentümliches Verständnis von Städten zugrunde, das Montgomery in einem Interview wie folgt umreißt:

> My basic apprehension of cities is that they are magical sculptures that we live in. I write quite a lot about landscape in the city, and the way that when you're in the city you can still feel the land. That exercise of like remembering the magic of a city and trying to uncover that sense of the sacred and the everyday, or a sense of God in the mundane, is a big part of my work, I think. [...] Having logically thought our way beyond God, [my work] is trying to find a kind of poetics, or a kind of language to replace that. (Montgomery in Small 2013, o.S.)

Ziel seiner Gedichte im urbanen Raum ist es also, an das im Lärm und Trubel der Stadt und in der säkularen Welt verlorene Magische und Heilige zu erinnern – was auch immer er darunter verstehen mag –, oder es in der urbanen ‚Landschaft' selbst zu entdecken: „Sein Interesse gilt dem lyrischen Potential der Stadt – wo er sich das Leben glücklich und *safe and warm in the fire of each other* ausmalt – und der Idee der Stadt als Gemeingut und folglich einem Ort der ständigen Begegnung und des ständigen Austauschs" (Polla 2015, 173). Mit seinen poetischen Texten – kursiv im Zitat von Barbara Polla ein treffender Auszug aus einem *light poem* – bietet er folglich eine Utopie an, „einen Blick auf eine bessere Welt mitten im Durcheinander von urbanem Mobiliar und erstickender Dichte an Werbung, die wir alle in unserem täglichen Treiben durch das moderne Leben ertragen müssen" (Dorrell 2015, 190). Montgomerys Kulturkritik richtet sich nicht unmittelbar gegen aktuelle Probleme städtischen Lebens wie etwa Gentrifizierung, Privatisierung, Verdrängung und Verdichtung, die gerade für eine Global City wie London typisch sind (vgl. Sassen 1991). Vielmehr wird die im Prinzip als positives Environment affirmierte Stadt als Bühne zur Auseinandersetzung mit anderen Problemfeldern genutzt.

Dazu zählen Ökokritik und Klimakrise, die er als ‚wichtigste Frage unserer Zeit' betrachtet (vgl. Montgomery in Small 2013, o.S.). Viele Poems thematisieren intensive Naturwahrnehmungen und -erlebnisse, die an das im Stadtraum Abwesende erinnern. Man könnte sie daher als sprachlichen Versuch neuromantischer ‚Stadtbegrünung' deuten, um der Stadt zumindest imaginär hinzuzufügen, was ihr fehlt (hier bietet sich eine Bezugnahme zu Ulrike Almut Sandigs Projekt *#audiblepoetry* in Delhi an, die den Mitwirkenden unter anderem mitgeteilt hatte: „A suitable text would be a poem/story that they think of would be strong enough to add something to the city that she lacks of"; siehe Kap. 3.4).

Neben Pazifismus und Ökologie ist Kapitalismuskritik ein weiterer Bereich von Montgomerys poetisch-politischer Agenda (was allerdings nicht ausschließt, dass er selbst geschäftlich hoch aktiv ist, wie seine Website und sein Instagram-Account zeigen, wo er seine Werke zu hohen Preisen anbietet und sich selbst mit einer Corporate Identity als ‚Marke' verkauft). Zum Beispiel propagiert er Nachhaltigkeit als Abkehr von Konsum und hat 2012 die antikapitalistische Occupy-Bewegung aktiv unterstützt. Die zentrale Strategie Montgomerys besteht darin, mit seinen Plakatgedichten im urbanen Raum „die omnipräsente visuelle Kultur des Kapitalismus mit ihren eigenen Waffen zu schlagen" (Arend 2015, 176). In seinen Arbeiten stützt er sich auf die Thesen der kapitalismuskritischen Situationist:innen um Guy Debord, die anknüpfend an Karl Marx die Tätigkeit von Arbeiter:innen als entfremdet ansehen. In der Gesellschaft des 20. Jahrhunderts beobachten die Situationist:innen eine zunehmende Distanzierung von ihrer beruflichen Tätigkeit und ihrer sozialen Mitwelt, die sich im Konsumimperativ und in der Omnipräsenz von Werbung zeigt, die falsche Glücksversprechen und eine Scheinwirklichkeit evoziert. Debord bezeichnet Werbung als akkumuliertes ‚Spektakel', das Bilder von großer Wirkmacht erzeugt, die die Wirklichkeit fundamental überlagern (vgl. Debord 2013 [1967], 27; Arend 2015, 176). Diese Bilder sind aus situationistischer Sicht zu kritisieren, weil durch sie Unmittelbares, Erlebtes und Ereignishaftes in falsche Repräsentationen transformiert wird, die der Kontrolle des herrschenden Systems unterstehen (vgl. Ballhausen 2011, 11). Montgomery setzt auf Debords gemeinsam mit Gil Wolman entwickelte Technik des *détournement*, der strategischen ‚Zweckentfremdung', und praktiziert diese auf Werbetafeln, indem er ihre kommerziellen Slogans durch Poesie ersetzt (vgl. Debord/Wolman 1995 [1956]; Chlada 2002, 160):

> Wie die Situationist:innen setzt Montgomery auf Umwälzungen im täglichen Leben. Dafür platzierte er seine Arbeiten nicht im White Cube, sondern im urbanen Raum. Wo Graffiti-Sprayer gemeinhin verdeckt ihre Zeichen/Tags in die Grauzonen der Wahrnehmung setzen, bspw. in Unterführungen, an Autobahnbrücken oder auf Häuserwänden, agiert Montgomery offen, nutzt u. a. Bushaltestellen, Parks, Plakatflächen als Projektionsflächen. Seine Botschaften stellen die gegebene Ordnung infrage, dem Prinzip der ‚gegenhegemonialen Intervention' der belgischen Politologin Chantal Mouffe folgend. (Arend 2015, 176)

In Anschluss an Antonio Gramscis Begriff von Hegemonie plädiert Chantal Mouffe zusammen mit Ernesto Laclau für eine Verbindung der Diskurse über Demokratie und Sozialismus und damit für eine Abkehr von (leninistischen) Phantasien vom Sturz des bürgerlichen Staates (vgl. Laclau/Mouffe 1987). Diese auf eine neue Hegemonie zielenden Diskurse müssten nicht in erster Linie von einer Partei getragen werden, sondern können erstens an die Neuen Sozialen Bewegungen anschließen, die etwa Fragen des Feminismus, des Wohnens und der Ökologie thematisieren, und zweitens auch im Feld der Kultur geführt werden.

Künstlerisch-poetische Interventionen wie die von Montgomery haben das Ziel, „den Raum der Verdrängung und des Konfektionierten für Momente des Existenziellen, Emotionalen und Spirituellen" zu öffnen und „die Suche danach zu einer öffentlichen Angelegenheit" zu machen (Arend 2015, 176). Die „Hauptkraft" der Zweckentfremdung ist nach Debord und Wolman „von ihrem bewußten oder undeutlichen Wiedererkennen durch das Gedächtnis abhängig" (Debord/Wolman 1995, 22). Es geht auch darum, Ähnlichkeiten zwischen Werbesprache und poeti-

Abb. 3.8.2: Robert Montgomery: *Royal Wedding Poem 2*, Billboard Poem, Shoreditch, London (2011).

scher Sprache offenzulegen, etwa die Adressierung von Emotionen und Bedürfnissen, auch um erstere zu ‚decodieren' (vgl. Hall 1999 [1973]). Die Situationist:innen haben dafür den (umstrittenen) Begriff der ‚Psychogeographie' geprägt, womit die unmittelbare Wirkung der räumlichen, urbanen Umwelt auf das Gefühlsleben des Individuums gemeint ist (vgl. Ford 2007, 38). Dadurch ist die Psychogeographie ein Vorläufer der raumsoziologischen Thesen, die als einseitiger „Raumdeterminismus" (Roskamm 2012, 183) kritisiert werden. Montgomery hat zum Einfluss des Situationismus für sein Werk bemerkt, dass ihm deren „emotionale Beschäftigung mit der Innenwelt" gefallen habe: „Was der Kapitalismus mit deinem Herzen macht oder dem Kind in dir." (Montgomery in Lützow 2015, 186) Grundannahme seiner Arbeit ist, dass der Diskurs der öffentlichen Werbung eher schlicht ist und die Werbeindustrie die Konsument:innen als einfältig einschätzt: Seine Arbeiten versteht er als eine kurzzeitige Unterbrechung der lauten, lärmenden Anzeigen: „It should be a moment of pause and an opportunity to get into more reflexive space." (Montgomery in Small 2013, o.S.) Montgomery bezieht sich ebenfalls auf Debord, wenn er bemerkt, dass die Werbebilder, auf die der Blick im Stadtraum ununterbrochen trifft, „uns letzten Endes im Inneren verwunden, ein tiefes Gefühl der Unwirklichkeit erzeugen würden, der Leere und Ohnmacht" (Polla 2015, 173). Seine Wortkunst richtet sich beschwörend dagegen, wie dieser Auszug aus einem Londoner Billboard von 2011 verdeutlicht (Abb. 3.8.2):

I CLOSE MY EYES AND THINK OF ALL THE THINGS I
DON'T WANT AND I VISUALIZE THEM ROLLING BY,
VACCUUM CLEANERS, 3-D-TVS, NEW PHONES AND
CARS AND HAND BAGS, A NEAT HOUSE IN THE
SUBBURBS. I THINK OF HOW UNHAPPY THESE THINGS
WOULD MAKE ME AND THEN I AM FREE. [...]
(Montgomery in Wobbe/Wobbe 2015, 47)

Platziert auf einer ‚zweckentfremdeten' Fläche, auf der sonst ebendieser Kauf von Staubsaugern, Fernsehern, Telefonen, Autos und Handtaschen und der Erwerb von Eigenheimen am Stadtrand nahegelegt wird, ‚wirbt' Montgomery für die Befreiung von allen diesen Dingen, die nur falsche Glücksversprechen bieten. Durch die Wahl des Präsens und der ersten Person Singular handelt es sich um eine mentale Anleitung zum Konsumverzicht: indem die Objekte vor dem inneren Auge erscheinen (‚vorbeirollen', wie etwa an den Werbetafeln entlanggleitende Autos), wird es möglich, sich von ihnen zu verabschieden. Man kann derartige Texte Montgomerys als Anrufung einer persönlichen Befreiung und Heilung durch moralisch gutes individuelles Handeln lesen, was allerdings in einer Metropole wie London, die als Global City wie kaum eine andere europäische Stadt von weltumspannenden Kapitalinteressen dominiert wird, wie ein hilfloser Aufschrei wirkt. Montgomery nutzt die Bühne der Stadt, er zielt jedoch nicht auf eine unmittelbare Ortsbezogenheit seiner Werke, die die Kapitalismuskritik mit einer Kritik an den Entwicklungen des „London space" (Millington 2018, 55) verbindet: Hier hat sich die soziale Ungleichheit in den letzten zwei Jahrzehnten sich deutlich verschärft (vgl. Trust for London 2021), große Teile des Wohnungsmarkts sind für Londoner:innen gar nicht mehr zugänglich, weil sie ausschließlich für eine global agierende Klasse der Superreichen gebaut oder saniert werden, und die lokale Bodenpolitik befördert die Trends des Finanzmarktkapitalismus noch weiter (vgl. Beswick/Penny 2018).

Geisterpoesie auf dem Tempelhofer Feld, Berlin

Auch *Echoes of Voices in High Towers* (2012/13) auf dem Tempelhofer Feld in Berlin lässt sich als ein Projekt verstehen, das etwas ‚Heilendes' hat oder Heilung sucht, hier jedoch mehr im politisch-historischen Sinne (Abb. 3.8.3). Montgomery hat diese Open-Air-Ausstellung zusammen mit der Kunstinitiative Neue Berliner Räume in Berlin realisiert, einem gemeinnützigen Verein, dessen Projekte sich „schwerpunktmäßig mit den historischen, gesellschaftspolitischen, affektiven und architektonischen Kontexten verschiedener Orte" der Stadt Berlin beschäftigen und sie „unter den Vorzeichen dieser Auseinandersetzung mit einem breiten Publikum [teilen]".[3] Dieser Konzeption entsprechend hat Montgomery im Sommer 2012 mehrere Typen

Abb. 3.8.3: Robert Montgomery: *Echoes of Voices in High Towers*, Billboard Poems vor dem ehemaligen Flughafengebäude, Tempelhofer Feld, Berlin (Sommer 2012).

von Schriftinstallationen auf dem ehemaligen Flughafengelände Tempelhof und 20 in der Stadt verteilte Plakatwände mit poetischen Texten präsentiert; später kam noch eine Ausstellung in den umfunktionierten Räumen des Stadtbads Wedding hinzu. Auf dem Tempelhofer Feld fanden sich Texte in drei unterschiedlichen Medien, die die Facetten von Montgomerys urbaner Praxis gut abbilden: drei weitere Plakatgedichte vor der monumentalen Nordfassade des Flughafengebäudes, zwei großformatige, illuminierte Gedichtskulpturen am Haupteingang des Parks (Abb. 3.8.4) sowie ein anlässlich der Vernissage angezündetes *fire poem*. In Interviews aus dieser Zeit spricht der Künstler von einem „fast poetischen Aspekt" Berlins, wonach die Geschichte hier an einem Ort lesbar ist, „an dem man die Narben der Irrtümer und Tragödien des 20. Jahrhunderts vor Augen hat" (Montgomery in Lützow 2015, 185). Das Tempelhofer Feld als einen besonders geschichtsträchtigen Ort Berlins kommentiert er wie folgt:

> The location is called Tempelhof Airport, and it has this intense history. It was the airport where the German army made Luftwaffes [sic], the airplanes in the Second World War. This is the original airport. When the Red Army took Berlin at the end of the war, there was still a hardcore S.S. command in the basement of the building, and they couldn't shoot them. So they flooded the basement and locked it with the German soldiers inside. It then became a U.S. Air Force base in the 1950s in the Cold War. The structures that I worked on are the baseball scoreboards, so it has the scoreboard on the back. (Montgomery in Small 2013, o.S.)

Als die Entscheidung fiel, Montgomerys Werke hier auszustellen, war das ehemalige Flughafengelände gerade der Öffentlichkeit zur freien Nutzung als Park übergeben worden. Das Tempelhofer Feld, wie der Park nun offiziell heißt, ist mit 300 Hektar fasst so groß wie der New Yorker Central Park. Durch einen erfolgreichen Volksentscheid wurde 2014 sichergestellt, dass der Park im Eigentum des Landes Berlin verbleibt, nicht bebaut wird und Bewohner:innen und Besucher:innen der Stadt „uneingeschränkt und unentgeltlich zur Freizeitgestaltung und Erholung zur Verfügung"[4] steht – das „Recht auf Stadt" (Lefebvre 2016 [1968]) konnte hier durch eine breite Koalition von Initiativen durchgesetzt werden.

Die vom Künstler erwähnten Spuren der Geschichte sind vor Ort mehr oder weniger gut sichtbar: das monumentale NS-Flughafengebäude dominiert weiterhin das Gelände, auch die Anzeigetafeln des Baseballfeldes sind noch gut zu sehen, während letzte Mauerreste des KZs Columbia-Haus sowie Fundamente des NS-Zwangsarbeiterlagers eher schwer zu finden sind; der Ort zeichnet sich außerdem durch eine besondere Dichte an Denkmälern aus, unter anderem eines für die Berliner Luftbrücke 1948/49 (vgl. Wischnewski 2015, 177).

Abb. 3.8.4: Robert Montgomery: *Echoes of Voices in High Towers*, Light Poem Tempelhofer Feld, Berlin (Sommer 2012).

Montgomerys den Titel des Kunstprojekts aufnehmendes, für Berlin geschriebenes *light poem* kann man als Auseinandersetzung mit der besonderen Geschichte dieses Ortes deuten. Anders als die technisch aufgerüsteten Lichtkunstarbeiten Holzers im öffentlichen Raum, die auf Xenon-Projektionstechnik beruhen (siehe Kap. 3.7), werden Montgomerys *light poems* mit umweltfreundlicher LED-Solarenergie betrieben und leuchten daher abends und nachts je nach vorheriger Sonneneinstrahlung mal mehr, mal weniger stark (vgl. Small 2013, o.S.). Auf einem freien Feld im urbanen Setting wird dieser konzeptuelle Naturbezug verstärkt, auch wenn er inhaltlich im Text keine Rolle spielt:

> ECHOES OF VOICES IN THE HIGH
> TOWERS ALL WOUNDS EXPLAINED
> HERE ALL KNIVES BANDAGED
> ALL EMPIRES ARRESTED ALL CASTLES
> UNBUILT ALL HEARTS UNBROKEN

Diese fünf Zeilen sind „Grabrede, Erinnerung, Hymne, Klagelied zugleich" (Schwilden 2015, 187). So ist in den Versen die Rede von ‚allen Wunden', die ‚hier' ‚erklärt' werden, wodurch das Gedicht eine starke Ortsbindung behauptet. In historischer Lesart sind dies die Wunden von Krieg und Gewalt, was auch die poetische Wendung von den ‚bandagierten Messern' nahelegt: Waffen, die nicht mehr verletzen, die vielleicht sogar selbst ‚verletzt' sind (was auch immer das heißt). Der Vorgang hat, so das im Gedicht vorgebrachte Argument weiter, ein metaphorisches ‚Gefangennehmen' aller (kriegerischen) Weltreiche zur Folge, den ‚Abbau' aller (imperialen) Schlösser und dadurch auch ein ‚Nichtzerbrechen' aller Herzen (genauer: ein Ungeschehenmachen ihres Brechens). Wortwahl und Bildlichkeit sind pathetisch und von grandioser Geste, und spiegeln sich auch in der physischen Größe des *light poems* selbst wider, was zur immensen Größe dieser Freifläche passt, die es in urbanen Räumen in diesem Ausmaß in Großstädten selten gibt.

In den *billboard pieces* vor dem Flughafengebäude wiederum finden sich neben historischen Verweisen direkte Ortsbezüge auf die Stadt Berlin und ihre Geschichte. So beinhaltet der links plazierte Text die Verse „BERLIN A NEW QUIET PLACE OF CHILDREN | AND FLOWERS, A PLACE TO TALK ABOUT | HEALING AND NEW KINDS OF | BUILDING [...]" (Montgomery in Wobbe/Wobbe 2015, 28–29). Und im rechten Plakatgedicht liest man:

> [...] A FRAGILE
> GLASS CROWN AT THE BROKEN HEART OF
> EUROPE-THE HOLOCAUST MEMORIAL AND
> SIDE-BY-SIDE HIROSHIMA STRASSE. NEVER
> AGAIN PLEASE ISRAEL, NEVER AGAIN
> PLEASE IRAN, NEVER AGAIN PLEASE
> AMERICA [...][5]

Wenn Berlin in diesen Poems als ‚ein neuer stiller Ort für Kinder und Blumen' beschrieben wird, so erinnert dies zwar lose an das im gleichen Jahr an der Fassade der Alice Salomon Hochschule gemalte Wandgedicht Eugen Gomringers (siehe

Kap. 3.11), steht aber zugleich im demonstrativen Widerspruch zur Geschichte dieses speziellen Ortes. Montgomery beschreibt die Stadt Berlin – oder das Tempelhofer Feld: „A PLACE" ist mehrdeutig – als einen Ort, wo Heilung und neue Formen des Bauens und Aufbauens möglich sind. Dies lässt sich wiederum auf die Gedenkkultur der deutschen Hauptstadt beziehen, etwa auf das im rechten Text erwähnte Holocaust Memorial (und dessen hier behauptete Nähe zur Hiroshima-Straße, die sich faktisch aber beim Jüdischen Museum befindet). Unmittelbar nach der Erwähnung der Shoah und an einem Schauplatz der Naziherrschaft allerdings „NEVER | AGAIN PLEASE ISRAEL, NEVER AGAIN | PLEASE IRAN, NEVER AGAIN PLEASE | AMERICA" zu lesen, ist politisch und historisch fragwürdig. Montgomery relativiert durch diese Reihung nicht nur die Shoah, sondern ignoriert hier völlig, dass das iranische Regime mehrfach mit der Vernichtung Israels gedroht hat. Diese Täter-Opfer-Umkehr ausgerechnet in Berlin zu veröffentlichen, ist eigentlich eine Ungeheuerlichkeit.

Zur Ausstellungseröffnung präsentierte der Künstler auf dem Tempelhofer Feld auch ein *fire poem*, das er in einer Performance effektvoll vor dem Berliner Nachthimmel anzündete. Anders als eine Reihe weiterer solcher ‚Feuerwerke' für internationale Großmuseen und Kunstevents – unter anderem im Hof des Louvre in Paris sowie beim Edinburgh Art Festival – waren die Buchstaben hier nicht auf ein Metallgerüst montiert, sondern hingen wie Wäschestücke an einer feuerfesten Leine (siehe Abb. in Wobbe/Wobbe 2015, 68). Diese Präsentationsform verstärkte den performativen Charakter, denn schon vor dem Abbrennen war die Schrift durch Wind in Bewegung. Wie auch bei den anderen Feuergedichten bestanden die Buchstaben aus Holz und waren mit brennbarem, flüssigem Brandbeschleuniger getränktem Textil beschichtet, wodurch sie schnell in Flammen standen, um dann über eine längere Zeitspanne auszubrannten. Die bei diesem wie ein heidnisches Ritual anmutenden Happening naheliegende Assoziation, dass 1933 in vielen deutschen Städten auf öffentlichen Plätzen Bücher, auch solche mit Gedichten, verbrannt wurden, wird allerdings nicht aufgegriffen. Zu lesen war die recht enigmatische Phrase „THE WAY THE PAGAN GODS ARE HALF REMEMBERED HERE", was ebenfalls eine unheimliche Assoziation erzeugt, gab es im Nationalsozialismus doch tatsächlich eine Affinität zu den heidnischen Göttern der Antike. Die Phrase ist zugleich Bestandteil eines in Berlin aufgehängten Billboard Poems, worin das artikulierte Ich des Gedichts eine Alltagssituation beschreibt, wonach es sich auf dem Weg nach Hause eine Zigarette anzündete,

[...] AND TALKED
TO YOU ABOUT THE WAY THE PAGAN
GODS ARE HALF REMEMBERED, JUST
BELOW THE LIMINAL, RUMOURED,

> WHISPERED, GLIMMERED. BUT STILL SEEM
> IN OUR REACH. [...]
> (Montgomery in Wobbe/Wobbe 2015,
> 68–69; 74)

Ohne auf diesen längeren Text an dieser Stelle näher einzugehen kann festgehalten werden, dass das Feuergedicht als Zusatz das Lokaladverb „HERE" aufweist, das, wie im zitierten Lichtgedicht, Präsenz erzeugt, also auf das Gelände des Tempelhofer Flughafens selbst verweist. Wenn die millionenfach auf der Blog-Plattform Tumblr kommentierten ikonischen Bilder des brennenden und dann verbrannten Gedichts eine zentrale Aussage haben, dann ist sie die der Flüchtigkeit: Unter dem ‚Himmel über Berlin' – Wim Wenders' gleichnamiger Film spielt für Montgomery nach eigener Aussage eine wichtige Rolle (vgl. Montgomery in Lützow 2015, 185) – ereignet sich ein unwiederbringliches performatives Ereignis, das die Volatilität gesprochener Worte eindringlich zu visualisieren vermag (zu den vom Berliner Himmel regnenden Gedichten des Projekts von Casagrande siehe Kap. 3.6).

Konträr zu dieser eher abgehobenen Aussage des Tempelhofer *fire poems* fand sich in der Görlitzer Straße (Berlin-Kreuzberg) ein Plakatgedicht Montgomerys mit expliziter Kritik an der Digitalisierung. Darin heißt es: „DIGITAL≫ THE WAY YOU ACTUALLY SEE THINGS | WILL CHANGE BECAUSE THE WAY YOU | ACTUALLY REMEMBER THINGS WILL CHANGE" (Montgomery in Wobbe/Wobbe 2015, 63). Das Poem thematisiert digitale Fotografie, die nicht mehr auf dem chemischen Vorgang der Belichtung beruht, sondern auf arrangierten „INDIVIDUALLY COLORED CELLS", die die Welt, wie behauptet wird, nur schlecht abbilden könnten:

> [...] DIGITAL
> CAMERAS MISTAKE ALL OBJECTS AS EMITTING
> LIGHT AND THESE WILL BE OUR KIND OF
> MEMORIES OUR EYES WILL EVOLVE WITH IT, THE
> FIRST TIME YOU WILL SEE A DIGITAL IMAGE OF A
> DEAD FRIEND WILL BE THE BEGINNING
> (Montgomery in Wobbe/Wobbe 2015, 63)

Die hier artikulierte, recht eindimensionale Digitalisierungskritik steht im deutlichen Widerspruch zu Montgomerys umfassender Online-Präsenz und zu seinem Status als Social-Media-Celebrity, hat er doch unter dem Usernamen *robertmontgomeryghost* viele Tausend Follower auf Instagram, postet dort Bilder seiner eigenen Arbeiten immer wieder und etabliert so neue Kontexte. Fans und Follower sind ebenfalls aktiv in das Netzwerk eingebunden (manche tätowieren sich seine dort geposteten Epigramme sogar auf ihren Körper und präsentieren Fotos der Resultate wiederum in Sozialen Medien). Als Künstler wurde er „von der ‚Generation Internet' leidenschaftlich angenommen" (Polla 2015, 171). Einer der bekanntesten

Sinnsprüche Montgomerys, den er erstmals 2010 für ein Lichtpoem installierte, „THE PEOPLE YOU LOVE | BECOME GHOSTS INSIDE | OF YOU AND LIKE THIS | YOU KEEP THEM ALIVE", wies bereits 2015 bei Google mehr als zwei Millionen Einträge auf (die meisten aber als Prosatexte formatiert, also nicht versifiziert), inzwischen wurde er etwa 30 Millionen Mal geteilt, und hat Montgomery wohl auch zu seinem Instagram-Namen inspiriert. Barbara Polla hat diesbezüglich spekuliert, der Künstler habe, „vielleicht entgegen seiner Intention", das Internet „als das perfekte neue Medium für Poesie entdeckt" (Polla 2015, 172). Auf die Frage, wie es sich anfühlt, dass Menschen sich seine Verse auf den Körper tätowieren, antwortete er bereits 2012:

> It proves that first, billboards are a good medium for poetry, and secondly, the Internet is a really good medium for poetry. I can do a piece in London on Thursday, someone takes a picture of it during the opening, puts it on Facebook and by Sunday, a kid in L.A. will have a tattoo of it and then twitter that picture back into the Twitter feed. So you can see poetry moving very quickly through the internet on an exponential curve, and that's really beautiful.[6]

Dieser durchaus unkritische Kommentar setzt die Verbreitungsmöglichkeiten einer Reklametafel mit der des Internets gleich und betont die beiderseitige Allgegenwart und Verfügbarkeit. Damit wird zugleich das Primat des urbanen als eines öffentlichen Raums entwertet, wenn Montgomery nämlich den virtuellen Raum kommerzieller und nichtdemokratischer Social-Media-Plattformen mit diesem schlicht gleichstellt. Es erweist sich, dass der Künstler seinen eigenen Prämissen nur teilweise folgt. Denn bei Debord heißt es kritisch, die „erlebte Wirklichkeit" werde „durch die Kontemplation des Spektakels materiell überschwemmt" und nehme „in sich selbst die spektakuläre Ordnung wieder auf, indem sie ihr eine positive Zustimmung gibt" (Debord 2013 [1967], 16). Ebendiese Geste lässt sich auch bei Montgomery finden – weswegen seine Billboard Poems auch nur in scheinbarem Gegensatz zu visuell spektakuläreren Kunstformaten wie dem „Midnight Moment" der Times Square Arts stehen.

3.9 Şiir Sokakta – Protest und Poesie in Istanbul

In diesem Kapitel wird die türkische Bewegung Şiir Sokakta (‚Das Gedicht ist auf der Straße') verhandelt, die in den Protesten um den Gezi-Park in Istanbul 2013 entstanden ist und an eine Tradition anknüpft, mit Gedichten in politische und städtische Konflikte einzugreifen.

Die Gezi-Park-Proteste in Istanbul

Der populäre Gezi-Park im Stadtteil Beyoğlu gehört zu den wenigen Grünflächen in der dicht bebauten Innenstadt der Megacity Istanbul (ca. 16 Mio. Einwohner:innen). Als 2013 staatliche Pläne bekannt wurden, dass dieser Park zum Teil überbaut werden und einem Shopping Center weichen sollte, regte sich Widerstand, der sich zu einer Oppositionsbewegung gegen die AKP-Regierung ausweitete. In fast allen Provinzen des Landes kam es zu Solidaritätsbekundungen, so dass letztlich die größte politische Massenbewegung in der Geschichte der modernen Türkei entstand (vgl. Aytekin 2017, 192). Nach Schätzungen beteiligten sich landesweit drei Millionen Menschen an den Protesten gegen die Regierung (vgl. Balaban 2021, 275). Die Proteste entzündeten sich zwar an den konkreten Umbauplänen für den Gezi-Park, thematisiert wurden aber darüber hinaus weitere stadtpolitische Themen und eine neoliberale Stadtpolitik, die die Gentrifizierung von Stadtvierteln und die damit einhergehende Verdrängung aus innerstädtischen Wohnvierteln für die Unterschicht forciert, ökologisch riskante Projekte plant und Konsumtempel für die finanzkräftige Mittelschicht durchsetzt. Die Proteste richteten sich ferner gegen die umstrittenen Großprojekte Istanbuls: den Bau eines dritten Flughafens und einer dritten Brücke über den Bosporus, die mittlerweile realisiert wurden, sowie gegen die Pläne für einen Kanal, der den Bosporus entlasten soll (vgl. Yücel 2017, 28). Und sie richteten sich gegen die Gesellschaftspolitik der zunehmend autoritär agierenden Regierung des Ministerpräsidenten Erdoğan und das konservativ-islamische Gesellschaftsbild der AKP, von der sich gerade junge Türk:innen in ihrem Lebensstil bedroht sahen (vgl. Ataç/Dursun 2013, 445). Mit der Entscheidung der Regierung, den Gezi-Park zu überbauen, kulminierte also eine Unzufriedenheit, die sich aus unterschiedlichen Quellen speiste, zumal die großen Bauprojekte ohne jede Beteiligung von Anwohner:innen und zivilgesellschaftlichen Organisationen umgesetzt wurden:

> Beyond this, the sale or rental of public spaces, forests, and parks to private concerns, the suppression of the people's right to express their opinions freely, the arrest of innocent students for opposing the government, the bans on abortion and off-premise alcohol sales after10:00 p.m., the assassination of Armenian journalist Hrant Dink in 2007, and the deaths of thirty-four

Kurds during the Roboski airstrike in 2011 all aggravated the precarious situation preceding the Gezi Park protests. Although these events had been protested occasionally by local groups, it was the Occupy Gezi movement that brought all of them together. (Özdemir 2015, 250).

Das breite inhaltliche Spektrum der Proteste ist ein Grund dafür, dass die soziale Basis der Bewegung von Angehörigen der Mittelschicht bis zu Arbeitslosen, Angehörigen der LGBT Community, Fußballfans und Künstler:innen reichte (vgl. Aytekin 2017, 196, 200–201; Ataç/Dursun 2013, 447). Es waren vor allem Jugendliche und junge Erwachsene, die unabhängig von den traditionellen linken Organisationen und jenseits ritualisierter Aufmärsche, die Proteste trugen. Die Reaktion des Staates war außergewöhnlich gewalttätig, mit Tränengas und Wasserwerfern ging die Polizei gegen die friedlichen Protestierenden vor, mindestens zehn Menschen kamen dabei zu Tode, die Anzahl der Verletzten wird auf 8.000 bis 10.000 geschätzt (vgl. Özdemir 2015, 255; Fuhrmann 2019, 387). In Istanbul dauerten die intensiven Proteste trotz und wohl auch wegen der harten Reaktion der Polizei circa sechs Wochen an, mehrfach wurde unter dem bewusst an die Occupy-Wall-Street-Bewegung der USA angelehnten Slogan „Occupy Gezi" nicht nur der Gezi-Park, sondern auch der benachbarte Taksim-Platz besetzt. Damla Yeşil hat betont, dass die Bezugnahmen verschiedener Protestbewegungen aufeinander weniger in gemeinsamen Zielen und Anliegen besteht, als in dem grundsätzlichen „right of the unheard to be heard" (Yeşil 2020, 304). Diese etwas pauschale Aussage ist allerdings zu relationieren, entstammten doch sowohl in New York als auch in Istanbul viele Protestierende der Mittelschicht (vgl. Aytekin 2017, 194).

Die Formen des Protestes waren vielfältig und unterschieden sich nicht zuletzt durch die involvierten künstlerischen Praktiken deutlich von den ritualisierten Aufmärschen linker Organisationen: „The Gezi protests [...] involved symbols, cultural objects, aesthetic practices, and art at an unprecedented scale in Turkish political history." (Aytekin 2017, 194) Sie umfassten unter anderem:

> [V]erbal art as performance (including personal experience narratives of solidarity and heroism; public book readings, often facing the police; chanted slogans; and graffiti writing) to popular and theatrical performances (including carnivalesque fairs and festivals, dance, music, drama, and puppet shows) to video and performance art. (Öztürkmen, 2014, p. 41)

Diese Aufzählung unterschiedlicher performativer Formate und künstlerischer Interventionen verweist auf eine bunte, fast festivalhafte Vielfalt (vgl. Fuhrmann 2019, 376–381), bei der jedoch nicht vergessen werden darf, dass das Anliegen der Protestierenden ein ernsthaftes und das Ziel dieser anregenden und emotionalisierenden Formate war, Anwohner:innen Istanbuls zur Mitwirkung zu animieren und der „repressive governance" (Ataç/Dursun 2013, 445) etwas entgegenzusetzen.

Eine eindrückliche und berühmt gewordene Performance war die des *duran adam* (Türkisch für ‚stehender Mann'): Nachdem der Gezi-Park einige Tage zuvor von der Polizei geräumt worden war und die Repression gegen Protestierende merklich zunahm, stellte sich der Tänzer und Choreograph Erdem Gündüz am 17. Juni 2013 um 18.00 auf den Taksim-Platz mit dem Blick auf das Atatürk-Kulturzentrum und ein Bild des Staatsgründers Kemal Atatürk, wirkte dabei regungslos, nachdenklich und sagte nichts. Acht Stunden harrte er aus, reagierte weder auf Ansprachen der Presse noch der Polizei und ließ auch eine Durchsuchung seiner Kleidung durch Polizisten in Zivil ungerührt über sich ergehen. Nach einigen Stunden kamen mehr und mehr Menschen hinzu und starrten wie Gündüz auf das Kulturzentrum und das Bild. Unter den Hashtags *#duranadam* und *#standingman* verbreitete sich das Foto des nachdenklichen oder auch anklagend dort stehenden Mannes – das Stillschweigen und -stehen ließ unterschiedliche Deutungen zu – online sehr schnell, und die stille Performance fand in Istanbul und anderen türkischen Städten und sogar in New York eine Reihe von Nachahmer:innen (vgl. Mee 2014, 73). Ob auch die demonstrative Haltung von Ceyda Sungur, die als ‚Frau in Rot' bekannt wurde, eine Performance war, ist wohl nicht eindeutig zu klären (vgl. Yücel 2017, 38). Jedenfalls wurde ein Foto von ihr, als sie in einem ärmellosen roten Kleid in der ersten Reihe der Protestierenden im Gezi-Park von einem Polizisten mit Tränengas eingenebelt wurde, zu einem weiteren visuellen Symbol der brutalen Polizeieinsätze gegen Unbewaffnete.[1] Ein drittes Beispiel symbolischer Aktionen ist der ‚Pianist vom Taksim', David Martello, der am 12. Juni 2013 sein Klavier auf dem berühmten Platz aufbaute und ein Konzert für die Protestierenden gab. Diese Performances sind Beispiele für die neuen Protestformen, die politische Widerständigkeit mit alternativen „Alltagspraktiken" (Ataç/Dursun 2013, 447) verbanden. Sie sind auch Ausdruck dessen, was Deniz Yücel als das besondere „Gezi-Gefühl" beschrieben hat. Trotz der furchtbaren Repression

> erlebten ein halbes Land und eine halbe Generation etwas, das bereits im selben Moment in die türkische Geschichte einging: das Gezi-Gefühl. Es entstand in den Barrikadenkämpfen Ende Mai am Taksim-Platz, in Beşiktaş und anderswo, entfaltete sich 14 Tage lang in Abwesenheit der Polizei im Zeltlager im Gezi-Park und fand, wenngleich in schwächerer Form, Widerhall außerhalb von Istanbul. (Yücel 2017, 38)

Neben den spontanen Performances und Aktionen von Einzelnen und Gruppen, war es die massenhafte Verwendung von Lyrik in unterschiedlichen Formaten, die zu einem zentralen Element der sich schnell landesweit ausbreitenden Proteste wurde: „Poetry was perhaps the single most important field of artistic practice that left its mark on the protests." (Aytekin 2017, 201). Yeşil weist diesbezüglich auf eine Aktion hin, bei der eine junge Frau das Gedicht „Güneşi İçenlerin Türküsü" („Lied der Sonnentrinker"; 1924) von Nâzım Hikmet rezitierte und sich dabei vor einem Banner mit einem Porträt des Dichters und auf Türkisch dem Ausspruch ‚Nâzım bedeutet Freiheit' befand (vgl. Yeşil 2020, 312). In dem langen politischen Kampflied ist in der neunten Strophe die Rede von den Toten, die „im Kampf [starben]", aber „Wir haben nicht Zeit | um sie zu trauern!" Insgesamt vier Mal wird diese kurze refrainartige Strophe wiederholt:

> Der Sturm bricht auf,
> zur Sonne empor!
> Wir bezwingen der Sonne Lauf
> und erobern die Sonne im Chor!
> (Hikmet 1981, 9)

Die Metaphorik der Sonne hat in der Tradition der sozialistisch-realistischen Lyrik der Türkei eine herausgehobene Rolle; der auch in Hikmets langem Gedicht beschriebene, auf die Dämmerung folgende Sonnenaufgang steht für den Gedanken der Erlösung und Befreiung (vgl. Yeşil 2020, 314). Auf einem Video, das die Poesieaktion dokumentiert, sieht man, wie sich viele weitere Menschen hinter der jungen Frau versammeln – die von jemand aus der Menge ein Megafon erhält –, und in einem Protestmarsch durch die İstiklal Caddesi, die bekannte Hauptstraße im Stadtteil Beyoğlu zwischen dem Tünel- und dem Taksim-Platz, die wortgewaltigen Verse mit ihr skandieren, dabei ihre linken Fäuste in den Himmel recken.[2] Hikmets viel Pathos aufweisendes politisches Gedicht über die „Sonnentrinker" wurde auch schon in der Vergangenheit für politische Aktionen eingesetzt; es hat für die Protestkultur in der Türkei eine besondere Bedeutung und wurde in früheren sozialen Bewegungen sowie in Memorialpraktiken für getötete politische Aktivist:innen ebenfalls rezitiert (vgl. Yeşil 2020, 312, 315).

#siirsokakta, Gedichte auf der Straße

Am ersten Juni, als die Gezi-Proteste gerade begannen, hatten Unbekannte auf das hölzerne Portal am Eingang des französischen Konsulats im Zentrum Istanbuls, unweit des Gezi-Parks, in roter Farbe die Worte „La poésie est dans la rue" (‚Das Gedicht ist auf der Straße') gesprüht. Dieser Slogan entstand im Rahmen der Pariser Studierendenunruhen von 1968, die mit Lefebvre nicht zuletzt ihr „Recht auf Stadt" (Lefebvre 2016 [1968]) reklamierten. Schon damals wurde das Poetische als politisch verstanden (vgl., auch zum Folgenden, Wagner 2015 und Wagner 2017[3]). Auch mit weiteren Parolen wie „Sous les pavés, la plage" (‚Unter dem Pflaster liegt der Strand') wurde eine andere Wirklichkeit eingefordert. Die Gezi-Proteste bezogen sich mithin symbolisch sowohl auf die Studierendenproteste der 1968er als auch auf die antikapitalistischen Wall-Street-Aktivist:innen; in allen drei historisch, politisch und geografisch so unterschiedlichen Protestbewegungen spielte die Präsentation und das Skandieren von Lyrik eine erstaunlich wichtige Rolle (vgl. Yeşil 2020, 304). Yeşil hebt ferner hervor, dass die Praxis des Einbeziehens von Gedichten eine Memorialfunktion aufweist: Während Occupy Wallstreet mit Lesungen und anderen Lyrikformaten an die 1968er-Proteste erinnerte, machte Occupy Gezi nicht nur diese, sondern auch die Proteste von 2011 in New York zum Gegenstand (vgl. Yeşil 2020, 309).

Abb. 3.9.1: Wandbeschriftung in Istanbul mit zwei Versen aus dem Gedicht „Sevdadır" von Arkadaş Z. Özger und dem Hashtag #şiirsokakta (2013).

Nach der Aufsehen erregenden Aktion am Französischen Konsulat griff der Istanbuler Konzeptkünstler Rafet Arslan den Slogan „La poésie est dans la rue" – auf Türkisch *şiir sokakta* – auf und erweiterte ihn um die Formel *defteri kapat* (,schließ das Heft') und formulierte damit eine an die Protestbewegung gerichtete Handlungsaufforderung: Arslans Slogan „Defteri kapat, şiir sokakta!" (,Schließ das Heft, das Gedicht ist auf der Straße!') sollte dazu aufrufen, die Straßen mit Gedichten und Versen zu beschriften (vgl. Wagner 2015, 68). Während der Gezi-Proteste gab es eine Vielzahl von spontanen Lyriklesungen und Reden, in denen Gedichte oder einzelne Verse zitiert und rezitiert wurden. Vor allem aber wurde *şiir sokakta* zu einem Slogan, der unter den Lyrikzeilen stand, die auf Hauswände, Fassaden, Strommasten und Brückenpfeiler geschrieben, fotografiert und sofort ins Netz gestellt wurden. Die Praxis des im öffentlichen Raum schnellen, heimlichen Anbringens und auch die Ästhetik der an die Wand geschriebenen, gekritzelten oder gemalten Worte ähneln auf den ersten Blick Graffiti, nur fehlt hier zumeist die ausgearbeitete Ikonizität von Schrift und eine grafische Gesamtkomposition – es geht eher um die schlichte Übermittlung der Botschaften, die auch lesbar sein müssen und eben nicht hieroglyphisch. Insofern kann man die Gedichtauszüge dem in Kapitel 2.2 erwähnten Graffiti-Typus des „poetic assault" zurechnen, als einer Form des „marking", mit der im öffentlichen Raum schriftsprachlicher Protest artikuliert wird (vgl. Visconti u. a. 2010, 513).

Ein Beispiel für einen solchen ‚poetischen Angriff' ist das hier gezeigte Wandgedicht „Sevdadır" (1974) von Arkadaş Z. Özger (Abb. 3.9.1). Die Verse „ÜZME KENDİNİ BU KADAR | SANA UMUDU ÖĞRETMEYENLERİN SUÇU MU VAR!" (im Original nicht in Großbuchstaben und ohne Ausrufezeichen; vgl. Özger 1984, 111) bedeuten im Deutschen sinngemäß: ‚Gräme dich selbst nicht so | haben doch diejenigen Schuld, die dir keine Hoffnung beibringen!'[4] Özger war ein junger Journalist und Lyriker, über den wenig bekannt ist und dessen Werke posthum erschienen. Er starb 1973 im Alter von nur 25 Jahren an einer Hirnblutung in Ankara, möglicherweise in Folge einer Polizeirazzia.[5] Özger kann aus sehr unterschiedlichen Gründen für die mehrheitlich jungen Protestierenden in Istanbul als Identifikationsfigur gelten: für manche vielleicht aufgrund seiner Jugend, für andere, weil er seine Homosexualität verbergen musste, um gesellschaftlichen Sanktionen zu entgehen, und vielleicht auch, da seit 1996 ein jährlicher Lyrikpreis ihm zu Ehren verliehen wird. Die mit schwarzem Edding auf eine Plakatwand mit abgerissenen Zeitungsartikeln geschriebenen Verse Özgers wurden von einem:r anonymen Aktionist:in mit „Arkadaş Zekai Özger" unterschrieben, wobei der erste Vorname der Schriftstellername, der zweite Taufname des Lyrikers ist. Der Sinnspruch soll Trost spenden und weist zugleich die Verantwortung für die deprimierende Situation eindeutig den Autoritäten zu.

Viele derartige gesprayte oder mit Filzstiften schnell geschriebene Texte in den Straßen und Plätzen Istanbuls wurden fotografiert und unter dem Hashtag #şiirsokakta auf Twitter veröffentlicht. Zur Strategie der Verbreitung der Verse und des Twitter-Accounts dienten auch schlichte in der Stadt angeklebte Abrissblätter mit dem Aufruf „İSTEDİĞİN ŞİİRİ AL!!!" (‚Nimm das Gedicht, das du möchtest!') mit unterschiedlichen kurzen Auszügen aus verwendeten Gedichten. Der ursprüngliche Twitter-Account @şiirsokakta ist mittlerweile verschwunden, die konsequente Verbindung von Gedichten im öffentlichen Raum mit digitalen Tweets, die diese Werke zeigen, ist auf Twitter nicht mehr nachvollziehbar.[6] Die Posts auf Twitter und in anderen digitalen Netzwerken (etwa auf YouTube) waren wesentlich für die Verbreitung der Konzepte von Şiir Sokakta und der Entstehung einer Lyrikbewegung in Istanbul und weiteren türkischen Städten. In den Straßen Istanbuls und der Umgebung des Gezi-Parks sind die während der Proteste von 2013 gesprayten oder gemalten Gedichte schon lange nicht mehr vorhanden; sie wurden oft schnell übermalt (vgl. Yücel 2017, 37) oder sind inzwischen verwittert. Die mit Wandgedichten üblicherweise verbundene Monumentalität und Beständigkeit (siehe Kap. 3.10) trifft hier also nicht zu, vielmehr überwog das performative und transitorische Moment: Die Gedichte waren kurzzeitig lesbar, aber schnell auch wieder verschwunden. Dies gilt auch für die intermediale Transposition (vgl. Rajewksi 2008, 51) von abfotografierten Wandgedichten durch das Posten in Sozialen Medien: Zwar wird das Wandgedicht so aus seinem räumlichen Setting entfernt und in neue visuelle und kommunikative Kontexte eingebunden, die als solche aber auch flüchtig sind. Einige Auszüge von Gedichten Hikmets, die in den Protesten eine Rolle spielten, wurden allerdings nachträglich im Stadtteil Kadıköy, an der Uferpromenade der Ferit Tek Sokağı, in steinerne Bodenplatten gemeißelt und sind nun dauerhaft im öffentlichen Raum präsentiert. Die Verbindung zum Protest, auf den nicht direkt hingewiesen wird, ist allerdings nur für Informierte erkennbar.

Dazu gehört in der Türkei sehr bekanntes kurzes Gedicht Hikmets: „24 Eylül 1945" („24. September 1945"). Hikmet führte die Freien Verse in die türkische Lyrik ein, befreite „die Verszeile von allen metrisch-formalen Fesseln und das Gedicht von allen bis dahin gültigen thematischen Einschränkungen" (Pazarkaya 1987, 392) und gilt heute als einer der bedeutendsten Autoren der Türkei (vgl. Glassen 2008, 19). Hikmet schrieb dieses und viele weitere Kalendergedichte als eine Art poetisches Tagebuch im Gefängnis, wo er unter anderem wegen seiner Mitgliedschaft in der illegalen Kommunistischen Partei der Türkei viele Jahre einsaß. Aufgrund seiner politischen Haltung galt es lange Zeit als „Wagnis" (Pazarkaya 1987, 392), den Lyriker Hikmet überhaupt zu publizieren. Das Gedicht „24. September 1945" besteht nur aus vier Doppelversen, die durch ihre inhaltliche Abgeschlossenheit sowie die finiten Satzzeichen auch als Epigramme funktionieren. Es wurde ins Deutsche wie folgt übersetzt:

> Das schönste Meer ist
> > das noch nicht befahrene.
> Das schönste Kind ist
> > das noch nicht herangewachsene.
> Unsere schönsten Tage sind
> > die noch nicht erlebten.
> Und das schönste Wort, das ich dir sagen möchte, ist
> > das noch nicht gesagte.
> > > (Hikmet 1989 [1945], 71)

Während der Protestaktionen wurden auch nur einzelne Epigramme daraus an Wände geschrieben oder anderweitig verbreitet, auch auf Gedenkplatten an die Proteste im Stadtteil Kadıköy waren sie bis heute zu lesen (Abb. 3.9.2). Das kurze Gedicht verweist mit den Bildern eines noch zu bereisenden Meeres, eines Kindes, das heranwachsen wird, der noch unbekannten vor uns liegenden Tage sowie ungesagter schöner Worte auf Versprechen der Zukunft, die in Wünschen, Träumen und Imaginationen liegen. Zugleich zeigt es an, dass sie vielleicht ewig Utopie bleiben werden und thematisiert damit die in den Worten selbst liegende Kraft.

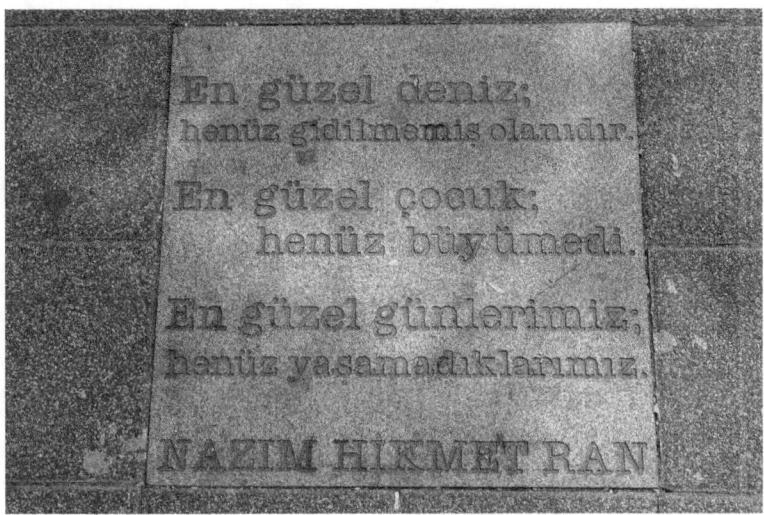

Abb. 3.9.2: Drei Verse aus dem Gedicht „24 Eylül 1945" von Nâzım Hikmet auf einer Steinplatte im Istanbuler Stadtteil Kadıköy (März 2023).

Insgesamt ist auffällig, dass viele im Kontext der Gezi-Proteste verwendete Gedichte bildgewaltige und nicht selten pathetische, visionäre Formeln enthalten, die wohl auch als Ermunterung und Zusprechung von Mut an die Protestierenden zu verstehen sind: „Leben! Wie ein Baum, einzeln und frei | und brüderlich wie ein Wald, | diese Sehnsucht ist unser!" („Yaşamak! Bir ağaç gibi tek ve hür | ve bir orman gibi kardeşçesine, | bu hasret bizim!"; Hikmet 1988, 110–111). Die letzte Strophe aus Hikmets bekanntem Gedicht „Dâvet" („Einladung") beispielsweise schmückte gedruckte und gemalte Plakate und Banner der Protestierenden, die – symbolisch und mit wirkungsvoller Aussage – unter anderem an den von Abholzung bedrohten Bäumen im Gezi-Park hingen (vgl. Wagner 2015, 69). Hikmets Verse wurden über Soziale Medien geteilt und auch in anderen Städten der Türkei verbreitet: in großer Schrift auf die Ufermeile von Alsancak in İzmir gesprüht und in Form von Plakaten und Bannern im Kuğulu Park in Ankara, einem weiteren Zentrum der Protestbewegung, verwendet (vgl. Wagner 2015, 69). Dass ausgerechnet ein kanonischer und älterer Dichter wie Hikmet für die Gezi-Protestierenden so besonders wichtig war, kann als Form der Wiederaneignung seiner politischen Poesie verstanden werden, insofern sogar Erdoğan seine politischen Reden bisweilen mit Zitaten Hikmets einleitete (vgl. Lafleur 2020). Stan Lafleur hat betont, dass einerseits solche Lyrikrezitationen in der Türkei zum festen Repertoire von Politiker:innen gehören, das andererseits aber ein Autor wie Hikmet von der jungen türkischen Republik eben mehr als ein Jahrzehnt inhaftiert wurde und stellt dies in folgenden Kontext:

> Ein bekannter türkischer Witz handelt von einem Gefangenen, der aus der miserablen Gefängnis-Bibliothek ein Buch ausleihen will: „Mit dem Buch können wir leider nicht dienen, aber der Verfasser wäre vorhanden", beschreibt die Antwort der Aufsicht bündig das klassische, bis heute von Repressionen bedrückte Klima zwischen türkischen Autoren, ihren Lesern und der Staatsmacht. (Lafleur 2020)

Dass den Protestierenden die Geschichte der staatlichen Repression bewusst war und wie ernst ihnen ihre Sache war, zeigt sich exemplarisch an der Verwendung von Versen aus Hasan Hüseyins Korkmazgils Gedicht „Haziranda ölmek zor" ('Es ist schwer im Juni zu sterben'; Kormazgil 1983).[7] Dieser Dichter des türkischen sozialen Realismus, über den in Deutschland wenig bekannt ist, hatte es zur Erinnerung an die Lyriker Orhan Kemal und Nâzım Hikmet verfasst, die beide in diesem Monat starben – der 2013 auch als Monat der Gezi-Proteste in die Geschichtsbücher eingehen sollte. Korkmazgils Verse wurden aktualisiert, indem sie nun auch für die Todesopfer unter den Demonstrierenden standen, die so betrauert und erinnert wurden – im urbanen Raum und in den Sozialen Medien (vgl. Wagner 2015, 69).

„Wir sind die Verse von Turgut Uyar": Die Lyrik der İkinci Yeni

Achim Wagner, der als Fotograf und Publizist die poetischen Protestaktionen im Sommer 2013 an Hauswänden, Mauern und Fassaden in Istanbul und anderen türkischen Städten in zwei Fotobüchern (vgl. Wagner 2014a und 2014b) und mehreren journalistischen Artikeln dokumentiert hat, hebt hervor, dass es neben dem Lyriker Hikmet eine wichtige Strömung der türkischen Lyrik war, die besonders häufig Verwendung fand:

> Auffällig an dem Aufruhr war der Gebrauch von Lyrik als eine Form des Protests. Es gab Gedichtlesungen vor und während der Demonstrationen, Verse wurden auf Banner und Kartonschilder geschrieben, an Wände im öffentlichen Raum gesprüht. Dabei griffen die jungen Demonstranten weniger auf politisch agitierende Poesie zurück, sondern vielmehr auf die Lyrik der Dichter der Zweiten Neuen, in der oft individuelle, lakonische und bisweilen surreale Weltsichten vermittelt werden. Cemal Süreyas zweiversiges Gedicht mit dem schlichten Titel „Kurz": „Das Leben ist kurz / Die Vögel fliegen" und „Haltestelle Himmelsschau" mit seinem Anfang „Wir beide können uns plötzlich freuen, lass uns in den Himmel schauen ..." von Turgut Uyar fanden früh Einzug in den Kanon der Protestslogans.[8] (Wagner 2017)

Wagner benennt hier die für die Protestbewegung wichtigen Lyriker Cemal Süreya und Turgut Uyar der sogenannten İkinci Yeni (deutsch: ‚Zweite Neue'). Dabei handelte es sich um eine informelle Gruppe von Lyrikern, die sich im Anschluss an die ‚Garip'-Gruppe der 1930er Jahre als ‚zweite Generation' modernistischer Dichter begriff und die von den 1950er bis 1970er Jahren vor allem in Istanbul und Ankara aktiv war.[9] Grundprinzipien der Poetik der İkinci Yeni war es, das

Gedicht als ein Objekt innigster Subjektivität zu verstehen, und dem Individuum sowie den poetischen Möglichkeiten des Unbewussten Raum zu geben (vgl. Messo 2009, 10). Die Lyriker der İkinci Yeni verstanden das Gedichteschreiben als „Suchen nach Wirklichkeit, nach Intensität" (Overath/Gülenaz 2020, 24), sie thematisierten in ihrer Lyrik daher die grundlegende Freiheit des Menschen und anthrophologische Dimensionen wie Emotionalität und Sexualität, aber auch Einsamkeit und Melancholie (vgl. Overath/Gülenaz 2020, 9). In einer Zeit, so George Messo, in der Schriftsteller:innen in der Türkei routinemäßig verhaftet, gefoltert und eingesperrt wurden, ist es nicht verwunderlich, dass viele von ihnen in ihrer Lyrik nach Formen der Abstraktion und Obskurität sowie des Rückzugs in die Sphäre des Subjektiven suchten: Die Poesie der İkinci Yeni wendete sich in diesem Sinne gegen die idealistische Vorstellung, dass in einer repressiven Gesellschaft eine ‚offene Sprache' überhaupt möglich sei (vgl. Messo 2009, 11–12).

Attila Aytekin hebt hervor, dass jene Verse der Zweiten Neuen, die die ältere Generationen als apolitisch verdammt hatten, von den jungen Aktivist:innen als Aufforderung zur Handlung begriffen wurden. Wenn ein Staat versucht, die Lebensweisen von jungen Menschen mit autoritären Methoden einzuschränken, dann kann der öffentliche Gebrauch subjektiver Lyrik als subversiv verstanden werden. Die in den Gedichten evozierten starken Bilder und Gefühle erzeugten ein Gemeinschaftsgefühl, das für jede Form von politischer Bewegung notwendig ist (vgl. Aytekin 2017, 200). Die verwendeten Gedichtauszüge waren sowohl kurz als auch eindrücklich und konnten daher schnell auswendig gelernt, rezitiert, gepostet und ‚geteilt' werden. Vielleicht war diese kreative Nutzung der gefühlvollen Gedichte ein Grund dafür, dass das „Gezi-Gefühl" auch als „romantisch" (Yücel 2017, 42) charakterisiert wurde.

Ein signifikantes Beispiel der sloganhaften Verwendung einzelner Verse aus Gedichten der İkinci Yeni sind zwei Verse aus „Cıgarayı attım denize" (1958) des Istanbuler Lyrikers Süreya. Sie wurden zusammen mit dem Hashtag #defterikapatşiirsokakta in schwarzer, druckbuchstabenähnlich wirkender Handschrift auf eine schon zuvor mit etwas anderem beschriebene Wand gemalt (Abb. 3.9.3), wobei der erste lange Vers zweigeteilt wurde. Die Verse lauten in deutscher Übersetzung: „Wann auch immer wir um der Freiheit des Friedens und der Liebe willen | Eine Zigarette ins Meer warfen | Brannte sie bis zum Morgen" (Süreya 2008, 231). Die surreal anhaltende Glut der ins Wasser geworfenen Zigarette steht symbolisch für Leidenschaft und Willenskraft. Süreyas Gedicht zeichnet sich durch eine für die Zweite Neue typische „Synthese aus Gesellschaftskritik und Erotik" (Ciravoğlu 2008, 232) aus. Vielfach werden gewagte und opake Metaphern verwendet, die das Gedicht als Werk dieser Lyrikströmung ausweisen (vgl. Sharpe 2021, 167). Im Süreyas „Ich warf die Zigarette ins Meer" finden sich aber – wohl aus der traditionellen türkischen Diwan-Dichtung adaptierte – heute problematisch anmutende

Abb. 3.9.3: Wandbeschriftung in Istanbul mit zwei Versen aus dem Gedicht „Cıgarayı attım denize" von Cemal Süreya und Hashtag #*defterikapatşiirsokakta* (2013).

Bilder von Jungfräulichkeit und wunderschönen Frauen, die in einem Gedichtkommentar von Öner Ciravoğlu noch im Jahr 2008 fraglos und gänzlich unironisch reproduziert wurden: „Dieses Gedicht erinnert uns daran, dass die Mittelmeerstädte das Verlangen nach Freiheit symbolisieren, und die langhaarigen Frauen mit großen Brüsten erwecken Assoziationen, die dieses Verlangen verstärken und an Tauben erinnern." (Ciravoğlu 2008, 234) Hier wird ein mindestens als ‚patriarchalisch' zu bezeichnendes Verständnis von Lyrik deutlich, demzufolge die Frau und die Natur Objekte der Sehnsucht und der (poetischen) Verfügbarkeit sind. Dass gerade diese Gedichte der ausschließlich männlichen Autoren der Zweiten Neuen trotzdem für die zumeist jungen und vielfach weiblichen Protestierenden tragfähig und wirkungsvoll waren, liegt vermutlich wesentlich an ihrer Kanonisierung und Bekanntheit. Außerdem wurden ihnen, wie die Zitate aus den Wandgedichten zeigen, eher suggestive und unverfängliche Verse entnommen.

Die Rückwendung ins Private, der Genuss des Moments und der intimen Zweisamkeit und privaten Liebesbeziehung als subversive Haltung zeigt sich in Hikmets schon zitiertem, an öffentliche Wände geschriebenen Doppelvers („Und das schönste Wort, das ich dir sagen möchte, ist | das noch nicht gesagte."), Sie zeigt sich in den bukolisch anmutenden *carpe-diem*-Versen aus Süreyas Gedicht „San" („Glorie"), die beispielsweise in Istanbul mit Filzstift auf eine Hauswand geschrieben wurden (Abb. in Wagner 2014b, 33): „Arm sind wir, unsre Nächte kurz | Galoppierend müssen wir uns lieben" (Süreya 2020, 67). Sie zeigt sich exempla-

Abb. 3.9.4: Wandbeschriftung in Ankara mit einem Vers aus dem Gedicht „Göğe Bakma Durağı" von Turgut Uyar (2013).

risch auch in der im obigen Zitat Wagners erwähnten Wandbeschriftung in Ankara durch den ersten Vers aus dem Gedicht „Göğe Bakma Durağı" (deutscher Titel: „Haltestelle Himmelsschau") von Turgut Uyar (Abb. 3.9.4).

Auch dieses Gedicht widmet sich aus der Perspektive eines männlichen Adressanten an eine geliebte Frau, die er – leider mehrdeutig übersetzt – „genommen" und durch eine Busfahrt an einen „unverschämten Ort gebracht" hat, an dem das Paar, wie es jeweils zu Beginn und zu Ende der drei unterschiedlich langen, narrativ gestalteten Strophen heißt, sie zusammen in den Himmel schauen soll: Der mit einem breiten Pinselstrich in roten Lettern an die leuchtblaue Wand geschriebene Vers Uyars, „Wir beide können uns zusammen freuen, laß uns in den Himmel schaun" (Uyar 2020, 103), gilt als der wohl populärste der gesamten Protestbewegung (vgl. Aytekin 2017, 203). Es ist anzunehmen, dass die gemeinsame Fahrt des Liebespaars bis zur „Haltestelle Himmelsschau" allegorisch zu verstehen ist, und es darum geht, gemeinsam eine andere Welt, eine andere Zukunft zu visionieren – weswegen auch dieses Gedicht sehr gut zum Impuls der Poesie-Proteste passt. Zeitweilig wurde sogar eine Bushaltestelle in der Nähe des besetzten Taksim-Platzes in ‚Die Haltestelle, an der man in den Himmel schauen kann' umbenannt (vgl. Aytekin 2017, 203). Der Vers findet sich auch in der fiktiven Erzählung „Ein Buch aus der Gezi-Bibliothek" von Burhan Sönmez (dort heißt es, eine andere Übersetzung des Uyar-Verses zitierend: „Roza schrieb: ‚Unter dem Pflaster liegt der Strand' und Ali: ‚Lass uns zum Himmel schaun'."; Sönmez 2014, 64). Außerdem ist in diesem in der

Türkei sehr bekannten Gedicht die Rede davon, dass Adressant und Adressatin auf ihrer Reise durch die Stadt „ohnehin betrunken" sind (Uyar 2020, 105), was im Kontext der Proteste gegen die restriktive Gesellschaftspolitik der AKP Erdoğans, die das Trinken von Alkohol im öffentlichen Raum, etwa in der Nähe von Moscheen, durch Gesetzte einzuschränken suchte (vgl. Aytekin 2017, 192), ebenfalls als subversiv zu verstehen war.

Uyar lebte mehrere Jahrzehnte in Istanbul und hat die Stadt und urbanes Leben in vielen seiner Gedichte reflektiert (vgl. Nurtsch 2014, 200–236; Sharpe 2017, 179–186). Die exzeptionelle Bedeutung solcher Verse von Lyriker:innen der Zweiten Neuen im Kontext der Gezi-Proteste zeigt sich beispielhaft daran, dass das Foto einer jungen Demonstrantin, die das selbstgemachte Plakat „Turgut Uyar'ın dizeleriyiz!" (,Wir sind die Verse von Turgut Uyar'; vgl. Overath/Gülenaz 2020, 7) hochhielt, vielfach in Sozialen Medien gepostet wurde. Wie Wagner bemerkt, ist dieser Spruch eine ironisierte Abwandlung des bekannten Slogans der Kemalisten – der Anhänger des Gründers der Türkischen Republik, Mustafa Kemal Atatürk –, „Mustafa Kemal'in askerleriyiz!" (,Wir sind die Soldaten Mustafa Kemals'), in Anspielung auf den türkischen Unabhängigkeitskrieg (vgl. Wagner 2015, 69). Statt mit Waffen haben die Aktivist:innen der informellen Şiir-Sokakta-Bewegung im Sommer 2013 in Istanbul mit Poesie gekämpft.

Lyrik – Protest – Stadt

Die in den Gezi-Park-Protesten entstandene Bewegung Şiir Sokakta hat Besonderheiten, die sie von allen anderen untersuchten Lyrikprojekten unterscheidet. Erstens wurde Lyrik hier explizit genutzt, um Protest zu artikulieren und Selbstbestimmung einzufordern. Die politischen Ziele dominierten die oft performativen Aktionen, in denen schnell an Wände angeschriebene oder eben rezitierte Gedichte ein wichtiger Bestandteil waren – und zwar ganz bewusst solche, die durch Thematisierung von privaten, intimen und leidenschaftlichen Momenten, eine „Störung obrigkeitsverordneter, kapitalistischer Verhältnisse" (Höller 1995, 22) darstellen. Zweitens sind zwar die ersten Lyrik-Aktivist:innen bekannt, aber insgesamt haben sich unzählige unbekannte Akteur:innen beteiligt, die oft ein hohes persönliches Risiko auf sich genommen haben, um durch das Aufschreiben an öffentliche oder private Gebäude und Objekte oder das Rezitieren von lyrischen Texten ihren Protest öffentlich zu machen. Drittens gab es kein übergreifendes Konzept, das einen Rahmen für die Präsentation von Lyrik im öffentlichen Raum der Stadt vorgab. So beschrifteten die Akteur:innen zunächst im Gezi-Park, auf dem Taksim-Platz und in den umliegenden Straßen Wände und Mauern mit Ausschnitten aus Gedichten und zitierten lyrische Verse, die dadurch zum Vorbild für junge Menschen in Istanbul und weiteren Städten wurden, die die staatlichen Repressionen ablehnten. Die Verwendung gleicher Gedichte oder Verse an unterschiedlichen Orten einer Stadt und auch in verschiedenen Städten der Türkei verweist dabei nicht auf einen mangelnden Ortsbezug, sondern lässt vielmehr ein vielstimmiges, translokales Netzwerk des Protests entstehen, dass sich an konkreten, zum Teil symbolträchtigen, zum Teil auch kontingenten Orten manifestiert. Viertens haben es die Protestierenden ernst genommen mit dem von Lefebvre stammendem Slogan vom ‚Recht auf Stadt': Sie haben sich explizit gegen die Autoritäten in Stadt und Land gestellt und den Gezi-Park besetzt, um mit diesem eine gerade für Großstädte und Megacities so wichtige Infrastruktur zu retten, die nicht nur eine Freizeitfunktion hat, sondern auch als Ort für marginalisierte Bevölkerungsgruppen wie Homosexuelle, Prostituierte und Drogenabhängige bedeutsam ist, die ansonsten wenig Optionen für Treffpunkte haben (vgl. Yücel 2017, 25–26).

Das Kapitel zu lyrischen Protesten in Istanbul steht damit exemplarisch für einen dezidiert politischen Umgang mit Gedichten, die, wie sich am Beispiel der İkinci-Yeni-Gedichte gezeigt hat, zumeist eher nicht als politische Lyrik zu bezeichnen sind. Die Gezi-Proteste verorten sich in einer aktivistisch-lyrischen Tradition, die von den Studierendenprotesten der 1968er in Paris und andernorts, über die Bewegung Occupy Wall Street in den USA bis in die Türkei des Jahres 2013 und darüber hinaus (siehe Kap. 3.2, in dem das in Köln präsentierte Laufbandgedicht „DAS GEDICHT IST AUF DEN STRASSEN" von Selim Özdogan kurz besprochen wird) reicht. Auch in einer späteren, ebenfalls stark durch junge Menschen sowie durch Künstler:innen unterschiedlicher Sparten geprägten Protestwelle kam Lyrik im urbanen Raum sowie verstärkt in Sozialen Medien ebenfalls zum Einsatz: in der Stadt Minsk in Belarus im Sommer 2020, wie die Dokumentation der wortgewaltigen Gedichte und Essays belarussischer Lyriker:innen aus dieser Zeit eindrücklich zeigt (vgl. Rosteck u. a. 2020; Lisitzkaya 2021). Seitdem sind viele Oppositionelle, die sich gegen das Regime des Autokraten Alexander Lukaschenko stellten, entweder ins Ausland geflohen oder in Haft. Die nach der ‚gestohlenen' Wahl weite Bevölkerungsteile mobilisierende öffentliche Protestbewegung wurde von der Regierung brutal niedergeschlagen und durch Gewalt und Repressionen inzwischen vollständig in den Untergrund gedrängt. In der Türkei sieht die Situation im Jahr 2023 nicht viel besser aus. Und von den poetischen Protesten bleiben heute nur Fotos, Publikationen und Videos im Internet sowie hier und da in türkischen Städten auch neue an Wände geschriebene Gedichte oder Gedichtverse, die aber schnell wieder entfernt oder übermalt werden.

3.10 Auf Dauer angelegt: Wandgedichte

Die Präsentation von Gedichten auf Wänden, ob auf Tafeln oder als Inskriptionen in die Fassade, ist historisch ein altes Phänomen, das aus dem antiken Griechenland und Rom ebenso bekannt ist wie aus europäischen Städten des Mittelalters. In Europa waren es oft repräsentative Gebäude wie Rathäuser oder Kirchen, an denen Gedichte angebracht waren. Ein Beispiel ist die im späten 16. Jahrhunderts errichtete Fassade des Rathauses im niederländischen Leiden, über dessen beiden Toren schwarze Steinplatten mit gravierten Gedichten inseriert wurden. Ihr Thema ist die Belagerung durch spanische Truppen und die Befreiung der Stadt. Ein Gedicht des Leidener Autors Jan van Hout thematisiert die Hungersnot während der Besatzungszeit. Die Großbuchstaben in den mittleren sechs Zeilen ergeben, als römische Ziffern gelesen, das Jahr der Belagerung (1574); außerdem entspricht die Summe der 129 Buchstaben den Tagen der Belagerung. Durch diese numerisch-poetischen Verfahren kommt dem Gedicht eine wichtige Memorialfunktion zu. Gedichte aus früheren Jahrhunderten, ob eher religiös oder politisch, sind bis heute auch an weiteren historischen Fassaden in Leiden zu finden, ebenso wie natürlich in vielen anderen Städten (vgl. Van der Weij 2000, 14–15).

In diesem Kapitel werden drei urbane Lyrikprojekte der Gegenwart verhandelt, die Gedichte auf Mauern und Fassaden in den öffentlichen Raum der Städte bringen und an diese Tradition anknüpfen. Für Wandgedichte als auf Dauer angelegte, häufig großformatige Beschriftungen von öffentlich einsehbaren Fassaden und Mauern mit Gedichten werden, wie schon das erste Beispiel der Haikus von Richard Wright in Brooklyn zeigen wird, zumeist großformative Flächen gewählt, auf denen alternativ auch Werbung, Graffiti, Street Art und politische Parolen präsentiert werden könnte. Diese geläufigen kommerziellen oder subversiven Formen der Fassadengestaltung durch Schrift oder Malerei sind als Folie bei der Rezeption von Wandgedichten mitzudenken. Die beiden weiteren Lyrikprojekte, die im Zentrum dieses Kapitels stehen, sind die *muurgedichten* in Leiden und die *wall poems* in der Stadt Charlotte in North Carolina, USA.

Seeing into Tomorrow: Haikus in den Straßen von Brooklyn

Im New Yorker Bezirk Brooklyn wird man seit 2021 durch kurze Wandgedichte überrascht: Haikus des afroamerikanischen Schriftstellers Richard Wright, der von 1938 bis 1945 in der Carlton Avenue im Brooklyner Stadtviertel Fort Greene wohnte, bevor er die USA verließ und für den Rest seines Lebens nach Frankreich zog. Das Haiku ist eine traditionelle japanische Gedichtform, die seit dem 20. Jahrhundert auch im Westen populär ist. Beim Gang durch Fort Greene, im Nordwesten des Bezirks gelegen, findet man einige von Wrights Haikus an Hausfassaden, von denen der Autor in den letzten 18 Monaten seines Lebens 1959 und 1960 mehr als 4.000 verfasste (vgl. Wright 2012). Es handelt sich um ein weiteres Projekt der Poetry Society of America (siehe Kap. 3.3), deren Geschäftsführer und stellvertretender Geschäftsführer in Brooklyn leben, mit dem Bezirk also persönlich verbunden sind.[1]

2020 veröffentlichte der Downtown Brooklyn + Dumbo Art Fund – eine Kooperation zwischen der Downtown Revitalization Initiative des Bundesstaats New York, der Downtown Brooklyn Partnership und dem Dumbo Improvement District[2] – einen Aufruf, Vorschläge für Kunstprojekte einzureichen, die der kulturellen Aufwertung dieser Viertel diesen sollten. Übergreifende Ziele des Funds sind, erstens, den öffentlichen Raum zu ‚verschönern‘, zweitens, den Zugang der Anwohner:innen zu Kulturprogrammen zu erleichtern sowie drittens, die beiden Gebiete der Business Improvement Districts (BIDs) von Downtown Brooklyn – wozu auch Fort Greene gehört – und Dumbo (Down Under the Manhattan Bridge Overpass) zu verbinden. BIDs sind Zusammenschlüsse von Geschäftsleuten eines Stadtviertels, die ein gemeinsames Budget verwalten, um für „supplemental services to their commercial district such as security and crime control, beautification upgrades and marketing campaigns" (Kudla 2022, 3) zu sorgen. Es sind im Kern klassische kommunale Aufgaben, die von den BIDs übernommen und im Privatinteresse der Geschäftsleute gestaltet werden; sie gelten deshalb als Inbegriff neoliberaler Stadtpolitik (vgl. Kudla 2022). Downtown Brooklyn und Dumbo waren im 19. Jahrhundert Arbeiter- und Immigrantenviertel, wurden dann zu Quartieren der afroamerikanischen Community und erlebten in den letzten Jahrzehnten eine auch für New Yorker Verhältnisse rasante Gentrifizierung (vgl. Sutton 2018), die dazu führte, dass der Anteil der afroamerikanischen Bevölkerung beispielsweise in Fort Greene von circa 40 auf unter 25 Prozent gesunken ist.[3] Diese Viertel wurden zu Wachstumszentren der Tech-Branche, die nicht nur die brachliegenden Speichergebäude und Industriebauten übernahm, sondern auch das Straßenbild durch Neubauten veränderte (vgl. Zukin 2021); in der Fulton Street in Fort Greene entstand beispielsweise mit der Fulton Mall das drittgrößte Shopping Center New Yorks.

Nicht zuletzt aufgrund der zeitgleichen Black-Lives-Matter-Proteste in den USA (vgl. Kopp 2022) bewarb sich die Poetry Society mit einem einschlägigen Projekt auf die Ausschreibung des Downtown Brooklyn + Dumbo Art Funds und erhielt den Zuschlag. Denn als Schriftsteller war Wright vor allem für seine schonungslosen Darstellungen der Diskriminierungen von Afroamerikaner:innen in den USA bekannt, insbesondere in seinem berühmten Roman *Native Son* (1940) und seiner Autobiografie *Black Boy* (1945). Die Poetry Society entwickelte gemeinsam mit dem New Yorker Design- und Kommunikationsbüro Doyle Partners ein Präsentationskonzept. In langwierigen Recherchen vor Ort suchten sie passende Fassaden aus und versuchten, Genehmigungen der Eigentümer:innen zu erhalten. Es ging ihnen nach Aussage von Matt Brogan dabei darum, einen ‚Pfad' (*path*) durch jenes Stadtviertel zu schaffen, in dem Wright gelebt hat: „This multi-site installation [...] invites residents and visitors to travel through the neighborhoods in and around Downtown Brooklyn, crossing boundaries, making discoveries, and learning to ‚read' the city in new ways."[4] Das Lyrikprojekt zielte grundsätzlich auf jenen Teil des Bezirks Brooklyn ab, der historisch mit der *working class* verbunden war. Fort Greene ist zudem ein Teil dieses afroamerikanisch geprägten Stadtbezirks, der besonders viele *housing projects* des sozialen Wohnungsbaus aufweist.

Abb. 3.10.1: Haiku von Richard Wright an der U-Bahn-Station Jay Street/Metro Tech, Brooklyn (April 2022).

Das 2021 realisierte Wright-Projekt wurde mit drei Worten aus einem der Haikus, *Seeing into Tomorrow*, betitelt (vgl. Wright 2012, 76). Dieser Name ermöglicht dem Lyrikprojekt einen gesellschaftlichen Impuls im Sinne einer besseren Zukunft, zu der es beitragen möchte, oder in die man mit ihm ‚schauen' kann. Der Designer Stephen Doyle schlug eine serifenlose Schrift mit silbergrauen Buchstaben vor, die unterschiedlich stark reflektieren und wechselnde Farbschattierungen aufweisen (Abb. 3.10.1). Dies schien gut zur Form des Haikus zu passen – jener nur aus drei Versen bestehenden Mikroform aus jeweils fünf, sieben und fünf Silben, die ein einziges Bild oder einen ‚Gedankenblitz' in wenige Worte fasst. Ein Beispiel dafür ist dieses für das Projekt verwendete Haiku Wrights:

> The creeping shadow
> Of a gigantic oak tree
> Jumps over the wall.
>   (Wright 2012, 179)

Der Einstieg im ersten Vers ist ein unheimliches, irritierendes Bild, das im zweiten Vers scheinbar erklärt wird, nur um sich im dritten Vers dann sowohl zu vollenden als auch neu zu verrätseln, ist doch das ‚Springen über eine Mauer' eine plötzliche und intensive Bewegung, die man eher Menschen oder Tieren zuschreibt als Bäumen und deren Schatten. Dass sich ebendieses Haiku auf der Fassade der Mark Morris Dance Group in der Lafayette Avenue befindet, und zwar neben großformatigen Fotos von Tänzer:innen in Aktion, erweitert den Interpretationsradius, weil die impulsive Bewegung des vom Gedicht evozierten Schattens mit dem Springen der Tanzenden in diesen Räumen assoziiert werden kann. Das ehemalige Gebäude einer Klavierfabrik, genannt Rockwell Place, besteht heute aus schicken *condos* (Luxus-Eigentumswohnungen), was einen krassen Gegensatz zur ursprünglich ärmeren Bevölkerung des Viertels darstellt. Ein weiteres Spiel mit dem Gedichtinhalt ergibt sich, wenn man bedenkt, dass in dem urbanen Areal weit und breit Stein, Beton und Glas vorherrschen und kaum Platz für eine ‚gigantische Eiche' ist. So wird erneut (siehe Kap. 3.3 und 3.8) ein Impuls zur ‚poetischen Stadtbegrünung' erkennbar.

Das Spiel der Schrift mit changierenden Farbtönen und speziell der Farbe Grau lässt sich konzeptuell auf Diskurse um Blackness und Whiteness beziehen, als dazwischenliegenden Ton, der aber keine Hautfarbe ist und so auf die kulturelle Konstruktion von ethnischen Konzepten verweist. Die grausilbrige Gedichtschrift wechselt auch je nach Perspektive, die man auf ein Wandhaiku hat, was ebenfalls im übertragbaren Sinne lesbar ist: Von der Seite wirkt es zunehmend ‚geisterhaft' und flüchtig, was sowohl zum spukhaften Nachleben der Sklaverei- und Rassismusthematik bei Wright wie auch zu dem ephemeren asiatischen Gedichtgenre passt.

Die für das Projekt ausgewählten acht Haikus haben jedoch weder New York und Brooklyn noch die Thematik von Hautfarben und Rassismus zum Thema. Zumeist sind es, der Genretradition entsprechend, Naturdichtungen. Die hier dargestellten Assoziationen zu den ausgewählten Fassaden, Straßen und Stadtvierteln entstehen daher erst in der Produktions- und Rezeptionssituation. Zum Beispiel das Haiku über einen Schmetterling, der trotz des vorbeirasenden Zuges still wie ein Stein auf feuchter Erde sitzenbleibt (Abb. 3.10.2). Über dem Eingang der Subway-Station Jay Street/Metro Tech platziert, verweist es einerseits auf den darunter befindlichen Verkehrslärm, andererseits auf den hier eben nicht vorhandenen frucht-

Abb. 3.10.2: Haiku von Richard Wright in der Fulton Street, Fort Greene (April 2022).

baren Boden. Im übertragenen Sinne kann die Lektüre aber auch an einen Moment der Stille, des Innehaltens, inmitten der lärmigen Stadt erzeugen.

Oder die höchst poetische Adressierung des personifizierten Regens mit den Worten, „Whose town did you leave | O wild and drowning spring rain | And where do you go?" (Wright 2012, 18), geschrieben auf die nüchtern wirkende Seitenwand eines Geschäftshauses in einer Nebenstraße der Fulton Street. Man sieht die Schrift im Vorbeigehen auf den grauen Metallpaneelen kaum; nur wenn man stehenbleibt und sie frontal betrachtet, glänzt sie silbrig. Dann ergibt sich möglicherweise auch eine Beziehung zu den Pfützen vor und neben dem Haiku oder den herablaufenden Tropfen auf der Wand, falls es gerade regnen sollte. Metaphorisch und meteorologisch verbindet der vorüberziehende Regen im Hier und Jetzt die Metropole New York mit anderen Städten – dort wo er zuvor war, und dort, wo es ihn danach hintreiben wird, was sich als temporaler Dreischritt in der Struktur des Haiku abbildet. So wird deutlich, dass die im öffentlichen Raum präsentierten Gedichtminiaturen Wrights, entstanden weit weg von New York in Frankreich, doch semantische Verbindungen zum Ort aufweisen oder zumindest herstellbar sind.

Konzeptuell ist das Lyrikprojekt *Seeing into Tomorrow* Teil der Aufwertung des ehemaligen Arbeiterviertels und, wie in der Ausschreibung erwünscht, der Zusammenführung zweier Stadtteile im Nordwesten Brooklyns. Aus der Sicht der BIDs mag das Projekt in die für die im Prozess der Gentrification willkommene

Kategorie „beautification upgrades" (Kudla 2022, 3) gehören, aus der Sicht der Poetry Society kann es zur Reflektion anregen – unter anderem über die Geschichte des Viertels und die Bedeutung Wrights als Schriftsteller, der den Rassismus in den USA offenlegte und die letzten Lebensjahre im Ausland verbrachte. Dass diese Reflektionen über einen afroamerikanischen Autor in einem Viertel angeregt werden, aus dem afroamerikanische Haushalte verdrängt werden, gehört in diesem Fall wohl zu den perfiden Widersprüchen, die mit der Gentrifizierung einhergehen.

Dicht op de muur: Weltliteratur auf Leidener Hauswänden

Leiden ist eine ‚kleine Großstadt' von knapp 130.000 Einwohner:innen, liegt nahe am Meer, zwischen Amsterdam und Den Haag, und hat die älteste Universität des Landes. Verteilt über die ganze Stadt sind über 120 Gedichte auf Fassaden von Wohn- sowie einigen Geschäftsgebäuden zu lesen. Darunter finden sich Werke von so unterschiedlichen Dichter:innen wie Ingeborg Bachmann, Matsuo Bashō, E.E. Cummings, Johann Wolfgang von Goethe, Langston Hughes, Frederico Garcia Lorca, Pablo Neruda, Arthur Rimbaud, William Shakespeare, Marina Zwetajewa, Sappho, Dylan Thomas, Derek Walcott, William Butler Yeats und vielen mehr. Laut der Internetseite *muurgedichten.nl*, die umfassend über 116 der Wandgedichte informiert, wurden Gedichte aus 39 Sprachen berücksichtigt. Wenig überraschend ist, dass das Niederländische mit 39 Werken am häufigsten vertreten ist. Englische Gedichte gibt es beispielsweise zehn, französische acht, deutsche fünf, japanische drei. Zwei arabische Gedichte sind dabei und jeweils eines auf Chinesisch, Georgisch, Hebräisch, Javanisch, Sanskrit und Urdu. Es ist also nichts weniger als poetische Weltliteratur, die in Leiden im öffentlichen Raum zu lesen ist. Dabei handelt es sich zumeist um kanonische Lyriker:innen unterschiedlicher Jahrhunderte, die ein umfängliches und in ihrer Zeit bedeutendes Œuvre vorgelegt haben. Überproportional viele *muurgedichten* entstammen dem 20. Jahrhundert. Die Gedichte sind an den Wänden in den Originalsprachen und -schriften aufgebracht worden, auf unterhalb der Gedichte in Augenhöhe montierten Plaketten sind oft niederländische und englische Übersetzungen zu lesen. Präsentiert werden nicht allein literarische Inhalte, sondern auch Schriftkunstwerke. Anders als in der technisch mittels Schablonen applizierten Variante in Brooklyn wird hier jedes Gedicht individuell grafisch gestaltet und in Handarbeit aufgemalt.

Ein besonders sehenswertes Beispiel ist das in Mandarin verfasste Gedicht „可惜" („Wie bedauerlich") von Du Fu, der im achten Jahrhundert lebte (Abb. 3.10.3). Das Gedicht eines Meisters der chinesischen Tang-Dynastie wurde auf einer Fassade in einem Neubaugebiet im Norden der niederländischen Stadt aufgebracht und verschönert eine ansonsten eher langweilige Hauswand. Der 2021 verstorbene

Abb. 3.10.3: Gedicht „可惜" von Du Fu auf einer Fassade in der Straße Buizendhorst, Leiden, mit Jan Willem Bruins bei der Arbeit (Oktober 2000).

Maler Jan Willem Bruins, hier im Jahr 2000 in Aktion zu sehen, hat gemeinsam mit Ben Walenkamp für jedes Gedicht ein eigenes künstlerisches Konzept entwickelt: Hintergrundfarben, Schrifttypen, -größen und -farben, zusätzliche grafische Elemente oder Illustrationen und auch die Größe des Werkes unterscheiden sich. Jedes Gedicht bekommt dadurch ein unverwechselbares Layout.

Dabei sind Anklänge ans Bauhaus, an die holländische De Stijl-Gruppe und den russischen Konstruktivismus unübersehbar. Die einflussreiche Zeitschrift *De Stijl* wurde 1917 in Leiden gegründet, unter anderem von Theo van Doesburg, der nicht nur Maler, Kunst- und Architekturtheoretiker, sondern auch Lyriker war. An diese Tradition sollte 75 Jahre später mit *Dicht op de muur* angeknüpft werden (vgl. Van der Weij 2000, 19). Ein titelloses, mit dem Wort „ночь" (‚Nacht') beginnendes russisches Gedicht Alexander Bloks von 1912, in kyrillischer Schrift auf ein Haus an der Kreuzung Roodenburgerstraat und Thorbeckestraat gemalt, in einem Wohnviertel, in dem laut Projektwebsite besonders viele Philolog:innen und Übersetzer:innen slawischer Sprachen wohnen oder wohnten, ist ein Beispiel für ein konstruktivistisches Layout (Abb. 3.10.4). Bei der Begehung im Sommer 2021 kritisierte ein Nachbar, dass die Stadt so unsensibel war und kürzlich direkt vor dem Wandgedicht eine Straßenlaterne installieren ließ. Allerdings lassen sich – bei Sonnenschein – die Laterne und deren Schatten auch als gelungene Ergänzung des Designs sehen, und passender

Abb. 3.10.4: Titeloses Gedicht von Alexander Blok auf einer Fassade in der Roodenburgerstraat, Leiden (August 2021).

Weise wird im ersten Vers des Gedichts („Ночь, улица, фонарь, аптека") neben der Nacht und einer Apotheke auch eine Straßenlampe erwähnt.

Von Walenkamp stammte die Idee, der Leidener Bevölkerung Literatur in Form von Wandgedichten nahezubringen. Als Autodidakt hatte er im Leidener Kunstmuseum de Lakenhal gearbeitet, das viele Werke van Doesburgs sammelt, er hatte einen Kunstmarkt und eine Galerie geleitet, zugleich entwickelte er als Lyrikliebhaber Konzepte, visuell gestaltete Gedichte in den öffentlichen Raum zu bringen. Der Titel des Lyrikprojekts, *Dicht op de muur*, ist mehrdeutig: ‚dicht op' meint zunächst ‚mit wenig Abstand', so dass die erste Bedeutung der Formel ‚ganz nah an der Mauer' ist; die zweite Bedeutung ist imperativisch, im Sinne von ‚Dichte auf die Mauer!'

Am 9. Oktober 1992 wurde das erste Gedicht in der Leidener Innenstadt auf die Fassade des Eckhauses Kloksteeg und Nieuwsteeg gemalt, und zwar ein Text Marina Zwetajewas auf Russisch in kyrillischer Schrift, der mit der poetologischen Formel „Моим стихам" („Meine Verse"; 1913) beginnt. Dass das erste Wandgedicht exakt am hundertsten Geburtstag der Dichterin entstand, war kein Zufall. Die ersten Gedichte wurden noch ohne Rücksprache mit der Stadt und auf eigene Kosten als zivilgesellschaftliches Engagement verwirklicht, bis sich die Denkmalschutzbehörde einschaltete und sich ab sofort auf Antragsverfahren bestand, was aber nur bei Gebäuden der Gemeinde und Universität umgesetzt wurde: „Ursprünglich wollte die Stadtverwaltung, dass wir Komitees für die Auswahl der Gedichte [...] bildeten. Das sagte uns aber nicht zu" (Walenkamp 2021; Übers. der Vf.).

Um die politische und materielle Unterstützung der Stadt und möglicher Sponsor:innen zu bekommen, wurde die Stiftung TEGEN-BEELD (deutsch ‚Gegen-Bild') gegründet.[5] Die bis heute bestehende Stiftung engagiert sich in unterschiedlicher Form im Kulturbereich in Leiden. Über 15 Jahre veranstaltete sie in jedem Sommer das Open-Air Lyrikfestival *Poëziemanifestaties* an und auf dem Leidener Hauptkanal Nieuwe Rijn und der Koornbeursbrug mit öffentlichen Gedichtlesungen von Anwohner:innen und Prominenten (vgl. Van der Weij 2005, 38). Die Entscheidung darüber, wo welches Gedicht platziert wird, trafen in der Regel Walenkamp und Bruins zusammen mit TEGEN-BEELD. Für die je individuelle Anfertigung der Wandgedichte wurde Bruins von der Stiftung ein Honorar gezahlt, finanziert durch Privatleute, die Stadt Leiden oder die Eigentümer:innen der Fassade. Bei Spaziergängen in der Innenstadt sieht man unweigerlich *muurgedichten*, in den übrigen Stadtteilen muss man gezielter suchen. Dieses räumliche Ungleichgewicht wurde auch von den Initiator:innen erkannt und dadurch etwas abgemildert, dass für die zuletzt angebrachten Gedichte Wände und Fassaden vor allem in Wohngebieten außerhalb der Innenstadt genutzt wurden.

Jedes Gedicht ist mit zwei kleinen Signaturen unter dem Autor:innen-Namen unterzeichnet. Eine ist immer dieselbe: eine Spinne an einem Faden, mit der Bruins seine Bilder signiert hat. Die andere Signatur unterscheidet sich, je nachdem, wer das betreffende Gedicht vorgeschlagen hat. Der Schrägstrich steht für Walenkamp, eine französische Lilie für Hetty Leijdekkers, die sich seit Beginn in der Stiftung engagiert hat. Personen von außerhalb der Stiftung, die realisierte Wandgedichte vorschlagen, erhalten ebenfalls ein eigenes Symbol (vgl. van de Weij 2000, 42 und 137). Bewohner:innen, die die Fassaden zur Verfügung stellen, haben nur in Ausnahmefällen – wenn den Macher:innen des Projekts der Vorschlag gefällt – Einfluss auf das Gedicht an ihrer Fassade. Nach welchen Kriterien entschieden wurde, welches Gedicht wo platziert wird, ist nicht eindeutig zu klären, es überwiegen spontane und subjektive Entscheidungen. Zuweilen spielten ästhetische und formale Merkmale der jeweiligen Häuserwand oder inhaltliche Bezüge zur Stadt Leiden eine Rolle (zum Beispiel ist von den mit Gedichten vertretenen niederländischen Autor:innen Marinus von der Lubbe 1909 in Leiden geboren, Cees van Hoore lebt bis heute dort, Hans Lodeizen hat einst an der Universität Leiden studiert und Albert Verwey war dort vor langer Zeit Professor).

Die Wahl mancher Gedichte ist politisch zu verstehen. So wurden im Fall von drei amerikanischen Gedichten bewusst je eins von einem weißen, schwarzen und indigenen Autor ausgewählt: Entlang der Straße Nieuwe Rijn sind die Gedichte von E.E. Cummings („The Hours Rise", 1922) und Langston Hughes („Danse Africaine", 1922) auf Englisch sowie von Wotkoce Okisce („Maskoke", ca. 1985), geschrieben in der Muscogee-Sprache der Creek und veröffentlicht unter dem englischen Pseudonym Louis Oliver, zu lesen. Indem sie Angehörige verschiedener Bevölkerungsgruppen der USA auf diese Weise nebeneinanderstellen, fügen die Macher:innen des Projekts der Interpretation eine zusätzliche Dimension hinzu (vgl. Van der Weij 2000, 87–88), weil dazu angeregt wird, über Minderheiten, Rassismus und die Geschichte der USA nachzudenken. Ein anderes Beispiel für politische Dimensionen von Lyrik ist das Gedicht „Aku" von Chairil Anwar aus dem Jahr 1943; es handelt von der Pein der Unterdrückung Indonesiens durch die damaligen japanischen Kolonialherren, die aber auch auf die Situation unter den Bedingungen der niederländischen Kolonie (ab 1945) bezogen werden kann (vgl. Van der Weij 2005, 15–16). Das Wandgedicht wurde am 17. August 1995 eingeweiht, dem fünfzigsten Jahrestag der Unabhängigkeit der ehemaligen niederländischen Kolonie Indonesien. Hier erkennt man auch performative und rituelle Elemente, die mit dem Anbringen und Einweihen der Wandgedichte einhergehen kann.

2005 wurde das hundertste Gedicht, „De Profundis" („Aus der Tiefe", 1921) von Federico García Lorca, an eine Fassade geschrieben. Es sollte eigentlich den symbolischen Abschluss des Projekts bilden, weil es von hundert Liebenden spricht, die in Erinnerung bleiben werden, lange bevor sie hundert Jahre alt werden (vgl. Van de Weij 2005), aber da Walenkamp und Bruins von Interessierten auch danach angesprochen wurden, dass noch Sprachen fehlten und Vorschläge für weitere interessante Gedichte gemacht wurden, wurde es fortgesetzt (vgl. Walenkamp 2021, o.S.).

Für den internationalen Charakter und die Betonung der Vielfalt der Sprachen nannte Walenkamp in einem Interview drei Gründe: Leiden warb Anfang der 1990er Jahre für sich als ‚Stadt der Flüchtlinge' (vgl. Van der Weij 2005, 11) und gründete eine entsprechende Arbeitsgruppe, *Leiden Stad van Vluchtelingen*, mit der TEGEN-BEELT kooperiert hat, zweitens sollte mit dem Lyrikprojekt an die Internationalität und Multilingualität der Universität Leiden angeknüpft werden und drittens war der Bildungsaspekt bedeutsam: den Menschen sollte etwas gegeben werden, zu dem sie oft eher keinen Zugang haben (vgl. Walenkamp 2021, o.S.). Hier werden auch zentrale Gegensätze zu Graffiti deutlich: Das Projekt ist legal, wird gemeinsam mit der Stadt organisiert und weist eine wesentlich andere Ästhetik auf, weil die Schrift auf Linearität und Lesbarkeit hin gestaltet ist. Es wird eine andere Zielgruppe angesprochen, aber – durchaus ähnlich wie Graffiti – im Prinzip ebenfalls ein Insider-Diskurs etabliert, der hier allerdings bildungsbürgerlich orientiert und hauptsächlich von der kulturellen Elite der Stadt gefördert wird, die poetische Formen und Fremdsprachen beherrscht.

Die Motivation der beiden Initiatoren lässt sich am besten mit den Begriffen ‚Bildung' und ‚Kosmopolitismus' beschreiben (vgl. Van der Weij 2005, 159). Dabei sind das keine getrennten Motive, sondern unmittelbar zusammenhängende, denn was Walenkamp und Bruins wollten, war die Öffnung der Stadtgesellschaft für die sprachliche Vielfalt der Lyrik. „Wir wollen nicht vor dem Fremden zurückschrecken, sondern seine Schönheit zeigen. Das erweitert den Blick." (Walenkamp in Van der Weij 2000, 23; Übers. der Vf.) Beispielhaft für den internationalen Charakter ist eine Gruppe von konzeptuell zusammenhängenden Wandgedichten im am Rand von Leiden gelegenen Viertel Slaaghwijk, einer Hochhaussiedlung im Stadtteil Wijk. Sie schmücken die blinden Seitenwände der großen Wohnkomplexe, so dass Vorbeifahrende sie sofort sehen können. Die Sprachen der Gedichte sollten die wichtigsten Gruppen der Bewohner dieses multikulturellen Viertels repräsentieren, daher wurden neben Niederländisch auch Türkisch, Marokkanisch, Chinesisch und Surinamisch ausgewählt (vgl. Van der Weij 2005, 34–35).

Wie auch in anderen Lyrikprojekten sind für dieses Buch solche Gedichte besonders relevant, die Urbanität, die jeweilige Stadt oder andere Formen von Ortsbezogenheit aufweisen. Hierzu zählt in dem Leidener Projekt das schon erwähnte Gedicht von Alexsander Blok, das neben den in jeder Stadt zu findenden Laternen, Straßen und Drogerien im Besonderen auch Kanäle erwähnt, in denen im Winter das Eis steht, was speziell eine niederländische Stadt wie Leiden zu charakterisieren scheint. Leidener können sich also in einem über hundert Jahre alten Gedicht aus Russland wiederfinden. Etwas typisch Städtisches hat auch das mexikanische Gedicht „Aquí" (1962) von Octavio Paz, das im Stil einer Schrifttafel auf eine Mauer des Hauses Zonneveldstraat 18 in Leiden gemalt wurde: Das kurze Gedicht thematisiert selbstreflexiv den Klang der eigenen Schritte ‚in dieser Straße', bei denen frühere Schritte ‚in einer anderen Straße' mithallen, in der das Ich seine Schritte immer noch ‚hört', während es ‚hier' entlanggeht und wo ‚nichts als der Nebel wirklich ist':

> Mis pasos en esta calle
> Resuenan
>   En otra calle
> Donde
>   Oigo mis pasos
> Pasar en esta calle
> Donde
> Sólo es real la niebla
>   (Paz 2006, 154)

Geht man die Zonneveldstraat entlang, so fällt das eher klein gestaltete Wandgedicht in gelber Schrift auf rotem Grund nicht sofort ins Auge (Abb. 3.10.5). Wenn man mit ihm jedoch vertraut ist, ergeben sich interessante Korrespondenzen – oder, in der Sprache des Gedichts: Echo-Effekte – zwischen der Lektüre und der eigenen Bewegung in der Stadt. Diese werden durch die visuelle Gestaltung der Schrift verstärkt, denn anders als hier zitiert, wird das Gedicht von Bruins, wie auf dem Foto ersichtlich, nicht als Achtzeiler präsentiert, sondern nahezu als

Abb. 3.10.5: Gedicht „Aquí" von Octavio Paz auf einer Fassade in der Zonneveldstraat, Leiden (August 2021).

Sechszeiler, bei dem Verse 2 und 3 sowie 4 und 5 etwas näher zueinanderstehen, so dass sie wie ‚Echoverse' wirken. Dies spiegelt das im Gedicht thematisierte rhythmische Nachhallen von früher gegangenen Schritten in einer anderen Stadt auf visueller Ebene. Außerdem hat Bruins nach dem nur aus dem Pronominaladverb *donde* (‚wo') bestehenden siebten Vers eine halbe Leerzeile gesetzt, was den Wechsel ins Irreale im letzten Vers hervorhebt. Solche Abweichungen im Layout sind ein originäres Stilmittel des Malers, der bisweilen Gedankenpausen und Zäsuren durch Buchstaben- oder Wortabstände andeutet oder semantische Bezüge durch die Wahl spezifischer Schrifttypen. In Paz' Gedicht werden durch das zweifache *donde* die beiden Aussagen danach miteinander verbunden: einmal die Rede über die eigenen Schritte, einmal der Nebel. Und die Frage, was wirklich und unwirklich ist.

Als zweites Beispiel für den Aspekt der Ortsbezogenheit von *Dicht op de muur* bietet sich das Gedicht „nederlandse spoorwegen" (1962) von Cornelis Bastiaan Vaandragers in einem Hauseingang im Morsweg an (Abb. 3.10.6a+b). Platziert in unmittelbarer Nähe des Bahnhofs von Leiden listet es die Abfahrtszeiten der

Abb. 3.10.6a: Hauseingang im Morsweg, Leiden mit spiegelverkehrtem Gedicht von Cornelis Bastiaan Vaandrager (August 2021).

Abb. 3.10.6b: Im Spiegel zu lesendes Gedicht „nederlandse spoorwegen" von Cornelis Bastiaan Vaandrager in der Nische des Hauseingangs (August 2021).

Züge nach Amsterdam auf. Dieses in spiegelverkehrter Schrift gestaltete Konzeptgedicht über die staatliche niederländische Eisenbahn ist nur schwer zu entziffern. Personen, die es lesen wollen, müssen die Schwelle zur Privatheit, den Hauseingang, übertreten, sich vorbeugen und ‚sich positionieren', um es entziffern zu können, und zwar auf der anderen Seite als zuerst gedacht: in einem Spiegel. Es ist ein poetischer Liebesbrief in Form eines Ready-Mades, gerichtet an eine Frau Namens Tanja, die zu den genannten Uhrzeiten nach Amsterdam abfahren könnte, um dort den:ie Adressant:in zu besuchen, also eine fingierte private Kommunikationssituation. Die besondere ästhetische Gestaltung des Wandgedichts verdoppelt diesen Grenzübertritt ins Private in räumlicher Hinsicht.

Eine lyrische Kartografie in Leiden

Eine weitere Besonderheit des Leidener Projekts ist, dass mehrere Gedichte ausgewählt wurden, die auf je andere Wandgedichte Bezug nehmen. Dies kann exemplarisch anhand der Gedichte von Anna Achmatowa, Osip Mandel'štam, Paul Celan und Ingeborg Bachmann nachvollzogen werden. Mandel'štams Gedicht „Ленинград" („Leningrad"; 1986 [1930], 45) wurde von Bruins auf eine Fassade im Haagweg gemalt, einer aus dem Stadtzentrum westlich herausführenden Durchfahrtsstraße. Der russische Dichter verstand Literatur wesentlich „als einen räumliche und zeitliche Grenzen überschreitenden Dialog, als ‚Weltkultur'" (Lehmann 2008, 344). Wenn in seinem Gedicht dann die Rede davon ist, das Ich sei in seine „zum Weinen vertraut[e] Stadt" zurückgekehrt, und diese Stadt als „Leningrad" („Ленинград") und „Petersburg" („Петербург") auch namentlich benannt wird, so stellt dies eine offensichtliche Spannung zur niederländischen Stadt Leiden dar, dem Hier und Jetzt des Gedichts – und doch verbindet es zugleich verschiedene Epochen und kulturelle Räume, was auch die zwei unterschiedlichen Namen der russischen Stadt in Mandel'štams Gedicht verdeutlichen. Die Leidener Ausfahrtsstraße ist für ein solches Gedicht, das Abwesenheit und Ankunft thematisiert, durchaus sinnbildlich.

Das für das Lyrikprojekt ausgewählte Gedicht von Celan, „Nachmittag mit Zirkus und Zitadelle" (1961), thematisiert ebenfalls mit Brest eine namentlich genannte Stadt. Celan hat eine sehr enge Beziehung zum Werk Mandel'štams und dessen Gedichte auch ins Deutsche übersetzt. Mandel'štams und Celans Leidener Gedichte weisen als gemeinsame Themen Vergänglichkeit und eine mit vergangenen Aufenthalten in einer bestimmten Stadt verbundene Sehnsucht auf. Im Leidener Wandgedicht Celans wird der russische Dichter sogar, ganz konkret über „Endlichkeit" singend, namentlich erwähnt, wenngleich in ‚botanisierender' Schreibweise:

Abb. 3.10.7: Gedicht „Nachmittag mit Zirkus und Zitadelle" von Paul Celan an einer Hausfassade im Middelweg, Leiden (August 2021).

> In Brest, vor den Flammenringen,
> im Zelt, wo der Tiger sprang,
> da hört ich dich, Endlichkeit, singen,
> da sah ich dich, Mandelstamm.
>
> Der Himmel hing über der Reede,
> die Möwe hing über dem Kran.
> Das Endliche sang, das Stete, –
> du, Kanonenboot, heißt „Baobab".
>
> Ich grüßte die Trikolore
> mit einem russischen Wort –
> Verloren war Unverloren,
> das Herz ein befestigter Ort.
> (Celan 2003, 150–151)

In diesem innerhalb des Œuvres Celans formal harmonischen und nachgerade klassischen, auch poetologischen Gedicht steht Mandel'štam für die „Verkörperung einer Ost und West verbindenden dichterischen Bewegung und Begegnung" (Lehmann 2008, 345). Dies zeigt sich etwa in der dritten Strophe: insofern die vom lyrischen Subjekt auf Russisch begrüßte „Trikolore", die Flagge Frankreichs, die gleichen Farben wie die Russlands enthält. Das gilt auch für den Städtenamen Brest:

Zwar hat Celan das Gedicht nach einem Aufenthalt in der bretonischen Stadt geschrieben, aber mitgemeint ist auch die Stadt Brest im heutigen Belarus mit ihrer wechselvollen Geschichte und nationalen Zugehörigkeit. Um 1900 war sie ein kulturelles Zentrum des Judentums, 1937 Schauplatz schwerer antisemitischer Ausschreitungen, und 1941 wurde sie zu einem Ort des Naziterrors. Beide Städte liegen an Flüssen, verfügen über ein Befestigungswerk – nur die Festung im osteuropäischen Brest aber ist eine, wie im Gedichttitel genannte, ‚Zitadelle' – und beide wurden im Zweiten Weltkrieg zerstört. Celans bewusste Ambiguität, welches Brest gemeint ist, führt dazu, dass das Gedicht zwei divergierende ortsspezifische Lesarten ermöglicht. Durch die Platzierung dieses Wandgedichts an einer Hausfassade im Middelweg hinter einer hohen Mauer (Abb. 3.10.7) wird dieser Entzug von Deutung auch physisch erfahrbar. Und das von Celan gewählte Präteritum betont ebenfalls eine solche Distanz.

Der vorletzte Vers, „Verloren war Unverloren", aus Celans Wandgedicht weist eine intertextuelle Nähe zur Poetik Bachmanns auf, die in Leiden ebenfalls mit einem Wandgedicht vertreten ist. Bachmann und Celan waren eng befreundet, auch liiert, und bezogen sich in Gedichten und poetologischen Texten oft aufeinander. Das Konzept des ‚Unverlorenen' als Form der Utopie war für Bachmann wichtig, sie greift es unter anderem in ihrer Frankfurter Poetikvorlesung „Über Gedichte" (1959) mittels eines Celan-Zitats auf (vgl. Bachmann 2011, 49). Ihr Leidener Wandgedicht „Wahrlich" (1964) jedoch ist nicht auf Celan bezogen, sondern auf Anna Achmatowa. Sie hat es anlässlich einer Preisverleihung an die von ihr verehrte russische Lyrikerin verfasst, bei der sie diese im sizilianischen Taormina auch persönlich kennenlernte. Bachmanns Widmungsgedicht (Abb. 3.10.8) gehört zu einem zweiten für das Leidener Lyrikprojekt wichtigen Typus von Texten: der Auseinandersetzung mit der Bedeutung dichterischen Schreibens und der poetologischen Reflexion (vgl. auch Van de Weij 2005, 14). Die kurze dritte Strophe besteht nur aus diesen zwei Versen: „Einen einzigen Satz haltbar zu machen, | auszuhalten in dem Bimbam von Worten." (Bachmann 2002, 176) Dauerhaft an eine Häuserfassade gemalt, stellen die Verse in Bachmanns Gedicht demonstrativ Poesie gegen die Sprache der Werbung oder der Propaganda.

Achmatowas Wandgedicht „Муза" („Die Muse", 1924) hingegen ist ein poetologisches Gedicht, dass die – nicht namentliche genannte – Muse der Dichtkunst Euterpe anruft. Als sie endlich erscheint, verlieren die im dritten Vers aufgezählten weltlichen Dinge wie „Ehre", „Jugend" und „Freiheit" („почести", „юность", „свобода"; Achmatowa 1982, 66) ihre Bedeutung. Bestehen bleibt nur der Wunsch zu Dichten wie Dante, dessen episches Langgedicht *Inferno* (frühes 14. Jh.) in Achmatowas letzten beiden Versen als Ideal verklärt wird. Auf die Backsteinwand eines Leidener Wohnhauses im grünen, bürgerlich geprägten Stadtteil Boerhaave geschrieben, wird ein starker Kontrast zwischen profanem Alltag und idealisierter Kunst erzeugt.

Abb. 3.10.8: Gedicht „Wahrlich" von Ingeborg Bachmann an einer Hausfassade in der Vestestraat, Leiden (August 2021).

Achmatowa war eng mit Mandel'štam befreundet, beide waren in den 1930er Jahren in ihrem Kampf gegen das stalinistische Regime und für die Freiheit der Dichtung verbunden. So verknüpfen sich im Leidener Lyrikprojekt die intertextuellen Koordinaten vierer bedeutender Lyriker:innen des 20. Jahrhunderts: von Mandel'štam zu Celan, von Celan zu Bachmann, von Bachmann zu Achmatowa, von Achmatowa zu Mandel'štam (vgl. zu diesen Beziehungen Damm 2015). Ihre vier Wandgedichte verteilen sich im Stadtraum allerdings an unterschiedlichen Orten der Stadt: die beiden deutschsprachigen Texte werden nur 400 Meter voneinander entfernt im Zentrum Leidens präsentiert, während sich das von Mandel'štam am Rande der Innenstadt und das von Achmatowa in einem Wohngebiet außerhalb der Innenstadt befindet. Exemplarisch zeigt die Beziehung dieser vier Gedichte und Lyriker:innen gleichwohl, welche Bedeutungspluralisierung die Präsentation unterschiedlichster Gedichte an verschiedenen Orten in einer Stadt erzeugen kann. Es entsteht eine poetische Kartografie des Stadtraums, die Texte, Epochen, Kulturen und konkrete Straßen in Leiden miteinander verbindet.

Das Leidener Lyrikprojekt *Dicht op de muur* ist inzwischen in die Jahre gekommen, Fassaden verwittern, blättern ab, müssten irgendwann neu gestrichen werden. Bei der Realisierung wurde die Frage, was geschehen soll, wenn Gedichte unlesbar oder übermalt werden, nicht geklärt, so dass damit zu rechnen ist, dass nach und nach viele aus dem Stadtbild wieder verschwinden werden. Nach dem Tod Bruins ist die Stiftung seit 2021 auf der Suche nach einem neuen Fassadenmaler, bislang erfolglos. Inzwischen wird auch der Aspekt der Restaurierung als notwendig erachtet, nur fehlen die finanziellen Mittel und nun auch das Know-How. Ob und wie es weitergeht, ist ungewiss.

Begleitet wird das Projekt durch eine vom Leidener Taal Museum („Sprachmuseum') kuratierte, zweisprachige Internetseite, die im bunten Webdesign des Museums gestaltet ist und Informationen und Hintergründe zu den Gedichten auf Niederländisch und Englisch bereitstellt. Jedes Gedicht wird in der Originalsprache sowie in der niederländischen und englischen Übersetzung präsentiert, ein Foto des Gedichts an einer Leidener Fassade ist abrufbar ebenso wie eine Hörversion und weitere Informationen bis hin zu Literaturhinweisen. Die Internetseite ist nicht nur für Interessent:innen hilfreich, die sich intensiver mit den Gedichten auseinandersetzen wollen, sondern auch für diejenigen, die sich einen Überblick über die Wandgedichte per Spaziergang oder Radtour verschaffen wollen.[6] Dafür können auch thematische Schwerpunkte gewählt werden. Die Chancen der Digitalisierung werden in diesem Projekt unaufgeregt, und, was die Internetseite betrifft, auch effektiv genutzt. Was aber fehlt ist eine App für Smartphones, so dass die Informationen auch mobil leichter verfügbar sind, wenn man sich in der Stadt bewegt.

Ein solches Projekt legt die Annahme nahe, dass es auch für den Tourismus intensiv eingesetzt werden könnte. Tatsächlich wird auf der Tourismus-Website der Stadt *visitleiden.nl* zwar auch auf die Wandgedichte verwiesen und dass man sie in einem schönen Spaziergang entdecken könne.[7] Als Highlights werden allerdings die Hinterhöfe, die vielen Kanäle und Brücken sowie der dort geborene Maler Rembrandt van Rijn beworben. Auf das Projekt der Wandgedichte wird am Ende der Kategorie „Stadtrundgänge" per Link auf *muurgedichten.nl* verwiesen. Im Tourist Office ist man nicht auf Interessent:innen vorbereitet, die um Informationen über die Wandgedichte bitten: Letztlich wird einem das ältere von zwei von der Stiftung herausgegebenen Büchern zum Kauf angeboten, in denen die Wandgedichte im Wesentlichen dokumentiert werden (Van der Weij 2000), und man erhält ein einseitiges Handout mit einer Routenbeschreibung in niederländischer Sprache aus dem Jahr 2009, das einen Überblick über die zu der Zeit vorhandenen Gedichte ermöglicht. Wie auf der Tourismus-Website und im Tourist Office muss man auch auf Reiseportalen wie Trip-Advisor gezielt nach den Wandgedichten suchen. Man findet dort positive Bewertungen des Projekts und einschlägige Fotos, aber zum touristischen Zugpferd werden die Wandgedichte nicht. Zumindest eine quantitativ relevante Touristification, die eine Stadt für die Besucher:innen von außerhalb auf Kosten der Bewohner:innen zurichtet, ist mit ihnen also nicht verbunden.

Es ist daher nicht der Tourismus, sondern das Image und Selbstverständnis der Stadt als Ort der kosmopolitischen Bildung, was das Leidener Lyrikprojekt ausmacht. In spontanen Gesprächen mit Nachbar:innen in Wohnvierteln konnten wir darüber hinaus feststellen, dass die Interviewten sich mit dem Projekt insgesamt, besonders aber mit dem Gedicht in ihrer Straße, identifizieren. So konnte der Mann im wohlhabenden, grünen Wohngebiet mit dem Wandgedicht von Blok, der sich über die störende Laterne ärgerte, den Text des Gedichts auswendig rezitieren. Die Bewohnerin eines schönen Reihenhauses an der Kanalstaße Rijn en Schiekade, die tagtäglich auf die Wand ihrer Nachbarin blickt, die das niederländische Gedicht von Neeltje Maria Min *Mijn moeder is mijn naam vergeten* (1966) ziert, übersetzte es ad hoc ins Englische. Zur Identifikation mit dem Lyrikprojekt trägt wohl auch die anspruchsvolle, individuelle und dekorative Gestaltung der Fassaden bei. Es richtet sich an ein Publikum, das generell kulturbeflissen ist oder sich zumindest eine Neugier für fremde Texte und Poesie bewahrt hat. Die Bedeutung des Bildungsaspekts wird durch die Zusammenarbeit mit der Universität Leiden – beispielsweise im Hinblick auf Übersetzungen fremdsprachiger Gedichte – deutlich sowie durch die Integration des *Formula Projekts*, in dem bislang acht Formeln aus der Physik in teilweise spektakulärer Grafik auf Fassaden aufgebracht wurden. Als Beispiele seien nur die Lorentzkontraktion von Hendrik Lorentz und Albert Einsteins Feldgleichung erwähnt. Auf der Internetseite *muurformules.nl* werden die Fotos der Fassaden gezeigt, die Formeln werden in drei Sprachen, niederländisch, englisch und deutsch, erklärt, und es wird der Bezug der jeweiligen Wissenschaftler zur Stadt Leiden erläutert.

Basierend auf dem Erfolg des Leidener Poesieprojekts wurden auch in anderen niederländischen Städten vermehrt *muurgedichten* gemalt, so etwa in Den Haag, Utrecht und Rotterdam (vgl. Van der Starre 2021[8]). 2004 startete die niederländische Botschaft ein ähnliches Projekt in Sofia, und 2012 wurde in Berlin neben der niederländischen Botschaft ein (inzwischen nicht mehr existierendes) Wandgedicht platziert. Ebenfalls 2012 hat die Tegen-Beeld-Stiftung mit der Internationalen Gesellschaft der Freunde Arthur Rimbauds zusammengearbeitet und Bruins dessen Langgedicht „Le bateau ivre" (1871) in spektakulärer Gestaltung auf die Mauer eines Pariser Regierungsgebäudes in der Rue Férou im 16. Arrondissement gemalt.

Wall poems in Charlotte, North Carolina

Charlotte ist mir circa 880.000 Einwohner:innen die größte Stadt North Carolinas und Zentrum einer Metropolregion (Metropolitan Statistical Area) mit 2,7 Millionen Einwohner:innen, zu der neben dem Landkreis Charlotte-Mecklenburg auch zum Teil im benachbarten South Carolina liegende Kreise und Städte gehören, die mit Charlotte funktional eng verbunden sind. Die Stadt hat in den letzten Jahrzehnten eine rasante Entwicklung erlebt, die ihr Gesicht in ökonomischer, demographischer, sozialer und kultureller Hinsicht grundlegend verändert hat. So hat sich die Bevölkerungszahl seit 1960 mehr als vervierfacht, Charlotte ist zum Zentrum der am stärksten wachsenden Region der USA geworden. Doch die Bevölkerung ist nicht nur gewachsen, sondern hat sich seit den 1990er Jahren aufgrund der internationalen Immigration aus Lateinamerika (vor allem aus Mexiko) und Asien auch diversifiziert: die für die Südstaaten typische „black/white cultural binary" (Gámez 2010, 264) wurde sukzessive überwunden zugunsten einer multikulturellen Stadt, in der 2020 40 Prozent der Bevölkerung Whites, 34 Prozent Blacks, sieben Prozent Asian und 15 Prozent Hispanics sind.[9] Der ökonomische Strukturwandel ist die wichtigste Ursache dieser demographischen Entwicklung. Charlotte ist Teil des *sun belts*, der als ökonomischer Wachstumsmotor die Städte und Regionen des altindustrialisierten *rust belts* ablöste: Die alten Industriestädte des Nordens wurden deindustrialisiert, neue Arbeitsplätze entstanden besonders in jenen Regionen, die lange Zeit als Modernisierungsverlierer galten. Während die High-Tech Industrien vor allem in Kalifornien ihre Standorte fanden, expandierten andere Wachstumsbranchen, wie etwa der Finanzsektor, in Städten wie Charlotte, das dadurch zu einem globalen Finanzzentrum wurde (vgl. Graves/Kozar 2010).

Neben Wachstum ist ökonomische und sozial-räumliche Ungleichheit das zweite Kennzeichen der Stadtentwicklung Charlottes. So haben sich die Muster der ökonomischen Segregation nach Einkommen und der für Städte der Südstaaten typischen scharfen Segregation zwischen Schwarzen und Weißen kaum verändert (vgl. Hanchett 2020a). Dabei überlagern sich beide Formen der Segregation in der Weise, dass die Viertel der Schwarzen die ärmeren, die Viertel der Weißen die reicheren Wohngebiete sind. In einem Bericht zur sozialen Lage wird die Segregation als ein Kernproblem adressiert: „[A]ccess to economic opportunity in Charlotte-Mecklenburg is far too often aligned with the zip code where one lives." (Foundation for the Carolinas 2017, 5) Die Chancen auf sozialen Aufstieg, so der Bericht, sind in Charlotte noch immer in hohem Maße abhängig vom Wohnviertel, und die Chancen auf einen sozialen Aufstieg seien so gering wie in keiner anderen Stadtregion der USA: „In 2013, a Harvard University/UC Berkeley study uncovered the other part of our story – our community ranked 50th out of 50 in economic mobility among the largest U.S. cities – specifically the ability of a child born in the bottom income quintile to rise to the top income quintile as an adult." (Foundation for the Carolinas 2017, 9) Die Chancen, die mit ökonomischem Wachstum einhergehen, sind in Charlotte somit nach einem alten Muster und extrem ungleich verteilt.

Es wird nicht erkennbar, dass das 2013 initiierte Lyrikprojekt im urbanen Raum von Charlotte diese rasante, zum Teil auch problematische Stadtentwicklung aufgreift. Erklärtermaßen wurde das Lyrikprojekt in North Carolina durch das Leidener Projekt inspiriert.[10] Wie dort werden die Gedichte in großen Formaten auf geeignete Häuserwände gemalt, entweder vollständig oder in Auszügen. Die Namen der Lyriker:innen werden ebenfalls genannt, zumeist in großen Lettern, die der Fassadenmaler:innen nur gelegentlich. Die zentrale Akteurin ist die Dichterin, Künstlerin und Literaturdozentin Amy Bagwell, hauptverantwortlich für die Gestaltung und Anfertigung der *wall poems* ist der Maler Scott Nurkin. Er hat eine Kunstausbildung und ist Gründer eines Malereibetriebs für Kunst- und Werbemalerei im Außen- und Innenraum in Charlotte.[11] Anders als in Leiden ist der Maler hier aber nicht konzeptuell in das Lyrikprojekt eingebunden, etwa bei der Auswahl der Gedichte, sondern führt die Wandgestaltungen lediglich als Auftragsarbeiten aus. Im Frühjahr 2022 gab es elf großformatige Wandgedichte in Charlotte, vier weitere gab es, die inzwischen aber nicht mehr vorhanden sind.

Alle Gedichte wurden von Autor:innen verfasst, die aus North Carolina stammen, dort leben oder mit dem Bundesstaat in anderer Hinsicht eng verbunden sind, so etwa von Carl Sandberg, Charles Olsen und Robert Creeley (die letzten beiden waren am berühmten Black Mountain College in North Carolina tätig). Dieser Regionalbezug dient einerseits der Beschränkung auf ein konkretes Korpus, andererseits der Intention, die im kulturellen Gedächtnis weiterhin primär mit Sklaverei und Bürgerkrieg verbundenen Südstaaten anders wahrzunehmen und die dort verfasste Literatur, speziell die experimentelle Lyrik, bekannter zu machen. Im Interview bemerkt Bagwell über die Auswahl der Gedichte und die – ähnlich wie in Leiden – limitierte Möglichkeit der Gebäudeinhaber:innen, Einfluss auf die Auswahl des Gedichts zu nehmen, das an ihre Wand geschrieben wird: „It is a small, curated set of options, based on the neighborhood, the history, the use of the site, [...] the location, vegetation, everything." (Interview Bagwell) Hier wird eine Ortsbezogenheit benannt, die nicht nur den gebauten Raum, sondern auch die Natur in der Stadt umfasst. Bagwell hat das Projekt gemeinsam mit dem irischen Künstler Graham Carew begründet, der mehrere Jahre in Charlotte tätig war. Derzeit betreut sie das Projekt in Kollaboration mit wechselnden Kunstschaffenden und unter Mitwirkung von Studierenden des Central Piedmont Community College, von denen sich manche an den visuellen Entwürfen für die Wandgedichte und Konzepten für Begleitevents beteiligen. Ähnlich wie in Leiden bestand die Kernidee darin, Lyrik ‚zu den Leuten zu bringen'. Ausgehend von dem Faktum, dass nur ein Bruchteil der Amerikaner:innen Gedichte liest, wurde der öffentliche Raum als geeignete Möglichkeit der Verbreitung angesehen; mithin liegt auch diesem Projekt ein Bildungsimpuls zugrunde. Was das Projekt deutlich von dem in Leiden unterscheidet, ist der regionale Bezug.

Die Finanzierung der einzelnen Wandgedichte war und ist unterschiedlich: Das erste Wall Poem – „Salute" von A.R. Ammons am zentral gelegenen Restaurant Dandelion Market in der West 5th Street, entstanden 2013 – hat ein Rechtsanwaltsbüro übernommen. Der Besitzer des Dandelions wiederum hat das zweite Wandgedicht finanziert; ähnlich hat sich die Kostenübernahme fortgesetzt, unter anderem durch Immobilienfirmen oder private Spender:innen. Es wurde von der Knight Foundation maßgeblich unterstützt, die die Produktion von sechs Wandgedichten ermöglicht hat. Charlotte ist eine der acht Städte mit einer eigenen Niederlassung der Stiftung,[12] auch das große jährlich stattfindende Lyrikfestival *O, Miami* in Florida wird wesentlich durch die Stiftung finanziert (siehe Kap. 3.5).

Abb. 3.10.9: Gedicht „Bus Stop" von Donald Justice, gemalt von Scott Nurkin, an einer Hausfassade, Ecke North Brevard Street/7th Street, First Ward, Charlotte (März 2022).

Das Wandgedicht „Bus Stop" von Donald Justice ist in verschiedener Hinsicht bemerkenswert (Abb. 3.10.9). Der Entwurf stammt von der Grafikerin Cynthia Flaxman Frank, gemalt wurde es von Nurkin. Eine Bushaltestelle, wie sie der Titel von Justices Gedichts nahelegt, gibt es in der unmittelbaren Umgebung des Hauses nicht. Das Gedicht befindet sich auf einem leerstehenden Gebäude in der Brevard Street, Ecke 7th Street, dem im viktorianischen Stil gebauten Treloar House, das verfallen wirkt, aber nicht abgerissen werden darf, da es als ältestes Wohnhaus in der Innenstadt von Charlotte unter Denkmalschutz steht. Im Jahr 1887 errichtet, handelte es sich seinerzeit um ein repräsentatives Doppelhaus mit vorgebauter Veranda, in dessen einer Hälfte der Besitzer William Treloar, ein Geschäftsmann und Goldsucher aus England, mit seiner Familie lebte, der es nach dem Bürgerkrieg in dieser damals sehr angesehenen Wohngegend gebaut hat, und zwar nach dem Modell der daneben befindlichen, im Stil des ‚French Second Empire' gestalteten Residenz des Bankdirektors, Kaufmanns und Kommunalbeamten Samuel P. Smith:

> For five decades, the Smiths, Treloars, and renters co-existed comfortably. A Smith son married a Treloar daughter in 1911 and lived in the Treloar home into their old age in the 1930s. Homeowners and renters mingled easily over the years, which offers a lesson for us today. We've grown up in the era of zoning, introduced in the mid-20th century. Typically, residential zoning dictates that single-family dwellings – detached, standalone houses – should be ‚protected' from multi-family homes: apartments and condominiums. The rigidity of Charlotte's land use rules is one reason why the Treloar house fell into decline and the Smith house was bulldozed in the 1960s. (Hanchett 2020b)

Heute thront das für die Stadtgeschichte bedeutende Wohnhaus als verlassen wirkender Solitär zwischen vielen Parkplätzen, die eine große Fläche des Stadtteils von First Ward einnehmen (Abb. 3.10.10). Sie werden dort wegen des Spectrum Centers, Spielstätte des NBA-Basketballteams Charlotte Hornets, benötigt. Wie überhaupt Charlotte durch unzählige Parkplätze und -häuser dominiert wird, einem der laut Anwohner:innen einträglichsten Geschäftszweige, auch durch die vielen Pendler:innen, die aus dem Umland täglich mit dem PKW nach Charlotte zur Arbeit kommen. Den jetzigen Besitzern des Gebäudes, Levine Properties, wird auf der Projektwebsite der *wall poems* für die Überlassung dieser sowie weiterer Hausfassaden in der Nachbarschaft explizit gedankt. Es ist dies auch der Grund, dass sich die meisten Wandgedichte im innerstädtischen Gebiet des First Ward befinden.

Die Länge von „Bus Stop" lässt es soeben zu, dass man es im Auto an der Kreuzung im Zeitfenster einer roten Ampelphase vollständig lesen kann. Das aus sechs gleichmäßigen kurzen Vierzeilern bestehende, formal und inhaltlich schlichte Gedicht wurde vertikal als Säule rechts der Regenrinne auf die Seitenfassade gemalt, direkt darunter befindet sich eine Parkbucht; dort stehende Autos verdecken bisweilen die untersten Verse. Links befinden sich in großer Schrift der Name des Lyrikers und der Titel sowie eine dekorative, mit dem Gedicht inhaltlich nicht verbundene gelbe Blütenranke – im Gedicht ist zwar die Rede von melancholisch anmutenden „Black flowers, black flowers", dies aber als Metapher für Regenschirme, die man im Dunkeln aufspannt. Der im letzten Vers beschriebene Zustand des fortwährend brennenden Lichts („Burning, Burning.") korrespondiert zur feuerroten Fassadenfarbe des Gebäudes. Das Gedicht beschreibt alltägliches städtisches Leben, wo in „quiet rooms" die Lichter brennen, und ein Leben weitergeht, das ‚unserem' gleicht („Where lives go on | Resembling ours"). Dies steht im Kontrast zu den vernagelten Wänden und der Leblosigkeit des unbewohnten alten Hauses. In melancholischem Gestus wird die Monotonie des Immergleichen („And lives go on. | And lives go on") und mithin die Vergänglichkeit des Seins beschrieben („These lives we lead | But do not own –"), etwa in Strophe drei:

3.10 Auf Dauer angelegt: Wandgedichte — 221

Abb. 3.10.10: Treloar House und Umgebung, First Ward, Charlotte (März 2022).

> Stand in the rain
> So quietly
> When we are gone,
> So quietly …
> (Justice 1991, 78)

Einerseits wird eine singuläre Situation beschrieben – abends im Regen an einer Bushaltestelle stehen –, anderseits ist „When we are gone" auch als übergreifende Formel des Nachlebens zu verstehen, was sich auf die Geschichte dieses Hauses beziehen lässt und dessen Bewohner:innen, die entweder gestorben oder weitergezogen sind. Es wird so die Frage gestellt, was bleibt. Die zu Beginn und am Ende des Gedichts thematisierten Lichter hinter verschlossenen Fenstern in „quiet rooms" stehen auch für die gegenseitige Fremdheit der Menschen in Städten, die nichts über einander wissen. Drei Verse – „In quiet rooms", „These lives we lead" und „Like sudden lights" – wurden von Nurkin zusätzlich einzeln in größerem Layout auf die anderen Außenwände gemalt, zusammen mit weiteren von der Künstlerin Cynthia Flaxman Frank entworfenen Blumenranken, was bei einem leerstehenden Wohnhaus mit verbarrikadierten Fenstern semantische Doppeldeutigkeiten erzeugt: Die Räume in diesem Haus sind nun dauerhaft still; Leben werden in ihm nicht mehr gelebt und plötzliche Lichter erzeugen lediglich die an dem Haus vorbeifahrenden Autos. Das historische Gebäude eines zugewanderten Geschäftsmannes und Goldsuchers, geschmückt mit altertümlich anmutenden, melancholischen Versen, steht wie ein Mahnmal inmitten dieser zukunftsorientierten Finanzmetropole.

In anderer Form retrospektivisch ist auch das von Bagwell selbst verfasste Gedicht „Now is Fireworks" (2015) an einer großen Fassade in der East 7th Street im Stadtteil Elizabeth (Abb. 3.10.11). Es handelt sich um eine Auftragsarbeit für Studio K, einen sich bis vor kurzem dort befindlichen lokalen Veranstaltungsort mit Ateliers und Kunstgalerie (derzeit ist das Gebäude kommerziell vermietet an eine Elektrofirma). Die ursprüngliche Konzeption war durchaus selbstreferenziell: ein Wandgedicht einer in Charlotte beheimateten Poetin und Kunstschaffenden, das von lokalen Künstler:innen auf einen Kunstraum gemalt wurde. Erschaffen wurde das riesige Mural auf schwarzem Grund im Frühjahr 2016 von Nurkin und Carew. Auch den spektakulären, die Fassade des zweistöckigen Gebäudes bis oben umfassenden bunten Falken im Flug entwarf Carew (der Vogel kommt auch im Gedicht vor, wenn dort gefragt wird „are you hawk or songbird?" – ob der Adressat ein Raub- oder ein Singvogel ist –, eine poetologische Anspielung).

Abb. 3.10.11: Gedicht „Now is Fireworks" von Amy Bagwell, gemalt von Graham Carew und Scott Nurkin, an der Fassade des ehemaligen Studio K, East 7th Street, Elizabeth, Charlotte (März 2022).

Bagwell hat in ihr für diese Fassade geschriebenes, 33 ungegliederte Verse umfassendes, stark durch Enjambements und sich ineinanderfügende Sprachbilder geprägtes Gedicht einige Ortsbezüge und lokale Referenzen eingearbeitet. So die in diesem Stadtteil beständig zu hörenden Eisenbahnen („a train's long, wavering horn") und der Umstand, dass in Elizabeth traditionell viele Jazzmusiker:innen sowie Handelsvertreter:innen in Boarding Houses wohnten, bevor sie nach kurzer Zeit weiterzogen. Viele Blumenreferenzen beziehen sich einerseits auf den nahegelegenen Independence Park, darunter die titelgebende „Queen Anne's lace" (deutscher botanischer Name: Wiesenkerbel oder Wilde Möhre), die in dieser Region oft zu finden ist und deren Blüten, so heißt es im Text, wie ein Feuerwerk zerstäuben. Neben weiteren Blumenreferenzen („Or climbing rose, with colors | that unfold as slow as fondness?", „those pale pink sugar roses") steht der Independence Park in Bagwells Gedicht aber auch für die verdrängte Gewaltgeschichte North Carolinas, und zwar ganz konkret für einen verschüttetem Sklavenfriedhof aus der Zeit vor dem Bürgerkrieg, der sich in unmittelbarer Nähe des Murals, an der Ecke Hawthorne Lane und East 7th Street, befand und von dem die Stadt Charlotte lange nichts wusste. Das Gebiet ist bis heute vollständig überwuchert, nachdem sich dort ein städtisches Wasserreservoir befand, unter dessen Schlamm die Gräber weit mehr als hundert Jahre verdeckt wurden. Bagwell deutet diesen Hintergrund, wie viele historische und lokale Sachverhalte, nur an: mit der Formel „the buried and forgotten" sowie dem mehrdeutigen Bild der stillen Wasseroberfläche („the water so still"), was sowohl für die aus dem kollektiven Bewusstsein verdrängte Geschichte steht als auch für das Bewässerungssystem, das sich jahrzehntelang über den Gebeinen der Sklaven befand. Insgesamt ist das Rollengedicht aus der Perspektive eines:r Liebenden verfasst, diese Person verabschiedet jemanden, der aus der Stadt wieder abreist. Der oder die Adressant:in möchte sich im Koffer der abreisenden Person verstecken und mitfahren.

Der Titel des Gedichts spielt auch auf das klassische Carpe-Diem-Motiv an: als Appell, im Moment zu leben und dass die ‚Feuerwerke' des Lebens nicht später, sondern ‚jetzt' stattfinden. Im Elizabeth-Viertel findet sich im Kreisverkehr der East 8th Street und der Lamar Avenue eine Skulptur mit dem Gedichttitel, in Form eines großen Rings aus Edelstahl, der ebenerdig den Baum in der Mitte des Platzes umschließt. Die Buchstaben wurden herausgestanzt, ebenso wie ein stilisiertes Feuerwerk. Carews farbenfrohe Vogelgestalten wurden in Ausschnitten auf transparente Kunststoffplatten gedruckt und an einen Zaun montiert. Die einzelnen Verse aus „Now is Fireworks" wurden ferner zerteilt und in einem temporären, auf sechs Monate angelegten Projekt 2016 auf dreißig *Wordhouses* verteilt, die in einem etwa einen Kilometer langen Parcours im Elizabeth-Viertel an Bäum gehängt wurden: kleine himmelblaue Rahmen, geschmückt mit Worten und visuellen Elementen.[13] Betrachter:innen konnten hier das Gedicht nicht kompakt lesen, sondern mussten es sich, wie in anderen Lyrikprojekten in diesem Buch, mittels Bewegung im Raum Vers für Vers erschließen. Bagwells und Careys intermediale Arbeit, wie auch das „Fireworks"-Wandgedicht selbst, sind Teil der von der Stadt Charlotte, der dortigen Public Art Commission und dem Arts & Sciences Council geförderten „Creative pARTnership initiative", die nachbarschaftliche öffentliche Kunstprojekte in den Stadtraum bringen will.

Eines der neuesten Projekts der Charlotte *wall poems* wurde im Camp North End im Stadtteil Keswick realisiert, einem ehemaligen Standort der US-Armee, der nun dem New Yorker Immobiliengiganten ATCO Properties gehört, der auch die Kosten für die aufwändige Gedichtinstallation übernommen hat. Nach und nach soll dieses Areal ‚entwickelt' werden: Hotels, Shopping, Wohnen, Kultur sind Bestandteile des Standortkonzepts. Es handelt sich um ein großes Projekt der urbanen Erschließung eines Randbezirks von Charlotte. Ähnlich wie am Kölner Ebertplatz (siehe Kap. 3.2) gibt es auch hier künstlerische Formate der ‚Zwischennutzung', bis irgendwann alle Gebäudekomplexe umgebaut und neue errichtet wurden. Unter den Zwischennutzenden ist das gemeinnützige Kunstkollektiv Goodyear Arts, in dem lokale Künstler:innen unterschiedlicher Sparten vertreten sind und das von Bagwell mitgeleitet wird.[14]

Für diese Arbeit wurde aber keine Fassade beschrieben, sondern ein konzeptuell neuartiges Lyrikformat im öffentlichen Raum entwickelt. In Kooperation mit den Künstler:innen Blaine Hurdle and Holly Keogh von Goodyear Arts hat Bagwell an dem langen Rundgang um das Ford Building (300 Camp Road) jeweils auf 52 länglichen Holztafeln zwei so genannte *board poems* installieren lassen. Sie hebt die lokalen Bezüge und die Besonderheiten dieser Gedichte hervor:

> The two poems are by writers with (North Carolina) connections […], Denise Levertov with her ties to Black Mountain College and the Black Mountain Poets, and A. Van Jordan as a graduate and faculty member of the MFA Program at Warren Wilson College. The poems are beautiful and transporting; they deal with eternal, important intangibles; and they stand in marked stylistic contrast to one another. All of these were important considerations.[15]

Die Installation präsentiert Einzelverse auf handwerklich hochwertigen querformatigen Holztafeln, die in circa drei bis vier Meter Höhe hängen, dazwischen bisweilen Tafeln ohne Schrift, die für ‚Leerzeilen' stehen (Abb. 3.10.12). Optisch wirken die einzelnen Tafeln wie Hinweis- oder Eingangsschilder. Sie sind in den Farben des Regenbogens mit Farbverläufen in feinen Abstufungen gestaltet, die man nur beim Herumgehen auf dem hölzernen Laufsteg nachvollziehen kann. Wie bei den *Wordhouses* intendiert auch dieses Projekt die Rezeption von Lyrik in Bewegung. Da die Holztafeln beidseitig beschriftet sind, muss man zweimal das ungefähr 150 Meter lange Gebäude unrunden, wenn man die beiden jeweils aus 37 Versen bestehenden, räumlich extensiv dargebotenen Gedichte lesen will. Das Ge-

3.10 Auf Dauer angelegt: Wandgedichte —— 225

Abb. 3.10.12: Gedichtinstallation mit Versen aus „Claritas" von Denise Levertov unterhalb des Daches des Ford Buildings, Camp North End, Charlotte (März 2022).

dicht von Levertow ist im Uhrzeigersinn angeordnet, das von Van Jordan in entgegengesetzter Richtung. Die rhythmische Bewegung der Rezipierenden und ihr nach oben gewandter Blick werden durch leichte schwingende Bewegungen der Tafeln im Wind ergänzt.

Bewegung, nämlich das Gehen und Rennen in der Stadt sowie der Weg nach Hause, wird in dem Gedicht „The Flash Reverses Time" (2007) des afroamerikanischen Lyrikers A. Van Jordan thematisiert, was man zu der eigenen Fortbewegung auf dem erhöhten Walkway in Bezug setzen kann. Zugleich werden mit dem Gehen auch die Lebenswege der Gedichtadressant:innen metaphorisiert, die sich in die Zukunft, aber auch in die Vergangenheit beschreiten lassen. Jordans Gedicht hat als Motto den Titel eines Comic-Heftes einer US-amerikanischen Superheldenserie mit einem Protagonisten namens The Flash: „Never Look Back, Flash, | Your Life Might Be Gaining On You". Der mit diesem Titel gegebene Ratschlag, sich niemals umzusehen, weil das Leben dann ‚an dir hängenbleiben könnte' wird im Gedicht ironisch aufgegriffen und natürlich in der räumlichen Präsentation vor Ort. Allerdings wird dies in Form einer Imagination des Rückwärtsgehens thematisiert, die – ausgerechnet beim Rennen „across the city | on the crowded streets | to home" – in die eigene Vergangenheit führt:

> and the people look,
> look in that bewildered way,
> in my direction, I imagine
> walking slowly into my past
> among them at a pace
> at which we can look one another in the eye
> and begin to make changes in the future
> from our memories of the past –
> (Van Jordan 2007, 13)

Aus dem adressierenden Ich wird unbemerkt ein Wir; die vollzogene Kehrtwende führt zu einem intimen Blickkontakt und eröffnet anschließend potentielle „changes in the future", die aus den Erinnerungen der Vergangenheit resultieren. Ob dies konkret auf die Geschichte der USA zu beziehen ist und etwa die schweren *race riots* in den Südstaaten meint und eine Hoffnung auf Versöhnung in der Zukunft artikuliert wird oder eher symbolisch den individuellen ‚Lebensweg' reflektiert, ist wohl Sache der Interpretation. Jedenfalls endet das Gedicht mit dem utopisch-inversen Bild einer „doorway leading back | to a sunrise", was wegen der konstanten Bewegung im Raum, in der man sich beim Lesen befindet, durchaus selbstreferentiell sein kann, insbesondere, wenn Lesende bemerken sollten, dass sie sich bei der zweiten Hälfte der Verse beim Lesen tatsächlich in östliche Richtung bewegen.

Hat man zuerst Van Jordans Gedicht im Gehen entziffert und dreht sich dann um die eigene Achse, um gleich drauf den Versen von „Claritas" (1964) der US-amerikanischen Lyrikerin Denise Levertov zu folgen, ergeben sich interessante Bezüge, speziell in der letzten Strophe, bei der pro Board nur ein Wort oder drei Worte präsentiert werden:

> Sun
> light.
>   Light
> light light light.
> (Levertov 1983, 108)

Auch hier liest man diese Verse wieder beim Gang gen Osten und kann unter Umständen das erwähnte Sonnenlicht gleichzeitig wahrnehmen. Levertovs Gedicht beschreibt unterschiedliche Wahrnehmungen und die anthropomorphisierten Reflexionen und Gedankens eines Vogels, dem wiederholt als „All-Day Bird" (Levertov 1983, 107) bezeichneten *sparrow* (Sperling). Dies auf Tafeln zu lesen, die ebendort angebracht sind, wo sich typischerweise Vögel einnisten, ergibt einen Doppelsinn. Ein so rätselhaftes Gedicht „Claritas" zu nennen, ist allerdings höchst ironisch. Vergleicht man die beiden Tafel-Gedichte mit der am Gebäude befindlichen Street Art, so wirken sie in ihrer Präsentationsform formalistisch-dekorativ und weisen keine unmittelbaren Ortsbezüge oder konkreten lokalpolitischen Impulse auf.

Ganz anders ist dies in der jüngsten Fortführung der Charlotte *wall poems*, ein visuell beeindruckendes Mural des in der Stadt tätigen Lyrikers und Performancekünstlers de'Angelo Dia, das sich mit Polizeigewalt gegen Afroamerikaner:innen befasst. Dias Wandgedicht ist Teil einer kollaborativen Installation mit der ebenfalls in Charlotte lebenden Schriftkünstlerin Renee Cloud; beide sind Teil des Kunstkollektivs Goodyear Arts.[16] Das Mural (Abb. 3.10.13) befindet sich an einem eingeschossigen Lagergebäude in der Central Avenue im Stadtteil Belmont zwischen bunter Street Art im gleichen Format. Beauftragt und finanziert wurde es vom Gordon Street Alley Improvement Project.

Abb. 3.10.13: Schriftinstallation „I Can't Breathe" mit Gedicht und Tagebuchauszügen von de'Angelo Dia, gestaltet von ihm und Amy Bagwell, sowie Textcollage von Renee Cloud, Central Avenue, Belmont, Charlotte (März 2022).

Titel des Wandgedichts ist „I Can't Breathe", womit die letzten Worte des 2014 von Polizisten getöteten Afroamerikaners Eric Garners und des 2020 von einem Polizisten ermordeten Afroamerikaners George Floyd zitiert werden, die zur Parole gesellschaftlicher Proteste gegen rassistische Polizeigewalt in den USA und der globalen

Black-Lives-Matter-Bewegung wurden. Dia ist als Aktivist an Protesten gegen die Erschießung schwarzer Männer durch die Polizei beteiligt. Im Januar 2022, wenige Monate nach der Fertigstellung des Murals, wurde Dias Cousin Jason Walker von einem nicht im Dienst befindlichen Polizisten in der Stadt Fayetteville in North Carolina erschossen. In einem eine Woche nach der Tat ausgestrahlten Radiointerview mit dem lokalen Sender spricht Dia über seine Trauer und die kollektive Traumatisierung der afroamerikanischen Bevölkerung durch diese wiederkehrenden „shootings" – auch in Charlotte wurde 2016 ein Afroamerikaner von einem Polizisten getötet – und bemerkt sarkastisch, dass die „execution of Black and brown people" in den USA, wie auch global, inzwischen regelrecht zu einer „norm" geworden sei.[17] Das Wall Poem in Belmont wurde von den Beteiligten retrospektiv Jason Walker gewidmet.

Dias und Clouds gemeinsam mit Bagwell kreiertes schriftkünstlerisches Wall Poem weist von allen in diesem Buch besprochenen Lyrikpräsentationen die stärkste ästhetische und konzeptuelle Ähnlichkeit mit Graffiti auf. Denn anders als etwa in den Wandgedichten und Versen im Rahmen der Gezi-Proteste in Istanbul (siehe Kap. 3.9) ist die Verwendung der Zeichen zum Teil hieroglyphisch, und besonders die handschriftlichen Worte und Satzteile überlagern sich wie ein Palimpsest. Die auf Yves-Klein-blauem Grund mit Pinsel und Farbe sowie dicken wasserbeständigen Filzstiften teils lesbaren, teils unlesbaren Satzfragmente sind in bunten Farben – lila, gelb, hellgrün, dunkelgrün – sowie in schwarz und weiß und in unterschiedlichen Schriftgrößen gestaltet, wodurch die Ikonizität der Schrift betont wird (vgl. Tophinke 2019, 10). Die zugleich dynamische und ausfransend wirkende flächige Schriftkomposition lässt einen persönlichen Gedankenstrom oder ein (kollektives) immer neues Durcharbeiten und Korrigieren von Aussagen assoziieren. Die Schriftfläche wirkt auf dem ersten Blick chaotisch, aber weil es eine einheitliche Handschrift ist, trotzdem formal zusammenhängend und stimmig. Dieses hieroglyphische ‚Schriftbild' wird von zwei weiteren Elementen überlagert: zum einen vier oben in Treppenform angeordneten, unterschiedlich langen Gedichtstrophen in weißen Großbuchstaben, deren Sonderstellung durch die nicht beschriebene blaue Fläche unter ihnen gekennzeichnet ist, zum anderen in größerer, ebenfalls weißer Schablonenschrift auf die Textfläche Clouds gesetzte Slogans in Großbuchstaben. Die oben links befindliche Aussage – oder der ohne Ausrufezeichen geschriebene Hilferuf – „I CAN'T BREATHE" wird wegen der Größe und Position als Titel markiert. Über das handschriftliche Palimpsest wurden dieser Satz sowie ferner, auch in Schablonenschrift, zwei weitere Aussagesätze geschrieben: „MY HANDS ARE UP" und „I'M UNARMED" – ebenfalls aus der Perspektive einer Person, die sich vor rassistischer Polizeigewalt schützen will, die die Hände hochhält, obwohl sie unbewaffnet und wehrlos ist. Dass diese ‚schablonenhaften' Sätze wie ein Echo mehrfach in die Schriftkomposition eingewoben sind und mehr oder weniger stark hervortreten, verweist auf ihren Signalcharakter im kulturellen Gedächtnis, aber auch auf entsetzliche Nichtgehörtwerden eines Hilferufs in höchster physischer Not.

Dias Gedicht selbst wiederum wird in einer runderen, digital wirkenden Versalienschrift präsentiert. Jede Strophe geht auf der Linie des letzten Verses in die nächste Strophe über, was mit visuellen Mitteln ihre Verbundenheit anzeigt. In der ersten Strophe geht es um die sarkastische Frage, ob das Leben nichts als ein „CONSISTENT EXPERIMENT" sei und als bittere Analogie wird der zu Beginn des 20. Jahrhunderts erfolgreiche afroamerikanische Boxer Jack Johnson angeführt, der sein physisches Durchhaltevermögen als „NEGRO" unter extremen Umständen beweisen musste: „To me, the boxer Jack Johnson is the embodiment of black and brown people in America whose endurance is still being tested, just not in the boxing ring"[18], wie Dia anmerkt. Besonders aufschlussreich sind die jeweils mit der selbstreflexiven Formel ‚auf den Wänden' beginnende zweite und dritte Strophe:

> ON THE WALLS
> WHERE GRIOTS
> SCRIBES, PROPHETS, AND LYRICS
> ARE BIRTHED, REMEMBERED
> WE DETAIL OUR PAIN   ON THE WALLS
>
> IT ALL MAKES SENSE
> YET THESE DAYS
> I'M DOING MORE ERASING
> THAN WRITING

Der Poet Dia spricht hier auch über sich selbst, da er sich auf seiner Website als Nachfahre von „Gullah griots, priests, and priestesses"[19] bezeichnet. Auf öffentlichen Wänden wie derjenigen, auf der diese Worte stehen, so heißt es im Gedicht, werden traditionelle afrikanische Geschichtenerzähler (Griots), Schriftgelehrte, Prophet:innen und Lyrik ‚geboren' und zugleich auch erinnert, indem – etwas unerwartet – ‚wir' dort, im öffentlichen Raum, unseren Schmerz mitteilen. Ebenso unerwartet taucht in Strophe drei ein Ich auf, das anmerkt, es würde in diesen Tagen allerdings mehr ausradieren (oder löschen), als schreiben. Warum dies so ist, verrät das Gedicht nicht. Aber durch den mit den begleitenden ‚Schablonensätzen' evozierten politischen Kontext wird deutlich, dass mit diesem Gedicht auch Entsetzen und Verzweiflung über sinnlose rassistische Gewalt artikuliert werden sollen. So mahnt die letzte Strophe an, wenn man Fragen – etwa die notorische nach dem ‚Warum?' – artikuliere, man sich auf niederschmetternde Antworten besser schon mal einstellt. Dias Diskursgedicht wird durch die weiteren Schriftelemente dieses Murals so zu einem beständigen Jonglieren mit Fragen und Zitaten, die auf zweifellos sehr dekorative Art und Weise die politisch Verantwortlichen in den USA und anderswo anklagen.

Wandgedichte – ein Resümee

Versucht man ein abschließendes Resümee der drei Lyrikprojekte mit Wandgedichten, dann sind zunächst die Unterschiede hervorzuheben. In Brooklyn sind englischsprachige Gedichte eines Autors zu lesen, die alle zu einem Genre gehören und nach einem einheitlichen Konzept visuell gestaltet wurden. In einem circa eineinhalbstündigen Spaziergang kann man sich die acht Haikus anschauen. In Leiden wird die Weltliteratur der Lyrik in Originalsprachen präsentiert; jedes der über 120 Gedichte wurde individuell schriftkünstlerisch gestaltet, wobei die Varianz von unauffällig bis monumental reicht. Man muss schon eine ausgiebige und gut organisierte Radtour durch die Stadt unternehmen, will man alle Werke an einem Tag sehen, denn auch wenn die meisten Gedichte in der Innenstadt zu finden sind, gibt es einige auch in den Vororten. In Charlotte werden elf englischsprachige Gedichte von Autor:innen der Region verwendet. Auch hier wird jedes Gedicht individuell, meistens großformatig gestaltet. Mit Auto, Bus oder Rad kann man in drei bis vier Stunden alle Wandgedichte in Charlotte erfassen.

Unterschiede zeigen sich auch bei der Einbindung in die jeweilige Stadtentwicklung: In Brooklyn ist der widersprüchliche Bezug zur Gentrification einerseits und der Würdigung eines afroamerikanischen Dichters andererseits sinnfällig; in Leiden dominiert der Bildungsaspekt, der sich inhaltlich und ästhetisch gleichsam nahtlos einreiht in das Selbstverständnis der berühmten Universitätsstadt; in Charlotte ist ebenfalls der Bildungsaspekt zentral, aber die großformatigen Werke wirken in der vom PKW-Verkehr dominierten Stadt fast deplatziert, weil man vom Auto aus – anders als die Werbescreens mit ihren kurzen Botschaften – den komplexen Inhalt der Gedichte meist nicht erfassen kann. Die kritische Auseinandersetzung des Lyrikprojekts mit der wachstumsorientierten Stadtentwicklung Charlottes und dem Problem der ökonomischen und sozial-räumlichen Ungleichheit ist nur zu erahnen, etwa im kulturpolitischen Engagement Bagwells und ihrer Mitstreiter:innen, *wall poems* als Form der alternativen Stadtkultur mit Ortsbezug eben in diesem Umfeld zu realisieren – oder im Falle einzelner Wandgedichte auch alternative Viertel zu wählen, wie bei dem Gordon Street Mural. Im Projekt in Charlotte wird der Ortsbezug primär biografisch ausgelegt: durch die Auswahl der Lyriker:innen aus North Carolina. Gleiches gilt für das Lyrikprojekt in Brooklyn, insofern Wright hier einige Jahre seines Lebens verbracht hat. Das Lyrikprojekt in Leiden hingegen setzt ostentativ auf einen Weltbezug – das Globale und das Lokale werden durch die internationalen Lyriker:innen und die Präsentation ihrer Gedichte in Originalsprachen einer ‚kleinen Großstadt' verknüpft.

Eine Gemeinsamkeit der drei Lyrikprojekte besteht in der jeweils attraktiven schriftkünstlerischen Präsentation von Gedichten, die bis dato eher unscheinbare oder unschöne Fassaden und Hauswänden im urbanen Raum optisch aufwerten und zum Blickfang machen. Die visuelle Gestaltung der Wandgedichte erfolgt jeweils professionell und großformatig: durch Künstler (Bruins in Leiden, Carew in Charlotte), Fassadenmaler (Nurkin in Charlotte) oder Grafikdesigner (Doyle in Brooklyn). Alle drei auf Dauer angelegten Lyrikprojekte wurden durch die Initiative von Literaturschaffenden und Lyriker:innen realisiert: Brogan und Lauer von der Poetry Society in Brooklyn, Walenkamp und Leijdekkers von TEEGENBELD in Leiden und Bagwell in Charlotte. Die maßgeblichen Akteur:innen der Lyrikprojekte sind hier also nicht Städte und Kommunen, die strategisch kulturpolitische Intentionen verfolgen, sondern einzelne Liebhaber:innen von Kunst und Literatur sowie im speziellen von Lyrik. Gerade für die langjährigen, aufwändigen und kostspieligen Projekte in Leiden und Charlotte handelt es sich also um ein bemerkenswertes zivilgesellschaftliches Engagement.

Eine ästhetische und künstlerisch-konzeptuelle Gemeinsamkeit der drei Lyrikprojekte mit Wandgedichten im urbanen Raum besteht in der Notwendigkeit der Bewegung der Lesenden, um die Gedichte zu rezipieren. Durch diese Rezeption von Lyrik in Bewegung müssen sich die Lesenden immer wieder neu verorten: indem sie sich in der jeweiligen Stadt fortbewegen und sich in Position zu den einzelnen Wandgedichten bringen. Manche Gedichte erfordern auch eine Bewegung um das Gedicht herum, an ihm entlang oder von ihm zurücktretend, um es ganz erfassen zu können. Wie in dem Kapitel gezeigt, erfolgt bei der Rezeption fast automatisch auch eine Einordnung der gelesenen Texte in den Stadtraum – oder die Suche nach Bezügen zur konkreten Umgebung –, weil die Wandgedichte sich als Teil der gebauten Architektur präsentieren. Will man alle Werke kennenlernen, ist eine Auseinandersetzung mit der Geografie der Stadt erforderlich. Hilfreich ist sicher auch Kontextwissen über die präsentierten Dichter:innen im Kontext ihrer Zeit und Kultur, wozu die jeweils vorhandenen Internetauftritte der Lyrikprojekte eine erste Hilfestellung bieten.

3.11 Die Politik der Poesie im urbanen Raum: eine „Fassadendebatte"

„Avenidas" an der Alice Salomon Hochschule in Berlin

In der letzten Fallstudie geht es um ein ‚konkretes' Gedicht von Eugen Gomringer, das unter dem Titel seines ersten, nur aus einem Wort bestehenden Verses, „avenidas", bekannt wurde und von 2012 bis 2018 die Fassade der Alice Salomon Hochschule (ASH) schmückte, sowie um den Akt von dessen ‚öffentlicher Überschreibung' durch ein ebenfalls titelloses Gedicht von Barbara Köhler und die kulturpolitische Debatte, die dies hervorrief.

Ort des Geschehens ist das Zentrum des an der Peripherie gelegenen Stadtteils Hellersdorf im Osten Berlins, der seit 2001 zum Bezirk Marzahn-Hellersdorf gehört. Noch zu DDR-Zeiten wurde in Hellersdorf ab 1986 eine Großsiedlung im Format des Plattenbaus gebaut, die ursprünglich für 100.000 Bewohner:innen geplant war und nach dem Fall der Mauer in den 1990er Jahren weitergebaut wurde. Da über 90 Prozent der Hellersdorfer Wohnungen in dieser Großsiedlung liegen, dominiert sie den Stadtteil (vgl. Kompetenzzentrum Großwohnsiedlung 2021, 85). Großsiedlungen werden als abgrenzbare Wohngebiete mit mindestens 2.000 Wohnungen definiert, sie spielen für die Wohnungsversorgung der Hauptstadt eine bedeutende Rolle, mehr als ein Fünftel (22,4%) aller Berliner:innen wohnt in einem solchen Gebiet (Kompetenzzentrum Großwohnsiedlung 2021, 9–10). Aufgrund der vergleichsweise niedrigeren Mieten haben Großsiedlungen überdurchschnittlich viele Bewohner:innen mit Migrationshintergrund und sind damit Orte der nachbarschaftlichen Integration. Sie sind aber infolge sozio-ökonomischer Segregation auch Wohngebiete sozialer Benachteiligung mit hoher Armut und Kinderarmut (vgl. Kompetenzzentrum Großwohnsiedlung 2021, 32; Hunger 2021). Das gilt auch für Hellersdorf, wenngleich in der letzten vorliegenden Studie die soziale Entwicklung in den letzten Jahren als positiv eingeordnet wird (vgl. Senatsverwaltung Berlin 2021, 23). Der Stadtteil ist sehr grün, locker bebaut mit überwiegend fünf- oder sechsgeschossigen Wohngebäuden. Neben den nicht nur mit Farben und Balkonen aufgewerteten Plattenbauten aus den 1980er Jahren gibt es Neubauten aus den folgenden Jahrzehnten. In der Siedlung finden sich soziale Einrichtungen für verschiedene Zielgruppen sowie Kitas und Schulen.

Im Zentrum des Stadtteils, das nach 1990 neu geplant wurde, gibt es ein vielfältiges Angebot an Restaurants, eine Shopping Mall und weitere Einkaufsmöglichkeiten sowie kommerzielle Freizeitangebote, vom Großraumkino bis zum ‚größten Indoor Hochseilgarten' Europas. Kurz, der Stadtteil Hellersdorf entspricht nicht den gängigen Vorurteilen über Großsiedlungen, die oft als eintönig, grau und eigentlich unbewohnbar geschildert werden.

Im Zentrum des Stadtteils liegt die ASH, nur wenige Gehminuten entfernt von der U-Bahn-Haltestelle Hellersdorf der Linie 5. Die Hochschule zog aufgrund eines Beschlusses des Berliner Senats 1998 von Schöneberg (im innerstädtischen Westen Berlins) an den östlichen Stadtrand nach Hellersdorf. Laut Homepage handelt es sich um die größte staatliche Hochschule in den Bereichen Soziale Arbeit, Gesundheit sowie Erziehung und Bildung in Deutschland.[1] Die Hochschule liegt am Rand des sehr großen, zentralen Alice-Salomon-Platzes, der von einer vierspurigen Straße zerschnitten wird. An der Hauptfassade, die dem Platz zugewandt ist, hingen im Juli 2021 Transparente, die sich gegen Rassismus und Verschwörungserzählungen im Zusammenhang mit der Coronapandemie richteten, was exemplarisch verdeutlicht, dass sich die Hochschule politisch versteht und artikuliert (auch auf Fotos der letzten Jahre finden sich Transparente mit politischen Aussagen). Ort der Wandgedichte, um die es hier gehen soll, war die am Kanal gelegene Südfassade, die nicht vom Platz, aber von dem Weg aus zu sehen ist, den man gehen muss, wenn man an der zentralen U-Bahnstation des Stadtteils ankommt und über die Brücke Riesaer Straße Richtung Zentrum geht. Für die Platzierung des Gedichts wurde mithin ein Typus öffentlichen Raumes gewählt, den man als „Durchgangssetting" (Hornig 2011, 160) bezeichnen kann. Die Schrift ist nicht aufdringlich, aber gut lesbar. Von weitem wirkt sie zunächst wie ein großformatiger Werbetext, was im Stadtraum auf einer Fassade in diesen Dimensionen erwartbar ist; aufgrund der typischen versifizierten Textanordnung und der betont schlichten Gestaltung ist sie mit Literatur vertrauten Passant:innen dann aber doch recht offensichtlich als Gedicht erkennbar. Oder, wie es die Dichterin Barbara Köhler, von der nunmehr ein Gedicht an dieser Stelle steht, treffend formuliert:

> Fassaden kann man sehen als jene Seiten, mit denen sich Gebäude an die Öffentlichkeit wenden, als repräsentative Wände, Grenzflächen des öffentlichen Raumes. Ein Text an solcher Stelle spricht aber nicht nur zu den Menschen davor, sondern auch immer von Interessen dahinter, seien es kommerzielle bei Werbung, ideologische bei Propaganda oder partikulare bei den meisten Graffiti – alles Text im öffentlichen Raum. Wofür, für wen spricht das Gedicht? (Köhler 2017)

Die Frage am Schluss verdeutlicht, dass Lyrik im urbanen Raum ‚anders' spricht als etwa Werbung, aber gleichwohl für etwas oder jemanden spricht, in diesem Fall: für die hinter der Fassade befindliche ASH. Dass die Hochschule schwer verständliche, abstrakte Gedichte wählt, die keinen Bezug zu dem sie umgebenden Ort haben, ist durchaus problematisch für eine staatliche Einrichtung, verdeutlicht es doch das Problem, dass sich Kunst im öffentlichen Raum zumeist an Privilegierte und Gebildete richtet. Einen sozialen oder kommunalen Fokus als Kennzeichen von ‚Public Art' (vgl. Lossau/Stevens 2015, 2) jedenfalls weisen die beiden bislang dort nacheinander präsentierten Gedichte nicht auf.

Gomringers spanisches Gedicht wurde 1953 erstmalig publiziert, damals noch unter dem Titel „ciudad" (‚Stadt'; vgl. Wilke 2021, o.S., Anm. 2), als eines der ersten von ihm so genannten poetischen ‚Konstellationen'. 2011 wurde es aus Anlass der Verleihung des Alice Salomon Poetik Preises an den Lyriker in riesenhaften Lettern auf die Südfassade des Hauptgebäudes aufgebracht (Abb. 3.11.1). Mit diesem Preis werden Lyriker:innen und Künstler:innen ausgezeichnet, „die durch ihre besondere Formensprache und Vielfalt zur Weiterentwicklung der literarischen, visuellen sowie akustischen Künste beitragen und dabei immer interdisziplinär arbeiten und wirken"[2]. Um Gomringers nur aus sechs Worten bestehendes Gedicht inhaltlich zu verstehen, muss man wissen, dass *avenidas* Alleen, *flores* Blumen und *mujeres* Frauen sind, *y* ‚und' heißt und *un admirador* ein ‚Verehrer' oder ‚Bewunderer' ist.

Abb. 3.11.1: Südfassade der Alice Salomon Hochschule mit Gedicht „avenidas" von Eugen Gomringer, Berlin-Hellersdorf (2017).

Das Gedicht funktioniert konstellativ, indem die Worte auf der durch den Text gebildeten Fläche wie ein Sternenbild miteinander in Beziehung treten und ein Ganzes bilden – so hatte Gomringer es in seinem Manifest „vom vers zur konstellation" (1953) konzipiert: „mit der konstellation wird etwas in die welt gesetzt, sie ist eine realität an sich und kein gedicht über ..." (Gomringer 1988 [1955], 11). Retrospektiv bemerkt Gomringer, er habe dieses Gedicht „als Exempel dafür" geschrieben, „wie sich Wörter zueinander verhalten können und dadurch Wirkung entfalten"; dazu habe er „ein paar spanische Begriffe" genommen und „sie permutierend in Bewegung" gebracht (Gomringer in Bauer/Dillig 2018, 24).

Man kann die im Gedicht evozierte Szene als eine Art Blick-Konstellation deuten, in dem Sinne, dass sich verschiedene Menschen (u. a. Frauen und ein sie bewundernder Flaneur) auf mehreren sich kreuzenden Alleen in einem Stadtraum begegnen, und außer sich gegenseitig auch Blumen sowie die Straßen wahrnehmen. Dabei fällt auf, dass das in den ersten beiden Strophen etablierte Reihungsprinzip in der dritten Strophe aufgebrochen wird, weil erneut die *avenidas* und nicht die *mujeres* den Ausgangspunkt darstellen (es also nicht heißt, „mujeres | mujeres y avenidas"). Gleiches gilt in erhöhtem Maße für die vierte Kurzstrophe, bei der das „Konjunkt auf einer anderen Ebene liegt" und „gewissermaßen als Schlussfolgerung aus dem bisher kumulativ Versammelten hervorgeht" (Loer 2018, 210). Man kann das Prinzip des Konstellationsgedichts aber auch, wie Tobias Wilke vorgeschlagen hat, von den Inhalten abstrahiert als „Relationen der Nachbarschaft in einem verbal konstruierten Raum" verstehen, durch das die Wörter selbst, ähnlich architektonischen Ensembles, in „Verhältnisse räumlicher Nähe" zueinander treten (Wilke 2021, o.S.). Dies wird dann besonders interessant, wenn eine Konstellation des Wandgedichts an der ASH-Fassade zu anderen Wandgedichten im Berliner Stadtraum entsteht, wie Wilke argumentiert (und nachfolgend hier aufgegriffen wird).

Ausgang der Kontroverse um die Präsentation des Gomringer-Gedichts an der ASH-Fassade waren Debatten innerhalb der Studierendenschaft sowie eine Sitzung im akademischen Senat der Hochschule 2016.[3] Als offizielles ‚Aushängeschild' der Hochschule wurde Gomringers Gedicht hinterfragt, weil es eine klassische patriarchale Kunsttradition reproduziere und sogar an sexuelle Belästigung von Frauen im öffentlichen Raum erinnere. Diese Lesart kann dem Gedicht entnommen werden, weil es Straßen, Blumen und Frauen gleichstellt, mithin verdinglicht, und in der letzten Zeile ein männlicher ‚Bewunderer' benannt wird, für den diese schönen Dinge anscheinend da sind. Dieser Interpretation zufolge entsteht der Anschein, Frauen im Plural seien Objekte des Blicks und der im Singular benannte Bewunderer sei das Subjekt dieser Wahrnehmung (dass durchgängig eine implizite Subjektivität vorhanden ist, wird auch durch die elliptischen Junktionen zweier Entitäten durch ‚und' deutlich; vgl. Loer 2018, 199). Die Verse des 1925 geborenen Dichters repräsentierten mithin eine überholte Vorstellung der Geschlechter und passten nicht zum Selbstverständnis der ASH, so das Argument. Und vielleicht hängt dies auch mit dem Ort der Veröffentlichung des Gedichts an einer Straße und einem stark frequentierten Platz zusammen: „Was den Asta der Hochschule zu stören scheint, ist, dass den Frauen durch das Gedicht immer gegenwärtig gehalten wird, dass ihnen dort Bewunderer ‚auflauern' könnten." (Müller 2018, o.S.) Die Entscheidung der Hochschulleitung, innerhalb der Institution eine Ausschreibung und einen partizipativen Prozess für die Neugestaltung der Fassade zu lancieren, resultierte in einer erhitzten, zum Teil absurden Debatte über Sexismus und Kunstproduktion und mithin auch über Lyrik im öffentlichen Raum. Gomringer selbst reagierte demgegenüber, anders auch als seine Tochter Nora, eher gelassen auf die Entscheidung der Hochschuldebatte, sein Gedicht zu übermalen (vgl. Bauer/Dillig 2018, 25). In der Debatte wurde das Gedicht selbst nicht zu einem „Mediator", einem „aktiven Akteur [...] in der öffentlichen Debatte um Kunst" (Danko/Moeschler/Schumacher 2015, 16), sondern lediglich kommentiert und funktionalisiert. Im Anschluss an eine öffentliche Podiumsdiskussion zum Thema „Kunst und die Macht der Worte" im November 2017 an der ASH meldeten sich neben Lehrenden und Studierenden auch ein paar Hellersdorfer Bürger:innen und Lokalpolitiker:innen zu Wort,[4] die in der von medialen Profis dominierten Debatte ansonsten kaum eine Rolle spielten.

Die „Überschreibung" eines öffentlichen Gedichts

Als der Hochschulsenat im Januar 2018 entschied, dass die Fassade ab sofort alle fünf Jahre neugestaltet und mit einem Gedicht einer Trägerin oder eines Trägers des Alice Salomon Poetik Preises beschrieben wird, bewertete die Staatsministerin für Kultur, Monika Grütters, die Entscheidung, das Gomringer-Gedicht zu entfernen, als „erschreckenden Akt der Kulturbarbarei"[5]. Der Präsident des deutschen PEN-Clubs, Christoph Hein, sprach von „barbarische[m] Schwachsinn"[6]. Politische Korrektheit, so Grütters, dürfe die „Freiheit" von „Kunst und Kultur" nicht in Frage stellen; indem sie dies als „eine der wichtigsten Lehren aus der Geschichte" bezeichnete,[7] scheute sie nicht davor zurück, zumindest implizit die Akteur:innen der Hochschule auf eine Stufe mit der Kulturpolitik der Nazis und ihrer Ausgrenzung so genannter ‚entarteter Kunst' zu stellen.

Ungerührt von der immer abgehobener werdenden medialen Diskussion, einer „nicht abreißende[n] Kette von Reflexionen und Reaktionen über genderpolitische Fragen, die Freiheit von Kunst im öffentlichen Raum und die Macht der Worte"[8], setzte die Hochschule den Entschluss des Akademischen Senats um: Gomringers „avenidas" wurde in eine Stahlplatte graviert und unten auf der Wand angebracht, zusammen mit einem Kommentar des Dichters, einem QR-Code zur Website der ‚Fassadendebatte' sowie einem in eine zweite Stahlplatte gravierten Kommentar der Dichterin Barbara Köhler (es fragt sich allerdings, wie die Gestaltung ab 2023 sein wird, wenn dann drei Gedichte plus Begleittexte auf der Fassade zu platzieren sind – vielleicht setzt erst dies das für die konkrete Poe-

Abb. 3.11.2: Südfassade der Alice Salomon Hochschule mit titellosem Gedicht von Barbara Köhler, Berlin-Hellersdorf (August 2021).

sie grundlegende Konzept der ‚Konstellation' dann wirklich um). Seit Herbst 2018 prangen die durchaus rätselhaften Verse Köhlers, Trägerin des Poetikpreises 2017 der Hochschule, in riesigen Lettern auf der Südfassade (Abb. 3.11.2).

Die Lyrikerin hat betont, dass das Gedicht, das sie für die Fassade verfasst hat, auch dazu dienen solle, eine Debatte, die nach ihrer Einschätzung „gründlich schiefließ, womöglich in eine andere Richtung zu bewegen, sie vielleicht ein bisschen ad absurdum zu führen" (Köhler 2018, o.S.). Somit nimmt auch sie zwar keinen Bezug auf die urbane Situation, in die das Gedicht gestellt wird, aber auf das Hochschulgebäude, an dessen Fassade es steht – immerhin fanden genau hier die Diskussionen statt, die zur Neugestaltung führten. Wie Gomringers Gedicht besteht auch das von Köhler aus acht Versen und vier kurzen Strophen. Es befindet sich also räumlich ‚konkret' auf der Wand über dem Prätext, indem sogar einzelne Buchstaben aus „avenidas" als Auslassungen übernommen werden und ansatzweise zu lesen sind – die Köhler-Buchstaben sind in blaugrauen Großbuchstaben geschrieben, darin sind auf Fotos bei genauer Betrachtung Teile von Gomringer-Buchstaben in hellgrauer Kleinschreibung sichtbar. Den Palimpsest-Charakter dieses ‚Sekundärgedichts' – wie man dies in Anlehnung an ein Theatertextgenre Elfriede Jelineks nennen könnte – verdeutlicht auch Köhlers mit „Überschreibung" betitelter Kommentar, der sich auf einer Edelstahl-Tafel im Sockelbereich des Wandgedichts befindet. Er zeigt auch, dass sie von unterschiedlichen, widersprüchlichen Lesarten des Gomringer-Gedichts ausgeht und ihren Text auch als ein Weiterschreiben versteht:

> [E]in Gedicht an einem Ort, an dem davor ein anderes Gedicht stand, um das eine Geschichte entstand, die sehr verschieden erzählt wurde – als öffentliche Debatte. [...] Das neue Gedicht ist [...] nur eine weitere Schicht: aus dem Gedicht davor ist ein Gedicht dahinter geworden. Durch die Schrift lässt sich in die Zeit sehen: das Aktuelle erinnert das Vorherige, nimmt es auf, löscht es nicht aus. An einem Ort, sagt das Gedicht so, kann's mehr als eines geben oder einen; möglich ist vieles – Wohin erinnern Sie sich? Wofür und wem geben Sie Raum? Und wer, sagen Sie, hätte nichts zu sagen? Das Gedicht wendet sich an die Öffentlichkeit, an die Vielen, die den Ort täglich passieren: es begrüßt sie ausdrücklich, es gäbe ihnen gern Verschiedenes zu denken. Und sollte Ihnen daran etwas Spanisch vorkommen und so nicht korrekt, könnte es sich vielleicht auch um eine andere Sprache handeln – Katalanisch z. B.?[9]

Köhler setzt in diesem Kommentar die Ambiguität des Verbs ‚sagen' strategisch ein, ebenso wie sie im Gedicht mit dem Wort ‚sie'/‚Sie' spielt (sowohl formale Anrede als auch Pronomen, sowohl Singular als auch Plural). Sie weist ihrem Gedicht Subjektivität zu, indem es selbst zu sprechen scheint, die Öffentlichkeit „ausdrücklich" begrüßt und zum Nachdenken anregt. Die Bedeutung der ersten Kurzstrophe „SIE BEWUNDERN SIE | BEZWEIFELN SIE ENTSCHEIDEN" bleibt in der Schwebe: Ist das zweite ‚sie' das Objekt des Verbs ‚bewundern' oder vielmehr Subjekt des Verbs ‚bezweifeln'? Offensichtlich jedenfalls hat Köhler das Verb ‚bewundern' von Gomringers *admirador* übernommen und es strategisch mit zwei eher kognitiven Verben (bezweifeln, entscheiden) verschränkt. Das Bewundern erfolgt nun entweder seitens der Leser:innen oder der Frauen (*mujeres*). In den Versen der zweiten Strophe „SIE WIRD ODER WERDEN GROSS | ODER KLEIN GESCHRIEBEN SO" wandelt sich das ‚Sie'/‚sie' vom Singular in den Plural und verweist nun, erneut gewendet, selbstreflexiv auf die einzelnen Buchstaben des Gedichts – sowie auf die Tatsache, dass dieses im Unterschied zur uniformen Kleinschreibung des darunter liegenden Gomringer-Gedichts, ausschließlich Großbuchstaben nutzt. Köhlers Gedicht erklärt den Leser:innen gar, seine Buchstaben stünden „VOR IHNEN | IN IHRER SPRACHE" (wer ist ‚ihnen' – ist die Sprache der Rezipierenden oder die der Buchstaben gemeint?) und wünschten „BON DIA GOOD LUCK". So wird das Gedicht unverhofft selbst zum Akteur, indem es Passant:innen unmittelbar anspricht, im Schlussvers sogar in zwei ‚Fremdsprachen' – mit Katalanisch und Englisch allerdings wohl keine Sprachen, die im migrantisch geprägten Hellersdorf besonders viel zu hören sind. Auch wenn Köhler die feministische Debatte, von der die Neugestaltung ihren Ausgangspunkt nahm, weder im Gedicht noch im „Überschreibungs"-Kommentar unmittelbar aufgreift, initiiert ihre poetische Intervention, die die Instanz des Bewunderns dezent verschiebt, einen Dialog über ‚öffentliche Dichtung' im urbanen Raum, der, wie erwünscht, zum Nachdenken anregt. Man kann ihr Wandgedicht sogar als ‚Störungsdienst' im Sinne Höllers (1995, o.S.) verstehen: Zwar werden hier keine lokalen soziokulturellen Verhältnisse adressiert, wie dies in seinem Konzept der Störung intendiert ist, aber doch eine virulente kulturpolitische Debatte, und indem es die Passant:innen direkt anspricht, erzeugt es auch ein ‚Hier und Jetzt' der Auseinandersetzung damit.

In ihrem Essay „Diese Sache mit den Avenidas" hat die Dichterin Esther Dischereit argumentiert, es sei das gute Recht der ASH gewesen, Gomringers Gedicht wieder „zuzuklappen, wegzutun von der Fassade, gewissermaßen zurück ins Buch". Sie folgt dieser Buch-Wand-Analogie weiter, wenn sie argumentiert, dass ein ‚Wandgedicht', anders als ein ‚Buchgedicht' Teil des öffentlichen Raums ist, der nun einmal ein Raum des Wandels sei. Über „avenidas" bemerkt sie: „Manche spricht der Text nicht an, oder nicht mehr, andere fühlen hier diese Geste des Herrn, dessen joviale Art gegenüber der Frau." Der „Freiheit der Kunst" stellt sie die „Freiheit der Meinung und des Schreibens im öffentlichen Raum" gegenüber – und fragt: „Warum sollte überhaupt nur der oder die Dichtende den öffentlichen Raum beschreiben? Wem gehört dieser Raum?" (Dischereit 2018, o.S.)

Diese durchaus politische Frage wurde zeitgleich zur Umgestaltung der Hochschulfassade von verschiedenen Berliner Akteur:innen auch durch die Präsentation von zum Teil reaktionären Gegeninterventionen zu beantworten gesucht. So hat der Axel-Springer-Verlag bereits am Tag nach der Entscheidung, das Gomringer-Gedicht durch ein anderes zu überschreiben, „avenidas" auf seinem riesigen LED-Display gezeigt: „Dort, wo normalerweise eine Mischung aus Nachrichtenticker und Werbeprogramm die Blicke der Passanten auf sich zieht, leuchtete das Gedicht in einer 20 Sekunden dauernden und als Loop programmierten Animation vor dem bereits dunklen Berliner Himmel auf." (Wilke 2021, o.S.) Nacheinander tauchten der Name Gomringers – mit Doppelpunkt, als würde eine brandaktuelle Nachricht folgen – und danach *en bloc* jeweils eine der vier Kurzstrophen auf. Plakativ und reißerisch titelte die zum Verlag gehörige Tageszeitung *B.Z.* „Axel Springer zeigt, was die Berliner nicht sehen sollen."[10] Noch heute kann man das per Twitter verbreitete, zum Artikel gehörige Video anklicken. Abgesehen davon, dass der schon lange verstorbene Verleger und das nach ihm benannte Verlagsgebäude in der Schlagzeile gleichgesetzt werden, ist dreierlei hier relevant: erstens, das auf der Hochschulfassade seinerzeit als dauerhaft angelegte Gedicht wird hier temporär, flüchtig auf einem Laufband inszeniert (ähnlich wie die ‚vorübergehende Literatur' am Kölner Ebertplatz; siehe Kap. 3.2). Zweitens haben „die Berliner" das Gedicht an der Hochschule nie gesehen, weil sie typischerweise gar nicht an den Stadtrand nach Hellersdorf fahren, um sich ein 8-zeiliges konkretes Gedicht an einer Hausfassade in spanischer Sprache anzusehen – der Springer-Verlag verfährt somit populistisch, wenn er sich auf ‚die Berliner' beruft. Drittens, ein Jahrzehnte altes Gedicht, bislang als autonomes Kunstwerk begriffen, wird plötzlich zu einer vermeintlich aktuellen, brisanten Botschaft.

Kurz nach dem Springer-Verlag hat auch die Stiftung Brandenburger Tor das Gedicht temporär an ihrer Fassade zum Pariser Platz platziert: als Banner auf einen dünnen weißen Stoff gedruckt. Wilke hat zurecht betont, dass hier ebenfalls, wie auch bei der Springer-Aktion, das Zentrum der Stadt gegen die Peripherie ausgespielt und der Stadtteil ‚Mitte' zum Ort der Kunstfreiheit stilisiert wurde:

> Entsprechende historische Referenzen – vor allem zur Zeit des Nationalsozialismus – kamen in der Kontroverse um die ‚Übermalung' des Gedichts immer wieder zum Tragen. So etwa plante auch der Schriftstellerverband PEN, Gomringers *avenidas* an der Fassade seiner deutschen Verbandszentrale in Darmstadt anzubringen, um damit Unterstützung für ‚ein zu Unrecht verfolgtes Gedicht' zu signalisieren (Wilke 2021, o.S.).

Doch nicht nur der Medienkonzern und die Stiftung in Berlin-Mitte nutzten ihre privaten Gebäude im öffentlichen Raum als poetische ‚Leinwand' gegen die demokratische Entscheidung einer staatlichen Hochschule: Auch in einer Siedlung innerhalb Hellersdorfs wurde „avenidas" an einer Fassade montiert, nun sogar bilingual, auf Spanisch und Deutsch und abends von hinten beleuchtet. Auch dies ist als Überbietungsgestus angelegt, zumal die Genossenschaft Grüne Mitte erklärt hat, das Gedicht sei nun endlich „untrennbar mit Hellersdorf verbunden"[11] und sich auch Äußerungen finden, wonach sie mit der Aktion gegen eine „Diktatur der Schreihälse" ankämpfen möchte: Bemängelt wird, „[n]icht die Aktiven, die diese Stadt gestalten wollen, werden unterstützt, sondern die, die gegen alles sind"[12]. Aber auch die angeblich ‚Aktiven' in der Wohnungsgenossenschaft achten mehr auf ihre eigene mediale Präsenz und weniger auf die Bewohner:innen des Stadtteils, denn der unscheinbare Plattenbau, auf dessen Fassade Gomringers „avenidas" jetzt zu sehen ist, liegt sogar abseits des Zentrums von Hellersdorf, in einem Randgebiet des peripheren Stadtteils, in das wohl nur Personen gehen, die dort wohnen oder diese besuchen.[13]

Dem hier dargestellten, in der Presse als „Berliner Gedichtekrieg"[14] bezeichneten Geschehen, fehlt jegliches spielerische Element, was in dem ursprünglich als leicht und für ein lockeres, mediterranes urbanes Flair stehende Gedicht Gomringers durchaus angelegt ist (vgl. Wilke 2021, o.S., der einen Bezug zu Barcelonas Flaniermeile La Rambla herstellt). Aber es verhärtet sich der Verdacht, dass es den Kritiker:innen der ASH gar nicht so sehr um das Gedicht ging, sondern eher darum, Punkte in einem Kulturkampf zu machen, in dem man sich wähnte. Das jedenfalls legt ein Artikel aus der *Neuen Zürcher Zeitung* nahe, der noch drei Jahre nach dem eigentlichen Konflikt im Frühjahr 2021 zu diesem Schluss kommt:

Eugen Gomringer gehörte zu den ersten Kunstschaffenden, die die ganze Wucht der neuen identitätspolitischen Bewegung und ihrer Cancel-Culture zu spüren bekam. Die Schlachtfelder der Gesinnungsprüfer sind die sozialen Medien, ihre Waffen bestehen aus drei Worten: sexistisch, rassistisch und antisemitisch. Mit ihnen lässt sich alles niederknüppeln, was nicht ins eigene Weltbild passt.[15]

Es fragt sich allerdings, ob hier nicht eher die *NZZ*-Autorin Margrit Sprecher eine Debatte verbal niederknüppelt, die durchaus ihre Berechtigung hatte. Es ist legitim, wenn sich Studierende mit den ihr Gebäude zierenden Texten kritisch auseinandersetzen und Fragen über deren Inhalte und Aussagen aufwerfen. Eine sich als politisch und engagiert verstehende Hochschule tut gut daran, solche Debatten auch gegen Widerstand von außen konstruktiv zu führen. Das Gedicht wurde ja überdies nicht vollständig aus dem Verkehr gezogen, sondern nur in dieser speziellen Remediatisierung ‚zugeklappt' – es ist weiterhin in seiner ursprünglichen Buchform und in weiteren Medien (z. B. Tonaufnahme) zu lesen und zu hören, es hängt an anderen öffentlichen Orten im Berliner Stadtraum, in kleinerer Form auch weiterhin an der ASH-Fassade (Abb. 3.11.3) und ist zudem auf unzähligen Seiten im Netz zu finden. Daher handelt es sich definitiv nicht um Zensur und die Vergleiche mit ‚entarteter Kunst' der NS-Zeit sind gänzlich unzutreffend.

Wie deutlich geworden ist, spielten in der kulturpolitischen Kontroverse der Stadtteil und seine Bewohner:innen nur eine marginale Rolle, wenn überhaupt. Relevant für unsere Untersuchung zu Lyrik im urbanen Raum ist diese poetische Auseinandersetzung also weniger mit Blick auf die Leitfragen der Ortsbezogenheit oder der Einbindung der Stadtpolitik, sondern eher hinsichtlich der frappanten provozierenden Wirkung, die ein schlichtes Gedicht und seine Ersetzung durch ein anderes Gedicht (das überdies genau für diesen Ort und Anlass verfasst wurde) auf einer Gebäudefassade erzeugen können. Die nicht plausibilisierte These des Soziologen Loer, wonach bereits sein „plakatives und parolenhaftes Erscheinen an einer öffentlichen Wand" eine in sich „übergriffige[]" Präsentationsform sei, derer sich die Hochschule „erdreistet[]" habe und es nur deswegen auch zur „plakative[n] Aussage" der „Reduktion der Frauen auf Objekte" gekommen sei (Loer 2018, 216–217), hat sich demnach als naiv und weltfremd erwiesen.

Zu den Besonderheiten des hier dargestellten Geschehens gehört, dass auch nach der Entfernung des Gomringer-Gedichts von der Fassade die dadurch entstandene Debatte fortlebt und im Prinzip jede:r nachfolgende Preisträger:in, von dem:r ein Gedicht oder anderer kurzer Text an die Fassade aufgebracht werden wird, sich mit ihr auseinandersetzen muss. Die ‚Fassadendebatte' hat also buchstäblich etwas in Bewegung gebracht, das auch in Zukunft immer wieder aktualisiert werden wird. Einmal mehr wurde auch die konstitutive Verknüpfung des urbanen und des digitalen Raums deutlich, wie nicht nur die online und in den Feuilletons erbittert geführte Debatte zeigt, sondern etwa auch der an die Fassade

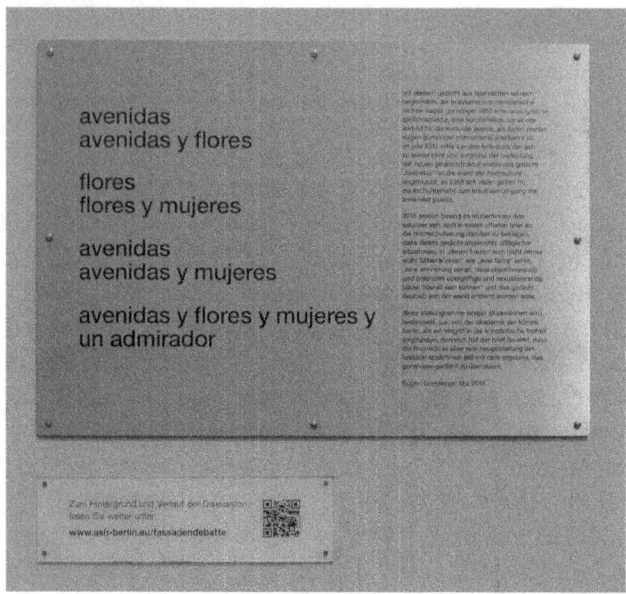

Abb. 3.11.3: Metallplatte mit Gedicht „avenidas" und Kommentar von Eugen Gomringer sowie QR-Code zur ‚Fassadendebatte' (August 2021).

montierte QR-Code (Abb. 3.11.3) zu einer Website, die dieses umfängliche Netz aus Kommentaren, Verweisen und Überbietungsgesten dokumentiert. Köhlers daneben befindlicher, schon ausführlich zitierter Kommentar zu ihrem eigenen Fassadengedicht – „[d]as Gedicht wendet sich an die Öffentlichkeit, an die Vielen, die den Ort täglich passieren: es begrüßt sie ausdrücklich, es gäbe ihnen gern Verschiedenes zu denken" – lässt sich mithin auch auf Gomringers „avenidas" übertragen: als ein kurzes Gedicht, das den Stadtraum selbst thematisiert und in der deutschen Hauptstadt translokale temporäre und auch bleibende Spuren hinterlassen hat.

4 Resümee

Im Folgenden möchten wir Beobachtungen und vergleichende Ergebnisse der Fallstudien darlegen und diskutieren. Dabei orientieren wir uns an den in Kapitel 2.3 formulierten sechs Leitfragen.

1. *Typen des städtischen Raums*: Der erste Befund zur Frage, in welchen Teilen der Stadt die Lyrikprojekte zu finden sind, ist wenig überraschend: es dominiert die Innenstadt, denn hier ist die Chance, viele Menschen zu erreichen und ein gewisses Aufsehen zu erregen, am größten. In den Innenstädten finden sich die Plätze und Einkaufszonen, die zu den klassischen öffentlichen Räumen gehören, die von Einwohner:innen genutzt werden, aber auch von Besucher:innen der Stadt: „Das Stadtzentrum gehört zur ‚Schauseite' der Stadt und ist Bühne für Inszenierungen städtischen Selbstverständnisses und städtischer Geschichte. Es ist ein stark funktionalisierter und regulierter Bereich der Stadt." (Tophinke 2019a, 360–361) Fast alle Lyrikprojekte wurden zumindest auch in der jeweiligen Innenstadt realisiert: die Zettelpoesie in Leipzig und Wien, die Poesiefestivals in Krefeld und Miami, der *Regen der Gedichte* in Berlin, die Projektionen von Jenny Holzer, die Billboards von Robert Montgomery, die ‚Gedichte auf der Straße' Istanbuls und nicht zuletzt die (meisten) Wandgedichte in Leiden, Charlotte und Brooklyn – wenn man das Zentrum des New Yorker Stadtbezirks (2,5 Mio. Einwohner:innen) als Innenstadt einordnet.

In innenstadtnahen Gebieten finden vor allem dann Projekte statt, wenn es dafür ortsgebundene Anlässe gibt: In der Hamburger HafenCity die Belebung des öffentlichen Lebens im Stadtteil, in Köln die Zwischennutzung eines renovierungsbedürftigen Platzes, im New Yorker East Village die Auseinandersetzung mit der Geschichte einer lokal verorteten Literaturszene. Am Stadtrand befindet sich nur ein Projekt: das Gedicht auf der Fassade der Alice Salomon Hochschule, das allerdings weder im Fall von Gomringer noch im Fall von Köhler einen inhaltlichen Bezug zur Großsiedlung hat, in der es zu sehen war. In Leiden wurde die Konzentration auf die Innenstadt als Ort der Wandgedichte kritisch gesehen, und es wurde versucht, sukzessive auch in Wohngebieten am Stadtrand Wandgedichte zu gestalten. Eine bemerkenswerte Ausnahme ist das Festival *O, Miami*, denn dort wurde von Beginn an nicht nur die ganze Stadt, sondern darüber hinaus die gesamte Metropolregion in den Blick genommen und in die enorm vielfältigen Aktivitäten einbezogen, was nicht zuletzt deshalb möglich ist, weil es kein klassisches Festival ist, das möglichst viele Besucher:innen in die Stadt bringen will, sondern ein Fest, das auf Aktivierung vor allem junger Menschen der Stadtregion setzt.

Eine Sonderrolle spielen die Nicht-Orte (siehe Kap. 2.1) des Transits, die in vielen Städten zu den sehr bedeutenden urbanen Räumen gehören, die als öffentlich wahrgenommen, jedoch privatwirtschaftlich betrieben werden und deshalb juristisch private Räume sind. Ein Lyrikprojekt wie *Poetry in Motion* in New York kann unter solchen Bedingungen überzeugende Arbeit leisten, da es vom Management der Betreiberin MTA organisiert und finanziert wird. Angesichts der rigiden Hausordnung, an deren Anfang ein Überblick über die Geldbußen für Verstöße auf einer Seite aufgelistet werden, zu denen etwa Graffiti ($ 50), das Anbringen von Notizzetteln ($ 25) und „non-transit use" ($ 50) gehören, ist an solchen Nicht-Orten kein Raum für eigenständige, informelle Lyrikaktivist:innen – wie der Zettelpoet in den Wiener U-Bahnen immer wieder erfahren musste, wenn selbst einfach geklebte Zettel ausreichten für langwierige Konflikte bis hin zu gerichtlichen Verfahren. Lyrikprojekte sind nur dann in ihrer ganzen Vielfalt realisierbar, wenn es im urbanen auch den öffentlichen Raum gibt, der Freiräume bietet, die privat regulierte Räume typischerweise nicht vorsehen. Legt man die vier Dimensionen von Cartiere zugrunde, wonach Kunst dann als öffentlich gilt, wenn sie in der Öffentlichkeit, im öffentlichen Interesse, an öffentlichen Orten und finanziert durch öffentliche Gelder präsentiert wird (siehe Kap. 2.2), dann wird deutlich, dass Public Poetry in eine hoch politische Debatte über die Bedeutung öffentlicher Räume eingreift.

2. Akteur:innen und Intentionen: Schaut man zunächst auf die Akteursebene, dann fällt die große Bedeutung des Informellen auf: Es sind oft engagierte Individuen, die eigenständig und ohne institutionelle Anbindung Lyrik im urbanen Raum platzieren, wie die Beispiele der Zettelpoesie zeigen. In manchen Fällen waren es informelle und illegale Aktivitäten, die sich als Startpunkte für die weitere Karriere erwiesen, so bei Holzer, Montgomery und Sandig, oder die zu großen, langjährigen Projekten anwuchsen, wie die Wandgedichte in Leiden. Auch die fast 30-jährige Zusammenarbeit der vier chilenischen Poeten, die als Casagrande firmieren, gehören noch in den Bereich des Informellen, auch wenn ihre *Bombardeos de poemas* große Events sind, die ohne offizielle Genehmigungen und finanzielle Unterstützung nicht zu realisieren sind. Ein Sonderfall ist hier die Integration von Lyrik in die Protestbewegung in Istanbul, die ungeplant und spontan verlief und den Auftakt zu einer regelrechten Lyrikbewegung in verschiedenen Städten der Türkei bildete.

Auch klassische Organisationen der Zivilgesellschaft wie Stiftungen, kulturelle Einrichtungen, Non-Profit-Organisationen und Vereine spielen eine wichtige Rolle für die Realisierung der Lyrikprojekte, wobei die Organisationen unterschiedliche Funktionen übernehmen: In Krefeld ist das Literaturhaus Veranstalter des Festivals, während in Miami eine Non-Profit-Organisation das Festival organisiert, das wesentlich von der Knight-Foundation finanziert wird, die auch einige Wandgedichte in Charlotte unterstützt. Eine zentrale inhaltliche Funktion hat die Poetry Society of America, die für die Gedichtauswahl für die New Yorker U-Bahn beratend tätig ist und für die Wandgedichte in Brooklyn ein Konzept erarbeitet und Gelder dafür beim Business Improvement District eingeworben hat. Klassische Akteur:innen des Kulturbetriebs waren bei Holzer mit dem Guggenheim Museum in Bilbao und der Fondation Beyeler in Basel und Zürich vertreten, ohne sie wären die aufwändigen Lichtprojektionen kaum realisierbar. Die Stadtpolitik war in unserer Studie am stärksten beim Kölner Projekt auf dem Ebertplatz involviert. Ganz im Sinne einer städtischen Governance (siehe Kap. 2.1) wurde TRANSIT – Vorübergehende Literatur am Ebertplatz von der städtischen Kulturbehörde zusammen mit Initiativen der lokalen Literaturszene entwickelt und verwirklicht.

So vielfältig die Akteur:innen, so vielfältig sind auch die Intentionen, die mit den Lyrikprojekten im urbanen Raum verbunden sind. Ein häufig genanntes Ziel ist es, Lyrik durch die Präsentation in urbanen Räumen Menschen nahezubringen, die ansonsten keinen Kontakt mit Gedichten haben. Es geht also um Bildung. Diese Zielsetzung lässt sich in mehreren Lyrikprojekten ausdifferenzieren: So verbindet Amy Bagwell in Charlotte mit den Wandgedichten auch das Ziel, Lyrik aus North Carolina bekannter zu machen und damit auch ein anderes Bild von amerikanischen Südstaaten zu schaffen, in Leiden geht es um die Weltliteratur und die Vielfalt der Sprachen, in Brooklyn um die Erinnerung an den afroamerikanischen Dichter Richard Wright, der in dem Stadtteil lebte, in dem nun acht seiner Haikus im öffentlichen Raum zu lesen sind. Auch die Sprach- und Kulturvermittlung, die etwa Casagrande mit ihren zweisprachigen Regengedichten oder Ulrike Almut Sandig mit ihrem Projekt *#audiblepoetry* mit Gedichten aus Indien und Deutschland praktizieren, können unter dem Aspekt der Bildung subsumiert werden.

Ein zweites Motiv ist Eigenwerbung, die dann vorliegt, wenn noch unbekannte Lyriker:innen ihre eigenen Werke in städtischen Räumen präsentieren. Wie gesehen wird dabei phantasievoll und teilweise auch experimentell vorgegangen, wenn etwa Sandig, Pelny und Horn über Zettelgedichte die Kommunikation mit Lesenden suchten, oder Holzer (in ihrer Frühphase) intim anmutende Truisms veröffentlicht. Das Krefeld-Festival zielt ebenfalls auf Eigenwerbung, allerdings nicht auf die für eine Person, sondern für die Stärkung der Kulturinstitution Literaturhaus. Auch Imageproduktion spielt eine Rolle: Wenn die New Yorker U-Bahnen mit Gedichten ausgestattet werden, im Brooklyner Business Improvement District aufwendig gestaltete Haikus die Fassaden schmücken oder auf dem Kölner Ebertplatz ein digitales Laufband mit lyrischen Texten installiert wird, dann ist in solchen Fällen die Verbesserung des Images der Orte ein zentrales Ziel.

Andere Lyrikprojekte haben gesellschafts- oder stadtpolitische Intentionen: Das mit einem Wandgedicht verzierte Treloar Haus in der Innenstadt von Charlotte erinnert in der vom PKW-Verkehr dominierten Stadt an eine Bebauung, die noch ohne Parkplätze auskam, in einem anderen Wandgedicht in Charlotte wird an das Unrecht der Sklaverei in den Südstaaten erinnert, in einem dritten an den aktuellen Rassismus und tödliche Polizeigewalt. Der Audiowalk im East Village ermuntert die Nutzer:innen, sich mit der Geschichte des Stadtteils auseinanderzusetzen. Gesellschaftkritische Anliegen lassen sich in einer Vielzahl von weiteren Gedichten ausmachen, so etwa Bezüge zur Bewegung Black Lives Matter in einem Gedicht auf dem Laufband in Köln, Thematisierung des Klimawandels in Zip Odes in Miami und in Texten Montgomerys, die Auseinandersetzung mit der Gewaltgeschichte des 20. Jahrhunderts durch Casagrande oder in den von Holzer verwendeten Gedichten von Wisława Szymborska und Anna Świrszczyńska.

Das Festival *O, Miami* hat Zielsetzungen, die weit über die bisher genannten hinausgehen. In der ethnisch hoch diversen, von sozialer Ungleichheit und hoher Armut geprägten Stadtregion soll das Festival dazu beitragen, Gemeinsamkeit und Identität zu stiften, Partizipation zu ermöglichen und den Blick auf städtische Probleme zu richten wie etwa die mit der Gentrifizierung von innerstädtischen Enklaven wie Little Haiti einhergehende Verdrängung alteingesessener Bewohnergruppen. Auch wenn Lyrik Teil von Festivals wird, so ist doch in den von uns untersuchten Fällen – vielleicht mit Ausnahme von Holzers Projektionen an das Guggenheim-Museum in Bilbao – keine Festivalisierung im Sinne von Stadtmarketing damit verbunden, zum einen, weil die Zielsetzungen ganz andere sind, zum anderen weil Poesie, so könnte man zugespitzt formulieren, sich nicht für die Indienstnahme für eine auf Festivalisierung setzende neoliberale Kulturpolitik der Städte eignet, da sie inhaltlich zu sperrig und dadurch nicht massentauglich ist.

3. *Produktion des Raums*: Auch hier ist Vielfalt das erste Stichwort. Die Lyrikprojekte sind Teil urbaner Raumproduktion auf ganz unterschiedliche Weise, insoweit sie in die ästhetische Gestalt von Räumen eingreifen. Die Dimensionen reichen von an Bäumen gepinnte Blätter oder hastig an Wände gekritzelte Gedichte, über Plakate mit Gedichten, die mit Werbebotschaften um die Aufmerksamkeit konkurrieren, auf Dauer angelegte Wandgedichte an öffentlich einsehbaren Fassaden bis zur Überwältigungsästhetik von Lichtprojektionen und Feuergedichten. Entsprechend unterschiedlich sind die Optionen, wie die möglicherweise sehr stark oder kaum merklich veränderten Räume wahrgenommen werden können. Das flatternde Blatt am Baum kann für ein Wohnungsgesuch gehalten werden, während man großformatige Projektionen kaum ignorieren kann. Casagrandes aus einem Hubschrauber abgeworfene, auf Lesezeichen gedruckte Gedichte verwandeln einen Park für eine oder zwei Stunden in den Ort eines Events mit aufgeregten Menschen, die Gedichte ‚fangen', während die stilvoll gemalten Wandgedichte die Stadt Leiden für Jahrzehnte verschönern, denn es wird in diesem Fall eben nicht nur ein Text, sondern zugleich auch ein grafische Kunstwerk veröffentlicht. Im Hinblick auf die Rezeption der Werke hat sich der Eindruck bestätigt, dass viele Städter:innen im Alltag auch die Gedichte so distanziert behandeln und gleichsam routiniert ignorieren, wie es

dem von Simmel beschriebenen urbanen Sozialcharakter (siehe Kap. 2.1) entspricht – was immer dann durchbrochen wird, wenn auf Festivals oder bei einmaligen Events ein Publikum entsteht, dass bewusst teilnimmt.

Eine weitere Eigenart bezüglich der Raumproduktion durch Public Poetry ist darin zu sehen, dass sie sich nicht nur ‚vor Ort' ereignet, sondern auch auf digitalen Plattformen. Der Einzug der Digitalisierung in die Poesie im urbanen Raum geschieht auf vielen Ebenen, Beispiele sind die digitalen Screens bei *Poetry in Motion*, die konstitutive Bedeutung von Instagram für *O, Miami*, die extra für den Zweck entwickelte VR-App für Holzers Projektionen in Bilbao, Twitter-Seiten der Protestbewegung in Istanbul, die Fotos von im öffentlichen Raum geschriebenen Texten verbreiteten und sich so subversiv gegen das repressive Regime und die Behörden stellten, die Gedichte sofort wieder entfernen ließen. Durch solche Aktivitäten entstehen Wechselwirkungen zwischen urbanen Räumen und digitalen Plattformen, die auch die Wahrnehmung des alltäglich „gelebten Raums" (Lefebvre) beeinflussen können. Inhaltlich kann Lyrik ein Bewusstsein über die Veränderbarkeit der herrschenden Raumproduktion schaffen. Mit Lefebvre geht es hier auch um die Dimension des „konzipierten Raums" (siehe Kap. 2.1). Lyrik kann anregen, sich auch mit visionären Veränderungen des Raums durch Imagination zu befassen, zu denken ist hier beispielsweise an das Gedicht „Süße Bausünde" von Christoph Wenzel für das digitale Laufband in Köln oder an den *Regen der Gedichte* über Berlin. In beiden Fällen scheint etwas auf, was im Alltag unterzugehen droht: ein ganz anderer urbaner Raum.

Der Raumaspekt ist auch für die Gestaltung der präsentierten Lyrik selbst von Bedeutung: Schon das erste Analysekapitel zur Zettelpoesie hat gezeigt, dass der die Gedichte umgebende Raum materieller Teil der urbanen Poesie wird, beispielsweise Bäume oder Ampeln, an denen sie hängen. Hier sind die Grenzen zwischen dem Gedicht und seiner Umgebung oft fließend und abhängig von den Deutungsideen der Rezipierenden: Wenn ich Whitmans Gedicht über den ‚Passing Stranger' im Stadtraum höre oder lese und dabei eine:n Passant:in sehe, bin ich selbst es, der oder die einen solchen Bezug herstellt. Ähnlich ist es beim Verhältnis von in Gedichten zu findenden räumlichen Objekten, beispielsweise einer Straßenlampe im Gedicht von Alexander Blok.

4. *Ortsbezogenheit und ‚Störung' / ‚Entstörung' soziokultureller Verhältnisse*: Im Kapitel 2.2 wurde die kunsttheoretische Kategorie der *site-specificity* (Ortsspezifik) für Lyrik im urbanen Raum als ‚Ortsbezogenheit' reformuliert, weil Gedichte potentiell nicht nur auf den Stadtraum Bezug nehmen, sondern sich die Wahrnehmung desselben durch Sprachkunst auch verändert. Ortsbezogenheit steht für ein relationales, reziprokes Verhältnis von Gedicht und Stadtraum. Geht man trotzdem zunächst von der Frage aus, inwiefern sich die verwendeten Gedichte auf die Orte, an denen sie

präsentiert werden, inhaltlich beziehen, so ergibt sich ein disparates Bild. In keinem der untersuchten Projekte wurde ausschließlich Lyrik verwendet, die Städte oder konkrete Quartiere, Straßen und Orte zum Thema hat. Gedichte, die sich auf Großstädte, das Leben in der Stadt oder andere urbane Phänomene beziehen, erhielten in dieser Studie aus konzeptuellen Gründen zwar besondere Beachtung, in dem sich durch die untersuchten Lyrikprojekte ergebenden Textkorpus bildeten sie aber eine Minderheit. Hier wiederum lassen sich solche Gedichte unterscheiden, die einen konkreten Ort thematisieren von solchen, die allgemein auf städtischen Raum Bezug nehmen. Ein Beispiel für letzteres ist das Gedicht „territorium" von Sandig im Rahmen der Poesieaktion *augen::post*. Auf abstrakte Weise befasst es sich mit Raum und will vor allem eine Wahrnehmungsveränderung der Rezipierenden bewirken. Zugleich markiert das in Leipzig angeklebte und mit der Aktion signierte Gedicht ein eigenes ‚Territorium' der Poesie innerhalb dieser Stadt, ähnlich wie dies bei Graffiti der Fall ist (vgl. Tophinke 2019a, 358).

Beispielhaft für lokale Ortsbezüge sind manche für *Poetry in Motion* verwendete Gedichte, wie Nathalie Handals „Lady Liberty" oder Billy Collins' „Grand Central", die sich auf *landmarks* und zugleich bekannte Tourismusziele in New York City beziehen. Ansonsten ist hier Ortsbezogenheit eher hinsichtlich der auf den Gedichtplakaten präsentierten Kunstwerke aus New Yorker U-Bahn-Stationen relevant. Ganz anders sieht es im ebenfalls in New York angesiedelten Poetry Walk *Passing Stranger* aus, bei dem man während des Gehens durch das East Village Gedichte hört, die nicht nur genau hier geschrieben wurden, sondern das Viertel auch beschreiben und in seiner bewegten Geschichte akustisch aufleben lassen, so etwa in den Gedichten „A Lower East Side Poem" von Miguel Piñero und „The Charnel Ground" von Allen Ginsberg. Auch viele der im *TRANSIT*-Projekt verwendeten Kurztexte bezogen sich konkret auf den Kölner Ebertplatz (z. B. das mit „ebertplatz wird schlagzeile" beginnende, titellose Skript von ‚doombot'). Im Projekt *O, Miami* erwies sich das Format der „Zip Odes" konzeptuell als besonders ortsbezogen: Kurzgedichte von Anwohner:innen, die ausgehend von ihrer eigenen Postleitzahl im Landkreis Miami-Dade „place-based, lyrical celebration" vollziehen, die ebendort präsentiert oder performt wird. Im Korpus von Casagrandes *Bombardeo de poemas sobre Berlín* befand sich Jaime Pinos' „Vista general", das die südamerikanische Metropole Santiago de Chile, als „kleine große Gosse an den Rändern der Moderne | am Fuß der Anden" beschreibt. Rezipiert auf einem vom Himmel herabgesegelten Lesezeichen im Berliner Lustgarten, wird die deutsche Hauptstadt mittels Poesie mit der chilenischen verbunden, die Besonderheiten eines Ortes werden durch den Kontrast zu einem anderen vermittelt.

Ein dritter Typus von Gedichten nimmt nicht (nur) auf den sie umgebenden Stadtraum Bezug, sondern behandelt selbstreferentiell auch die Poesieaktion, deren Teil sie sind, ob beabsichtigt oder kontingent. So finden sich im Berliner Gedichtregen Texte von Timo Berger und Nora Gomringer, die das Ereignis herabfallender Gedichte performativ herstellen. Ortsbezogenheit wird in den untersuchten Projekten auch durch die Rezipient:innen erzeugt, die selbst derartige Kontextualisierungen herstellen müssen. Ein treffendes Beispiel hierfür ist ein Haiku von Richard Wright, in dem der gigantische Schatten eines Baumes über eine Mauer ‚springt', das im Projekt *Seeing into Tomorrow* an der Fassade einer Tanzschule in Brooklyn zu lesen ist, auf deren Fensterscheiben sich Fotos von sich dynamisch bewegenden und springenden Tänzer:innen befinden.

Geht man von den kunsttheoretischen Grundlagen zu *site-specific art* aus, so lässt sich insgesamt festhalten, dass nur wenige der untersuchten Lyrikprojekte den Gedanken des Ortes so vollumfänglich nutzen, wie dort nahegelegt wird: „[T]he possibilities to conceive the site as something more than a place – as repressed ethnic history, a political cause, a disenfranchised social group – is a crucial conceptual leap in redefininig the ‚public' role of art and artists." (Kwon 1997, 96) Hier werden *site* und *place* unterschieden; *place* wird als bloß baulich-physischer Ort verstanden, der erst zu einer *site* wird, wenn er konkretisiert und durch Public Art mit kultureller oder sozialer Bedeutung aufgeladen wird. Dies gilt beispielsweise für den *Regen der Gedichte*, der den geschichtlich belasteten Berliner Lustgarten neu codiert hat, oder für *TRANSIT* in Köln. Beide Projekte fanden an einem konkreten Platz im Stadtraum statt, der so temporär zur bedeutsamen *site* wurde.

Neben der Ortsbezogenheit weisen manche Lyrikprojekte darüber hinaus eine ‚Zeitbezüglichkeit' auf. Dies betrifft vor allem die Coronapandemie, auf die sich zwei Projekte inhaltlich oder formal bezogen: das Zettelpoesie-Projekt *Mal was Schönes* im Hamburger Wehbers-Park und das *TRANSIT-Projekt*. In beiden wurden Gedichte zur Gebrauchslyrik, indem ihnen eine Reflexions- und Trostfunktion angesichts der aktuellen Situation mit den Kontaktbeschränkungen zukam. Ähnlich lässt sich dies für die Lyrik der Gezi-Park-Proteste in Istanbul festhalten, bei denen von den Aktivist:innen bewusst Gedichte, die Liebe, Freundschaft, Freiheit und Natur thematisieren, ausgewählt wurden, um im Kontrast zu den Einschränkungen der Coronamaßnahmen utopische Gegenbilder stark zu machen.

Weiterhin wurde der Gedanke von ‚Störung' und ‚Entstörung' aus der Debatte über Kunst im öffentlichen Raum übernommen. Dabei zeigte sich, dass bei Überlegungen zur Rezeption häufig die Vermutung der ‚Irritationen' durch Poesie eine Rolle spielte. So war das erklärte Ziel von *TRANSIT*, literarische Texte „auf eine besondere und unerwartete Weise im öffentlichen Raum zu erfahren". Besonders eklatant ist der Impuls der Irritation, wenn Lyrik als Ausdruck von Protest eingesetzt wird, wie in der türkischen Bewegung Şiir Sokakta. Hier besteht die Störung nicht zuletzt darin, dass vermeintlich harmlose poetische Bilder plötzlich einen Doppelsinn erhalten, wie etwa, wenn im Gedicht „Haltestelle Himmelsschau" von Turgut Uyar von der Trunkenheit eines Liebespaars die Rede ist, was im Kontext rigider Vorschriften zum Alkoholkonsum als Provokation lesbar ist. Soziokulturelle Verhältnisse werden hier also, ganz im Sinne von Höllers Konzeption, durch Poesie gestört und aufgewühlt.

Aber auch der gegenteilige Aspekt ließ sich in den untersuchten Lyrikprojekten nachweisen: Nicht nur das Projekt auf dem in einem sogenannten ‚Problemviertel' gelegenen Ebertplatz, auch die Lyrikprojekte im öffentlichen Nahverkehr – von New York bis hin zu asiatischen Metropolen wie Seoul – verfolgen das unterschwellige Ziel, die öffentliche Ordnung zu ‚entstören'. Im Falle von New York ist das Lyrikprojekt Teil einer langfristigen Kampagne der MTA, durch die Künste zur Verbesserung der Atmosphäre im Liniennetz beizutragen. Für alle Lyrikprojekte in Metropolen gilt darüber hinaus, dass poetische Sprache als beruhigend und ablenkend in Situationen der physischen Enge und Bedrängnis angesehen wird. Wie Kunst allgemein, werden Lyrikformate eingesetzt, um eher unwirtliche Gebiete (Unterführung am Ebertplatz Köln, Teile der Hafencity in Hamburg) durch *Mal was Schönes* attraktiver zu machen.

5. *Künstlerische Konzeption und ästhetische Gestaltung*: Die Untersuchungen haben auch hier ein sehr disparates und vielschichtiges Bild ergeben. Jedes Lyrikprojekt ist singulär, auch wenn manchmal Elemente aus anderen aufgegriffen werden (z. B. Gedichtplakate oder Wandgedichte). Insofern können nachfolgend nur einige Tendenzen summarisch aufgegriffen werden. Wie schon in der Einleitung aufgefächert, wurde in unserer Studie die ganze Bandbreite von kleinen, informellen Lyrikprojekten, die von einzelnen Akteur:innen durchgeführt wurden, bis hin zu monumentalen Kunst- und Literaturspektakeln untersucht. Visuell überwältigend sind die kurzzeitigen Projektionen von Lyrik und anderen poetischen Texten auf Gebäude im öffentlichen Raum, wie etwa Gedichte baskischer, mexikanischer und polnischer Lyriker:innen auf die Fassade des Guggenheim Museums in Bilbao. Holzers Schriftprojektionen im Stadtraum erzeugen eine Ästhetik des vermeintlich Schönen und Fluidalen, zu der die Inhalte der Gewalt, Grausamkeit und menschliche Laster thematisierenden Gedichte oft im Widerspruch stehen. Die bewegte, illuminierte und illuminierende Schrift bildet einen visuell-ästhetischen Wert an sich, während der Lektürevorgang zurücksteht. Auch in vielen anderen Lyrikprojekten, insbesondere den Gedichten auf öffentlichen Wänden und Fassaden in Leiden und Charlotte, überwiegt der Aspekt des Dekorativen. Wandgedichte bilden im Spektrum von Lyrik im urbanen Raum ein eigenes Genre, bei dem die Funktion der Verschönerung (*beautification*) überwiegt, die allerdings in der Stadtforschung wesentlich mit Gentrifizierung verbunden ist (vgl. Kudla 2022, 3).

Weiterhin ist bezüglich der künstlerischen Konzeption auf ein extrem disparates Verständnis von Lyrik hinzuweisen, ausgehend von Gedichten des nationalen (Istanbul) oder internationalen (Leiden) Literaturkanons, aktueller hochkultureller (Krefeld) oder konkreter Poesie und hermetischer Lyrik (Berlin-Hellersdorf), bis hin zu schlichten von erwachsenen Laien und Kindern geschriebenen Kurzversen (Miami). Manche Projekte beschränken sich nahezu auf Alltagsdichtung oder Gebrauchslyrik oder auf einzelne von den Akteur:innen selbst verfasste Aphorismen und Epigramme. Weitere Lyrikprojekte nehmen bei der Auswahl der Gedichte konzeptuelle Setzungen vor: in Charlotte etwa Gedichte von Autor:innen aus North Carolina, bei Casagrande ausschließlich chilenische und deutsche Lyrik, bei Holzer eigene Truisms sowie Lyriker:innen des Gastlandes, und so weiter. Neben Gedichten von etablierten ‚Buchlyriker:innen' wurden in einigen Projekten Texte verwendet, die zwar gattungsgemäß kurz, oft versifiziert sind und poetische Verfahren aufwiesen, aber doch eher prosaähnlich sind (z. B. die Texte Montgomerys, manche der *TRANSIT*-Projektionen oder das Wandgedicht von de'Angelo Dia und Renee Cloud in Charlotte). Am Ebertplatz kam neben Gedichten und kurzen Prosatexten auch computergenerierte Lyrik zum Einsatz, aber in den meisten Projekten überwog gleichwohl ein traditionelles Verständnis der Gattung.

Public Poetry unterscheidet sich von Buchlyrik konstitutiv auch durch die für viele Projekte wichtige Ästhetik der Bewegung und Mobilität. Denn vielfach werden Gedichte ‚in Bewegung' rezipiert: zum Beispiel bei *Poetry in Motion* oder *Passing Stranger*, die auf dieses Merkmal schon mit dem Titel anspielen. Auch im Hörlyrik-Projekt *#audiblepoetry* gehört die Mobilität der Passant:innen zum Konzept, weil sich beim Gedichtvortrag hier emergente Gruppen von Zuhörenden bilden, die sich in einer Metropole Indiens bewegen. Ähnlich konstitutiv ist Bewegung – hier sowohl der Gedichte als auch des Publikums – bei Casagrande. Während bei Holzer die Lyrik von unten nach oben in die Stadtkulisse hinaufstreicht, ähnlich eines Filmabspanns, wird von Casagrande der Blick nach oben geleitet, in den Himmel, von dem die Gedichte hinunterregnen. Im *TRANSIT*-Projekt dagegen wird mittels LED-Laufband Lyrik auf der Horizontalen in eine fließende Bewegung versetzt.

Etliche untersuchte Projekte setzen konstitutiv Poesie ein, die flüchtig ist, sich entzieht und sofern sie nicht aufgezeichnet wird, auch nicht längerfristig verfügbar ist – so in den mündlichen Präsentationsformen in den Kapiteln 3.4 und 3.5. Aber auch die *poetic assaults* der Gezi-Gedichte in Istanbul, die schnell von der Stadtreinigung wieder entfernt wurden und viele Werke des Wiener Zettelpoeten waren oft nur kurzzeitig öffentlich zu lesen. Eine Extremform der konzeptuellen Performativität von urbaner Lyrik sind die *fire poems* Montgomerys, die als einmaliger, unwiederbringlicher Event nur für wenige Minuten vor dem dunklen Himmel einer Stadt aufleuchten, bevor sie sich in Luft auflösen. Nur auf YouTube sind die Feuergedichte weiterhin zu sehen.

Zur konstitutiven Flüchtigkeit vieler Gedichte kommt – eine konzeptuell intendierte oder auch ungewollte – Problematisierung von Verständlichkeit hinzu: Aufgrund ihrer „Überstrukturiertheit" (Link 1977, 245) besteht die Notwendigkeit, Lyrik aktiv und konzentriert wahrzunehmen, was speziell in der unruhigen, von Lärm und Bewegung geprägten Öffentlichkeit schwerfällt. Dies betrifft insbesondere Hörgedichte, etwa den Chor des Lyrik-Flashmobs mit sich akustisch überlagernder Poesie auf dem Krefelder Neumarkt, aber auch die sehr schnell zu lesenden, sich ebenfalls überlagernden Gedichte auf der Museumsfassade in Bilbao. Durch diesen für die Postmoderne kennzeichnenden „Entzug von Synthesis" (Lehmann, 1999, 139) wird der – zum Teil vergebliche – Prozess der auditiven oder visuellen Wahrnehmung von Lyrik auch selbstbezüglich und performativ.

6. *Kontrast zu vorfindlicher Schrift und Angleichung an Werbeästhetik*: Die überwältigende Mehrzahl der Lyrikprojekte setzt auf visuell präsentierte Gedichte, die zwischen den Modi ‚sehen' und ‚lesen' changieren. Wenn es in der Programmankündigung für das Lyrikprojekt *Seeing into Tomorrow* heißt, „[t]his multi-site installation [...] invites residents and visitors to travel through the neighborhoods in and around Downtown Brooklyn, crossing boundaries, making discoveries, and learning to ‚read' the city in new ways", wird auf den semiotischen Impuls angespielt, nicht nur Schrift, sondern die gesamte Stadt ‚zu lesen' (vgl. Warnke 2011, Tophinke/Ziegler 2019). Lyrik im urbanen Raum setzt auf diese Lektürekompetenz ihrer Rezipient:innen, zugleich aber wird hier auch eine Form der ästhetischen Wahrnehmung aktiviert, die sowohl die visuelle Gestaltung der Gedichte als auch deren Sprachbilder aufnimmt.

Public Poetry spielt mit der Ähnlichkeit oder den Kontrasten zu anderen Formen von Schrift im urbanen Raum. Zum Beispiel greift das informelle Projekt *Mal was Schönes* mit den PC-Ausdrucken in Klarsichthüllen offensichtlich die Gestaltung von Gesuchen von Privatleuten auf: Das Genre der ‚Gebrauchslyrik' wird so kenntlich gemacht. Das Projekt *TRANSIT* weist mit seinem LED-Laufband Ähnlichkeiten zu Digitalanzeigen in Nicht-Orten wie Bahnhöfen und Flughäfen auf. *Poetry in Motion* wirkt visuell eher wie Werbung (gleiche Rahmen, ähnliche grafische Gestaltung), ebenso die Gedichtplakate an Litfaßsäulen in Krefeld – eine ‚Abweichungsästhetik' findet sich bei den genannten Formaten eher auf der Ebene der Inhalte, wenn man also den Rezeptionsmodus des Lesens dominant setzt.

Einen offensichtlichen Bruch mit typisch städtischen Formaten – Zettel, Graffiti, Werbung – weisen betont künstlerische oder performative Varianten von Public Poetry auf: Feuergedichte, Gedichte vom Himmel, seriell auf mehrere Hundert hochwertigen Holzplatten gedruckte Einzelverse des Projekts im Camp North End, Charlotte. Am offensichtlichsten mit Werbeästhetik spielend und diese dekonstruierend sind die Billboard Poems Montgomerys. Ausgehend von der Ambiguität der Plakatwand im öffentlichen Raum (vgl. Peñas 2015, 184), die eine kommerzielle, aber auch politische, gar propagandistische Nutzung erlaubt, wird diese für Sprachkunst ‚zweckentfremdet'. Montgomery greift die von den Situationisten entwickelte

Stategie des *détounement* auf, um Konsumkritik zu artikulieren – zum Beispiel im Billboard Poem „I CLOSE MY EYES AND THINK OF ALL THE THINGS I | DON'T WANT [...]." Alles in allem erweist sich Lyrik als ein dezidiert nicht marktkonformes ‚Produkt', mit dem keine ökonomischen Renditen erzielt werden können. Sie ist daher gut für gegenhegemoniale Impulse einsetzbar.

Ähnlich wie Werbetexte sind Gedichte oft dadurch gekennzeichnet, dass sie die Leser:innen direkt ansprechen und mental oder emotional zu affizieren suchen, wenngleich mit diametral anderer Intention: „[T]he poem is not selling anything except itself [...]. The poem is not a pitch, but an offering, a gift." (Collins 2017, xvi). Konstitutiv für einen Großteil der Lyrik ist monodirektionale Kommunikation, wonach das Gedicht zwar ein Du adressiert, dieses aber nicht aktiv auf die Ansprache reagiert, wie Barbara Köhler in einem Kommentar zu ihrem Wandgedicht an der Fassade der ASH in Berlin bemerkt hat (Kap. 3.11): „Das Gedicht wendet sich an die Öffentlichkeit, an die Vielen, die den Ort täglich passieren: es begrüßt sie ausdrücklich, es gäbe ihnen gern Verschiedenes zu denken." Auf diese Gerichtetheit und zugleich Offenheit der Kommunikation wird in den untersuchten Lyrikprojekten gesetzt. Manchmal löst das unmittelbare Adressiertwerden durch Lyrik Reaktionen aus, etwa die handschriftlichen Kommentare in den angepinnten *augen::post*-Gedichten in Leipzig. In anderen Fällen, besonders in den partizipativen ‚Lyrikfestivals ohne Festivalisierung', ergeben sich durch die kollektiven Praktiken des Lesens, Hörens oder Performens von Gedichten Handlungsoptionen, die legitime Anlässe auch zur Anschlusskommunikation unter Fremden geben.

Gedichte wählen oft eine unmittelbare Adressierung durch Verwendung der Personalpronomina Ich und Du: „[I]n der Fußgängerzone kam Wind auf" heißt es in dem Gedicht Marion Poschmanns, das im November 2021 auf einem Plakat in der Innenstadt von Krefeld zu lesen war, „mein Mantel flatterte, und, als wäre dies schon ein Grund | mich selbst zu den Dingen zu zählen | [...] | blieb ich ungefragt stehen" (Poschmann 2021, 9). Jede:r, der oder die diese Verse liest, sie durch die Ich-Form unwillkürlich auf sich bezieht, kann blitzartig darüber nachdenken, stehenzubleiben – oder eben weiterzugehen. Lyrikprojekte im urbanen Raum greifen auch die vermeintlich intime Ansprache auf, die Gedichten möglich ist, was sich etwa bei der Wahl von (traditionellen) Liebesgedichten zeigt, wie sie sowohl im informellen Nachbarschaftsprojekt *Mal was Schönes* Verwendung fanden als auch bei den Gezi-Protesten in Istanbul. Aufgrund der ubiquitären Ansprache durch Werbung im öffentlichen Raum sind diese Texte zugleich vertraut und fremd. Ganz ähnlich wird in Holzers Truisms Intimität erzeugt, ob gewünscht oder auch nicht. Und selbst hermetische Gegenwartslyrik macht sich diese Eigenart lyrischen Sprechens zu nutze. So artikuliert Köhlers Berliner Wandgedicht mit seinem letzten Vers einen an die Öffentlichkeit gerichteten zweisprachigen Gruß, der zugleich Wunsch ist: „BON DIA GOOD LUCK".

5 Anhang

Endnoten

Sämtliche Links in den Endnoten wurden im April 2023 letztmalig geprüft.

Kapitel 3.1

1 So Ulrike Almut Sandig in ihrer Präsentation am 27.10.2021 im Warburg Haus Hamburg im Rahmen der Veranstaltung „Poetische Installationen in der Stadt: Lyrik und öffentlicher Raum" in der Reihe *Die Politik der Poesie (Poetry Debates I)*, organisiert vom Forschungsprojekt ‚Poetry in the Digital Age'. Auch einige der nachfolgenden Ausführungen Sandigs beziehen sich auf ihre Aussagen in dieser Veranstaltung. https://lecture2go.uni-hamburg.de/l2go/-/get/v/58390.
2 https://www.zettelpoet.at/.
3 https://www.facebook.com/wiener.zetteldichter/.
4 https://mep.netsons.org/manifesto/; auf Facebook unter @MovimentoEmancipazionePoesia.

Kapitel 3.2

1 Wir danken Sonja Lewandowski und Adrian Kasnitz für das Interview über das Projekt *TRANSIT* am 22.04.2021 auf dem Ebertplatz.
2 https://unser-ebertplatz.koeln/zwischennutzung-ebertplatz/.
3 https://unser-ebertplatz.koeln/transit-literatur-am-ebertplatz/.
4 Presse-Information des Amts für Presse und Öffentlichkeitsarbeit der Stadt Köln vom 08.04.2021.
5 Es ist hier auch zu erwähnen, dass die Konzeptkünstlerin Jenny Holzer (siehe Kap. 3.7) in einer temporären Lichtinstallation am 19.11.2022 an die Außenfassade der Hamburger Kunsthalle ähnliche Texte aus der BLM-Bewegung sowie die Namen von getöteten Afroamerikaner:innen und Zitate ihrer letzten Worte projiziert hat. Im Kölner Literaturprojekt war Holzers Arbeit – als bekannteste Künstlerin, die Leuchtschrift und Schriftlaufbänder in den öffentlichen Raum gebracht hat – auch durch den Text „TRUISMS OF 2020" von Eliza Ballesteros präsent, in dem sie angelehnt an die bekannten *truisms* Holzers kurze Ausssagesätze in Versalien aneinanderreiht, zum Teil mit Bezug auf die Covid-Pandemie, z. B. „MISSING THE TIME WHEN WE SMASHED PILLS AND DANCED LIKE SIRENS" oder „I WISH I WOULD HAVE KNOWN WHAT IT MEANS TO JUST EXIST IN BOREDOM."
6 Der letzte hier zitierte Vers ist vermutlich als Kontrafaktur zu Bertolt Brechts berühmtem politischem Gedicht „Schlechte Zeit für Lyrik", intendiert, verfasst 1939 im Exil in Dänemark, in dem argumentiert wird, nicht die blühende Schönheit eines Apfelbaums, nur das „Entsetzen über die Reden des Anstreichers" – gemeint ist Hitler, der sich als Kunstmaler versuchte – löse den Impuls zum Dichten aus.
7 Anfang 1933 wurden jüdische Richter und Rechtsanwälte aus dem Gerichtsgebäude Reichenspergerplatz gezerrt und auf Müllwagen durch die Straße gefahren. https://museenkoeln.de/ns-dokumentationszentrum/default.aspx?s=369.

Kapitel 3.3

1 Wir danken Matt Brogan und Brett Fletcher Lauer von der Poetry Society of America für das ausführliche Gespräch in Brooklyn am 31.03.2022 sowie Sandra Bloodworth und Cheryl Hageman von MTA Arts & Design für ein Zoom-Interview am 12.04.2022.
2 https://culture.pl/en/event/poems-on-the-london-underground.
3 https://poetrysociety.org/.
4 https://www.panynj.gov/path/en/community-events/transit-lines-poetry-series.html. Eine Besonderheit dieses Projekts ist, dass nur Gedichte von lokalen Autor:innen in Frage kommen.
5 https://poetrysociety.org/poetry-in-motion/west-of-rest-is-sleep.
6 https://poetrysociety.org/poetry-in-motion/smelling-the-wind.
7 https://poetrysociety.org/poetry-in-motion/cranes-in-august.
8 http://web.mta.info/mta/aft/pdf/Poetry%20Guide.pdf.
9 https://poetrysociety.org/poetry-in-motion/grand-central; https://new.mta.info/agency/arts-design/poetry-in-motion; https://poetrysociety.org/poetry-in-motion/lady-liberty.
10 http://web.mta.info/mta/aft/pdf/Poetry%20Guide.pdf.
11 https://www.nytimes.com/2022/05/25/nyregion/nyc-subway-safety.html?action=click&module=RelatedLinks&pgtype=Article.
12 https://new.mta.info/document/36821.
13 Shanges Text ist erstmals unter dem Titel „i talk to myself" 1977 im *Ms. Magazine* erschienenen. Es handelt sich um ein poetologisches Selbstinterview, das (auch) in ihrer Buchpublikation als Fließtext gedruckt wird. Die hier zitierten Verse bilden also im Original – anders als hier abgebildet und anders als die meisten Texte in Shanges *Nappy Edges* – formal kein Gedicht. Die dort präsentierte dialogische Textstruktur lautet: „tz: yes, but what do you believe a poem shd do? | quite simply a poem shd fill you up with something/ cd make you swoon, stop in yr tracks, change yr mind, or make it up. a poem shd happen to you like cold water or a kiss."

Kapitel 3.4

1 Der Auftritt ist auf YouTube zu sehen: https://www.youtube.com/watch?v=hhMgskwpExc&t=6s.
2 https://eastvillagepoetrywalk.org/.
3 https://greyartgallery.nyu.edu/allen-ginsberg-east-village-self-guided-walking-tour/.
4 http://eastvillagepoetrywalk.org/.#location=10.
5 Siehe die Liste unten auf der Seite: https://eastvillagepoetrywalk.org/about.html.
6 Wir danken Birgitte Stougaard Pedersen für den Hinweis auf den Lower East Side Poetry Walk, über den sie selbst auch eine Publikation vorbereitet.
7 So Ulrike Almut Sandig in ihrer Präsentation am 27.10.2021 im Warburg Haus Hamburg im Rahmen der Veranstaltung „Poetische Installationen in der Stadt: Lyrik und öffentlicher Raum" in der Reihe *Die Politik der Poesie (Poetry Debates I)*, organisiert vom Forschungsprojekt ‚Poetry in the Digital Age'. https://www.poetry-digital-age.uni-hamburg.de/veranstaltungen/poetry-debates/politik-der-poesie.html. Auch einige der nachfolgenden Ausführungen Sandigs beziehen sich

auf ihre Aussagen in dieser Veranstaltung. Wir bedanken uns außerdem für weitere Gespräche und Informationen vor und nach dem Event.
8 In Indien ist das Goethe Institut unter dem Namen Max Mueller Bhavan bekannt; der Namensgeber war ein dort noch immer populärer Sprachwissenschaftler und Sanskrit-Forscher des 19. Jahrhunderts. Vgl. https://www.goethe.de/ins/in/en/ueb/auf.html.
9 E-Mail von Ulrike Almut Sandig, 04.03.2019.

Kapitel 3.5

1 Wir danken Thomas Hoeps für das Interview am 12.11.2021 in Krefeld.
2 https://nlh-krefeld.de/archiv/projekte-und-reihen-2021/lyrik-macht-stadt-2021/.
3 Wir danken P. Scott Cunningham für das Zoom-Interview am 29.09.2022.
4 Daten des Census: https://www.census.gov/quickfacts/fact/table/miamicityflorida,miamidadecountyflorida/POP060210.
5 Daten des Census: https://www.census.gov/quickfacts/fact/table/miamicityflorida,miamidadecountyflorida/POP060210.
6 https://knightfoundation.org/programs/communities/.
7 https://knightfoundation.org/programs/communities/.
8 https://omiami.org/projects-and-events/all.
9 https://omiami.org/poetry-festival/.
10 https://omiami.org/projects-and-events/this-city-is.
11 https://lithub.com/p-scott-cunningham-on-miamis-poetry-scene/.
12 https://lithub.com/p-scott-cunningham-on-miamis-poetry-scene/.
13 https://www.instagram.com/stories/highlights/17939694424858771/?hl=de. Inzwischen wurde der Text geändert, ist aber sinngemäß ähnlich.
14 https://omiami.org/.
15 https://omiami.org/projects-and-events/how-to-patch-a-leaky-roof.
16 https://magiccitydistrict.com/.
17 https://omiami.org/projects-and-events/how-to-patch-a-leaky-roof.
18 https://poets.org/academy-american-poets/poetry-coalition.
19 https://omiami.org/projects-and-events/wheels-and-words.
20 https://www.wlrn.org/write-an-ode-to-your-zip-code.
21 https://omiami.org/pages/zip-odes.
22 https://omiami.org/pages/zip-odes.
23 https://www.instagram.com/p/CcIpTvKLomr/?hl=de.
24 https://www.instagram.com/p/CcIpTvKLomr/?hl=de.
25 https://www.instagram.com/p/Ccaik2KrEB_/?hl=de.
26 https://www.instagram.com/p/Cb2gxy0r8qt/?hl=de.
27 https://www.instagram.com/p/CcIpTvKLomr/?hl=de.
28 https://www.instagram.com/p/Cc0m0HyLHLG/?hl=de. Für Unterstützung bei der Übersetzung danken wir Rebecca Dürr.

Kapitel 3.6

1 Wir danken Cristóbal Bianchi, Julio Carrasco und Joaquín Prieto für das Zoom-Interview am 04.05.2022.
2 http://loscasagrande.com/bombing-of-poems-santiago-de-chile/.
3 Die auf der Plattform *vimeo.com/loscasagrande* von der Künstlergruppe bereitgestellten Dokumentationsvideos bestätigen dies; auf YouTube finden sich weitere kurze Videos der verschiedenen Events.
4 https://commons.wikimedia.org/wiki/File:Guillaume_Apollinaire_-_Calligramme_-_Il_pleut.png.
5 „En el espacio, | la ciudad se extiende | sin control, | com una hoguera, | piedra por piedra, | calle por calle, | consumiendo el paisaje, | llenándolo de gente, ratas y pájaros sucios. | Aquí, | la cultura es salvaje, | y se construye lo mismo de savia que de sangue. | El hábitat, | un pequeño gran vertedero de la modernidad periférica | al pie de Los Andes, | bajo el inmenso cielo de América." (Pinos 2011, 75).
6 „Lo que más nos importa se rompe en el aire | (esto dije a una joven que hacía una mueca | de espanto al ver cómo un vaso de cerveza | caía de mis manos) | No debe preocuparnos aquello que para hacerce | añico necesita llegar al suelo | Las cosas realmente frágiles | Las pompas de jabón, los edificios de naipes, la ceniza | a punto de desprenderse del cigarro de una joven | que gesticula en una fiesta | (casi digo los corazones) || Se rompen en el aire." (Carrasco 2011, 71).
7 „Descuelgo el teléfono y veo llover | en el jardín | las flores de la pluma que aparecen donde | no queda nada | salvo el viento encumbrando estos versos que | te soplo" (Bianchi 2011, 69).

Kapitel 3.7

1 https://www.arttv.ch/kunst/zuerich-jenny-holzer/ [2009].
2 https://www.arttv.ch/kunst/zuerich-jenny-holzer/ [2009].
3 https://www.virtual-reality-magazin.de/guggenheim-bilbao-jenny-holzer-verwandelt-truisms-in-ar-erlebnisse/ [2021].
4 https://www.youtube.com/watch?v=FJmxNv2lLGA [Gespräch zwischen der Künstlerin Jenny Holzer und Lekha Hileman Waitoller, Kuratorin der Sammlung des Guggenheim Museums Bilbao, Juni 2021].
5 https://www.youtube.com/watch?v=FJmxNv2lLGA [Gespräch zwischen der Künstlerin Jenny Holzer und Lekha Hileman Waitoller, Kuratorin der Sammlung des Guggenheim Museums Bilbao, Juni 2021].
6 https://www.guggenheim-bilbao.eus/en/the-collection/works/like-beauty-in-flames [2021].

Kapitel 3.8

1 http://arts.timessquarenyc.org/times-square-arts/projects/midnight-moment/index.aspx.
2 http://arts.timessquarenyc.org/times-square-arts/projects/midnight-moment/i-live-here/index.aspx.
3 www.neueberlinerraeume.de.
4 https://www.wahlen-berlin.de/abstimmungen/VB2013_TFeld/Traegerin_und_Wortlaut.pdf.

5 https://withberlinlove.com/2012/08/21/robert-montgomery-echoes-of-voices-in-the-high-towers/.
6 https://www.artberlin.de/kuenstler/robert-montgomery/.

Kapitel 3.9

1 Dieser Polizist war einer der wenigen, die sich vor einem Gericht verantworten mussten. Er wurde zwei Jahre später zu 20 Monaten Haft auf Bewährung verurteilt, „[z]udem muss er 600 Bäume pflanzen." https://www.sueddeutsche.de/politik/gezi-proteste-in-istanbul-polizist-wegen-traenengaseinsatz-gegen-frau-in-rot-verurteilt-1.2515155.
2 www.youtube.com/watch?v=Y_d_5INuxv0. Der Hinweis auf das Video entstammt Yeşil 2020, 312.
3 Wir danken Achim Wagner für die vielfältige Unterstützung: Übersetzungen, Fotos und Hinweise zu diesem Kapitel.
4 Für die Übersetzung bedanken wir uns bei Leyla von Mende.
5 https://en.wikipedia.org/wiki/Zekai_%C3%96zger. Aufgrund des Fehlens weiterer Informationen in anderen Sprachen als Türkisch wird hier der englische Wikipedia-Artikel zitiert. Auch die nachfolgenden Informationen über Özger sind diesem entnommen.
6 Wir danken Achim Wagner für die Erklärungen dazu per E-Mail.
7 Von diesem Langgedicht liegt keine deutsche Übersetzung vor.
8 Von der Wandbemalung mit Süreyas Gedicht „Kurz" in Istanbul findet sich eine Abbildung in Wagner 2014a, 208.
9 Neben den genannten gehörten Ece Ayhan, İlhan Berk, Edip Cansever, Sezai Karakoç und Ülkü Tamer zu dieser Gruppe (vgl. Messo 2009, 11; Sharpe 2017, 166.). Gedichte von diesen Lyrikern wurden bei den Gezi-Protesten ebenfalls zitiert.

Kapitel 3.10

1 Mit beiden haben wir ein Interview geführt, in dem auch über das Haiku-Projekt in Fort Greene gesprochen wurde (siehe Kap. 3.10).
2 https://www.downtownbrooklyn.com/dtbk-dumbo-art-fund.
3 Loretta Lees diagnostiziert für das benachbarte Viertel Brooklyn Heights eine „super gentrification": „By super-gentrification, I mean the transformation of already gentrified, prosperous and solidly up-per-middle-class neighbourhoods into much more exclusive and expensive enclaves. This intensified regentrification is happening in a few select areas of global cities like London and New York that have become the focus of intense investment and cospiciuos consumtion by a generation of super rich ‚financifiers' fed by fortunes from the global finance and corporate service industries." (Lees 2003, 2487).
4 https://www.downtownbrooklyn.com/seeing-into-tomorrow-presented-by-the-poetry-society-of-america.
5 Wir danken Hetty Leijdekkers für das Interview am 28.02.2022.
6 https://muurgedichten.nl/en/routes.
7 www.visitleiden.nl/de.
8 http://straatpoezie.nl.

9 https://censusreporter.org/profiles/16000US3712000-charlotte-nc/.
10 Auf der Website werden unter den „Special Thanks" als erstes „The Leiden Walls" genannt. http://www.wallpoems.com/patrons–partners.html. Wir wiederum danken Amy Bagwell für das Interview am 29.03.2022 in Charlotte. Sie hat darin auf ihren Besuch in Leiden im Januar 2014 hingewiesen und auf ein Gespräch mit den dortigen Projektleiter:innen Ben Walenkamp, Willem Bruins und Hetty Leijdekkers.
11 http://themuralshop.com/.
12 https://knightfoundation.org/about/.
13 http://www.wallpoems.com/temporary-wordhouses.html.
14 https://camp.nc/visit/art/.
15 Bagwell, zit. n. https://camp.nc/art-murals/wall-poems/.
16 Von seiner visuellen Ästhetik ist dieses Mural recht ähnlich wie eine frühere Kollaboration von Bagwell und Cloud, die Gedichte und weitere Texte aus Claudia Rankines berühmten Buch *Citizen. An American Lyric* (2014) auf einer Terrasse der Queens University of Charlotte angebracht hat. Da es sich dabei allerdings um eine Privathochschule handelt, befindet sich das Gedicht nicht im *urban public space*, und ist für uns weniger einschlägig. https://amybagwell.com/section/497607-from-about-CITIZEN-by-Claudia-Rankine-a-collaboration-with-Renee-Cloud-2020.html.
17 https://www.wfae.org/crime-justice/2022-01-13/charlotte-artist-wonders-how-his-family-will-find-its-way-back-to-joy-after-the-slaying-of-a-cousin.
18 E-Mail vom 25.01.2023. Zur ersten Strophe bemerkt er weiterhin: „The reference is to Germany geographically, with black boxers used to test their endurance and strength, but also to Johnson belonging to a gym in Galveston, TX, that was owned by a German expatriate who was a former boxer. Johnson was just there as a janitor initially. He would go and watch boxing and then would go back home to train himself. He said that the owner ran the gym hard, almost cruelly."
19 https://dia1518.com/home.html.

Kapitel 3.11

1 https://www.ash-berlin.eu/.
2 https://www.ash-berlin.eu/hochschule/profil/auszeichnungen/.
3 https://www.ash-berlin.eu/hochschule/organisation/referat-hochschulkommunikation/presse spiegel-fassadendebatte/.
4 https://www.ash-berlin.eu/hochschule/presse-und-newsroom/veranstaltungen/news/podiums diskussion-kunst-und-die-macht-der-worte/?tx_news_pi1%255Bcontroller%255D=News&tx_news_ pi1%255Baction%255D=detail&cHash=31e7356ab748e4469d61c7c5033d7c03.
5 https://www.tagesspiegel.de/kultur/grutters-bezeichnet-ubermalung-von-gedicht-als-kulturbar barei-8418967.html.
6 https://www.pen-deutschland.de/de/2017/09/05/pen-zentrum-deutschland-fuer-erhalt-des-ge dichts-avenidas-des-lyrikers-eugen-gomringer-an-suedfassade-der-alice-salomon-hochschule-ber lin/.
7 https://www.tagesspiegel.de/kultur/grutters-bezeichnet-ubermalung-von-gedicht-als-kulturbar barei-8418967.html.
8 https://www.ash-berlin.eu/hochschule/presse-und-newsroom/veranstaltungen/news/podiums diskussion-kunst-und-die-macht-der-worte/?tx_news_pi1%255Bcontroller%255D=News&tx_news_ pi1%255Baction%255D=detail&cHash=31e7356ab748e4469d61c7c5033d7c03.

9 https://www.ash-berlin.eu/hochschule/presse-und-newsroom/barbara-koehlers-gedicht-auf-suedfassade-der-alice-salomon-hochschule-berlin/.
10 Hildburg Bruns: „Axel Springer zeigt, was die Berliner nicht sehen sollen", *B.Z.* (24.01.2018) https://www.bz-berlin.de/berlin/dieses-gedicht-darf-nicht-uebermalt-werden.
11 Wohnungsgenossenschaft Grüne Mitte: „Offener Brief an die Hochschulleitung der Alice Salomon Hochschule Berlin", *Stimme der DDR*, 19.02.2019, zit. n. Wilke 2021, o.S.
12 https://www.sueddeutsche.de/kultur/gomringer-avenidas-gedicht-gruene-mitte-alice-salomon-hochschule-1.4341733. Die ASH reagierte, so heißt es weiter, „gelassen auf den Schritt: ‚Wir freuen uns sehr', zitiert sie die Berliner Zeitung, ‚dass nun schon zwei Fassaden im Bezirk die Vielfalt der Werke von Preisträger_innen des Alice Salomon Poetik Preises im öffentlichen Raum sichtbar machen.'"
13 Auch im oberfränkischen Rehau, dem Wohnort Gomringers, und in Bielefeld wurden Wände mit „avenidas" beschrieben (vgl. *Süddeutsche Zeitung* vom 19.04.2018 und 29.04.2018).
14 Silke Müller: „Neues vom Berliner Gedichtekrieg: Warum Sprache eine gefährliche Sache sein kann", *Stern*, 23.02.2018, https://www.stern.de/kultur/kunst/kommentar-zum-berliner-gedichtekrieg–warum-sprache-eine-gefaehrliche-sache-sein-kann-7875298.html.
15 https://www.nzz.ch/folio/ploetzlich-boesewicht-ld.1613134.

Literaturverzeichnis

Sämtliche Links zu online publizierten Texten wurden im April 2023 letztmalig geprüft.

Abarca, Javier. „Graffiti, Street Art, and Gentrification". *Grafficity. Visual Practices and Contestations in Urban Space*. Hrsg. von Eva Youkhana und Larissa Förster. Paderborn: Fink, 2015. 221–233.
Achmatowa, Anna. „Die Muse" [1924]. *Im Spiegelland. Ausgewählte Gedichte*. Übers. von Rolf-Dietrich Keil. Hrsg. von Efim Etkind. München und Zürich: Piper, 1982. 66.
Ailes, Katie. „‚Speak Your Truth'. Authenticity in UK Spoken Word Poetry". *Spoken Word in the UK*. Hrsg. von Lucy English und Jack McGowan. New York und London: Routledge, 2021. 142–153.
Ancel, Pascale und Sylvia Girel. „Art and the Public Space". *Kunst und Öffentlichkeit*. Hrsg. von Dagmar Danko, Oliver Moeschler und Oliver Schumacher. Wiesbaden: Springer VS, 2015. 83–93.
Androutsopoulos, Jannis und Florian Busch. „Register des Graphischen. Skizze eines Forschungsansatzes". *Register des Graphischen*. Hrsg. von Jannis Androutsopoulos und Florian Busch. Berlin und Boston: De Gruyter, 2020. 1–29.
Angelou, Maya. „Awakening in New York". *The Poetry of Maya Angelou*. New York: Quality Paperback, 1993. 183.
Aranda, Elizabeth M., Sallie Hughes und Elena Sabogal. *Making a Life in Multiethnic Miami. Immigration and the Rise of a Global City*. Boulder und London: Lynne Rienner, 2014.
Arend, Ingo. „Ein verschüttetes Glücksbegehren". *Robert Montgomery*. Hrsg. von Katherine Wobbe und Henrik Wobbe. Berlin: Distanz, 2015. 176–179.
Ataç, Ilker und Ayşe Dursun. „Gezi-Park-Proteste in der Türkei: Neue Möglichkeiten, alte Grenzen?". *Österreichische Zeitschrift für Politikwissenschaft* 42.4 (2013): 443–450. https://doi.org/10.15203/ozp.168.vol42iss4.
Augé, Marc. *Orte und Nicht-Orte. Vorüberlegungen zu einer Ethnologie der Einsamkeit*. Übers. von Michael Bischoff. München: Beck, 2010 [1992].
Ausländer, Rose. „Das Schönste" [um 1977]. *Ich höre das Herz des Oleanders. Gedichte 1977–1979*. Hrsg. von Helmut Braun. Frankfurt a.M.: Fischer, 1984. 21.
Aytekin, E. Attila. „A ‚Magic and Poetic' Moment of Dissensus. Aesthetics and Politics in the June 2013 (Gezi Park) Protests in Turkey". *Space and Culture* 20.2 (2017): 191–208. https://doi.org/10.1177/1206331217697138.
Bachmann, Ingeborg. „Über Gedichte" [1959]. *Frankfurter Poetikvorlesungen. Probleme zeitgenössischer Dichtung*. München und Zürich: Piper, 2011. 31–49.
Bachmann, Ingeborg. „Wahrlich" [1964]. *Sämtliche Gedichte*. München und Zürich: Piper, 2002. 176.
Bahrdt, Hans-Paul. *Die moderne Großstadt. Soziologische Überlegungen zum Städtebau*. Hrsg. von Ulfert Herlyn. 2. Aufl. Wiesbaden: VS Verlag, 2006 [1961]. 330–342.
Balaban, Utku. „The Islamist-Secularist Coalition and Social Class in Turkey". *Social Research. An International Quarterly* 88.2 (2021): 271–297. http://doi.org/10.1353/sor.2021.0015.
Ballhausen, Thomas. „Aufforderung zur Intervention. Ein Versuch über Guy Debord". *Medienimpulse* 49.3 (2011): 1–18. https://doi.org/10.21243/mi-03-11-12.
Batista, Anamarija und Carina Lesky. „Sidewalk Stories. Janet Cardiff's Audio-Visual Excursions". *Word & Image. A Journal of Verbal/Visual Enquiry* 31.4 (2015): 515–523. https://doi.org/10.1080/02666286.2015.1053044.
Bauer, Patrick und Annabel Dillig. „Wir sind still miteinander [Interview mit Eugen Gomringer und Nora Gomringer]". *Süddeutsche Zeitung Magazin* 15 (13.04.2018): 22–28.

Bauman, Zygmunt. „Ein Wiedersehen mit dem Fremden". *Flaneure, Spieler und Touristen. Essays zu postmodernen Lebensformen*. Übers. von Martin Suhr. Hamburg: Hamburger Edition, 1997. 205–225.

Bean, Heidi R. und Mike Chasar. „Introduction. Poetry after Cultural Studies". *Poetry after Cultural Studies*. Hrsg. von Heidi R. Bean und Mike Chasar. Iowa City: Univ. of Iowa Press, 2017. 1–13.

Behrendt, Paulina. „Mutausbruch". *Heiße Milch mit Honig. Geschriebenes vom Aufbruch, Loslassen und Wiederfinden: Texte vom Heimkehren*. Paderborn: Lektora, 2021. 51–56.

Benthien, Claudia. „Poetry in the Digital Age". *Theories of Lyric. An Anthology of World Poetry Criticism*. Hrsg. von Antonio Rodriguez. 2021a. http://lyricology.org/poetry-in-the-digital-age/.

Benthien, Claudia. „Public Poetry. Encountering the Lyric in Urban Space". *Internationale Zeitschrift für Kulturkomparatistik / International Journal for Comparative Cultural Studies* 2 (2021b): 344–367. https://doi.org/10.25353/ubtr-izfk-271c-5517.

Benthien, Claudia, Jordis Lau und Mareike M. Marxsen. *The Literariness of Media Art*. New York und London: Routledge, 2019. https://doi.org/10.4324/9781315107981.

Benthien, Claudia und Antje Schmidt. „Poetik der Seifenblasen. Schaum als Motiv, Materie und autopoietische Substanz in Lyrik und Künsten der Gegenwart". *Kulturpoetik. Journal for Cultural Poetics* 22.2 (2022): 150–178. https://doi.org/10.13109/kult.2022.22.2.150.

Benthien, Claudia und Catrin Prange. „Spoken-Word-Literatur und Poetry Slam". *Handbuch Literatur und Audiokultur*. Hrsg. von Natalie Binczek und Uwe Wirth. Berlin und Boston: De Gruyter, 2020. 517–533.

Benz, Arthur und Heiderose Kilper. *Governance. Handwörterbuch der Stadt- und Raumentwicklung*. Hrsg. von der Akademie für Raumforschung und Landesplanung (ARL). Hannover, 2018. 857–867. https://shop.arl-net.de/media/direct/pdf/HWB%202018/Governance.pdf.

Berger, Timo. „was von oben kommt". *Bombardeo de poemas sobre Berlín / Regen der Gedichte über Berlin*. Hrsg. von Casagrande. Santiago de Chile: Andros, 2011. 121.

Bernstein, Charles. *Artifice of Absorption*. Philadelphia: Singing Horse, 1987.

Bernstein, Charles. „Introduction". *Close Listening. Poetry and the Performed Word*. Hrsg. von Charles Bernstein. New York: Oxford Univ. Press, 1998. 3–26.

Beswick, Joe und Joe Penny. „Demolishing the Present to Sell off the Future? The Emergence of ‚Financialized Municipal Entrepreneurialism' in London". *International Journal of Urban and Regional Research* 42 (2018): 612–632. https://doi.org/10.1111/1468-2427.12612.

Betz, Gregor, Ronald Hitzler und Michaela Pfadenhauer. „Zur Einleitung: Eventisierung des Urbanen". *Urbane Events*. Hrsg. von Gregor Betz, Ronald Hitzler und Michaela Pfadenhauer. Wiesbaden: VS Verlag, 2011. 9–24.

Bianchi, Cristóbal. „A Non-Event. Bombing of Poems over Dresden and the Difficulties of Performing German's Victimhood". *Third Text* 34.3 (2020): 369–392. https://doi.org/10.1080/09528822.2020.1805180.

Bianchi, Cristóbal. „[Descuelgo el teléfono y veo llover]" / „[Ich lege den Hörer auf und sehe es]". Übers. von Sarah Otter. *Bombardeo de poemas sobre Berlín / Regen der Gedichte über Berlin*. Hrsg. von Casagrande. Santiago de Chile: Andros, 2011. 69.

Biermann, Ralf, Johannes Fromme und Dan Verständig (Hrsg.). *Partizipative Medienkulturen. Positionen und Untersuchungen zu veränderten Formen öffentlicher Teilhabe*. Wiesbaden: Springer VS, 2014.

Block, Katharina. „Die Corona-Pandemie als Phänomen des Unverfügbaren". *Die Corona-Gesellschaft: Analysen zur Lage und Perspektiven für die Zukunft*. Hrsg. von Michael Volkmer und Karin Werner. Bielefeld: Transcript, 2020. 155–163.

Bojanowska, Edyta M. „Wisława Szymborska. Naturalist and Humanist". *Slavic and East European Journal* 41.2 (1999): 199–223. https://doi.org/10.2307/309733.

Bolter, Jay David and Richard Grusin. *Remediation. Understanding New Media*. Cambridge, MA: MIT Press, 2000.
Bonné, Mirco. „Venceremos". *Wimpern und Asche. Gedichte*. Frankfurt a.M.: Schöffling, 2018. 67.
Born, Georgina. „Introduction – Music, Sound and Space. Transformations of Public and Private Experience". *Music, Sound and Space*. Hrsg. von Georgina Born. Cambridge, UK: Cambridge Univ. Press, 2013. 1–70.
Borsò, Vittoria. „Transitorische Räume". *Handbuch Literatur & Raum*. Hrsg. von Jörg Dünne und Andreas Mahler. Berlin und Boston: De Gruyter, 2015. 259–271.
Bourdieu, Pierre. *Die feinen Unterschiede. Kritik der gesellschaftlichen Urteilskraft*. 2. Aufl. Frankfurt a.M.: Suhrkamp, 1988.
Bourdieu, Pierre. „Physischer, sozialer und angeeigneter Raum". *Stadt-Räume*. Hrsg. von Martin Wentz. Frankfurt a.M. und New York: Campus, 1991. 25–34.
Brablec, Dana. „Indigenising the City Together. Ethnic Place Production in Santiago de Chile". *Journal of Ethnic and Migration Studies* 49.2 (2020): 892–908. https://doi.org/10.1080/1369183X.2020.1814711.
Bray, Anne. „The Community Is Watching, and Replying. Art in Public Places and Spaces". *Leonardo* 35.1 (2002): 15–21. https://doi.org/10.1162/002409402753689263.
Brighenti, Andrea Mubi. „At the Wall: Writers, Urban Territoriality, and the Public Domain". *Space and Culture* 3.3 (2010): 315–332. https://doi.org/10.1177/1206331210365283.
Bruns-Berentelg, Jürgen, Luise Noring und Adam Grydehøj. „Developing Urban Growth and Urban Quality. Entrepreneurial Governance and Urban Redevelopment Projects in Copenhagen and Hamburg". *Urban Studies* 59.1 (2022): 161–177. https://doi.org/10.1177/0042098020951438.
Brynskov, Martin, Peter Dalsgaard und Kim Halskow. „Media Architectures. Engaging Urban Experiences in Public Space". *The Uses of Art in Public Space*. Hrsg. von Julia Lossau und Quentin Stevens. New York und London: Routledge, 2015. 51–66. https://www.taylorfrancis.com/books/e/9781315757018.
Burdorf, Dieter. *Einführung in die Gedichtanalyse*. 3., akt. und erw. Aufl. Stuttgart und Weimar: Metzler, 2015.
Busse, Beatrix und Ingo H. Warnke. „Ortsherstellung als sprachliche Praxis – sprachliche Praxis als Ortsherstellung". *Place-Making in urbanen Diskursen*. Hrsg. von Ingo H. Warnke und Beatrix Busse. Berlin und Boston: De Gruyter, 2014. 1–7.
Büttner, Claudia. *Art Goes Public. Von der Gruppenausstellung im Freien zum Projekt im nicht-institutionellen Raum*. München: Schreiber, 1997.
Carrasco, Julio. „[Lo que más nos importa se rompe en el aire]" / „[Was uns am meisten bedeutet, zerfällt schon in der Luft]". Übers. von Sarah Otter. *Bombardeo de poemas sobre Berlín / Regen der Gedichte über Berlin*. Hrsg. von Casagrande. Santiago de Chile: Andros, 2011. 71.
Cartiere, Cameron. „Coming from the Cold. A Public Art History". *The Practice of Public Art*. Hrsg. von Cameron Cartiere und Shelly Willis. New York und London: Routledge, 2008. 7–17.
Casagrande (Hrsg.). *Bombardeo de poemas sobre Berlín / Regen der Gedichte über Berlin*. Santiago de Chile: Andros, 2011.
Celan, Paul. „Nachmittag mit Zirkus und Zitadelle" [1961]. *Die Gedichte*. Kommentierte Gesamtausgabe. Hrsg. von Barbara Wiedemann. Frankfurt a.M.: Suhrkamp, 2003. 150–151.
Chang, Tina. „Notes on Longing". *Half-Lit Houses. Poems*. New York: Four Way, 2004. 42.
Chasar, Mike. *Everyday Reading. Poetry and Popular Culture in Modern America*. New York: Columbia Univ. Press, 2012.
Chihaia, Matei. „Nicht-Orte". *Handbuch Literatur & Raum*. Hrsg. von Jörg Dünne und Andreas Mahler. Berlin und Boston: De Gruyter, 2015. 188–195.

Chlada, Marvin. „Eine andere Stadt für ein anderes Leben. Der Urbanismus der Situationisten". *Kulturbuch quadratur 4: Stadt, Blicke*. Duisburg und Köln: FKO-Verlag, 2002. 155–160.
Ciravoğlu, Öner. „[Cemal Süreya: Ich warf die Zigarette ins Meer]". *Kultgedichte / Kült Şiirleri*. Übers. von Sabine Adatepe u. a. Hrsg. von Erika Glassen und Turgay Fişekçi. Zürich: Unionsverlag, 2008. 233–235.
Coley, Nathan. *A Place Beyond Belief*. Ostfildern: Hatje Cantz, 2014.
Collins, Billy. „Foreword: The Turning Wheels of Poetry". *The Best of Poetry in Motion. Celebrating Twenty-Five Years on Subways and Buses*. Hrsg. von Alice Quinn. New York und London: Norton, 2017. xv–xix.
Crouch, Colin. *Das befremdliche Überleben des Neoliberalismus*. Berlin: Suhrkamp, 2011.
Culler, Jonathan. *Theory of the Lyric*. Cambridge, MA und London: Harvard Univ. Press, 2015.
Damm, Ulrike (Hrsg.). *Schweige wund das Wort. Anna Achmatowa und Ingeborg Bachmann*. Mit Neuübertragungen von Alexander Nitzberg. Berlin: Damm und Lindlar, 2015.
Danko, Dagmar, Oliver Moeschler und Florian Schumacher. „Kunst und ihre Öffentlichkeit(en)". *Kunst und Öffentlichkeit*. Hrsg. von Dagmar Danko, Oliver Moeschler und Florian Schumacher. Wiesbaden: Springer VS, 2015. 9–18.
De Certeau, Michel. „Gehen in der Stadt". *Kunst des Handelns*. Berlin: Merve, 1988. 179–208.
Debord, Guy. *Die Gesellschaft des Spektakels*. Übers. von Jean-Jacques Raspaud. 2. Aufl. Berlin: Tiamat, 2013 [1967].
Debord, Guy und Gil Wolman. „Gebrauchsanweisung für die Zweckentfremdung" [1956]. *Der Beginn einer Epoche. Texte der Situationisten*. Übers. von Pierre Gallissaires. Hamburg: Edition Nautilus, 1995. 20–26.
Debray, Octave. „Deindustrialization and Museumification. From Exhibited Memory to Forgotten History". *The Annals – AAPSS* 595.1 (2004): 122–133. https://doi.org/10.1177/0002716204266630.
Demps, Laurenz. „Berlin im Bombenkrieg". *Berlin 1933–1945*. Hrsg. von Michael Wildt und Christoph Kreutzmüller. München: Siedler, 2013. 357–371.
Diller, Hans-Jürgen, Stephan Kohl, Joachim Kornelius, Erwin Otto und Gert Stratmann (Hrsg.). *City Lyrics*. Heidelberg: Winter, 1990.
Dimbath, Oliver, Michael Ernst-Heidenreich und Matthias Roche. „Praxis und Theorie des Theoretical Sampling. Methodologische Überlegungen zum Verfahren einer verlaufsorientierten Fallauswahl". *Forum Qualitative Sozialforschung* 19.3 (2018): Art. 34. http://dx.doi.org/10.17169/fqs-19.3.2810.
Dischereit, Esther. „Diese Sache mit den Avenidas" [2018]. https://www.ash-berlin.eu/hochschule/presse-und-newsroom/esther-dischereit-zur-fassadendebatte/.
Dorrell, David. „Über die Heimsuchung des Robert Montgomery durch den Geist William Blakes". *Robert Montgomery*. Hrsg. von Katherine Wobbe und Henrik Wobbe. Berlin: Distanz, 2015. 188–192.
Dühr, Elisabeth. *Kunst am Bau – Kunst im öffentlichen Raum. Geschichte und Entwicklung öffentlicher Kunst im Spannungsfeld von Architektur, Städtebau und Kulturpolitik in der Bundesrepublik Deutschland*. Frankfurt a.M.: Lang, 1991.
Eagleton, Terry. *Einführung in die Literaturtheorie*. 4. Aufl. Stuttgart: Metzler, 1997.
Engelmann, Julia. „One Day / Reckoning Text". *Eines Tages, Baby. Poetry Slam-Texte*. München: Goldmann, 2014. 24–29.
Ette, Ottmar. „Urbanity and Literature – Cities as Transareal Spaces of Movement in Assia Djebar, Emine Sevgi Özdamar and Cécile Wajsbrod". *European Review* 19.3 (2011): 367–383.
Finch, Jason. *Literary Urban Studies and How to Practice it*. New York und London: Routledge, 2022.

Fink, Kerstin. „Von der literarischen zur politischen Öffentlichkeit? Über den Zusammenhang von Kunstkommunikation und öffentlicher Deliberation im Anschluss an Jürgen Habermas". *Kunst und Öffentlichkeit*. Hrsg. von Dagmar Danko, Oliver Moeschler und Oliver Schumacher. Wiesbaden: VS Verlag, 2015. 33–53.

Fischer-Lichte, Erika. *Ästhetik des Performativen*. Frankfurt a.M.: Suhrkamp, 2004.

Fischer-Lichte, Erika. „Grenzgänge und Tauschhandel. Auf dem Wege zu einer performativen Kultur". *Performanz. Zwischen Sprachphilosophie und Kulturwissenschaften*. Hrsg. von Uwe Wirth. Frankfurt a.M.: Suhrkamp, 2002. 277–300.

Forché, Carolyn. *Against Forgetting. Twentieth-Century Poetry of Witness*. New York: Norton, 1993.

Ford, Simon. *Die Situationistische Internationale. Eine Gebrauchsanleitung*. Übers. von Egon Günther. Hamburg: Nautilus, 2007.

Foundation for the Carolinas. „The Charlotte-Mecklenburg Opportunity Task Force Report" [2017]. https://www.fftc.org/sites/default/files/2017-07/03.27.17%20LeadingOnOpportunity_Report.pdf.

Fricke, Harald. *Norm und Abweichung. Eine Philosophie der Literatur*. München: Beck, 1981.

Fricke, Harald und Peter Stocker. „Lyrik". *Reallexikon der deutschen Literaturwissenschaft* 2. Hrsg. von Harald Fricke u.a. Berlin und New York: De Gruyter, 2003. 498–502.

Friedmann, John. „Place and Place-Making in Cities. A Global Perspective". *Planning Theory & Practice* 11.2 (2010): 149–165. https://doi.org/10.1080/14649351003759573.

Fuhrmann, Malte. *Konstantinopel – Istanbul. Stadt der Sultane und Rebellen*. Frankfurt a.M.: Fischer, 2019.

Gámez, José L.S. „Mi Reina. Latino Landscapes in the Queen City (Charlotte, N.C.)". *Charlotte, NC. The Global Evolution of a New South City*. Hrsg. von William Graves und Heather A. Smith. Athens und London: The Univ. of Georgia Press, 2010. 263–283.

Ganz, Nicolas. *Street Messages*. Årsta: Document, 2015.

Garcia Bujalance, Susana, Daniel Barrera-Fernández und Miriam Scalici. „Touristification in Historic Cities. Reflections on Malaga". *Revista de turismo contemporâneo* 7.1 (2019): 93–115. https://doi.org/10.21680/2357-8211.2019v7n1ID16169.

Geheimagentur, Martin Jörg Schäfer und Vassilis S. Tsianos. „Introduction". *The Art of Being Many. Towards a New Theory and Practice of Gathering*. Hrsg. von Geheimagentur, Martin Jörg Schäfer und Vassilis S. Tsianos. Bielefeld: Transcript, 2016. 19–30.

Geist, Peter, Friederike Reents und Henrieke Stahl. „Einleitung: Autor und Subjekt im Gedicht. Positionen, Perspektiven und Praktiken heute". *Autor und Subjekt im Gedicht. Positionen, Perspektive und Praktiken heute*. Hrsg. Peter Geist, Friederike Reents und Henrieke Stahl. Berlin: Metzler, 2021. 1–32.

Gerhard, Ulrike und Ingo H. Warnke. „Stadt und Text – Interdisziplinäre Analyse symbolischer Strukturen einer nordamerikanischen Vorstadt". *Geographische Rundschau* 7-8 (2007): 36–42.

Gestring, Norbert. „Stadt und Land. Siedlungsstruktur". *Handbuch zur Gesellschaft Deutschlands*. Hrsg. von Steffen Mau und Nadine M. Schöneck. 3. Aufl. Wiesbaden: VS Verlag, 2013. 857–869.

Gestring, Norbert, Anna Maibaum, Walter Siebel, Karen Sievers und Jan Wehrheim. „Verunsicherung und Einhegung – Fremdheit in öffentlichen Räumen". *Diskurs – Stadt – Kriminalität. Städtische Unsicherheiten aus der Perspektive von Stadtforschung und Kritischer Kriminalgeographie*. Hrsg. von Georg Glasze, Robert Pütz und Manfred Rolfes. Bielefeld: Transcript, 2005. 223–252. https://www.degruyter.com/document/doi/10.1515/9783839404089-007/html?lang=de.

Gestring, Norbert, Renate Ruhne und Jan Wehrheim. „Einleitung". *Stadt und soziale Bewegungen*. Hrsg. von Norbert Gestring, Renate Ruhne und Jan Wehrheim. Wiesbaden: VS Verlag, 2014. 7–21.

Ginsberg, Allen. „The Charnel Ground". *Selected Poems 1945–1995*. London: Penguin, 1996. 388–390.

Glaser, Katja. *Street Art und neue Medien. Akteure – Praktiken – Ästhetiken*. Bielefeld: Transcript, 2017.

Glassen, Erika. „Vorwort". *Kultgedichte / Kült Şiirleri*. Übers. von Sabine Adatepe u.a. Hrsg. von Erika Glassen und Turgay Fişekçi. Zürich: Unionsverlag, 2008. 9–23.
Goffman, Erving. *Interaktion im öffentlichen Raum*. Übers. von Hanne Herkommer und Hubert Knoblauch. Frankfurt a.M. und New York: Campus, 2009 [1963].
Goffman, Erving. *Wir alle spielen Theater*. 8. Aufl. München: Piper, 2000 [1959].
Gomringer, Eugen. „vom vers zur konstellation – zweck und form einer neuen Dichtung" [1955]. *zur sache der konkreten poesie 1. konkrete poesie*. St. Gallen: Erker, 1988. 9–11.
Gomringer, Nora. „Erkenntnis im April". *Bombardeo de poemas sobre Berlín / Regen der Gedichte über Berlin*. Hrsg. von Casagrande. Santiago de Chile: Andros, 2011. 103.
Graves, William und Jonathan Kozar. „Blending Southern Culture and International Finance". *Charlotte, NC. The Global Evolution of a New South City*. Hrsg. von William Graves und Heather A. Smith. Athens und London: The Univ. of Georgia Press, 2010. 87–101.
Grünbein, Durs. „Der Optiker". *Koloss im Nebel. Gedichte*. Berlin: Suhrkamp, 2012. 83.
Gui, Weihsin. „Public Transit and Urban Poetics: Singapore's Moving Words Poetry Project and Anthology". *Textual Practice* 35.2 (2019): 227–245. https://doi.org/10.1080/0950236X.2019.1668474.
Günzel, Stephen. *Raum. Eine kulturwissenschaftliche Einführung*. 3., akt. Aufl. Bielefeld: Transcript/UTB, 2020.
Habermas, Jürgen. *Strukturwandel der Öffentlichkeit. Untersuchungen zu einer Kategorie der bürgerlichen Gesellschaft*. Frankfurt a.M.: Suhrkamp, 1990 [1962].
Habermas, Jürgen. *Theorie kommunikativen Handelns*. Frankfurt a.M.: Suhrkamp, 1981.
Habermas, Jürgen. „Überlegungen und Hypothesen zu einem erneuten Strukturwandel der politischen Öffentlichkeit". *Ein neuer Strukturwandel der Öffentlichkeit?* Leviathan Sonderband 37. Hrsg. von Martin Seeliger und Sebastian Sevignani. Baden-Baden: Nomos, 2021. 470–500.
Hall, Stuart. „Encoding/Decoding". *Cultural Studies. Grundlagentexte zur Einführung*. Hrsg. von Roger Bromley, Udo Göttlich und Carsten Winter. Lüneburg: zu Klampen, 1999 [1973]. 92–110.
Hanchett, Thomas W. *Sorting out the New South City. Race, Class, and Urban Development in Charlotte, 1875–1975*. 2. Aufl. Chapel Hill: Univ. of North Carolina Press, 2020a.
Hanchett, Tom [Thomas W.]. „Building History. What Uptown's Treloar House Teaches Us". *Charlotte Magazine* (28. Dez. 2020b). https://www.charlottemagazine.com/building-history-what-uptowns-treloar-house-teaches-us/.
Harrington, Joseph. „Poetry and the Public. The Social Form of Modern U.S. Poetics". *Poetry and Cultural Studies. A Reader*. Hrsg. von Maria Damon und Ira Livingston. Urbana und Chicago: Univ. of Illinois Press, 2009. 266–284.
Haunss, Sebastian und Peter Ulrich. „Viel Bewegung – wenig Forschung". *Soziologie* 42.3 (2013): 290–304.
Häußermann, Hartmut. „The End of the European City?". *European Review* 13.2 (2005): 237–249.
Häußermann, Hartmut, Dieter Läpple und Walter Siebel. *Stadtpolitik*. Frankfurt a.M.: Suhrkamp, 2008.
Häußermann, Hartmut und Walter Siebel (Hrsg.). *Festivalisierung der Stadtpolitik*. Leviathan Sonderheft 13. Opladen: Westdeutscher Verlag, 1993.
Häußermann, Hartmut und Walter Siebel. *Stadtsoziologie. Eine Einführung*. Frankfurt a.M. und New York: Campus, 2004.
Have, Iben und Birgitte Stougaard Pedersen. *Digital Audiobooks. New Media, Users, and Experiences*. New York und London: Routledge, 2016.
Heckmann, Carsten. „Projekt ‚Augenpost'. Bei Rot gibt's was auf die Augen". *Spiegel Online* (28.11.2003). https://www.spiegel.de/lebenundlernen/uni/projekt-augenpost-bei-rot-gibt-s-was-auf-die-augen-a-274414.html.

Heeg, Susanne und Marit Rosol. „Neoliberale Stadtpolitik im globalen Kontext". *PROKLA* 37.4 (2007): 491–509.
Helmstetter, Rudolf. „Lyrische Verfahren. Lyrik, Gedicht und poetische Sprache". *Einführung in die Literaturwissenschaft*. Hrsg. von Miltos Pechlivanos, Stefan Rieger, Wolfgang Struck und Michael Weitz. Stuttgart und Weimar: Metzler, 1995. 27–42.
Hikmet, Nâzım. „24 Eylül 1945" / 24. September 1945" [1945]. *Das schönste Meer ist das noch nicht befahrene: Liebesgedichte / En güzel deniz henüz gidilmemiş olanıdır*. Übers. von Helga-Dağyeli-Bohne und Yıldırım Dağyeli. Frankfurt a.M.: Dağyeli, 1989. 70–71.
Hikmet, Nâzım. „Dâvet" / „Einladung". *Die Luft ist schwer wie Blei / Hava Kurşun Gibi Ağır*. Übers. von Helga Dağyeli-Bohne und Yıldırım Dağyeli. Frankfurt a.M.: Dağyeli, 1988. 110–111.
Hikmet, Nâzım. „Lied der Sonnentrinker". *Ich liebe mein Land. Gedichte*. O.O.: o.V., 1981. 7–10.
Hildebrand, Olaf. „Einleitung". *Poetologische Lyrik von Klopstock bis Grünbein. Gedichte und Interpretationen*. Hrsg. von Olaf Hildebrand. Köln, Weimar und Wien: Böhlau/UTB, 2003. 1–15.
Hillebrandt, Claudia, Sonja Klimek, Ralph Müller und Rüdiger Zymner. „Einleitung: Wer spricht das Gedicht? Adressantenmarkierung in Lyrik". *Grundfragen der Lyrikologie 1: Lyrisches Ich, Textsubjekt, Sprecher*. Hrsg. von Claudia Hillebrandt, Sonja Klimek, Ralph Müller und Rüdiger Zymner. Berlin und Boston: De Gruyter, 2019. 1–21.
Höhne, Stefan. *New York City Subway. Die Erfindung des urbanen Passagiers*. Köln, Weimar und Wien: Böhlau, 2017.
Höller, Christian. „Störungsdienste". *Springer. Hefte für Gegenwartskunst* 1.1 (1995): 20–26.
Holm, Andrej. „Das Recht auf die Stadt in umkämpften Räumen". *Stadt und soziale Bewegungen*. Hrsg. von Norbert Gestring, Renate Ruhne und Jan Wehrheim. Wiesbaden: VS Verlag, 2014. 43–62.
Holm, Andrej und Dirk Gebhardt. *Initiativen für ein Recht auf Stadt. Theorie und Praxis städtischer Aneignung*. Hamburg: VSA, 2011.
Hornig, Petra. *Kunst im Museum und Kunst im öffentlichen Raum. Elitär versus demokratisch?* Wiesbaden: VS Verlag, 2011.
Hughes, Gordon. „Power's Script. Or, Jenny Holzer's Art after ‚Art after Philosophy'". *The Oxford Art Journal* 29.3 (2006): 419–440. https://doi.org/10.1093/oxartj/kcl017.
Hunger, Bernd. „Berliner Großsiedlungen am Scheideweg?" *Die Wohnungswirtschaft: DW* 7 (2021): 14–17. http://www.gross-siedlungen.de/de/media/pdf/4261.pdf.
Ingbrant, Renata. *From Her Point of View. Woman's Anti-World in the Poetry of Anna Świrszczyńska*. Dissertation, Univ. Stockholm, 2007. https://rcin.org.pl/dlibra/doccontent?id=63187.
Jacobs, Jane. *Tod und Leben großer amerikanischer Städte*. Übers. von Eva Gärtner. Gütersloh, Berlin und Basel: Bauverlag und Birkhäuser, 2015 [1961].
Jäger, Ludwig. „Intermedialität, Intramedialität, Transkriptivität. Überlegungen zu einigen Prinzipien der kulturellen Semiosis". *Sprache intermedial. Stimme und Schrift, Bild und Ton*. Hrsg. von Arnulf Deppermann und Angelika Linke. Berlin und New York: De Gruyter, 2010. 301–324.
Jakobson, Roman. „Linguistik und Poetik". *Roman Jakobson: Poetik. Ausgewählte Aufsätze 1921–1971*. Hrsg. von Elmar Holenstein und Tarcisius Schelbert. Frankfurt a.M.: Suhrkamp, 1979 [1960]. 83–121.
Jiyoung, Bae. „Subway, a New Home for Poems and Sentiments". *The Granite Tower* (2014). http://www.thegranitetower.com/news/articleView.html?idxno=1074.
Johnson, Rebecca May. „Ulrike Almut Sandig's Urban Interventions. From ‚Augenpost' in Leipzig to a Posthuman Epic of Berlin". *Oxford German Studies* 47.3 (2018): 278–297. https://doi.org/10.1080/00787191.2018.1503466.
Joselit, David. „Survey: Voices, Bodies, and Spaces. The Art of Jenny Holzer". *Jenny Holzer*. Hrsg. von David Joselit, Joan Simon und Renata Salecl. London: Phaidon, 1998. 40–77.

Justice, Donald. „Bus Stop". *A Donald Justice Reader. Selected Poetry and Prose*. Hanover und London: Univ. Press of New England, 1991. 78.

Justnik, Herbert und Stephanie Stübler. „Helmut Seethaler – die Aneignung des öffentlichen Raumes. Der ‚rebellische' Zettelpoet von Wien". *Österreichische Zeitschrift für Volkskunde* LXII/111 (2008): 277–282.

Kane, Daniel. *All Poets Welcome. The Lower East Side Poetry Scene in the 1960s*. Berkeley, Los Angeles und London: Univ. of California Press, 2003.

Kaye, Nick. *Site-Specific Art. Performance, Place and Documentation*. New York und London: Routledge, 2000.

Kelen, Christopher und Chengcheng You. „Liminal Encounters. Ethics of Anthropomorphism in the Poetry of Levertov, Szymborska, and Fulton". *Mosaic. An Interdisciplinary Critical Journal* 52.2 (2019): 147–165.

Kermani, Navid. *Dein Name. Roman*. München: Hanser, 2011.

Kirchberg, Volker. „Stadtkronenpolitik durch Museen, Konzerthäuser und Theater". *Stadtsoziologie und Stadtentwicklung. Handbuch für Wissenschaft und Praxis*. Hrsg. von Ingrid Breckner, Albrecht Göschel und Ulf Matthiesen. Baden Baden: Nomos, 2020. 563–574.

Klimek, Sonja. „Raum in der Lyrik – Lyrik im Raum. Zur Installation von neun Trakl-Gedichten in der Stadt Salzburg". *Grundfragen der Lyrikologie 2: Begriffe, Methoden und Analysedimensionen*. Hrsg. von Claudia Hillebrand, Sonja Klimek, Ralph Müller und Rüdiger Zymner. Berlin und Boston: De Gruyter, 2020. 541–558.

Köhler, Barbara. „Ein öffentlicher Text. Über ein Gedicht an einer Fassade kritisch zu reden, ist kein Angriff auf die Kunstfreiheit. Das Werk ist ein Geschenk – und die Beschenkten dürfen damit tun, was sie wollen". *Frankfurter Allgemeine Zeitung* (24.09.2017). https://www.faz.net/aktuell/feuilleton/debatten/barbara-koehler-zur-debatte-um-gomringers-gedicht-15214670.html.

Köhler, Barbara. „Über diese Wand diskutiert das Land". *DIE ZEIT* 36 (2018). https://www.zeit.de/2018/36/alice-salomon-hochschule-gedicht-eugen-gomringer-barbara-koehler.

Kompetenzzentrum Großsiedlungen. „Berliner Großsiedlungen am Scheideweg?" [2021]. http://www.gross-siedlungen.de/de/media/pdf/4251.pdf.

Kopp, Luvena. „Black Lives Matter – eine Bestandsaufnahme". *Bundeszentrale für politische Bildung: Internationales* (2022). https://www.bpb.de/themen/nordamerika/usa/507013/black-lives-matter-eine-bestandsaufnahme.

Korkmazgil, Hasan Hüseyin. „Haziranda ölmek zor". *Haziranda ölmek zor*. 2. Aufl. Ankara: Bilgi Yayınevi, 1983. 29–40.

Kramer, Ronald. „Straight from the Underground. New York City's Legal Graffiti Writing Culture". *Routledge Handbook of Graffiti and Street Art*. Hrsg. von Jeffrey Ian Ross und Jeff Ferell. New York und London: Routledge, 2016. 113–123.

Krämer-Badoni, Thomas. „Social Media, Algorithmen und die urbane Kultur. Plädoyer für eine kulturelle Transformation". *Urbanität im 21. Jahrhundert*. Hrsg. von Norbert Gestring und Jan Wehrheim. Frankfurt a.M. und New York: Campus, 2018. 344–362.

Kreutzer, Eberhard. „'Of cities you bespeak / subways'. New Yorker U-Bahn-Lyrik von Hart Crane bis zur Gegenwart". *City Lyrics*. Hrsg. von Hans-Jürgen Diller, Stephan Kohl, Joachim Kornelius, Erwin Otto und Gert Stratmann. Heidelberg: Winter, 1990. 43–57.

Kryński, Magnus J. und Maguire, Robert A. „Anna Świrszczyńska. Thirty-Four Poems on the Warsaw Uprising". *The Polish Review* 22.3 (1977): 77–100.

Krystof, Doris. „Ortsspezifität". *DuMonts Begriffslexikon zur zeitgenössischen Kunst*. Hrsg. von Hubertus Butin. Köln: DuMont, 2002. 231–236.

Kudla, Daniel. „Fifty Years of Business Improvement Districts. A Reappraisal of the Dominant Perspectives and Debates". *Urban Studies* 59.14 (2022): 2837–2856. https://doi.org/10.1177/00420980211066420.
Kwon, Miwon. „One Place After Another. Notes on Site Specificity". *October* 80 (1997): 85–110.
Laclau, Ernesto und Chantal Mouffe. „Post-Marxism without Apologies". *New Left Review* 166 (1987): 79–106.
Lafleur, Stan. „La poésie est dans la rue – über Lyrik im öffentlichen Raum". *Signaturen – Forum für autonome Poesie* (2020). https://signaturen-magazin.de/stan-lafleur--la-poesie-est-dans-la-rue--ueber-lyrik-im-oeffentlichen-raum.html.
Lagos Preller, Teobaldo. „Fall of Presence(s): The Art Projects ‚¡Ay, Sudamérica!' and ‚Poem Rain'". *Grafficity. Visual Practices and Contestations in Urban Space*. Hrsg. von Eva Youkhana und Larissa Förster. Paderborn: Fink, 2015. 141–169.
Läpple, Dieter. „Essay über den Raum. Für ein gesellschaftswissenschaftliches Raumkonzept". *Stadt und Raum*. Hrsg. von Hartmut Häußermann, Detlev Ipsen, Thomas Krämer-Badoni, Dieter Läpple, Marianne Rodenstein und Walter Siebel. Pfaffenweiler: Centaurus, 1991. 157–207.
Lauer, Brett Fletcher (Hrsg.). *Poetry in Motion From Coast to Coast. One Hundred and Twenty Poems From the Subways and Buses*. New York und London: Norton, 2002.
Leeder, Karen. „‚I am a Double-voiced […] Bird'. Identity and Voice in Ulrike Almut Sandig's Poetry". *Oxford German Studies* 47.3 (2018): 329–350. https://doi.org/10.1080/00787191.2018.1503471.
Lees, Loretta. „Super-Gentrification. The Case of Brooklyn Heights, New York City". *Urban Studies* 40.12 (2003): 2487–2509. https://doi.org/10.1080/0042098032000136174.
Lefebvre, Henri. „Das Recht auf Stadt" [1968]. *Das Recht auf Stadt*. Übers. von Birgit Althaler. Hamburg: Nautilus, 2016. 148–167.
Lefebvre, Henri. „Die Produktion des Raums" [1974]. *Raumtheorie. Grundlagentexte aus Philosophie und Kulturwissenschaften*. Hrsg. von Jörg Dünne und Stephan Günzel. 9. Aufl. Berlin: Suhrkamp, 2018. 330–342.
Lefebvre, Henri. *The Production of Space*. Übers. von Donald Nicholson-Smith. Oxford und Cambridge, MA: Blackwell, 1991 [1974].
Lehmann, Annette Jael. „Truisms, Lustmord, Xenon. Medialität und performative Prozesse in Jenny Holzers Installationen". *Mediale Performanzen. Historische Konzepte und Perspektiven*. Hrsg. von Jutta Eming, Annette Jael Lehmann und Irmgard Maassen. Freiburg: Rombach, 2002. 251–273.
Lehmann, Hans-Thies. *Postdramatisches Theater*. Frankfurt a.M.: Verlag der Autoren, 1999.
Lehmann, Jürgen. „Osip Mandel'štam". *Celan-Handbuch. Leben – Werk – Wirkung*. Hrsg. von Markus May, Peter Goßens und Jürgen Lehmann. Stuttgart: Metzler, 2008. 344–348.
Levertov, Denise. „Claritas". *Poems 1960–1967*. New York: New Directions, 1983. 107–108.
Lewitzky, Uwe. *Kunst für alle? Kunst im öffentlichen Raum zwischen Partizipation, Intervention und Neuer Urbanität*. Bielefeld: Transcript, 2005.
Link, Jürgen. „Das lyrische Gedicht als Paradigma des überstrukturierten Textes". *Funk-Kolleg Literatur 1*. Hrsg. von Helmut Brackert und Eberhard Lämmert. Frankfurt a.M.: Fischer, 1977. 234–256.
Lippuner Roland und Julia Lossau. „In der Raumfalle. Eine Kritik des spatial turn in den Sozialwissenschaften". *Soziale Räume und kulturelle Praktiken*. Hrsg. von Georg Mein und Markus Rieger-Ladich. Bielefeld: Transcript, 2004. 47–63.
Lisitzkaya, Alina (Hrsg.). *Stimmen der Hoffnung. Aufzeichnungen, Gedichte, Texte der belarussischen Freiheitsbewegung*. Berlin: Das kulturelle Gedächtnis, 2021.
Loer, Thomas. „Das Gedicht an der Wand. Analyse des Gedichts *avenidas* von Eugen Gomringer sowie seiner öffentlichen Präsentation". *Sozialer Sinn* 19.1 (2018): 191–226.

Lofland, Lyn H. „Social Life in the Public Realm". *Journal of Contemporary Ethnography* 17.4 (1989): 453–482. https://doi.org/10.1177/089124189017004004.

Lossau, Julia. „The Art of Place-Making. Städtische Raumkonstitution als soziale Praxis". *Europa Regional* 21.1/2 (2015): 72–82. https://nbn-resolving.org/urn:nbn:de:0168-ssoar-429429.

Lossau, Julia und Quentin Stevens. „Framing Art and its Uses in Public Space". *The Uses of Art in Public Space*. Hrsg. von Julia Lossau und Quentin Stevens. New York und London: Routledge, 2015. 1–16. https://doi.org/10.4324/9781315757018.

Löw, Martina. *Raumsoziologie*. Frankfurt a.M.: Suhrkamp, 2001.

Löw, Martina und Gabriele Sturm. „Raumsoziologie, eine disziplinäre Positionierung zum Sozialraum". *Handbuch Sozialraum*. Hrsg. von Fabian Kessel und Christian Reutlinger. Wiesbaden: Springer VS, 2016. https://doi.org/10.1007/978-3-531-19988-7_1-1.

Lützow, Gunnar. „Die Freuden der Sprache. Eine Unterhaltung mit Robert Montgomery über Berlin, das Universum und den ganzen Rest". *Robert Montgomery*. Hrsg. von Katherine Wobbe und Henrik Wobbe. Berlin: Distanz, 2015. 185–187.

Mandelstam, Ossip. „„Ленинград" / „Leningrad" [1930]. *Mitternacht in Moskau: Die Moskauer Hefte. Gedichte 1930–1934*. Übers. und hrsg. von Ralph Dutli. Zürich: Amman, 1986. 44–45.

Marchart, Oliver. *Cultural Studies*. 2. akt. Aufl. München und Tübingen: UVK/UTB, 2018.

Marshall, Colin. „The Poetry of, or rather in, the Seoul Subway". *The Korea Blog* (2015). https://blog.lareviewofbooks.org/the-korea-blog/poetry-rather-seoul-subway/.

Mayer, Margit „Soziale Bewegungen in Städten – städtische soziale Bewegungen". *Stadt und soziale Bewegungen*. Hrsg. von Norbert Gestring, Renate Ruhne und Jan Wehrheim. Wiesbaden: VS Verlag, 2014. 25–42.

McNamara, Kevin R. (Hrsg.). *The Cambridge Companion to the City in Literature*. Cambridge, UK: Cambridge Univ. Press, 2014.

Mee, Erin B. „Standing Man and the Impromptu Performance of Hope. An Interview with Erdem Gündüz". *The Drama Review* 58.3 (2014): 69–83. https://doi.org/10.1162/DRAM_a_00373.

Messo, George. „Introduction". *İkinci Yeni. The Turkish Avant-Garde*. Übers. von George Messo. Exeter: Shearsman, 2009. 10–15.

Metz, Christian. *Poetisch denken. Die Lyrik der Gegenwart*. Frankfurt a.M.: Fischer, 2018.

Meyerhöfer, Dirk. *Vom Nicht-Ort zur Marke: Hamburgs Hafencity; Stadtentwicklung als Branding. Genese, Konzept, Prozess und Kommunikation eines städtebaulichen Großprojektes zu Beginn des 21. Jahrhunderts. Versuch eines kohärenten Narrativs*. Dissertation, HafenCity Univ., Hamburg, 2021. https://doi.org/10.34712/142.11.

Miessner, Suse: „Urban Alphabets". *What Urban Media Art Can Do. Why, When, Where & How?* Hrsg. von Susa Pop, Tanya Toft, Nerea Calvillo und Mark Wright. Stuttgart: Av Edition, 2016. 156–161.

Millington, Gareth. „,Anti-riots' und Postpolitik in der neoliberalen Stadt: London im August 2011". *Berliner Journal für Soziologie* 23 (2018): 51–73. https://doi.org/10.1007/s11609-013-0209-4.

Milosz, Czeslaw. „A Body of Work". *The Threepenny Review* 23.3 (1985): 4–5.

Mispagel, Nathalie. *New York in der europäischen Dichtung des 20. Jahrhunderts*. Würzburg: Königshausen & Neumann, 2011.

Mohr, John W. „The Sociology of Culture". *The Cambridge Handbook of Sociology 1*. Hrsg. von Kathleen Odell Korgen. Cambridge, UK: Cambridge Univ. Press, 2017. 185–196.

Molotch, Harvey: „The City as a Growth Machine. Toward a Political Economy of Place". *The American Journal of Sociology* 82.2 (1976): 309–332. https://doi.org/10.1086/226311.

Moment Factory & Etienne Paquette „Mégaphone". *What Urban Media Art Can Do. Why, When, Where & How?* Hrsg. von Susa Pop, Tanya Toft, Nerea Calvillo und Mark Wright. Stuttgart: Av Edition, 2016. 254–359.

Montgomery, Robert. *Echoes of Voices in the High Towers*. Berlin: mono.kultur, 2012.
Moss, Jeremiah. *Vanishing New York. How a Great City Lost its Soul*. New York: Dey St./William Morrow, 2017.
Müller, Ralph. „Gibt es spezifische lyrische Äußerungsstrukturen? Anmerkungen zum Verhältnis von Redekriterium und Lyrikbegriff in der jüngeren Lyrikologie". *Grundfragen der Lyrikologie 1: Lyrisches Ich, Textsubjekt, Sprecher*. Hrsg. von Claudia Hillebrandt, Sonja Klimek, Ralph Müller und Rüdiger Zymner. Berlin und Boston: De Gruyter, 2019. 87–101.
Müller, Ralph [Protokoll: Katleen Hildebrand]. „Das lyrische Ich ist auffällig abwesend". *Süddeutsche Zeitung* (26.01.2018). https://www.sueddeutsche.de/kultur/debatte-um-eugen-gomringer-gedicht-das-lyrische-ich-ist-auffaellig-abwesend-1.3841758.
Mullis, Daniel. „Henri Lefebvre. Das Recht auf Stadt". *Schlüsselwerke der Stadtforschung*. Hrsg. von Frank Eckardt. Wiesbaden: VS Verlag, 2017. 351–366.
Nesci, Catherine. „Memory, Desire, Lyric: The Flâneur". *The Cambridge Companion to the City in Literature*. Hrsg. von Kevin R. McNamara. Cambridge, UK: Cambridge Univ. Press, 2014. 69–84.
Neves, Ariana. „Acción Poética" [2014]. https://www.uni-potsdam.de/de/romanistik-kimminich/kif/kif-phaenomene/kif-accion.
Nickel, Beatrice. „Poetry Gets into the City. Beobachtungen zu intermedialen Dichtungen in der Stadt". *Textpraxis* 3.2 (2011). https://www.textpraxis.net/beatrice-nickel-poetry-gets-into-the-city.
Novak, Julia. „Live-Lyrik. Körperbedeutung und Performativität in Lyrik-Performances". *Phänomene des Performativen in der Lyrik. Systematische Entwürfe und historische Fallbeispiele*. Hrsg. von Anna Bers und Peer Trilcke. Göttingen: Wallstein, 2017. 147–162.
Novak, Julia. *Live Poetry. An Integrated Approach to Poetry in Performance*. Amsterdam und New York: Rodopi, 2011.
Nurtsch, Yasmin Ceyda. „*Hörst du die Weisen der Dächer?" Istanbul in der türkischen Lyrik der Moderne. Topographie der Großstadtwahrnehmung*. Dissertation, Univ. zu Köln, 2014. https://kups.ub.uni-koeln.de/6459/1/Ceyda_Nurtsch_Dissertation.pdf.
Okakura, Kakuzo. *The Book of Tea*. London und New York: MacMillan, 2020 [1906].
Olivarez, José. *Citizen Illegal. Poems*. Chicago: Haymarket, 2018.
Oswalt, Philipp, Klaus Overmeyer und Philipp Misselwitz. „Einführung". *Urban Catalyst. Mit Zwischennutzungen Stadt entwickeln*. Hrsg. von Philipp Oswalt, Klaus Overmeyer und Philipp Misselwitz. Berlin: DOM, 2013. 7–15.
Ouzounian, Gascia. „Sound Installation Art". *Music, Sound and Space*. Hrsg. von Georgina Born. Cambridge, UK: Cambridge Univ. Press, 2013. 73–89.
Overrath, Angelika und Ayşe Nursel Gülenaz. „Vorwort". *„So träume und verschwinde ich". Liebesgedichte von Edip Cansever, Cemal Süreya und Turgut Uyar*. Zweisprachige Ausgabe. Übers. und hrsg. von Angelika Overath und Ayşe Nursel Gülenaz. München: BTB, 2020. 7–29.
Özdemir, Seckin Sertemir. „The Gezi Park Protests as a Pluralistic ‚Anti-Violent' Movement". *The Pluralist* 10.3 (2015): 247–260.
Özger, Arkadaş Z. „Sevdadır" [1974]. *Sevdadır: şiirler*. Istanbul: Mayıs, 1984. 111–113.
Öztürkmen, Arzu. „The Park, the Penguin, and the Gas. Performance in Progress in Gezi Park". *The Drama Review* 58.3 (2014): 39–68.
Palmetshofer, Stefan. *Die Angst des Zetteldichters vor dem Zerpflücktwerden: Helmut Seethaler im systemischen Kontext*. Diplomarbeit. Univ. Wien, 2011. https://utheses.univie.ac.at/detail/15765#.
Paul, Heike. „A Trajectory of Billboard Poetry in America. From ‚Burma-Shave' Roadside Advertisment to ‚Three Billboards outside Ebbing, Missouri'". *Internationale Zeitschrift für Kulturkomparatistik / International Journal for Comparative Cultural Studies* 2 (2021): 317–343. https://doi.org/10.25353/ubtr-izfk-644a-17bd.

Paz, Octavio. „Aquí" [1962]. *Gedichte. Spanisch und Deutsch*. Übers. von Fritz Vogelsang. Berlin: Suhrkamp, 2016. 154.

Pazarkaya, Yüksel. „Nachwort". *Die Wasser sind weiser als wir. Türkische Lyrik der Gegenwart*. München: Schneekluth, 1987. 389–400.

Peñas, Jaime Vásquez. „Die Mechanik der Unpoesie". *Robert Montgomery*. Hrsg. von Katherine Wobbe und Henrik Wobbe. Berlin: Distanz, 2015. 184–185.

Piñero, Miguel. „A Lower East Side Poem" [1980]. *Outlaw: The Collected Works of Miguel Pinero*. Houston: Arte Público Press, 2010. 4–5.

Pinos, Jaime „Vista general" / „Blick von oben". Übers. von Sarah Otter. *Bombardeo de poemas sobre Berlín / Regen der Gedichte über Berlin*. Hrsg. von Casagrande. Santiago de Chile: Andros, 2011. 75.

Pinto, Vito. *Stimmen auf der Spur. Zur technischen Realisierung der Stimme in Theater, Hörspiel und Film*. Bielefeld: Transcript, 2012.

Polla, Barbara. „Love Still Around Somewhere". *Robert Montgomery*. Hrsg. von Katherine Wobbe und Henrik Wobbe. Berlin: Distanz, 2015. 168–176.

Portes, Alejando und Ariel C. Armony. *The Global Edge. Miami in the Twenty-First Century*. Berkeley: Univ. of California Press, 2018.

Poschmann, Marion. „[in der Fußgängerzone kam Wind auf]". *Geistersehen. Gedichte*. Berlin: Suhrkamp, 2021. 9.

Purcell, Mark. „Possible Worlds. Henri Lefebvre and the Right to the City". *Journal of Urban Affairs* 36.1 (2013): 141–154. https://doi.org/10.1111/juaf.12034.

Quinn, Alice. „Preface". *The Best of Poetry in Motion. Celebrating Twenty-Five Years on Subways and Buses*. Hrsg. von Alice Quinn. New York und London: Norton, 2017. xi–xiv.

Rajewsky, Irina O. „Intermedialität, remediation. Überlegungen zu einigen Problemfeldern der jüngeren Intermedialitätsforschung". *Intermedialität Analog/ Digital. Theorien – Methoden – Analysen*. Hrsg. von Joachim Paech und Jens Schröter. München: Fink, 2008. 47–60.

Rancière, Jacques. „Der emanzipierte Zuschauer". *Der emanzipierte Zuschauer*. Übers. von Richard Steurer. Wien: Passagen, 2009. 11–34.

Reckwitz, Andreas. *Die Gesellschaft der Singularitäten*. Berlin: Suhrkamp, 2017.

Rehberg, Karl-Siegbert und Stephan Moebius. „Kultur". *Lehrbuch der Soziologie*. Hrsg. von Hans Joas und Steffen Mau. 4., vollst. überarb. und erw. Aufl. Frankfurt a.M.: Campus, 2020. 133–169.

Reid, James E. „Building the Barricade and Other Poems of Anna Swir". *The Samartian Review* 34.2 (2014): 1835–1836. https://hdl.handle.net/1911/82024.

Rinn, Moritz und Jan Wehrheim. „Die Produktion eines ‚Problemviertels'. Mediale Diskurse, politisch-polizeiliche Interventionen und interaktive Situationsbedeutungen". *Berliner Journal für Soziologie* 31 (2021): 249–278. https://link.springer.com/article/10.1007/s11609-021-00444-8.

Robins, Bruce (Hrsg.). *The Phantom Public Sphere*. Minneapolis: Univ. of Minnesota Press, 1993.

Rohowski, Gabriele. „Lyrik". *Germanistik. Sprachwissenschaft – Literaturwissenschaft – Schlüsselkompetenzen*. Hrsg. von Heinz Drügh, Susanne Komfort-Hein, Andreas Kraß und Cécile Meier. Stuttgart: Metzler, 2012. 413–429.

Roskamm, Nikolai. „Das Reden vom Raum. Zur Aktualität des Spatial Turn – Programmatik, Determinismus und ‚sozial konstruierter Raum'". *Peripherie* 32.126/127 (2012): 171–189. https://www.budrich-journals.de/index.php/peripherie/article/view/22819.

Rosteck, Andreas, Nina Weller, Thomas Weiler und Nina Wünschmann (Hrsg.). *Belarus! Das weibliche Gesicht der Revolution*. Berlin: edition.fotoTAPETA, 2020.

Ryzik, Melena. „Chasing Ghosts of Poets Past". *The New York Times* (30.03.2012).

Salmeda, Markku, Lieven Ameel und Jason Finch. *Literatures of Urban Possibility*. London und New York: Palgrave Macmillan, 2021.

Sandig, Ulrike Almut. „from the wings". *I AM A FIELD FULL OF RAPESEED, GIVE COVER TO DEER AND SHINE LIKE THIRTEEN OIL PAINTINGS LAID ONE ON TOP OF THE OTHER*. Übers. von Karen Leeder. London: Seagull, 2020. 3–4.

Sandig, Ulrike Almut. „Was ich dich gestern schon fragen wollte, doch ich war noch nicht so weit". Unveröff. Manuskript. Leipzig, 2002.

Saße, Günter. „Literatursprache". *Lexikon der germanistischen Linguistik* 4. Hrsg. von Hans Peter Althaus, Helmut Henne und Herbert Ernst Wiegand. Tübingen: Niemeyer, 1980. 698–706.

Sassen, Saskia. *The Global City. New York, London, Tokyo*. Princeton: Princeton Univ. Press, 1991.

Saunders, Angharad, und Kate Moles. „Following or Forging a Way through the World. Audio Walks and the Making of Place". *Emotion, Space and Society* 20 (2016): 68–74. https://doi.org/10.1016/j.emospa.2016.06.004.

Saunders, Angharad und Kate Moles. „Sound Response. The Public Reception of Audio Walks". *The Uses of Art in Public Space*. Hrsg. von Julia Lossau und Quentin Stevens. New York und London: Routledge, 2015. 98–112. https://doi.org/10.4324/9781315757018.

Scharloth, Joachim. „Stadt als Protestraum". *Zeitschrift für germanistische Linguistik* 47.2 (2019): 337–354. https://doi.org/10.1515/zgl-2019-0015.

Schmid, Christian. *Stadt, Raum und Gesellschaft. Henri Lefebvre und die Theorie der Produktion des Raumes*. 2. Aufl. Stuttgart: Franz Steiner, 2010.

Schneider, Irmela. „'Please Pay Attention Please'. Überlegungen zur Wahrnehmung von Schrift und Bild innerhalb der Medienkunst". *Bildschirmfiktionen. Interferenzen zwischen Literatur und neuen Medien*. Hrsg. von Julika Griem. Tübingen: Narr, 1998. 223–243.

Schreuder, Catrien. *Pixels and Places. Video Art in Public Space*. Rotterdam: NAI, 2010.

Schunck, Ferdinand. „Stadtbild und Blickfeld. Möglichkeiten des Raumentwurfs und der Perspektivierung in einigen New York-Gedichten". *City Lyrics*. Hrsg. von Hans-Jürgen Diller, Stephan Kohl, Joachim Kornelius, Erwin Otto und Gert Stratmann. Heidelberg: Winter, 1990. 7–41.

Schwilden, Frédéric. „Tanzende Irrlichter". *Robert Montgomery*. Hrsg. von Katherine Wobbe und Henrik Wobbe. Berlin: Distanz, 2015. 187–188.

Sebald, W.G. *Luftkrieg und Literatur*. München und Wien: Hanser, 1999.

Seeliger, Martin und Sebastian Sevignani (Hrsg.). *Ein neuer Strukturwandel der Öffentlichkeit?* Leviathan Sonderband 37. Baden-Baden: Nomos, 2021.

Senatsverwaltung für Stadtentwicklung und Wohnen Berlin. „Monitoring Soziale Stadtentwicklung Berlin 2021" [Langfassung]. https://www.berlin.de/sen/sbw/stadtdaten/stadtwissen/monitoring-soziale-stadtentwicklung/bericht-2021/#Downloads.

Sennett, Richard. „Epilogue. What Happened to the Public Realm". *The Fall of Public Men*. New York und London: Norton, 2017 [1974]. 421–433.

Shange, Ntozake. „i talk to myself" [1977]. *Nappy Edges. Poems*. New York: St. Martin's Press, 1991. 17–24.

Sharpe, Kenan Behzat. „Combined and Uneven Modernism. Turkey's İkinci Yeni Poets". *Dibur Literary Journal* 10 (2021): 165–187. https://arcade.stanford.edu/dibur/combined-and-uneven-modernism-turkey%E2%80%99s-ikinci-yeni-poets.

Siebel, Walter. *Die Kultur der Stadt*. Berlin: Suhrkamp, 2015.

Siebel, Walter. „Einleitung. Die europäische Stadt". *Die europäische Stadt*. Hrsg. von Walter Siebel. Frankfurt a.M.: Suhrkamp, 2004. 11–50.

Silverberg, Mark. *The New York School Poets and the Neo-Avant-Garde. Between Radical Art and Radical Chic*. Farnham: Ashgate, 2010.

Simanowski, Roberto. *Textmaschinen, Kinetische Poesie, Interaktive Installation. Zum Verstehen von Kunst in digitalen Medien*. Bielefeld: Transcript, 2012.
Simmel, Georg. „Die Großstädte und das Geistesleben" [1903]. *Aufsätze und Abhandlungen 1901–1908, 1*. Gesamtausgabe 7. Hrsg. von Otthein Rammstedt. Frankfurt a.M.: Suhrkamp, 1995. 116–131.
Simmel, Georg. „Exkurs über den Fremden" [1908]. *Soziologische Untersuchungen über die Formen der Vergesellschaftung*. Gesamtausgabe 11. Hrsg. von Otthein Rammstedt. Frankfurt a.M.: Suhrkamp, 1992. 764–771.
Simon, Joan. „Andere Stimmen, andere Formen". Übers. von Wolfgang Himmelberg. *Jenny Holzer*. Hrsg. von David Breslin. Ostfildern: Hatje Cantz, 2009. 11–28.
Simon, Joan. „Joan Simon in Conversation with Jenny Holzer". *Jenny Holzer*. Hrsg. von David Joselit, Joan Simon und Renata Salecl. London: Phaidon, 1998. 6–39.
Šklovskij, Victor. „Kunst als Kunstgriff". *Theorie der Prosa*. Hrsg. und übers. von Gisela Drohla. Frankfurt a. M.: Fischer, 1966 [1917]. 7–27.
Small, Rachel. „The Poetics of Robert Montgomery". *Interview Magazine* (16.09.2013). https://www.interviewmagazine.com/art/robert-montgomery-c24-gallery.
Smith, Elizabeth A. T. „Protect Protect: Jenny Holzers Kunst zum Nutzen der Gesellschaft". Übers. von Wolfgang Himmelberg. *Jenny Holzer*. Hrsg. von David Breslin. Ostfildern: Hatje Cantz, 2009. 29–36.
Smith, Neil. „Gentrification in New York". *New York. Strukturen einer Metropole*. Hrsg. von Hartmut Häußermann und Walter Siebel. Frankfurt a.M.: Suhrkamp, 1993. 182–204.
Smith, Neil. „New Globalism, New Urbanism. Gentrification as New Global Urban Strategy". *Antipode* 34.3 (2002): 427–450. https://doi.org/10.1111/1467-8330.00249.
Smith, Neil und Peter Williams (Hrsg.). *Gentrification of the City*. Boston: Unwin Hyman, 1988.
Sönmez, Burhan. „Ein Buch aus der Gezi-Bibliothek". Übers. von Sabine Adatepe. *Gezi. Eine literarische Anthologie*. Hrsg. von Sabine Adatepe. Berlin: Binooki, 2014. 62–65.
Spröer, Susanne. „Künstler nach der Flucht. Der Schriftsteller Antonio Skármeta aus Chile". *Deutsche Welle online* (2017). https://www.dw.com/de/k%C3%BCnstler-nach-der-flucht-der-schriftsteller-antonio-sk%C3%A1rmeta-aus-chile/a-41413856.
Stahl, Henrieke. „Towards a Historical Typology of the Subject in Lyrik Poetry". *Journal of Literary Theory* 11.1 (2017): 125–135. https://doi.org/10.1515/jlt-2017-0014.
Stankievech, Charles. „Headphones, *Epoche*, and *L'extimité*. A Phenomenology of Interiority". *Offscreen* 11.8–9 (2007): 1–11. https://offscreen.com/view/stankievech_headphones.
Stonecipher, Donna. *Prose Poetry and the City*. Anderson, SC: Parlor, 2018.
Stuttgarter Straßenbahnen AG (Hrsg.). *Lyrik unterwegs*. Ausgewählt von Ursel Hosch. 2., erw. Aufl. Leinenfeld-Echterdingen: DRV-Verlag Weinbrenner, 2020.
Süreya, Cemal. „Cıgarayı attım denize" / „Ich warf die Zigarette ins Meer" [1958]. *Kultgedichte / Kült Şiirleri*. Übers. von Sabine Adatepe u. a. Hrsg. von Erika Glassen und Turgay Fişekçi. Zürich: Unionsverlag, 2008. 230–231.
Süreya, Cemal. „San" / „Glorie". *„So träume und verschwinde ich"*. *Liebesgedichte von Edip Cansever, Cemal Süreya und Turgut Uyar*. Zweisprachige Ausgabe. Übers. und hrsg. von Angelika Overath und Ayşe Nursel Gülenaz. München: BTB, 2020. 66–67.
Sutton, Stacey. „Gentrification and the Increasing Significance of Racial Transition in New York City 1970–2010". *Urban Affairs Review* 31.1 (2018). https://doi.org/10.1177/1078087418771224.
Świrszczyńska, Anna. „Umiera piękno" / „Beauty Dies" [1972]. *Building the Barricade*. Übers. von Piotr Florczyk. Portland: Tavern, 2016. 40–41.
Szepanski, Birgit. *Erzählte Stadt. Der urbane Raum bei Janet Cardiff und Jeff Wall*. Bielefeld: Transcript, 2017.

Szymborska, Wisława. „Irgendwelche Leute" [1996]. *Die Gedichte*. Übers. und hrsg. von Karl Dedecius. Frankfurt a.M.: Suhrkamp, 1997a. 213, 310–311.

Szymborska, Wisława. „Lob der schlechten Selbsteinschätzung" [1976]. *Die Gedichte*. Übers. und hrsg. von Karl Dedecius. Frankfurt a.M.: Suhrkamp, 1997b. 213.

Tambling, Jeremy (Hrsg.). *The Palgrave Handbook of Literature and the City*. London und New York: Palgrave Macmillan, 2016.

Taylor, Diana. „Translating Performance". *Profession* (2002): 44–50.

Times Square Arts. „Times Square Arts". *What Urban Media Art Can Do. Why, When, Where & How?* Hrsg. von Susa Pop, Tanya Toft, Nerea Calvillo, und Mark Wright. Stuttgart: Av Edition, 2016. 492–495.

Toft, Tanya. „What Urban Media Art can Do". *What Urban Media Art Can Do. Why, When, Where & How?* Hrsg. von Susa Pop, Tanya Toft, Nerea Calvillo und Mark Wright. Stuttgart: Av Edition, 2016. 50–63.

Tophinke, Doris. „'All City' – Graffiti-Writing als Kommunikate des Urbanen". *Zeitschrift für germanistische Linguistik* 47.2 (2019a): 355–384.

Tophinke, Doris. „'HoPE iS BACK' – Poetisches auf urbanen Wandflächen". *leseforum.ch* 1 (2019b): 1–17. https://www.leseforum.ch/sysModules/obxLeseforum/Artikel/656/2019_1_de_tophinke.pdf.

Tophinke, Doris und Evelyn Ziegler. „Einleitung: Die Stadt als öffentlicher Kommunikationsraum". *Zeitschrift für germanistische Linguistik* 47.2 (2019): 293–312. https://doi.org/10.1515/zgl-2019-0013.

Trust for London. „Income Inequalitiy" [2021]. https://www.trustforlondon.org.uk/data/income-inequality-over-time/.

Uszerowicz, Monica. „Miami's Brief, Vivid Poetry Procession. A Statement on Borders at the O, Miami Festival". *Literary Hub* (26.04.2019). https://lithub.com/miamis-brief-vivid-poetry-procession/.

Uszerowicz, Monica. „O, Miami's First Decade" [2022]. https://medium.com/@omiami/o-miamis-first-decade-def0c1a283e6.

Uyar, Turgut. „Göğe Bakma Durağı" / „Haltestelle Himmelsschau". *„So träume und verschwinde ich". Liebesgedichte von Edip Cansever, Cemal Süreya und Turgut Uyar*. Zweisprachige Ausgabe. Übers. und hrsg. von Angelika Overath und Ayşe Nursel Gülenaz. München: BTB, 2020. 102–105.

Van der Starre, Kila Annie. *Poëzie buiten het boek: De circulatie en het gebruik van poëzie*. Dissertation. Utrecht Univ., 2021. https://dspace.library.uu.nl/handle/1874/401043.

Van der Weij, Marleen. *Dicht op de muur. Gedichten in Leiden*. Leiden: Burgersdijk & Niermans, 2000.

Van der Weij, Marleen. *Dicht op de muur 2. Gedichten in Leiden*. Leiden: Burgersdijk & Niermans, 2005.

Van Jordan, A. „The Flash Reverses Time". *Quantum Lyrics. Poems*. New York und London: Norton, 2007. 13–14.

Ventura, Tereza. „Graffiti Practices in Rio de Janeiro and Berlin. A Comparative Perspective". *Grafficity. Visual Practices and Contestations in Urban Space*. Hrsg. von Eva Youkhana und Larissa Förster. Paderborn: Fink, 2015. 121–140.

Vertovec, Steven. „Super-Diversity and its Implications". *Ethnic and Racial Studies* 30 (2007): 1024–1054. https://doi.org/10.1080/01419870701599465.

Vertovec, Steven. „Talking Around Super-Diversity". *Ethnic and Racial Studies* 42 (2019): 125–139. https://doi.org/10.1080/01419870.2017.1406128.

Visconti, Luca M., John F. Sherry, Stefania Borghini und Laurel Anderson. „Street Art, Sweet Art? Reclaiming the ‚Public' in Public Place". *Journal of Consumer Research* 37.3 (2010): 511–529. https://doi.org/10.1086/652731.

Vorrath, Wiebke. *Hörlyrik der Gegenwart. Auditive Poesie in digitalen Medien*. Würzburg: Königshausen & Neumann, 2020.

Wagner, Achim. „Die Hauptstadt der Einsamkeit. Dichten mit der Spraydose als Protest gegen die Regierung: Warum die rebellische Jugend in der Türkei sich auf eine avantgardistische Lyrikbewegung aus den Fünfzigerjahren bezieht". *Süddeutsche Zeitung* (24.07.2017): 10.

Wagner, Achim. *Gezi'den Soma'ya – Hayat Sokakta*. Ankara: Nika Yayınevi, 2014a.

Wagner, Achim. *Şiir Sokakta*. Ankara: Nika Yayınevi, 2014b.

Wagner, Achim. „The Poem is on the Street. On the #şiirsokakta Movement in Turkey". *Fikrun wa Fann* 103 (2015): 6872. https://en.qantara.de/content/the-siirsokakta-movement-in-turkey-the-poem-is-on-the-street.

Walenkamp, Ben. „„Mensen wisten wie we waren en we deden het gewoon' [Interview mit dem Lucas van Leyden Fonds]" [2021, veröffentlicht und bis Anfang 2023 online verfügbar unter www.lucasvanleydenfonds.nl].

Warnke, Ingo H. „Die Stadt als Kommunikationsraum und Linguistische Landschaft". *Die Stadt als Erfahrungsraum der Politik. Beiträge zur kulturellen Konstruktion urbaner Politik*. Hrsg. von Wilhelm Hofmann. Münster und Berlin: Lit, 2011. 343–363.

Weatherman, Dane. „Wozu der Poet in Frieden und im Krieg?". *Robert Montgomery*. Hrsg. von Katherine Wobbe und Henrik Wobbe. Berlin: Distanz, 2015. 179–182.

Wehrheim, Jan. *Der Fremde und die Ordnung der Räume*. Opladen, Berlin und Toronto: Budrich, 2009.

Wehrheim, Jan. *Die überwachte Stadt. Sicherheit, Segregation und Ausgrenzung*. 3. Aufl. Opladen, Berlin und Toronto: Budrich, 2012.

Wehrheim, Jan (Hrsg.). *Shopping Malls. Interdisziplinäre Betrachtungen eines neuen Raumtyps*. Wiesbaden: VS Verlag, 2007.

Weibel, Peter. „Textrhythmen. Sprache als Architektur". *Jenny Holzer. For Frankfurt*. Hrsg. von EKHN Stiftung und Friederike von Bünau. Bielefeld und Berlin: Kerber, 2010. 36–39.

Wells, Zoë. „Bringing Poetry into the Public Sphere" [2018]. https://theboar.org/2018/09/public-sphere-poetry/.

Werner, Jürgen. „Die Stadt, die Religion, die Kunst. City, Religion, Art". *Jenny Holzer. For Frankfurt*. Hrsg. von EKHN Stiftung und Friederike von Bünau. Bielefeld und Berlin: Kerber, 2010. 18–27.

Whitman, Walt. „To a Stranger" [1867]. *Leaves of Grass: Authoritative Texts, Prefaces, Whitman on his Art, Criticism*. Hrsg. von Bradley Sculley und Harold W. Blodgett. New York: Norton, 1973a. 127.

Whitman, Walt. „To You" [1860]. *Leaves of Grass. Authoritative Texts, Prefaces, Whitman on his Art, Criticism*. Hrsg. von Bradley Sculley und Harold W. Blodgett. New York: Norton, 1973b. 14.

Wilke, Tobias. „Wörter in Nachbarschaft. avenidas auf dem Weg durch Berlin" [2021]. http://zfl-nachbarschaften.org/2021/03/20/woerter-in-nachbarschaft-avenidas-auf-dem-weg-durch-berlin/.

Willinger, Stephan. „Informeller Urbanismus". *Informationen zur Raumentwicklung* 2 (2014): I–VI. https://www.bbsr.bund.de/BBSR/DE/veroeffentlichungen/izr/2014/2/Inhalt/izr-2-2014-komplett-dl.pdf?__blob=publicationFile&v=1.

Winterhager, Uta. „Die Qualität durch den Dreck sehen". *Stadtbauwelt* 216 (2017): 4–5. https://www.bauwelt.de/dl/1250920/EberplatzKoeln.pdf.

Winterhager, Uta. „Lange kein Zustand. Zur Debatte um den Ebertplatz in Köln". *BauNetz* (26.03.2021). https://www.baunetz.de/meldungen/Meldungen-Zur_Debatte_um_den_Ebertplatz_in_Koeln_7562863.html.

Wischnewski, Manuel. „Dieser schmale Streifen Gras. Robert Montgomerys Installationen auf der Tempelhofer Freiheit, 2012–2013". *Robert Montgomery*. Hrsg. von Katherine Wobbe und Henrik Wobbe. Berlin: Distanz, 2015. 177–179.

Wobbe, Katharine und Henrik Wobbe (Hrsg.). *Robert Montgomery*. Berlin: Distanz, 2015.

Wright, Richard. *Haiku: The Last Poems of an American Icon*. New York: Arcade, 2012.

Yeşil, Damla. „On the Shore of '68. Occupy Wallstreet, Occupy Gezi, Occupy Poetry". *Literature and the Arts since the 1960s. Protest, Identity and the Imagination*. Hrsg. von Jorge Almeida e Pinho und Márcia Lemos. Newcastle upon Tyne: Cambridge Scholars, 2020. 303–322.
Yücel, Deniz. *Taksim ist überall. Die Gezi-Bewegung und die Zukunft der Türkei*. 3. Aufl. Hamburg: Nautilus, 2017.
Zebracki, Martin. „Beyond Public Artopia. Public Art as Perceived by its Publics". *GeoJournal* 78.2 (2013): 303–317. https://link.springer.com/article/10.1007/s10708-011-9440-8.
Zettelmann, Eva. „Apostrophe, Speaker Projection, and Lyric World Building". *Poetics Today* 38 (2017): 189–201. https://doi.org/10.1215/03335372-3716316.
Zukin, Sharon. *Naked City. The Death and Live of Authentic Urban Places*. Oxford: Oxford Univ. Press, 2010.
Zukin, Sharon. „Planetary Silicon Valley. Deconstructing New York's Innovation Complex". *Urban Studies* 58 (2021): 3–35. https://doi.org/10.1177/0042098020951421.

Abbildungsnachweise

Abb. 3.1.1a+b	Foto: Die Autor:innen
Abb. 3.1.2	© und Foto: Ulrike Almut Sandig
Abb. 3.1.3–3.1.4	© und Fotos: Helmut Seethaler
Abb. 3.2.1–3.2.5	Fotos: Die Autor:innen
Abb. 3.3.1	Foto: Tomas Lembke
Abb. 3.3.2–3.3.3	Fotos: Die Autor:innen
Abb. 3.3.4	„Awakening in New York", aus *Shaker, Why Don't You Sing?*. © 1983 Maya Angelou. Gedruckt mit Genehmigung von Random House LLC und Caged Bird Legacy, LLC, Fortführung des Werks von Maya Angelou auf MayaAngelou.com. *A Day in Parkchester* (2011). © William Low, NYC Transit, Parkchester Station. In Auftrag gegeben von MTA Arts & Design
Abb. 3.3.5–3.3.7	Fotos: Die Autor:innen
Abb. 3.3.8	Agha Shadid Ali, „Stationery", aus *The Half Inch Himalayas*. © 1987 Agha Shadid Ali. Gedruckt mit Genehmigung von Wesleyan University Press. *I dreamed a world and called it Love* (2020) © Jim Hodges, NYC Transit, Grand Central–42 St Station. In Auftrag gegeben von MTA Arts & Design. Foto: Cheryl Hageman
Abb. 3.4.1	Foto: Die Autor:innen
Abb. 3.4.2	© Seline Baumgartner und Pejk Malinovski
Abb. 3.4.3	© Goethe-Institut/Max Mueller Bhavan, New Delhi
Abb. 3.4.4	© und Foto: Ulrike Almut Sandig
Abb. 3.5.1	© und Foto: Thomas Hoeps
Abb. 3.5.2	© Helit Erceylan / Hochschule Niederrhein / Niederrheinisches Literaturhaus
Abb. 3.5.3	© Maike Hohnrath / Hochschule Niederrhein / Niederrheinisches Literaturhaus
Abb. 3.5.4	Foto: Die Autor:innen
Abb. 3.5.5–3.5.8	Fotos: Gesi Schilling für das Poesiefestival *O, Miami*
Abb. 3.6.1–3.6.2	© Casagrande. Fotos: Antonia Rossi
Abb. 3.6.3	© Casagrande. Foto: Mike Schmidt
Abb. 3.6.4	© Casagrande. Foto: Antonia Rossi
Abb. 3.7.1–3.7.2	© VG Bild-Kunst, Bonn 2023. Foto: Attilio Maranzano. Mit freundlicher Genehmigung von Jenny Holzer / Art Resource, NY
Abb. 3.7.3	© VG Bild-Kunst, Bonn 2023. Foto: Dominic Büttner
Abb. 3.7.4–3.7.5	Fotos: Die Autor:innen
Abb. 3.8.1–3.8.4	© Robert Montgomery Studio
Abb. 3.9.1	© und Foto: Achim Wagner. Erstabdruck in: Achim Wagner. *Gezi'den Soma'ya – Hayat Sokakta*. Ankara: Nika Yayınevi, 2014, S. 199
Abb. 3.9.2	Foto: Gesche Groth
Abb. 3.9.3	© und Foto: Achim Wagner. Erstabdruck in: Achim Wagner. *Gezi'den Soma'ya – Hayat Sokakta*. Ankara: Nika Yayınevi, 2014, S. 131

∂ Open Access. © 2023 bei den Autorinnen und Autoren, publiziert von De Gruyter. [CC BY-NC-ND] Dieses Werk ist lizenziert unter der Creative Commons Namensnennung - Nicht-kommerziell - Keine Bearbeitungen 4.0 International Lizenz.
https://doi.org/10.1515/9783110784701-019

Abb. 3.9.4	Foto: Achim Wagner. Erstabdruck in: Achim Wagner. *Şiir Sokakta*. Ankara: Nika Yayınevi, 2014, S. 93
Abb. 3.10.1–3.10.2	Fotos: Die Autor:innen
Abb. 3.10.3	Foto: Biccie. Wikimedia, Wall_poems_in_Leiden. Lizenz: CC BY-SA 3.0
Abb. 3.10.4–3.10.10	Fotos: Die Autor:innen
Abb. 3.10.11	Foto: Dr. Tanaka
Abb. 3.10.12	Foto: Die Autor:innen
Abb. 3.10.13	Foto: Dr. Tanaka
Abb. 3.11.1	© Alice Salomon Hochschule Berlin
Abb. 3.11.2–3.11.3	Fotos: die Autor:innen

Personenregister

Aufgeführt sind Lyriker:innen, Künstler:innen und Organisator:innen von Lyrikprojekten.

Achituv, Romy 147
Achmatowa, Anna 211, 213–214
Addonzio, Kim 88
Al-Azzawi, Fadhil 155
Amichai, Jehuda 155
Ammons, A.R. 218–219
Angelou, Maya 88–90
Anwar, Chairil 207
Apollinaire, Guillaume 147
Ashbery, John 105
Ausländer, Rose 51–53

Bachmann, Ingeborg 203, 211–214
Bagwell, Amy 10, 218, 222–228, 230–231, 247, 264
Bailey, Xenobia 96
Barcaza, Santiago 140
Barrigan, Ted 105
Bashō, Matsuo 203
Behrendt, Paulina 100–102
Bianchi, Cristóbal 10, 41, 142, 144, 147, 151–152, 162
Bishop, Elizabeth 155
Blok, Alexander 204–205, 208, 216, 249
Bloodworth, Sandra 10, 260
Bonné, Mirco 117, 119–121
Brecht, Bertolt 259
Brogan, Matt 10, 200, 231, 260
Bruins, Jan Willem 204, 206–209, 211, 215–216, 231, 264
Burman, Randy 131–132

Cardiff, Janet 102
Carrasco, Julio 10, 140, 140, 150–151, 262
Carew, Graham 218, 222–223, 321
Cavalli, Patrizia 155
Celan, Paul 211–214
Chang, Tina 42, 90–93
Chernaik, Judith 80–81
Cole, Henri 155
Collins, Billy 81, 84, 88
Collins, Cynthia 135
Creeley, Robert 218

Cummings, E.E.
Cunningham, P. Scott 10, 126–128, 133, 261

Darwish, Mahmoud 155
Dharker, Imtiaz 81
Dia, de'Angelo 227, 253
Dickinson, Emily 126
Dischereit, Esther 239
Döblin, Alfred 3, 74
Domin, Hilde 51
Doswald, Christoph 161
Doyle, Stephen 200, 231
Du Fu 203–204

Eliot, T.S. 4
Engelmann, Julia 98–99
Erceylan, Helin 118–119
Ertan, Semra 70, 71

Fernandez, Julio 136
Flaxman Frank, Cynthia 219
Frisch, Max 160

García Lorca, Federico 203, 207
García Márquez, Gabriel 148
Gatson, Rico 86–87, 96
Gibbelini, Laura F. 90–91, 93
Ginsberg, Allen 104–106, 250
Glanz, Berit 117–118
Goethe, Johann Wolfgang von 42, 155, 203
Gomez, Melissa 10
Gomringer, Eugen 32, 180, 232, 234–243
Gomringer, Nora 151, 251
Gourdarzi, Nicol 71
Grabow, Harriet 71
Grünbein, Durs 122
Gündüz, Erdem 186
Györbiro, Klara 102

Hageman, Cheryl 10, 260
Hainscho, Thomas 75
Halley, Catherine 103, 115

Handal, Nathalie 87, 250
Harwitz, Emily 134
Heske, Henning 116, 124
Hetzer, Anna 117
Hikmet, Nâzım 10, 186–187, 190–192, 194
Hoeps, Thomas 10, 116, 261
Hohnrath, Maike 119–120
Holzer, Jenny 32, 42, 79, 153–168, 170, 173, 179, 245–249, 252–253, 255
Horn, Dorit 54–59
Hughes, Langston 203, 206
Hurdle, Blaine 224

Inguanzo, Rosie 136
Issa, Kobayashi 84

Jarmusch, Jim 103, 105–107
Jawabreh, Simin 70
Jelinek, Elfriede 155
Jordan, A. Van 224–226
Justice, Donald 219–221

Kaléko, Mascha 51
Kasnitz, Adrian 10, 259
Kemal, Orhan 192
Keogh, Holly 224
Kermani, Navid 64
Knaß, Julia 75
Köhler, Barbara 32, 232–233, 236–242, 245, 255
Korkmazgil, Hasan Hüseyin 192
Küchenmeister, Nadja 117

Lauer, Brett Fletcher 10, 231, 260
Lee, Su-Yeong 80
Leijdekkers, Hetty 10, 206, 231, 263–264
Levertov, Denise 224–226
Lewandowski, Sonja 10, 259
Lodeizen, Hans 206
López Colomé, Pura 155, 166
Lorde, Audre 86–87
Low, William 89–90
Lucien, Daniel 73

Malinovski, Pejk 103, 105
Mandel'štam, Osip 211–212, 214
March, Sandra 128, 129

Marshall, Nieema 131–132
Martello, David 186
Mehregan 71
Miller, George Bures 102
Min, Neeltje Maria 216
Montale, Eugenio 155
Montgomery, Robert 42, 117, 169–183, 245–246, 248–254
Moon, Najja 130–131

Neruda, Pablo 203
Nurkin, Scott 218–219, 221–222, 231

O'Hara, Frank 4, 105
Okakura, Kakuzo 53–54
Okisce, Wotkoce (Louis Oliver) 207
Olivarez, José 128–130
Olsen, Charles 218
Özdogan, Selim 71, 197
Özger, Arkadaş Z. 188–189, 263

Padgett, Ron 105
Parker, Charlie 103
Paz, Octavio 208–209
Pelny, Maren 54–59, 247
Piñero, Miguel 107, 250
Pinos, Jaime 149–150, 250, 262
Plath, Sylvia 109
Polissaint, Michelle Lisa 130
Poschmann, Marion 117–119, 121, 255
Prieto Suarez, Joaquín 10, 140, 262

Rankine, Claudia 264
Rimbaud, Arthur 203, 216

Sandberg, Carl 218
Sandig, Ulrike Almut 10, 51, 54–59
Sappho 203
Sarmiento, Sara 136
Scenters-Zapico, Natalie 128–129
Schillmöller, Jan 71
Scott-Heron, Gil 86, 96
Seethaler, Helmut 59–63
Shakespeare, William 105, 203
Shange, Ntozake 96, 260
Smith, A. 135

Smith, Patty 104
Song, Xin 86
Stadler, Ernst 4
Sturm, Marie 10
Süreya, Cemal 192–194, 263
Świrszczyńska, Anna 155, 164–167, 248
Szirtes, George 81
Szymborska, Wisława 155, 158–161, 248

Thomas, Dylan 203
Trudgeon, Sarah 133

Utterback, Camille 147
Uyar, Turgut 147, 192–196, 251

Vaandrager, Cornelis Bastiaan 209–210
van Doesburg, Theo 204–205
van Hoore, Cees 206
van Hout, Jan 198

Verwey, Albert 206
von der Lubbe, Marinus 205

Wagner, Achim 10, 192, 263
Walcott, Derek 203
Walenkamp, Ben 204–208, 231, 264
Wenzel, Christoph 10, 73–74, 77, 123, 249
Whitman, Walt 4, 83–84, 106–107, 127, 249
Wideman, John Edgar 155
Wright, Richard 198–203, 230, 247, 251

Yang, Jeffrey 85
Yeats, William Butler 203

Zagajewski, Adam 155
Zimroth, Evan 147
Zorn, John 103
Zwetajewa, Marina 203

Ortsregister

Adelaide 79
Amsterdam 203, 211
Ankara 191–192, 195
Athen 79

Barcelona 79
Basel 156–157, 162, 166, 247
– Bahnhof SBB 156–157, 162, 167
– Fondacion Beyeler 156, 167, 247
– Marktplatz 157, 162
– Rathaus 156–158, 162
Berlin 27, 36, 56, 116, 140–152, 177–183, 216, 232–242, 245, 249
– Alice Salomon Hochschule 180, 232–242, 245
– Hellersdorf 232–242, 253
– Lustgarten 143–152, 250–251
– Tempelhofer Feld 177–183
Bilbao 163–165
– Guggenheim-Museum 163–168
Buenos Aires 142

Charlotte, North Carolina 125, 198, 216–231, 245–246
– Belmont 227–228
– Elizabeth 222–223
– First Ward 219–221
– Keswick 224
– Treloar House 219–221
Chicago 130, 156
– Museum of Contemporary Art 156

Delhi 59, 92, 97, 108–114, 174
– Connaught Place 110–111
Den Haag 203, 216
Dresden 142
Dublin 79
Dubrovnik 141–142
Duisburg 156

Fayetteville, North Carolina 201, 228
Florenz 63, 154, 157
Frankfurt am Main 155, 213

Guernica 140–142

Hamburg 26–27, 42, 51–54, 59, 70, 97–102, 114, 165, 245, 251–252
– Bahrenfeld 98–102, 114
– Eimsbüttel 51, 165
– HafenCity 26, 98, 100–102, 245, 252
– Wehbers Park 51–54, 59, 251
Helsinki 36, 79
Hialeah, Florida 124
Hiroshima 142, 180–181

Istanbul 27, 71, 147, 184–197, 228, 245–246, 249, 251–252
– Beyoğlu 184, 187
– Gezi-Park 27, 71, 147, 184–197, 251
– Kadıköy 190–191
– Taksim-Platz 185–187, 195–196
İzmir 191

Kolkata 108–109, 111–112, 114
Köln 32, 46, 56, 64–78, 120, 160, 197, 224, 239, 245, 247–252, 259
– Ebertplatz 32, 46, 64–78, 160, 224, 239, 247, 250, 252–253
– Eigelstein 64, 77
– Reichenspergerplatz 76, 259
Krefeld 114, 116–124, 138–139, 245–247, 253–255
– Fußgängerzone 116, 121–124
– Hochschule Niederrhein 117

Las Vegas 162
Leiden 38, 82, 84, 159, 198, 203–218, 230–231, 245–248, 252, 264
– Boerhaave 213
– Innenstadt 205–206, 214, 230, 245
– Slaaghwijk 208
Leipzig 51, 54–59, 62, 245, 250, 255
London 79, 81, 116, 141, 165, 171–177, 183, 263
Los Angeles 81

Madrid 36, 90, 141
– Plaza Major 141
Mailand 141
Mariupol 167
Melbourne 79

Ortsregister

Miami 31, 41, 46, 82, 116, 124–139, 219, 245–246, 248–250, 253
– Coconut Grove 134
– Downtown Miami 135
– Kendale Lakes 136
– Kendall 136
– Little Haiti 125, 130–131, 248
– Overtown 125
– Miami International Airport 131
– Vizcaya Museum 134
– Wynwood Convention Center 132
Miami Beach 124, 128, 130
– South Beach 128–129
Miami Gardens 124
Miami-Dade 124–125, 131–138, 250
Minsk 197

Nagasaki 142
Nashville, Tennessee 81
New York City 31, 36, 42, 79–97, 102–108, 114–115, 153, 155, 162, 170–171, 179, 185–186, 188, 198–203, 245–247, 250, 252, 263
– Bensonhurst 86
– Brooklyn 86, 90, 198–203, 230–231, 245, 247, 251, 254, 263
– Dumbo 199
– East Village 33, 102–107, 114–115, 245, 248, 250
– Fort Greene 198–202
– Hudson Yards 96
– Manhattan 36, 81, 86, 88, 92, 95–96, 102–107
– Times Square 36, 153, 162, 170, 183
– Queens 90–91

Oslo 79

Paris 79, 173, 181, 187, 197, 216
–16. Arrondissement 216
Pittsburgh 155
Providence, Rhode Island 81
Pune 108–109, 112–114

Rotterdam 142, 216

San Francisco 81
Santiago de Chile 140–142, 148–150, 250
– La Moneda, Präsidentenpalast 140–141
Seoul 79–81, 92, 252
Shanghai 79
Singapur 79
St. Petersburg 79
Stockholm 79
Stuttgart 27, 79, 81
Sydney 79

Warschau 76, 141–142, 166–167
Wien 3, 51, 59–63, 155, 245–246, 253

Zürich 156–161, 166, 247
– Lindenhof 158

Sachregister

Titel von Lyrikprojekten sind kursiv gesetzt.

Abweichung, Abweichungsästhetik 4, 39–40, 46, 55–56, 58, 138, 209, 254
acción poetica 38
Adressant:in 40–41, 107, 196, 211, 232
Adressat:in 40–41, 53, 196
Adressierung, Lyric Address 41, 46, 58, 83, 86, 112, 127–128, 132, 150, 152, 202, 226, 255
Akteur:in 5, 19, 21, 24–25, 32, 39, 43, 46, 56, 64, 66, 94, 97, 138, 196, 218, 231, 236, 239, 246–247, 252–253
Anonymität, anonym 6, 19–20, 22, 24, 32, 41, 52, 55, 60, 69–70, 78, 83–84, 111, 118, 135, 153, 189
Anwohner:in 26, 32, 45, 51, 56, 64, 69, 76, 78, 83, 86, 99, 109, 120, 130–131, 133, 137, 184–185, 199, 206, 220, 250
Aphorismus 59, 83, 153–154, 165, 253
Apostrophe 41, 127–128
Armut 26, 104, 125, 232, 248
#*audiblepoetry* 108–114, 174, 247, 253
Audiowalk 9, 28, 97, 102–108, 114, 248
Augen auf die Straße 119
augen::post 51, 54–59, 62, 250, 255
Augmented Reality 163–165

Beat Generation 103–106
Beautification, s.a. Verschönerung 199, 203, 252
Best of Poetry Slam Open Air 98–100
Bewegung
– räumliche 39, 45, 56, 69–70, 79, 88, 91, 114, 131, 135, 145, 147, 150–151, 161, 164, 170, 181, 201, 208, 224–226, 231, 235, 253–254
– soziale 24, 26–27, 70–71, 103, 120, 174–175, 184–197, 228, 241, 246, 248–249, 251
Bildung 47, 126, 139, 207, 216, 218, 230, 247
Bilingualität 130, 240
Billboard Poem 169–183
Black Lives Matter 27, 70, 199, 228, 248, 259
Board Poem 224–227
Bombardeo de poemas, s.a. *Regen der Gedichte* 140–152, 250
Brutalismus 65–66, 74

Buch 3, 6, 41–42, 47, 69, 120, 155, 169, 239, 241, 253
Bücherverbrennung 141, 148, 167, 181
Buchstaben 36, 51, 69, 83, 131, 147, 155, 181, 189, 193, 198, 200, 209, 223, 228, 237–238
Business Improvement District 199, 247

Casagrande 79, 140–152, 182, 246–248, 250, 253
Code 38, 73, 92, 133, 136–137, 140, 165, 217, 236, 242
Coronapandemie, Covid 47, 59, 67–68, 73
Cultural Studies 5–8

Das Gedicht ist auf der Straße, s.a. *Şiir Sokakta* 184, 187–188
Denkmalschutz 66, 219
Design, Layout 36–37, 61, 81–82, 85–86, 117, 121, 125, 130–132, 137, 144, 159, 165, 173, 199–200, 204, 209, 215, 221, 231
Détournement, s.a. Zweckentfremdung 175
Dicht op de muur 203–216
Digitalisierung, digital 4–5, 22, 28, 31–32, 35–36, 47, 54, 56, 66, 94–95, 103, 108, 124, 137, 147, 155, 163–165, 182, 189, 215, 229, 241, 247, 249

Echoes of Voices in High Towers 177–182
Engagement, bürgerschaftliches 8, 54–55, 125–126, 141, 205, 230–231
Enklave 125, 248
Entstörung, s.a. Störung 8, 31, 35, 45, 83, 138, 252–252
Epigramm 153–154, 182, 190, 153
Event 3, 26, 41, 44, 47, 98–102, 114–116, 126, 131–132, 138, 141–144, 147–148, 156, 181, 246, 248–249, 253

Facebook 22, 59, 183
Fassade 9, 32, 35, 38, 44, 47, 117, 155–165, 167, 180, 188, 192, 198–201, 203–224, 227–242, 245, 247–248, 252, 255

Festival 98, 116–139, 141, 181, 185, 206, 219, 245–249
Festivalisierung 24, 26, 47, 100, 102, 138–139, 141, 248, 255
Fire Poem 169, 173, 178, 181–182, 253
Flaneur:in, flanieren 20, 79, 106
Flashmob 28, 114, 116, 121–123, 154
Fließtext 7, 74, 118, 260
Flüchtigkeit 69, 112, 114, 144, 150, 182, 253
For Basel 157, 162
For Bilbao 163
For Zurich 158–162
Fremde, Fremder 6, 20–21, 42, 54, 78, 83, 85, 137, 208, 216, 255
Fußgängerzone 3, 23, 116–117, 121–123, 255

Gehen 42, 55–56, 68–69, 75, 77, 83, 115, 118–119, 121, 129, 202, 224–226, 250, 255
Gentrification, Gentrifizierung 4, 6, 22, 24–27, 31, 44, 54, 96, 103–104, 106, 130–131, 138, 174, 184, 199, 202–203, 230, 248, 252, 263
Global City 125, 174, 177
Goethe Institut 108, 261
Goodyear Arts (Charlotte) 224, 227
Governance 24–27, 185, 247
Graffiti 6, 17–18, 28, 34–39, 45–46, 57, 82, 169, 175, 185, 188–189, 198, 207, 227–228, 233, 246, 250, 254
Großsiedlung 23, 232–233, 245
Großstadtlyrik 4, 18

Haiku 198–203, 230, 247, 251, 263
Handschrift 56, 62, 118, 193, 228, 255
Haus für Poesie (Berlin) 140
Hörer:in 102–103
Hörlyrik 97, 253
Hörstation 115, 121–122, 124

İkinci Yeni, die Neue Zweite 192–197
Illegalität, illegal 3, 35, 55, 129, 171, 173, 246
Image, Imagekampagne 62, 66, 78, 82, 88, 141, 156, 171, 216, 247
informell 3, 8, 19, 26–27, 31, 44, 46, 51, 56, 60–63, 150, 192, 196, 246, 252, 254–255
– informeller Urbanismus 26
Infrastruktur 17–18, 24, 31, 59, 62, 82–83, 93, 108, 197

Innenstadt 21, 116–117, 135, 138, 184, 205–206, 214, 219, 230, 245, 247, 255
Instagram 3, 22, 85, 127–128, 137, 174, 182–183, 249
Internet 5, 7, 22, 36, 47, 54, 85, 100, 182–183, 197, 203, 215–216, 231
Intertextualität, intertextuell 74, 156, 214–215
Intervention, intervenieren 25, 32, 58–59, 66, 73, 139, 141, 147, 149, 151–153, 169, 175, 185, 238–239
Investor:in 26, 104, 130–131, 171
Irritation, irritieren 28, 36, 41, 46, 54, 57, 62, 68, 75, 84, 92, 99, 112, 118, 121, 123, 132–133, 138, 153–54, 157–159, 165, 171, 201, 251

Kapitalismus 3, 62, 162, 170, 175–177
– Kapitalismuskritik 62, 174–175, 177
Kartografie, kartografieren 56, 133, 211, 214
Klimakrise, Klimawandel 53, 132, 134–135, 138, 174, 248
Knight Foundation (Miami) 125, 139, 219, 246
konkrete Poesie 237
Konstellation 4, 34, 106, 234–235, 237
– Konstellationsgedicht 235
Konsum 3, 20, 37, 44, 55, 122–123, 130, 170–171, 174–175, 177, 184, 254
Konsument:in 8, 22–23, 92, 94, 176
Konzeptkunst 33, 128, 153, 170, 188, 259
Ko-Präsenz, ko-präsent 29, 56, 114, 164
Kultur 3–5, 16–17, 26, 29–30, 44, 46, 55, 64, 67, 78, 92, 97, 99, 102, 107, 115–116, 125, 127, 130, 141, 156, 162, 168, 171, 175, 186, 199, 206, 211, 214, 224, 236, 247, 251
– Kulturbehörde 66, 68, 80
– Kulturkampf 240
– Kulturkritik 62, 110, 174
– Kulturpolitik 9, 26, 32, 44, 67, 115, 139, 167, 230–232, 236, 239, 241, 248
– Kultursoziologie 5, 29, 32
– Kulturtheorie 3–4, 23
– Multikulturalität, multikulturell 64, 69, 78, 105, 136, 208, 217
Kunst im öffentlichen Raum, s.a. Public Art 6, 10, 28–32, 45, 67, 102, 152, 161, 171, 233, 235–236, 251

Laufband 9, 32, 47, 66–78, 164, 197, 239, 247–249, 253–254, 259
Lesung 55, 98, 107, 110–116, 126, 188, 192, 206
Like Beauty in Flames 163–168
Literary Urban Studies 3
Literaturwerkstatt (Berlin) 140
Litfaßsäule 116–121, 169, 254
Lyrik Macht Stadt 116–124, 138–139
Lyrik unterwegs 81
Lyrikologie 40
lyrische Subjektivität 42, 46, 99, 193, 238

Mal was Schönes 51–54, 251–252, 254–255
Materialität 6, 40, 42, 57, 114, 147
Max Müller Bhawan (Delhi) 261
Medienkunst 28, 34, 36–37
Megacity, Megastadt 9, 84, 92, 112, 184, 197
Metropole 4, 20, 42, 79, 83–84, 88, 108, 113, 149, 162, 171, 177, 202, 222, 250, 252–253
– Metropolregion 90, 124, 127, 130, 136–138, 216, 245
Metropolitan Transportation Authority 81
Migrant:in, Immigrant:in 24, 70, 125, 129
Migrantenviertel 64, 130, 199, 238
Migration 69–70, 131–132, 136, 138, 150, 217
Minority-Majority City 124
Movimento per l'Emancipazione della Poesia 63, 259
Multilingualität 82, 115, 207
Museumification 26
Muurgedicht 198, 203, 206, 215–216

Nachbarschaft, s.a. Quartier 21, 51, 54, 224, 232, 235, 255
Nahverkehr 25–26, 79–96, 131, 133, 252
Natur 16, 45, 53, 57–58, 133, 136, 138, 149, 165, 194, 218, 251
Neoliberalismus 24–25
– neoliberale Stadtpolitik 25–26, 31, 94, 102, 184, 199, 248
New York School of Poets 105
Nicht-Ort 23–24, 44, 62–63, 79, 90, 92–94, 99, 162, 245–246, 254
Niederrheinisches Literaturhaus (Krefeld) 10, 116
No-Go-Area 78
Nulltoleranz 104

O, Miami 31, 46, 124–139, 219, 245, 248–250
Occupy Gezi 185, 188
Occupy Wallstreet 185, 188, 197
Ode 43, 127–128, 133–138
Öffentlichkeit 3–5, 19–20, 22, 28–32, 35, 47, 60, 67–68, 84, 90, 92, 151, 169, 179, 233, 238, 242, 246, 254–255
– öffentlicher Raum 3–6, 8–9, 15, 19–24, 28–39, 41, 44–45, 56–58, 63–65, 68, 71, 78, 90–91, 97, 102, 109, 112, 116, 120, 122, 124–125, 139, 152–156, 159, 161, 169, 171, 173, 179, 183, 188–190, 192, 196, 198–199, 202–203, 205, 224, 229, 232–236, 239–240, 245–247, 249, 251–255
Oralität 113
Ortsbezogenheit, s.a. Site Specificity 8, 28, 74, 86, 103, 115, 133, 173, 177, 208–209, 241, 249–251

Park 3, 27, 33, 44, 46, 51–54, 59, 63, 71, 78, 80, 98–100, 104, 111, 136, 147, 175, 178–179, 184–187, 189, 191, 196–197, 223, 248, 251
Passagier:in 23, 79, 82, 84–88, 92–94
Passant:in 6, 8, 15, 21, 42, 45, 47, 55, 57–59, 61, 68–69, 71, 75–78, 109, 121–124, 162, 233, 238–239, 249, 253
Passing Stranger 102–108, 249–250, 253
Pendler:in 90, 92, 220
Performance 4, 28, 31, 41, 97–99, 112, 114, 122, 140–141, 147, 152, 169, 181, 185–186, 227
Performativität, performativ 6, 9, 28, 47, 56–57, 69–70, 96, 112, 114–115, 119, 122–123, 130, 147–148, 151–152, 161, 164, 173, 181–182, 185, 189, 196, 207, 251, 253–254
Peripherie 137, 232, 240
Pflückgedicht 60–61
Place-Making 19, 45, 66–67, 76–77
Plakat 3, 6, 10, 82–83, 110, 117–118, 169, 189, 191, 196
– Gedichtplakat 82, 85–96, 116–121, 248, 250, 252, 254
– Plakatwand 9, 121, 169–171, 178, 189, 254
Poems on the Underground 79
Poems to the Sky 131–132
Poesie unterwegs 81
Poesiefilm 116–117
poetische Stadtbegrünung 80, 174, 201

Poetizität 38, 72, 76
poetologische Lyrik 40, 96, 112, 151, 167, 205, 212–213, 222, 260
Poetry Foundation 103
Poetry in Motion 42, 79–96, 246, 249–250, 253–254
Poetry Slam 3, 7, 9, 74, 97–102, 106–107, 114–116
Poetry Society of America 10, 81, 85, 88, 199, 203, 231, 246, 260
Poetry Walk 33, 102–108, 114–115, 250, 260
Politik, politisch 4, 19, 24–25, 44, 46, 55, 73, 152, 172, 232, 259–260
politische Lyrik 71, 128, 157, 160, 167, 187, 191, 196–197, 207, 259
Privatheit, privat 3, 19–22, 24, 42, 45, 55, 90, 92, 153, 184, 194, 196, 199, 206
– privater Raum 8, 15, 19–22, 37–38, 41, 45, 63, 84, 91, 211, 240, 246
Privatisierung 4, 25, 62, 174
Projektion 3, 9, 33, 47, 68, 126, 147, 153–168, 179, 245, 247–249, 252–253
Protest 3, 9–10, 26–27, 37, 66, 70, 72, 77, 112, 120, 143, 147, 172–173, 184–197, 199, 227–228, 246, 249, 251, 255, 263
Psychogeographie 176
Public Art, s.a. Kunst im öffentlichen Raum 28–32, 45, 67, 128, 224, 234, 251
Public Poetry 3, 6–7, 29, 39, 41, 45, 61, 97, 246, 249, 253–254

Quartier, s.a. Nachbarschaft 21, 23–25, 27, 36, 44, 54, 66, 88, 127, 130, 199, 250

Rap 74, 96, 98, 109–110
Rassismus, rassistisch 44, 69–71, 77, 201, 203, 207, 227–229, 233, 241, 248
Raum, Räume
– Raumdeterminismus 15, 176
– Raumrepräsentation 17–18
– Raumsoziologie 5, 15–19, 176
– digitaler Raum 15, 22, 47, 56, 241
– physischer Raum 5, 15, 17, 251
– Produktion von Raum 5, 8, 15–19, 27, 45, 248–249
– Typen von Raum 3, 5, 22–23, 27, 44, 233
räumliche Praxis 17–19
Recht auf Stadt 26, 59, 179, 187, 197

Regen der Gedichte, s.a. *Bombardeo de poemas* 140–152, 245, 249–251
Repräsentationsraum 17–18
Rezeption (von Lyrik) 6, 45, 55–56, 76, 81, 85, 97, 103, 115, 119, 132, 161, 164, 198, 201, 224, 231, 248, 251, 254

Schrift 69, 83, 131
Screen, Bildschirm 3, 33, 36–37, 46, 94–95, 137, 165, 170, 230, 249
Seeing into Tomorrow 198–203, 251, 254
Segregation 24, 125, 217, 232
Selbstbezüglichkeit, Selbstreflexivität 33, 40, 57, 70–71, 73–75, 88, 110, 112, 117, 121, 124, 150, 153, 167, 208, 229, 238, 254
Semantik 6, 39, 68–69, 76, 123, 202, 209, 221
Shopping Mall, Shopping Center 22–23, 92, 133–134, 184, 199, 232
Sicherheit, Sicherheitsdienst 22, 23, 26, 62, 71–78, 94, 120
#siirsokakta, Şiir Sokakta 71, 120, 184–197, 251
Site-Specificity, site-specific s.a. Ortsspezifik 6, 32–34, 39, 86, 103, 126, 249, 251
Situationistische Internationale, situationistisch 59, 170, 173, 175–176, 254
Smartphone, Handy 42, 84, 95, 108–109, 164–165, 215
Social Media, soziale Medien 22, 36, 61, 85, 133, 182–183, 190–192, 196–197, 241
Sonett 73, 105, 120
soziale Ungleichheit 17, 24, 125, 128, 138, 177, 217, 230, 248
Spoken Word 3, 98–100, 102, 113, 118
Sprachkunst 28, 42, 45, 51, 154, 249, 254
Stadt
– amerikanische Stadt 83, 124–125, 162
– europäische Stadt 23, 110, 156, 162, 177, 198
– Stadtentwicklung 44, 156, 217, 230
– Stadtpolitik, s.a. Neoliberalismus 24–27, 44, 142, 171, 241, 247
– Stadtrand 23, 150, 177, 233, 239, 245
Standort 31, 164, 168, 217, 224
– Standortfaktor 26, 156
Störung, s.a. Entstörung 8, 31, 35, 38, 45, 59, 72, 168, 196, 239, 249, 251
Street Art 8, 28, 31, 34–38, 45, 198, 226–227
Suburbanisierung, suburban 81, 136–137, 149

Subway, s.a. U-Bahn 79, 82–85, 88–96, 201
Super-Diversity 24, 105

Taal Museum (Leiden) 215
TEGEN-BEELD Stiftung (Leiden) 206–207, 216
Tourist:in 26, 44, 83, 85, 104, 117, 128, 139
Touristification, Touristifizierung 5, 22, 26, 44, 59, 168
TRANSIT – Vorübergehende Literatur 32, 46, 64–73, 75–79, 120, 247, 250–251, 253–254, 259
Transit Line Poetry Series 81
Transitraum 23, 63, 68, 92, 99, 245
Truism 153–154, 156–157, 159, 164–165, 247, 253, 255, 259
Twitter 3, 59, 67, 75, 85, 126, 153, 183, 189, 239, 249

U-Bahn, s.a. Subway 8–10, 23, 37, 42, 59–63, 79–96, 108, 137, 161, 200, 233, 246–247, 250
Urbanisierung 3, 6, 122, 149, 169
Urbanität 3–4, 6, 45, 57, 78, 117, 138, 161, 208

Verdrängung 25, 78, 104, 174–175, 184, 248
Verfremdung, verfremden 39–40, 42, 72, 154, 162
Verhaltensoffenheit 20, 22, 78

Verschönerung, s.a. Beautification 29, 44, 47, 252
Versifizierung 4, 7, 40, 98, 118, 153, 171, 183, 217, 233, 253
Videoüberwachung 5, 22–24, 66, 78
visuelle Poesie 61, 155

Wandgedicht, Wall Poem 180, 189–190, 194, 198–231, 233, 235, 238–239, 245–248, 252–253, 255
Werbung, Werbetafel 3, 17, 20, 36–37, 42, 46, 62, 72, 81, 83, 93–94, 110, 117, 124, 154, 162, 165, 169–177, 198, 213, 233, 247, 254–55
Wordhouse 223–224
Words in the City at Night 172–173
Wortflut Poetry Slam 98, 100–102

YouTube 54, 198, 253, 260, 262

Zettelgedicht, Zettelpoesie 8, 51–63, 161–162, 245–247, 249, 251
Zettelpoet 51, 59–63, 246, 253
Zip Ode 133–138, 248, 250
Zugänglichkeit 20, 23, 29, 32, 41, 97, 169
Zweckentfremdung, s.a. Détournement 170, 175, 177, 254
Zwischennutzung 64, 66, 68, 224, 245

www.ingramcontent.com/pod-product-compliance
Lightning Source LLC
Chambersburg PA
CBHW061934220426
43662CB00012B/1901